Lebenslagen im Wandel: Analysen 1987

D1728865

Sozio-ökonomische Daten und Analysen für die Bundesrepublik Deutschland, Band 2

Herausgeber:
Deutsches Institut für Wirtschaftsforschung, Berlin,
und Sonderforschungsbereich 3 »Mikroanalytische
Grundlagen der Gesellschaftspolitik« der Universitäten
Frankfurt und Mannheim

Hans-Jürgen Krupp ist Präsident des Deutschen Instituts für Wirtschaftsforschung, Berlin.
Ute Hanefeld ist dort wissenschaftliche Mitarbeiterin im Projekt »Das Sozio-ökonomische Panel«.

Hans-Jürgen Krupp, Ute Hanefeld (Hg.)

Lebenslagen im Wandel: Analysen 1987

Campus Verlag
Frankfurt/New York

CIP-Titelaufnahme der Deutschen Bibliothek

Lebenslagen im Wandel : Analysen 1987 / Hans-Jürgen Krupp;
Ute Hanefeld (Hg.). – Frankfurt/Main ; New York : Campus
Verlag, 1987
  (Sozio-ökonomische Daten und Analysen für die Bundesrepublik
  Deutschland ; Bd. 2)
  ISBN 3-593-33784-3
NE: Krupp, Hans-Jürgen [Hrsg.]; GT

Umschlaggestaltung: Atelier Warminski, Büdingen
Druck und Bindung: Druckhaus Beltz, Hemsbach
Printed in Germany

Vorwort

Gesellschaftliche Entwicklungen verlaufen selten sprunghaft. Schritt für Schritt verändern sich die Menschen, ihre Verhaltensweisen, ihre Umwelt. Oft sind die Schritte so klein, daß sie als Einzelschritte nicht wahrgenommen werden, sei es, daß die Meßgenauigkeit unserer Beobachtungsinstrumente nicht ausreicht, sei es, daß man den einzelnen Schritt tatsächlich noch nicht als systematische Veränderung interpretieren kann. Seit Jahren gibt es deshalb in den Sozialwissenschaften eine Diskussion über die Notwendigkeit einer regelmäßigen und systematischen Sozialberichterstattung. Insbesondere Wolfgang Zapf hat immer wieder auf die Notwendigkeit einer Institutionalisierung der Sozialberichterstattung verwiesen.

Die neue Reihe

In der neuen Buchreihe 'Sozio-ökonomische Daten und Analysen für die Bundesrepublik Deutschland' werden u.a. die Bände 'Lebenslagen im Wandel' erscheinen, die einen Beitrag zu dieser Aufgabe leisten sollen.

Der Titel 'Lebenslagen im Wandel' macht deutlich, daß es um mehr geht, als nur über Zustände zu berichten. Den sozialen Wandel zu beobachten, Veränderungen zu messen, Tendenzen herauszuarbeiten, all dies sind Aufgaben, denen sich die Wissenschaft mehr denn je zu stellen hat. Die Tatsache, daß gesellschaftlicher Wandel nur schrittweise vorankommt, sagt nicht, daß er nicht stattfindet, sagt nicht, daß er ohne Relevanz wäre. Im Gegenteil, häufig bemerken wir viel zu spät das Ergebnis eines Veränderungsprozesses, häufig sind wir nicht darauf vorbereitet, hierauf angemessen zu reagieren.

Der vorliegende Band und die folgenden Bände dieser Reihe fußen auf den Daten des 'Sozio-ökonomischen Panels', einer Wiederholungsbefragung bei 6000 Haushalten. Diese Daten werden in vielfältiger Weise genutzt, sie stehen schon heute einer Vielzahl von interessierten Wissenschaftlern zur Verfügung. Jahr für Jahr werden die Haushalte nach ihrer sozio-ökonomischen Situation und den sich dabei ergebenden Veränderungen gefragt. Ebenfalls jährlich soll über die erzielten Ergebnisse berichtet werden.

Es ist beabsichtigt, regelmäßig einen Band mit den wichtigsten Daten zu veröffentlichen. Dieser Band soll sich nicht auf Zahlen und Tabellen beschränken. Er soll für die wichtigsten Themenbereiche Interpretationen der erhobenen Zahlen bieten und damit ein Bild der Entwicklung in diesen Bereichen zeigen. Diese Bände werden ein unmittelbares Stück Sozialberichterstattung darstellen. Sie sollen jährlich erscheinen und die Bezeichnung 'Lebenslagen im Wandel: Daten 19..' tragen. Es ist geplant, daß der jeweilige Datenband relativ bald nach Abschluß der Erhebungen erscheint. Zahlreiche technische und inhaltliche Schwierigkeiten bei Beginn des Projekts haben jedoch dazu geführt, daß dieser Zeitplan bisher nicht eingehalten werden konnte. Der Datenband des Jahres 1987 wird die Daten der Jahre 1984 und 1985 enthalten. Es ist beabsichtigt, daß der Datenband des Jahres 1988 in der zweiten Jahreshälfte 1988 erscheint und die Daten des Jahres 1986, aber auch erste Ergebnisse des Jahres 1987 enthält.

Die oben angedeuteten Schwierigkeiten haben es mit sich gebracht, daß zunächst ein Band mit dem Titel 'Lebenslagen im Wandel: Analysen 1987' erscheint. Die Absicht, die mit diesem Band verbunden ist, ist eine andere. Hier sollen Analysen des Datenmaterials vorgelegt werden, die über die Deskription und Interpretation der Daten hinausgehen. Aus diesem Grund enthält der Band auch methodische Aufsätze, welche die Möglichkeiten der Analyse mit Hilfe von Paneldaten, wie sie im Sozio-ökonomischen Panel vorliegen, zeigen. Die Absicht der Analysebände ist nicht nur, differenzierte Analysen des Datenmaterials vorzulegen, sondern auch einen Beitrag zur Weiterentwicklung wissenschaftlicher Methoden zu leisten.

Vereinfacht könnte man sagen: Die Datenbände sind ein Stück unmittelbarer Sozialberichterstattung und richten sich an ein breites Publikum, das an Informationen über die soziale Entwicklung in der Bundesrepublik Deutschland interessiert ist. Die Analysebände versuchen, die Ergebnisse wissenschaftlich zu analysieren und sollen insbesondere zur Diskussion von Problemen sich wandelnder Lebenslagen beitragen. Hiermit wird die Erwartung verbunden, daß dies auch ein Beitrag zur Weiterentwicklung von Methoden einerseits und theoretischen Ansätzen andererseits sein wird.

Der hier vorgelegte Analyseband steht unter einer Restriktion, die bei späteren Bänden nicht mehr vorhanden sein wird. Für die Mehrzahl der Arbeiten standen nur die Daten der ersten Befragungswelle zur Verfügung, das heißt Daten, die Längsschnittinformationen nur insoweit enthalten, wie retrospektive Fragen gestellt wurden. Die Möglichkeiten, intensive Längsschnittanalysen vorzunehmen, waren durch diese Situation stark eingeschränkt. Im nächsten Analyseband werden demgegenüber auch Arbeiten zu finden sein, die auf zumindest zwei Wellen zurückgreifen.

Ein Charakteristikum der Bände 'Lebenslagen im Wandel' ist die gemeinsame Datenquelle: das Sozio-ökonomische Panel, das vom Sonderforschungsbereich 3 der Universitäten Frankfurt und Mannheim 'Mikroanalytische Grundlagen der Gesellschaftspolitik' in Zusammenarbeit mit dem Deutschen Institut für Wirtschaftsforschung, Berlin, durchgeführt wird. Bei der Beurteilung der vorgelegten Ergebnisse ist es wichtig, eine Vorstellung von der Art und der Qualität der Daten zu haben. Aus diesem Grunde wird zunächst eine Einführung in dieses Datenmaterial gegeben. Diese muß notwendigerweise kurz bleiben. Für denjenigen, der an genaueren Informationen interessiert ist, sei auf den Band 1 dieser neuen Buchreihe, Ute Hanefeld: Das Sozio-ökonomische Panel - Grundlagen und Konzeption, verwiesen. Dort werden u.a. die inhaltliche Konzeption, das gewählte Stichprobendesign und die angewandten Erhebungsmethoden ausführlich beschrieben sowie erhebungsmethodische Ergebnisse vorgestellt.

Zu diesem Band

Es wäre sicherlich nicht sinnvoll, wollte man den hier vorgelegten Band einem gemeinsamen Thema zuordnen, wenn man sich nicht damit zufrieden gibt, daß er Beiträge zur Analyse des Wandels von Lebenslagen leisten soll. Allerdings kann dieser Band in vorzüglicher Weise die Breite der Aufgabengebiete zeigen, die mit den Daten des Sozio-ökonomischen Panels bearbeitet werden können. Er kann jedoch nicht den Anspruch erheben, alle Möglichkeiten, die mit den Daten gegeben sind, auszuschöpfen; hierzu wird es weiterer Anstrengung bedürfen.

Insgesamt ist der vorliegende Band in fünf Abschnitte gegliedert, die zugleich die wichtigsten Anwendungsmöglichkeiten des Datenmaterials kennzeichnen. Im ersten Kapitel 'Haushalte und ihr Einkommen' stellen Roland Berntsen und Richard Hauser zunächst die 'Strukturen der Einkommensverteilung von Haushalten und Personen' vor. Dabei wird insbesondere die Wohlstandsposition von verschiedenen Bevölkerungsgruppen getrennt für deutsche und ausländische Haushalte untersucht. Gabriele Rolf und Hans-Jürgen Stubig analysieren das 'Zusammentreffen von eigenen und abgeleiteten Leistungen aus Alterssicherungssystemen' und kommen zu dem Ergebnis, daß die Kumulation dieser Leistungen bei einer Person nicht generell als Überversorgungstatbestand bezeichnet werden kann; häufig ist sie vielmehr notwendig, um ein ausreichendes Sicherungsniveau zu erreichen.

Ein weiterer großer Themenbereich des Sozio-ökonomischen Panels und dementsprechend der zweite Abschnitt dieses Bandes befaßt sich mit der Erwerbstätigkeit und der Arbeitslosigkeit. Christoph F. Büchtemann und Jürgen Schupp konzentrieren sich auf die 'Strukturen und Entwicklungsperspektiven der Teilzeitbeschäftigung'. Dabei zeigt sich, daß Teilzeitarbeit in der Regel für eine eigenständige Existenzsicherung nicht ausreicht, sondern häufig einen Zuverdienst-Charakter besitzt. Insofern kommt vermehrte Teilzeitbeschäftigung weitgehend zuverdienenden Ehefrauen zugute. Die 'Lebensbedingungen und die wahrgenommene Lebensqualität von Arbeitslosen' werden von Peter Krause analysiert, wobei der Haushaltskontext besondere Berücksichtigung findet. Je nach Stellung der arbeitslosen Person im Haushalt ergeben sich Unterschiede bei den Betroffenheitsrisiken, für die Einkommenssituation des Haushalts sowie im Hinblick auf die Zufriedenheit und die Zukunftserwartungen. Joachim Merz untersucht 'das Arbeitsangebot verheirateter Frauen'. Mit einem mikroökonomischen Modell unter Berücksichtigung des selectivity bias kann der Einfluß einer Vielzahl persönlicher ökonomischer Faktoren, von Merkmalen des Ehemannes und des Haushalts auf die Erwerbsbeteiligung, auf den endogenen Marktlohnsatz und auf die angebotenen Arbeitsstunden quantifiziert werden.

Der dritte Abschnitt dieses Buches trägt den Titel 'Dimensionen von Lebenslagen'. Hier werden zunächst 'ausgewählte Aspekte zur wahrgenommenen Lebensqualität' von Hans-Michael Mohr analysiert. Die Mehrheit der Bundesbürger bewertet ihre Lebensqualität zwar positiv, dennoch darf die

Lage der Unzufriedenen nicht übersehen werden. Im Hinblick auf die Determinanten der Lebenszufriedenheit zeigen sich deutliche Unterschiede zwischen verschiedenen Bevölkerungsgruppen. Max Kaase, Gisela Maag, Edeltraud Roller und Bettina Westle befassen sich mit der 'Rolle des Staates in hochentwickelten westlichen Demokratien'. Dabei wird insbesondere versucht, die Vorstellungen herauszuarbeiten, die hinter den Aussagen "der Staat kümmert sich zu wenig um seine Bürger" bzw. "der Staat mischt sich zu stark in das Leben der Bürger ein" stehen. Im letzten Beitrag dieses Abschnittes untersucht Erich Wiegand die 'Sprachkenntnisse von Ausländern', die aus den fünf wichtigsten ehemaligen Anwerbeländern in die Bundesrepublik zugewandert sind. In bezug auf die sprachliche Assimilation wird der Einfluß des Schulbesuchs, der Rückkehrabsichten, der Aufenthaltsdauer und der Nationalität geprüft.

Die abschließenden methodischen Beiträge befassen sich zum einen mit den Problemen von Analysemethoden für Paneldaten, zum anderen mit Fragen der Datenqualität. Reinhard Hujer und Hilmar Schneider präsentieren 'Ökonometrische Ansätze zur Analyse von Paneldaten: Schätzung und Vergleich von Übergangsratenmodellen'. Zusammen mit Oded Löwenbein stellt Reinhard Hujer außerdem 'Latente-Variablen-Modelle zur Analyse von Paneldaten' vor. Christof Helberger kommt in seinem Beitrag 'Zur Repräsentativität des Sozio-ökonomischen Panels am Beispiel zur Struktur der Erwerbstätigen' zu dem Ergebnis, daß die Paneldaten einen hohen Grad der Übereinstimmung mit den verwendeten Vergleichsstatistiken aufweisen. Ein besonderes Problem stellt die Längsschnittgewichtung von Paneldaten dar, die sich sowohl auf Haushalte als auch auf Personen beziehen. Heinz P. Galler präsentiert im letzten Beitrag dieses Bandes das Konzept für eine derartige Gewichtung, wobei insbesondere auf im Zeitablauf stattfindende Haushaltsveränderungen eingegangen wird.

Dieser Band ist eine Gemeinschaftsarbeit von Kolleginnen und Kollegen, die im Sonderforschungsbereich 3 und im Deutschen Institut für Wirtschaftsforschung zusammenarbeiten bzw. diesen Institutionen bis vor kurzem angehört haben. Wir möchten die Gelegenheit ergreifen und allen Beteiligten für ihre intensive Mitarbeit danken. Unser besonderer Dank gilt den vielen Mitarbeitern und Mitarbeiterinnen, die an den verschiedenen Orten an den Schreib- und Gestaltungsarbeiten mitgewirkt haben sowie Frau Christine Kurka, die die technische Fertigstellung des Manuskripts mit großem Einsatz erledigte.

Berlin, im Oktober 1987

Hans-Jürgen Krupp

Ute Hanefeld

INHALT

Ute Hanefeld und Hans-Jürgen Krupp   13
Lebenslagen im Wandel: Die Datenbasis

HAUSHALTE UND IHRE EINKOMMEN

Roland Berntsen und Richard Hauser   19
Strukturen der Einkommensverteilung von Haushalten
und Personen

Gabriele Rolf und Hans-Jürgen Stubig   43
Zum Zusammentreffen von eigenen und abgeleiteten
Leistungen aus Alterssicherungssystemen

ERWERBSTÄTIGKEIT UND ARBEITSLOSIGKEIT

Christoph F. Büchtemann und Jürgen Schupp   75
Strukturen und Entwicklungsperspektiven der Teilzeitbeschäftigung

Peter Krause   105
Lebensbedingungen und wahrgenommene Lebensqualität
von Arbeitslosen

Joachim Merz   126
Das Arbeitsangebot verheirateter Frauen in der Bundesrepublik
Deutschland - Eine mikro-ökonometrische Analyse unter Berück-
sichtigung des 'selectivity bias'

DIMENSIONEN VON LEBENSLAGEN

Hans-Michael Mohr   161
Ausgewählte Aspekte zur wahrgenommenen Lebensqualität

Max Kaase, Gisela Maag, Edeltraud Roller und   180
Bettina Westle
Zur Rolle des Staates in hochentwickelten westlichen
Demokratien

Erich Wiegand   196
Sprachkenntnisse von Ausländern

METHODEN DER PANELANALYSE

Reinhard Hujer und Hilmar Schneider 219
Ökonometrische Ansätze zur Analyse von Paneldaten:
Schätzung und Vergleich von Übergangsratenmodellen

Reinhard Hujer und Oded Löwenbein 243
Latente-Variablen-Modelle zur Analyse von Paneldaten

DATENQUALITÄT

Christof Helberger 273
Zur Repräsentativität des Sozio-ökonomischen Panels am
Beispiel der Ergebnisse zur Struktur der Erwerbstätigen

Heinz P. Galler 295
Zur Längsschnittgewichtung des Sozio-ökonomischen Panels

Lebenslagen im Wandel: Die Datenbasis

Ute Hanefeld und Hans-Jürgen Krupp

Gerade in einer Zeit, in der vielfältige gesellschaftliche Veränderungen stattfinden, und in der außerdem absehbar ist, daß in Zukunft weitere Anpassungsprozesse zu bewältigen sind, kommt es in besonderem Maße darauf an, die einzelnen Veränderungen zu beobachten, ihre Ursachen zu analysieren und die Interdependenzen von verschiedenen Veränderungen zu ermitteln. Bisher war die Wirtschafts- und Sozialforschung in der Bundesrepublik Deutschland überwiegend auf die Analyse von Querschnittdaten angewiesen. Längsschnittdaten, die sich auf Mikroeinheiten wie Personen oder Haushalte beziehen, standen nur für sehr wenige Fragestellungen und häufig lediglich für spezielle Teilpopulationen zur Verfügung.

Mit dem Sozio-ökonomischen Panel(1) wurde ein Projekt begonnen, das regelmäßig repräsentative Mikro-Längsschnittdaten für Personen, Haushalte und Familien bereitstellen soll. Dabei wurde besonderer Wert darauf gelegt, daß mit der Untersuchung ein breites Themenspektrum abgedeckt wird, damit der Wandel nicht nur in einzelnen Lebensbereichen isoliert untersucht werden kann, sondern auch die Abhängigkeiten, die zwischen Veränderungen in verschiedenen Lebensbereichen existieren, ermittelt werden können. Die wichtigsten Themenbereiche der Studie betreffen die Veränderungen der Haushaltszusammensetzung, die Erwerbsbeteiligung und die berufliche Mobilität, Einkommensverläufe sowie die Wohnsituation und die regionale Mobilität. Darüber hinaus werden aber z.B. auch Informationen zur Bildung und Weiterbildung, zur Gesundheit, zur Zeitverwendung, zur Zufriedenheit und zu Werteinstellungen erhoben. Für die meisten Themenbereiche wird dabei angestrebt, sowohl Angaben zu den objektiven Lebensbedingungen als auch zu den subjektiven Wahrnehmungen zu erhalten.

Im weiteren soll das Projekt in seiner Grundstruktur kurz skizziert werden; dabei wird auf die methodische Konzeption jedoch nur so weit eingegangen, wie es für das Verständnis der nachfolgenden Beiträge notwendig

---

(1)   Mit dem Begriff ›Panel‹ wird eine Untersuchung bezeichnet, mit der zu verschiedenen Zeitpunkten bei denselben Untersuchungseinheiten Informationen gewonnen werden, die zur Messung von Veränderungen dienen sollen.

ist(2). Sie beziehen sich fast ausschließlich auf die erste Erhebungswelle des Sozio-ökonomischen Panels und stellen insofern noch überwiegend Querschnittanalysen dar.

1984 wurde die erste Datenerhebung bei rund 6.000 Haushalten durchgeführt. Neben Haushalten mit einem deutschen Haushaltsvorstand wurden dabei auch solche mit einem ausländischen Haushaltsvorstand in die Stichprobe einbezogen. Um zumindest über die fünf in der Bundesrepublik Deutschland am stärksten vertretenen Ausländergruppen getrennte Aussagen treffen zu können, wurden sie mit insgesamt 1.400 Haushalten bei einem disproportionalen Stichprobenansatz in der Untersuchung überpräsentiert (Stichprobe B). Aus erhebungstechnischen Gründen wurden zwei Teilgruppen gebildet, für die jeweils getrennt Zufallsstichproben gezogen wurden:

Stichprobe A: Personen in Privathaushalten, deren Haushaltsvorstand nicht die türkische, griechische, jugoslawische, spanische oder italienische Staatsangehörigkeit besitzt, sowie die Anstaltsbevölkerung, soweit sie nicht den genannten Nationalitäten angehört;

Stichprobe B: Personen in Privathaushalten, deren Haushaltsvorstand die türkische, griechische, jugoslawische, spanische oder italienische Staatsangehörigkeit besitzt, sowie die Anstaltsbevölkerung dieser fünf Nationalitäten.

In der Stichprobe A sind somit auch Haushalte mit einem ausländischen Haushaltsvorstand enthalten, z.B. solche von Amerikanern, Österreichern, Niederländern usw. Der disproportionale Stichprobenansatz wurde im Rahmen der Gewichtung berücksichtigt, so daß repräsentative Aussagen über die gesamte Bevölkerung getroffen werden können. Schwierigkeiten sind allerdings bei der Erfassung der Anstaltsbevölkerung aufgetreten (vgl. Hanefeld 1987, S. 162ff. und S. 191ff.), für diese Gruppe können mit dem Sozio-ökonomischen Panel - zumindest in den ersten Wellen - keine repräsentativen Ergebnisse vorgelegt werden.

In den Haushalten werden alle Personen befragt, die 16 Jahre und älter sind; für die erste Erhebungswelle liegen somit Informationen von 12.000 Befragungspersonen vor. Insgesamt leben in den 6.000 Haushalten rund 16.000 Personen; Angaben über die 4.000 Kinder, die in den Haushalten leben, werden bei einem Haushaltsmitglied erfragt.

Bei dieser Studie werden zwei Erhebungsinstrumente eingesetzt. Der Haushaltsfragebogen enthält insbesondere die Fragen zur Wohnung, zu den haushaltsbezogenen Transferzahlungen und zum Vermögen bzw. dem Einkommen daraus. Er soll vom Haushaltsvorstand beantwortet werden. Der

---

(2) Detaillierte Informationen über die inhaltliche und methodische Konzeption des Projektes wie auch erhebungsmethodische Ergebnisse sind in Hanefeld (1984, 1987) enthalten.

Personenfragebogen, den alle Befragungspersonen beantworten, umfaßt dagegen die individuellen Merkmale und die subjektiven Einschätzungen.

Überwiegend wird die Befragung mit Hilfe von Interviewern durchgeführt, wobei diese ein mündliches Interview führen oder die Befragten die Fragebogen selbst ausfüllen lassen können. Nur in Ausnahmefällen fanden in der ersten Welle telefonische oder schriftliche Befragungen statt. Für die Haushalte der Stichprobe B wurden zweisprachige Erhebungsinstrumente eingesetzt, bei denen zusätzlich zum Fragetext in der jeweiligen Heimatsprache der deutsche Wortlaut eingedruckt war. Außerdem hatten die Interviewer bei dieser Teilstichprobe die Möglichkeit, sich eine Begleitperson der entsprechenden Nationalität zu suchen, die ihnen bei eventuellen Kontakt- und Sprachschwierigkeiten behilflich war.

In die folgenden Erhebungswellen, die im jährlichen Abstand durchgeführt werden, sollen alle Personen einbezogen werden, die an der ersten Befragung teilgenommen haben, unabhängig davon, ob sie mit dem gesamten Haushalt innerhalb der Bundesrepublik Deutschland umziehen oder sich von dem ursprünglichen Haushalt trennen, um alleine oder zusammen mit anderen einen neuen Haushalt zu gründen. In den Haushalten werden dann wiederum alle 16 Jahre und älteren Personen interviewt, so daß fortlaufend die nachwachsende Generation berücksichtigt wird. Darüber hinaus werden aber auch Personen in die Befragung einbezogen, die im Verlauf der Untersuchung in die 'Panelhaushalte' zuziehen; sie werden jedoch nicht weiter interviewt, wenn sie sich von diesen Haushalten wieder trennen.

Das Projekt 'Das Sozio-ökonomische Panel' ist ein Teilprojekt des Sonderforschungsbereichs 3 'Mikroanalytische Grundlagen der Gesellschaftspolitik' der Universitäten Frankfurt und Mannheim, das in Zusammenarbeit mit dem Deutschen Institut für Wirtschaftsforschung, Berlin, durchgeführt wird. Es wird von der Deutschen Forschungsgemeinschaft, Bonn, gefördert. Mit der Konzipierung der Feldphase und mit der Datenerhebung ist Infratest Sozialforschung, München, beauftragt.

Die Daten des Sozio-ökonomischen Panels werden für wissenschaftliche Zwecke weitergegeben; Interessenten wenden sich an das Panelprojekt (Deutsches Institut für Wirtschaftsforschung, Königin-Luise-Straße 5, 1000 Berlin 33).

Literaturverzeichnis

Hanefeld, Ute 1984: Das Sozio-ökonomische Panel - Eine Längsschnittstudie für die Bundesrepublik Deutschland, in: Vierteljahrshefte zur Wirtschaftsforschung, Heft 4, S. 391-406.

Hanefeld, Ute 1987: Das Sozio-ökonomische Panel - Grundlagen und Konzeption, Frankfurt-New York.

HAUSHALTE UND IHRE EINKOMMEN

Strukturen der Einkommensverteilung von Haushalten und Personen

Roland Berntsen und Richard Hauser

1 Fragestellung und Analysemethoden

1.1 Fragestellung

Seit 1984 existiert mit dem Sozio-ökonomischen Panel eine Datenbasis, die in der Lage ist, Informationen über Haushaltsveränderungen, Erwerbsbeteiligung, Einkommensverläufe, Wohnsituation und andere Themenbereiche zu liefern.

Mit dem Schwerpunkt Einkommen von Personen und Haushalten wird mit dieser Erhebung ein Bereich abgedeckt, für den neuere Daten auf Haushalts- und Personenbasis für die Wissenschaft nicht verfügbar sind(1).

Obwohl bei einem Panel der Längsschnittcharakter im Vordergrund steht, bietet sich ebenfalls die Möglichkeit, Auswertungen im Querschnitt vorzunehmen. Im folgenden soll für die erste Panelwelle (1984) die Einkommensverteilung zwischen Haushalten, differenziert nach der Nationalität des Haushaltsvorstands, untersucht werden. Dabei wird besonders auf Verteilungsunterschiede zwischen einzelnen sozialpolitisch relevanten Untergruppen eingegangen(2):

- Männern und Frauen,
- Haushaltstypen,
- Personengruppen mit unterschiedlichem Familienstand,
- Altersgruppen,
- Arbeitslosen und Nicht-Arbeitslosen.

Neben diesen Analysen für die erste Panelwelle bietet sich ein Vergleich mit den Ergebnissen der Transferumfrage 1981 des Sonderforschungsbereichs 3 (Teilprojekt C-1) an. Mit den Daten der Transferumfrage wurden Analysen zur Einkommensverteilung für 1981 bereits vorgenommen (Hauser, Stubig 1985, S. 41-97).

---

(1) Auch die Einkommens- und Verbrauchsstichprobe 1983 des Statistischen Bundesamtes ist der Wissenschaft auf Einzeldatenbasis bisher für Auswertungen nicht zugänglich.

(2) Dieser Beitrag erscheint demnächst in ausführlicherer Form in der Arbeitspapierreihe des Sonderforschungsbereichs 3.

Angelegt als Querschnittbefragung liegt der Schwerpunkt der Transferumfrage bei der Erhebung von Daten zur personellen Einkommensverteilung. Die Grundgesamtheit umfaßt Privathaushalte mit deutschem Haushaltsvorstand außerhalb des Anstaltsbereichs (Engel 1985, S. 29). Es wurden knapp 3000 Haushalte befragt. Aufgrund dieser Einschränkungen sind Vergleiche dieser Umfrage mit dem Panel nur bezüglich der Haushalte mit deutschem Haushaltsvorstand möglich.

1.2 Zur Analysemethode

Die methodische Vorgehensweise zur Berechnung der in den folgenden Abschnitten präsentierten Werte ergab sich aus der Absicht, einige ausgewählte Vergleiche mit den Ergebnissen der Transferumfrage 1981 durchzuführen. Infolgedessen wurde das gleiche Berechnungskonzept wie bei Hauser und Stubig (1985) gewählt.

Basis der wohlstandsorientierten Fragestellung ist das Haushaltsnettoeinkommen pro Monat. Dabei handelt es sich um das erfragte "normale" Nettoeinkommen, welches in folgender Weise korrigiert wurde :
- Hinzunahme eines Zwölftels der ermittelten 'einmaligen Zahlungen' (Weihnachtsgeld, Urlaubsgeld, etc.) abzüglich eines pauschalisierten Betrags für Steuern und Sozialabgaben in Höhe von 35% der einmaligen Zahlungen(3).
- Hinzurechnen des Nettomietwerts von eigengenutztem Wohnraum in Eigentumswohnungen und eigenen Häusern.

Letzteres mußte durch Schätzung der Werte mittels einer Regressionsfunktion (Klein 1985, S. 7) geschehen, da der fiktive Mietwert erst ab Welle 2 im Panel erfragt worden ist(4).

Bei einem ersten Ansatz zur Ermittlung von Verteilungskennziffern wird jeder Haushalt unabhängig von der Anzahl der Personen innerhalb eines Haushalts als eine Bezugseinheit betrachtet. Der zweite Ansatz berück-

---

(3)   Bei den einmaligen Zahlungen handelt es sich um Angaben für das Jahr 1983. Die entsprechenden Angaben für 1984 wurden in der 2. Welle erhoben, sie beziehen sich auf eine durch Ausfälle geringere Stichprobe. Für die Personen, die in beiden Wellen identifiziert werden konnten, ergaben sich zudem geringe Abweichungen der Angaben für 1983 und 1984.

(4)   Für die zur Schätzung des Mietwertes pro Quadratmeter benutzte Regressionsfunktion wurden folgende unabhängige Variablen verwendet: Gemeindegrößenklassen nach Boustedt, Alter des Wohneigentums und ein Ausstattungsindex bestehend aus folgenden Merkmalen: Bad/Dusche innerhalb der Wohnung, WC innerhalb der Wohnung und Zentral- oder Etagenheizung vorhanden. Als Datenbasis wurde die 1. Welle des Sozio-ökonomischen Panels benutzt.

sichtigt zwei aus wohlstandstheoretischer Sicht wichtige Faktoren: Zum einen werden die Personenzahl innerhalb eines Haushalts sowie Bedarfsunterschiede zwischen Personen mit einbezogen und zum anderen werden jeder Person im Haushalt gleiche Bedeutungsgewichte zugewiesen. Das dieser Vorgehensweise zugrunde liegende Konzept beruht im wesentlichen auf zwei Annahmen. Erstens soll das gesamte Haushaltseinkommen als Verfügungsspielraum für alle Mitglieder angesehen werden (Pool-Annahme) und zweitens wird postuliert, daß die vorhandenen monetären Ressourcen so aufgeteilt werden, daß alle Mitglieder des Haushalts das gleiche Wohlstandsniveau erreichen (Wohlstandsgleichverteilungsannahme).

In diesem Zusammenhang muß berücksichtigt werden, daß durch die Möglichkeit des gemeinsamen Wirtschaftens bei Mehr-Personen-Haushalten im Gegensatz zu Ein-Personen-Haushalten Einsparungen entstehen. Außerdem geht man davon aus, daß der Bedarf vom Lebensalter abhängt. Um dies zu berücksichtigen, wird eine Äquivalenzskala benutzt. Aus der Vielzahl der möglichen Skalen wird hier eine Skala gewählt, der die Sozialhilferegelsatzproportionen für die Bundesrepublik Deutschland zugrunde liegen (Hauser, Stubig 1985, S. 49). Diese Äquivalenzskala ordnet dem ersten Erwachsenen im Haushalt ein Gewicht von 1 und allen weiteren Erwachsenen über 21 Jahren ein Gewicht von 0,8 zu. Kinder erhalten je nach Lebensalter Gewichte von 0,45 bis 0,9. Das Wohlstandsniveau (Wohlstandsposition) jedes Haushaltsmitglieds ergibt sich durch Division des Haushaltsnettoeinkommens mit der Summe der Personengewichte entsprechend der Äquivalenzskala. Das so errechnete Wohlstandsniveau jedes Haushaltsmitglieds liegt für Zwei- und Mehr-Personen-Haushalte höher als das Pro-Kopf-Einkommen, aber niedriger als das Haushaltseinkommen. Für den Ein-Personen-Haushalt weisen alle drei Maßgrößen denselben Wert auf.

Als Bezugseinheit wird bei dieser Betrachtungsweise nicht der Haushalt, sondern die Person im Haushalt gewählt. Dies folgt aus der Annahme, daß dem Wohlstand jedes Haushaltsmitglieds die gleiche Bedeutung zukommt. Ein weiterer Vorteil dieser Vorgehensweise liegt darin, daß einige im Rahmen der Sozialpolitik bedeutsame Unterschiede durch die Möglichkeit, Personen nach dem Merkmal des Haushaltsvorstandes oder nach dem eigenen Merkmal zu klassifizieren, sichtbar gemacht werden können.

2 Aspekte der Gesamtverteilung sowie der Verteilung der Haushalte mit deutschem und mit ausländischem Haushaltsvorstand

2.1 Die Verteilung von Haushalten nach Nettoeinkommen und von Personen nach Wohlstandspositionen

In die Auswertung für die folgenden Analysen kamen insgesamt 5679 Haushalte aus der ersten Panelwelle. Bei 242 Haushalten konnten fehlende Werte des erfragten Haushaltsnettoeinkommens nicht ersetzt werden, so daß diese Haushalte aus der Analyse ausgeschlossen werden mußten. Von den verbleibenden Haushalten weisen insgesamt 4300 einen deutschen und 1379 einen ausländischen Haushaltsvorstand auf.

Für die Verteilung der Haushalte nach ihrem Nettoeinkommen ergibt sich ein Gini-Koeffizient von 0,318 für alle Haushalte bzw. von 0,319 für deutsche und 0,281 für ausländische Haushalte(5). Koeffizienten in dieser Höhe finden sich auch bei Schmaus für die Integrierten Mikrodatenfiles von 1962/63 und 1969 (Schmaus 1978, S. 94).

Die Ungleichheit der Verteilung ist bei ausländischen Haushalten etwas geringer als bei deutschen Haushalten (Tabelle 1). Dies beruht vor allem auf einer stark unterproportionalen Besetzung der oberen Nettoeinkommensklassen durch ausländische Haushalte. Betrachtet man die Verteilung der Personen nach Wohlstandspositionen, so stellt man für alle Personen im Vergleich zur Nettoeinkommensverteilung der Haushalte eine Verringerung des Gini-Koeffizienten um immerhin 11,7% auf 0,281 fest, für Personen in deutschen Haushalten sogar um 13,5% auf 0,276. Betrachtet man nur die ausländischen Haushalte, so steigt dort der Gini-Koeffizient beim Übergang auf Wohlstandspositionsklassen von Personen um 16,7% auf 0,328, die Verteilung erscheint deutlich ungleicher. Die Ursache dieses im Vergleich zu den deutschen Haushalten gegenläufigen Ergebnisses ist in der Haushaltsgröße zu vermuten. Insbesondere bei Personen in ausländischen Haushalten mit 4 und mehr Personen ist eine starke Konzentration im untersten Teil der Verteilung gegeben (vgl. Abschnitt 2.2).

Betrachtet man nun die Anteile der deutschen und ausländischen Haushalte an den einzelnen Quintilen der Gesamtverteilung, so ist bei den ausländischen Haushalten der Anteil im 2. Quintil der Nettoeinkommensverteilung mit 8,9% am höchsten. Bezogen auf die Verteilung der Wohlstandspositionen von Personen ist der höchste Wert mit 13,7% im 1.Quintil zu finden.

Zur weiteren Analyse der Verteilungen werden Haushalte und Personen nach Klassen gruppiert, die als Vielfache des durchschnittlichen Nettoeinkommens (VDNE) bzw. der durchschnittlichen Wohlstandsposition (VDWP) gebildet werden.

Aus den Tabellen 3 und 4 in Abschnitt 2.2 lassen sich für die Verteilung aller Haushalte bzw. Personen die folgenden Aussagen ableiten: Bei der Gesamtverteilung ist die typisch linkssteile Gestalt mit 59,1% der Haushalte unter dem Durchschnittseinkommen zu erkennen. Bezogen auf die Wohlstandsposition der Personen ist die Verteilung noch stärker asymmetrisch; 62,1% aller Personen weisen eine unterdurchschnittliche Wohlstandsposition

---

(5) Mit ausländischen Haushalten sind hier diejenigen Haushalte gemeint, deren Haushaltsvorstand Türke, Spanier, Grieche, Italiener oder Jugoslawe ist. Ausländer anderer Nationalität sind den Haushalten mit deutschem Haushaltsvorstand zugeschlagen worden.

Tabelle 1: Einige Verteilungsmaße zur Charakterisierung der Verteilung der Haushaltsnettoeinkommen der Haushalte (HNEK) und der Wohlstandsposition der Personen (WPOS) nach der Nationalität des Haushaltsvorstandes

		Alle Haushalte		Deutsche Haushalte		Ausländische Haushalte	
		HNEK	WPOS	HNEK	WPOS	HNEK	WPOS
arith. Mittel	DM	2820	1395	2854	1420	2318	1046
Zentralwert	DM	2452	1222	2493	1244	2003	851
Gini-Koeffizient		0,318	0,281	0,319	0,276	0,281	0,328
Verteilung über die Quintile der Haushalte bzw. Personen							
1. Quintil	%	7,29	9,02	7,22	9,28	8,64	7,64
2. Quintil	%	12,72	13,79	12,66	13,88	14,12	12,34
3. Quintil	%	17,42	17,54	17,46	17,49	17,59	16,38
4. Quintil	%	23,64	22,46	23,67	22,30	23,02	23,09
5. Quintil	%	38,94	37,19	38,99	37,04	36,61	40,55
Anteil der Haushalte/Personen an den Quintilen der Gesamtverteilung							
1. Quintil	%			93,3	86,3	6,7	13,7
2. Qunitil	%			91,1	94,9	8,9	5,1
3. Quintil	%			94,5	96,3	5,5	3,7
4. Quintil	%			94,1	96,1	5,9	3,9
5. Quintil	%			98,7	97,0	1,3	3,0

Anmerkung: Für die Berechnung der durchschnittlichen Wohlstandsposition wird jeder Person im Haushalt das Haushaltsnettoeinkommen dividiert durch die Summe der Bedarfsgewichte der Personen im Haushalt zugewiesen. Anschließend wird die Summe aller individuellen Wohlstandspositionen durch die Zahl aller Personen dividiert.

Quelle: Das Sozio-ökonomische Panel, Welle 1, 1984.

auf. In der untersten Klasse, die man als Niedrigeinkommens- und Armutsbereich charakterisieren kann, liegen immerhin 18,4% aller Haushalte, aber nur 11,7% aller Personen. In den oberen Klassen mit mehr als 150% des Haushaltsnettoeinkommens liegen zwar 15,7% aller Haushalte, nach der Umgruppierung auf Wohlstandspositionsklassen befinden sich darin aber nur 12,2% aller Personen. Bei der Betrachtung der Gesamtverteilung nach Haushaltsgrößen zeigt sich der bekannte Effekt, daß mit zunehmender Haushaltsgröße die Anteile der Haushalte, die unter dem durchschnittlichen Haushaltsnettoeinkommen liegen, deutlich abnehmen, während die Anteile in den höheren Nettoeinkommensklassen zunehmen.

Betrachtet man getrennt voneinander die Verteilungen der Personen, die in Haushalten verschiedener Größe leben, nach Wohlstandspositionsklassen, so wird ein gegenläufiger Effekt sichtbar: Mit zunehmender Haushaltsgröße nehmen zwar die Anteile der Haushalte in den unteren Nettoeinkommenklassen ab, aber die Anteile der Personen in unteren Wohlstandspositionsklassen nehmen mit zunehmender Haushaltsgröße zu; d.h., das bei größeren Haushalten im Durchschnitt höhere Nettoeinkommen reicht nicht aus, um die durch die höhere Personenzahl bedingte Abnahme des Wohlstandsniveaus voll zu kompensieren.

Ein erster Vergleich zwischen Transferumfrage 1981 und Panel 1984 (Tabelle 2) zeigt, daß der Gini-Koeffizient für das Nettoeinkommen deutscher Haushalte im Panel mit 0,319 etwas höher liegt als in der Transferumfrage mit 0,307. Dagegen liegt der Gini-Koeffizient für die Wohlstandsposition der Personen im Panel mit 0,276 niedriger als in der Transferumfrage 1981 mit 0,297. Wegen dieser gegenläufigen Entwicklung läßt sich auf der Basis dieser beiden Erhebungen nicht mit Sicherheit auf eine Zunahme der Ungleichheit in den Jahren 1981 bis 1984 schließen.

Bei einer differenzierteren Gegenüberstellung der Verteilung von deutschen Haushalten auf Vielfache des durchschnittlichen Nettoeinkommens (VDNE) und von Personen auf Vielfache der durchschnittlichen Wohlstandsposition (VDWP) im Panel 1984 und in der Transferumfrage 1981 ergibt sich folgendes Bild: Hiernach kann bei den deutschen Haushalten im Hinblick auf die Nettoeinkommensklassen ein leichtes Absinken vom unteren Mittelbereich in die unterste Klasse und gleichzeitig eine Aufstiegsbewegung im oberen Bereich konstatiert werden; dies würde mit einem leichten Anstieg des Gini-Koeffizienten konsistent sein.

Tabelle 2: Verteilung von Haushalten auf Vielfache des durchschnittlichen Nettoeinkommens (VDNE) und von Personen auf Vielfache der durchschnittlichen Wohlstandsposition (VDWP) in der Transferumfrage 1981 und im Panel 1984

VDNE od. VDWP von...bis unter... des Durchschnitts	bis 0,50 %	0,50 0,75 %	0,75 1,00 %	1,00 1,25 %	1,25 1,50 %	1,50 2,00 %	2,00 u.m. %	Gesamt %
ALLE DEUTSCHEN HAUSHALTE (VDNE)								
Transfer-umfrage 1981	16,4	23,2	20,9	13,8	11,1	10,0	4,4	100,0
Panel 1984	18,3	22,1	17,9	14,5	10,7	10,8	5,6	100,0
ALLE PERSONEN IN DEUTSCHEN HAUSHALTEN (VDWP)								
Transfer-umfrage 1981	11,2	25,7	25,2	16,6	9,8	7,6	3,9	100,0
Panel 1984	9,9	24,9	26,2	16,2	10,0	8,2	4,6	100,0

Quellen: Transferumfrage 1981: Hauser, Stubig 1985, S.58.
Das Sozio-ökonomische Panel, Welle 1, 1984.

Bei der Verteilung der Personen in deutschen Haushalten auf Wohlstandspositionsklassen wird jedoch im unteren Bereich eine Aufstiegsbewegung zur unteren Mittelgruppe sichtbar, während die Veränderung im oberen Bereich ähnlich verläuft. Hier machen sich neben Einkommensverschiebungen vermutlich auch Veränderungen der Haushaltszusammensetzung im Zeitraum von 1981 bis 1984 bemerkbar, die im Querschnittvergleich kaum isoliert werden können. Für genauere Analysen wird man die mit Hilfe weiterer Panelwellen zu gewinnenden Längsschnittdaten abwarten müssen.

2.2 Einige Unterschiede und Gemeinsamkeiten der Verteilung bei Haushalten mit deutschem und ausländischem Haushaltsvorstand

Betrachtet man die Verteilung nach Nettoeinkommen (Tabelle 3), so liegen 58,3% aller deutschen Haushalte, aber 72,4% aller ausländischen Haushalte unter dem Durchschnitt(6). Diese Differenz vergrößert sich noch, wenn die Wohlstandspositionen der Personen analysiert werden. Hier liegen 60,9% der Personen in deutschen Haushalten und 79,4% der Personen in ausländischen Haushalten unter der durchschnittlichen Wohlstandsposition. Unter dem 0,5fachen der durchschnittlichen Wohlstandsposition liegen 9,9% der Personen in deutschen Haushalten und 38,1% der Personen in ausländischen Haushalten. In den oberen Einkommensklassen sind 16,4% der deutschen Haushalte und 3,4% der ausländischen Haushalte vertreten. Bezogen auf Wohlstandspositionen sind hier aber nur 12,8% der Personen in deutschen Haushalten bzw. 3,2% der Personen in ausländischen Haushalten zu finden.

Tabelle 3: Die Verteilung von Haushalten und Personen nach Nationalität des Haushaltsvorstandes auf Vielfache des durchschnittlichen Nettoeinkommens (VDNE) und Vielfache der durchschnittlichen Wohlstandsposition (VDWP)

VDNE oder VDWP von...bis unter... des Durchschnitts	bis 0,50 %	0,50 0,75 %	0,75 1,00 %	1,00 1,25 %	1,25 1,50 %	1,50 2,00 %	2,00 u.m. %	Gesamt %
HAUSHALTE (VDNE) NACH NATIONALITÄT DES HAUSHALTSVORSTANDES								
Alle Haushalte	18,4	22,8	17,9	14,6	10,6	10,3	5,4	100,0
Deutsche Haushalte	17,2	20,8	16,9	13,7	10,1	10,2	5,3	94,2
Ausländische Haushalte	1,2	2,0	1,0	0,9	0,5	0,1	0,1	5,8
PERSONEN (VDWP) IN HAUSHALTEN								
Alle Haushalte	11,7	24,9	25,5	15,8	9,9	7,8	4,4	100,0
Deutsche Haushalte	9,3	23,3	24,5	15,2	9,4	7,7	4,3	93,7
Ausländische Haushalte	2,4	1,6	1,0	0,6	0,5	0,1	0,1	6,3

Quelle: Das Sozio-ökonomische Panel, Welle 1, 1984.

Differenziert man nach der Haushaltsgröße (Tabelle 4), so entspricht das Ergebnis für deutsche Haushalte dem Ergebnis in bezug auf die Gesamtverteilung. Bei den Nettoeinkommen der ausländischen Haushalte ist der Anteil der Haushalte unter dem Durchschnitt bei den Ein-Personen-Haushalten und bei den 3- bzw. 4-u.m.-Personen-Haushalten weit höher als bei deutschen Haushalten, während er bei den Zwei-Personen-Haushalten niedriger liegt. Zu dem gleichen Ergebnis kommt man bei der Betrachtung der unterdurchschnittlichen Wohlstandspositionen. Der Anteil beträgt hier bei den Personen in ausländischen 4-u.m.-Personen-Haushalten 94,6% gegenüber 74% bei den Personen in deutschen Haushalten. Lediglich bei den

---

(6)   In den Tabellen ist die Gesamtheit aller Haushalte und Personen jeweils gleich 100% gesetzt. Die im Text erwähnten Anteile von Teilgruppen, bei denen die Teilgruppe jeweils gleich 100% gesetzt ist, sind aus den Tabellen errechnet.

2-Personen-Haushalten ist hier die Verteilung für Personen in ausländischen Haushalten etwas günstiger (44,4% bzw. 47,2%). Als möglicher Grund für diese Besserstellung ist der höhere Anteil von Doppelverdienern bei den ausländischen Haushalten (40,2% gegenüber 26,7%) zu sehen.

Tabelle 4: Die Verteilung von Haushalten und Personen nach Nationalität des Haushaltsvorstandes und Haushaltsgröße auf Vielfache des durchschnittlichen Nettoeinkommens (VDNE) und Vielfache der durchschnittlichen Wohlstandsposition (VDWP)

VDNE oder VDWP von...bis unter... des Durchschnitts	bis 0,50 %	0,50 0,75 %	0,75 1,00 %	1,00 1,25 %	1,25 1,50 %	1,50 2,00 %	2,00 u.m. %	Gesamt %
HAUSHALTE (VDNE)								
1-Personen-Haushalte								
Alle Haushalte	14,1	10,0	3,7	1,6	(0,7)	(0,4)	(0,2)	30,7
Deutsche Haushalte	13,5	9,2	3,5	1,6	(0,7)	(0,4)	(0,2)	29,1
Ausländische Haushalte	0,6	0,8	(0,2)	/	/	/	/	1,6
2-Personen-Haushalte								
Alle Haushalte	2,5	7,1	6,8	4,6	3,5	2,8	1,2	28,5
Deutsche Haushalte	2,3	6,9	6,7	4,2	3,1	2,8	1,2	27,2
Ausländische Haushalte	(0,2)	0,2	(0,1)	0,4	0,4	/	/	1,3
3-Personen-Haushalte								
Alle Haushalte	(0,5)	3,0	3,8	4,0	2,8	2,5	1,3	17,9
Deutsche Haushalte	(0,4)	2,8	3,6	3,9	2,7	2,5	1,3	17,2
Ausländische Haushalte	(0,1)	0,2	0,2	(0,1)	-	/	/	0,7
4-u.m.-Personen-Haushalte								
Alle Haushalte	1,0	2,1	3,9	4,4	4,1	4,6	2,8	22,9
Deutsche Haushalte	0,7	1,4	3,4	4,1	3,9	4,6	2,8	20,9
Ausländische Haushalte	0,3	0,7	0,5	0,3	(0,2)	/	/	2,0
PERSONEN (VDWP)								
1-Personen-Haushalt								
Alle Haushalte	1,1	2,3	2,6	2,5	1,8	1,8	1,3	13,4
Deutsche Haushalte	1,0	2,2	2,5	2,3	1,6	1,7	1,3	12,6
Ausländische Haushalte	(0,1)	(0,1)	(0,1)	0,2	0,2	0,2	(0,1)	0,8
2-Personen-Haushalte								
Alle Haushalte	1,5	4,1	5,8	4,7	3,0	3,3	1,8	24,2
Deutsche Haushalte	1,4	3,9	5,7	4,5	2,7	3,3	1,8	23,3
Ausländische Haushalte	0,1	0,2	0,1	0,2	0,3	/	/	0,9
3-Personen-Haushalte								
Alle Haushalte	1,3	5,8	6,4	3,7	2,5	1,7	0,8	22,2
Deutsche Haushalte	1,1	5,5	6,2	3,6	2,5	1,7	0,8	21,4
Ausländische Haushalte	0,3	0,3	0,2	0,1	/	/	/	0,8
4-u.m.-Personen-Haushalte								
Alle Haushalte	7,4	12,3	10,8	4,9	3,0	1,3	0,5	40,2
Deutsche Haushalte	5,5	11,2	10,3	4,8	2,9	1,9	0,5	36,5
Ausländische Haushalte	1,9	1,1	0,5	0,1	0,1	/	/	3,7

Anmerkung: / = Kein Nachweis
() = Stichprobenumfang unter 30
■ = Stichprobenumfang unter 10

Quelle: Das Sozio-ökonomische Panel, Welle 1, 1984.

Die Unterschiede in den Verteilungen für deutsche und ausländische Haushalte bzw. Personen werden in den Schaubildern 1 und 2 besonders deutlich sichtbar (jede Teilgruppe ist gleich 100% gesetzt).

Schaubild 1: Verteilung der Haushalte nach Nationalität des
Haushaltsvorstandes auf Einkommensvielfache

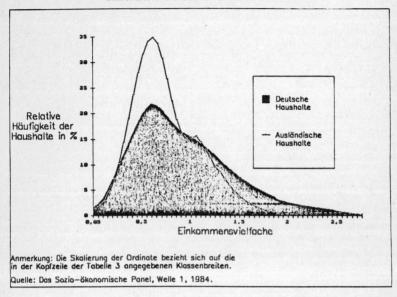

Schaubild 2: Verteilung der Personen nach Nationalität des
Haushaltsvorstandes auf Wohlstandspositionsvielfache

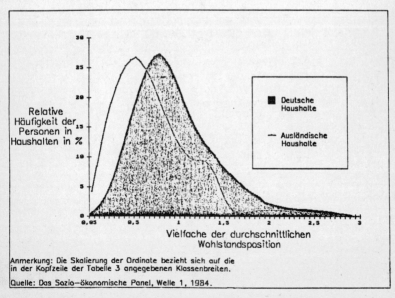

27

3 Verteilungsstrukturen von einzelnen Haushalts- und Personengruppen

3.1 Geschlechtsspezifische Unterschiede der Verteilung

Analysen der Verteilungsstruktur in Abhängigkeit vom Geschlecht des Haushaltsvorstandes haben als Hintergrund die Vermutung der Schlechterstellung der Haushalte mit weiblichem Haushaltsvorstand. Ein Vergleich mit den Ergebnissen der Transferumfrage 1981 kann außerdem Aufschluß darüber geben, ob hier im Zeitraum 1981 bis 1984 Veränderungen aufgetreten sind, die z.B. durch erhöhte Erwerbstätigkeit oder Arbeitslosigkeit seitens der Frauen erklärt werden könnten.

Zunächst entspricht das Ergebnis bei einer Differenzierung nach dem Geschlecht des Haushaltsvorstandes der gängigen Vorstellung. Bezogen auf die Gesamtverteilung haben 72,7% aller Haushalte einen männlichen und 27,3% einen weiblichen Haushaltsvorstand. Unter dem 0,75fachen des Durchschnittseinkommens liegen 28,2% der Haushalte mit männlichem und 74,4% der Haushalte mit weiblichem Haushaltsvorstand (Tabelle 5).

Während der Anteil der Haushalte mit weiblichem Haushaltsvorstand an allen deutschen Haushalten 28,4% ausmacht, liegt dieser Wert bei den ausländischen Haushalten mit 8,8% sehr viel niedriger; hier macht sich vor allem bemerkbar, daß es kaum Haushalte alleinstehender ausländischer Rentnerinnen gibt. Unter dem 0,75fachen des Durchschnittseinkommens liegen bei den ausländischen Haushalten 51,9% der Haushalte mit männlichem Haushaltsvorstand und 80% der Haushalte mit weiblichem Haushaltsvorstand. Bei den deutschen Haushalten sind es nur 26,4% bzw. 74,3%.

In Haushalten mit männlichem Haushaltsvorstand leben 84,4% aller Personen und in Haushalten mit weiblichem Haushaltsvorstand 15,6% aller Personen. Unter dem 0,75fachen der durchschnittlichen Wohlstandsposition liegen bei den Haushalten mit männlichem Haushaltsvorstand 36,5% aller Personen, bei den Haushalten mit weiblichem Haushaltsvorstand 34,6% aller Personen. Dies bedeutet, daß der starke Unterschied zwischen den Haushalten mit männlichem bzw. weiblichem Haushaltsvorstand, der sich in bezug auf die Nettoeinkommensposition zeigte, bei einem Übergang auf Wohlstandspositionsklassen der Personen fast verschwindet.

Diese Verschiebung tritt auch auf, wenn nach Nationalität des Haushaltsvorstandes unterschieden wird. Bei den deutschen Haushalten liegen 34,8% aller Personen in Haushalten mit männlichem Haushaltsvorstand und 34,0% in solchen mit weiblichem Haushaltsvorstand unter dem 0,75fachen der durchschnittlichen Wohlstandsposition. Bei den ausländischen Haushalten sieht die Verteilung für Personen in Haushalten mit weiblichem Haushaltsvorstand etwas ungünstiger aus. Hier liegen zwei Drittel aller Personen unter dem 0,75fachen der durchschnittlichen Wohlstandsposition gegenüber 60% bei ausländischen Haushalten mit männlichem Haushaltsvorstand.

Tabelle 5: Die Verteilung von Haushalten und Personen nach Nationalität des Haushaltsvorstandes, dem Geschlecht des Haushaltsvorstandes und nach eigenem Geschlecht auf Vielfache des durchschnittlichen Nettoeinkommens (VDNE) und Vielfache der durchschnittlichen Wohlstandsposition

VDNE oder VDWP von...bis unter... des Durchschnitts	bis 0,50 %	0,50 0,75 %	0,75 1,00 %	1,00 1,25 %	1,25 1,50 %	1,50 2,00 %	2,00 u.m. %	Gesamt %
HAUSHALTE (VDNE)								
Haushaltsvorstand männlich								
Alle Haushalte	6,0	14,5	15,1	12,8	9,7	9,6	5,0	72,7
Deutsche Haushalte	5,1	12,7	14,1	12,0	9,2	9,5	4,9	67,5
Ausländische Haushalte	0,9	1,8	1,0	0,8	0,5	(0,3)	(0,1)	5,2
Haushaltsvorstand weiblich								
Alle Haushalte	12,4	7,9	3,1	1,8	0,9	0,8	0,4	27,3
Deutsche Haushalte	12,1	7,8	3,0	1,8	0,9	0,8	0,4	26,8
Ausländische Haushalte	0,3	(0,1)	/	/	/	/	/	0,5
PERSONEN (VDWP)								
Haushaltsvorstand männlich								
Alle Haushalte	9,7	21,2	21,9	13,2	8,4	6,5	3,5	84,4
Deutsche Haushalte	7,5	19,8	21,0	12,5	7,9	6,3	3,4	78,4
Ausländische Haushalte	2,2	1,4	0,9	0,7	0,5	0,2	0,1	6,0
Haushaltsvorstand weiblich								
Alle Haushalte	1,9	3,5	3,8	2,5	1,7	1,4	0,8	15,6
Deutsche Haushalte	1,8	3,4	3,7	2,5	1,7	1,4	0,8	15,3
Ausländische Haushalte	0,1	0,1	0,1	/	/	/	/	0,3
PERSONEN (VDWP) NACH EIGENEM GESCHLECHT								
Männlich								
Alle Haushalte	5,5	11,5	12,0	8,0	5,1	4,0	2,2	48,3
Deutsche Haushalte	4,4	10,7	11,5	7,5	4,6	3,9	2,2	44,8
Ausländische Haushalte	1,1	0,8	0,5	0,5	0,5	0,1	/	3,5
Weiblich								
Alle Haushalte	5,7	13,2	13,4	8,0	5,1	4,1	2,2	51,7
Deutsche Haushalte	4,7	12,4	12,9	7,8	5,0	4,0	2,2	49,0
Ausländische Haushalte	1,0	0,8	0,5	0,2	0,1	0,1	/	2,7

Anmerkung: / = Kein Nachweis
() = Stichprobenumfang unter 30
- = Stichprobenumfang unter 10

Quelle: Das Sozio-ökonomische Panel, Welle 1, 1984.

Ein weiterer Aspekt zeigt sich bei der Betrachtung der Wohlstandspositionen der Personen, differenziert nach dem eigenen Geschlecht der Personen. In den Ergebnissen dokumentiert sich die bekannte Geschlechterproportion: der Anteil der Frauen ist größer als der der Männer. Dies trifft sowohl für die Gesamtverteilung als auch für Haushalte mit deutschem Haushaltsvorstand zu. Bei den Haushalten mit ausländischem Haushaltsvorstand ist die Relation umgekehrt. Bezogen auf alle Personen in ausländischen Haushalten sind 56,5% der Personen männlich und 43,5% weiblich. Ähnliche Ergebnisse finden sich für 1982 bei Miegel (1984, S. 45). Der

Grund für diese Umkehrung dürfte in einem 'Gastarbeitereffekt' zu finden sein, d.h. darin, daß ausländische Männer, die in der Bundesrepublik als Gastarbeiter erwerbstätig sind, zum Teil ihre Frauen bzw. Töchter im Heimatland wohnen lassen. Außerdem dürften unter den unverheirateten Gastarbeitern die Männer überwiegen.

Betrachtet man die Verteilung der Männer auf Wohlstandspositionsklassen im Hinblick auf den Anteil der unter der durchschnittlichen Wohlstandsposition liegenden Personen, so ist der Unterschied zwischen Männern und Frauen bei der Gesamtverteilung und bei der Verteilung der Personen in Haushalten mit deutschem Haushaltsvorstand nur gering. Bei den Personen in ausländischen Haushalten zeigt sich jedoch eine deutliche Diskrepanz: während nur 68,6% der Männer unter dem Durchschnitt liegen, sind es bei den Frauen 85,2%. Der Wert für die Männer würde sich allerdings deutlich erhöhen, wenn Überweisungen verheirateter Ausländer zugunsten ihrer in der Heimat zurückgebliebenen Familien bei der Berechnung ihrer Wohlstandsposition berücksichtigt werden würden.

Vergleicht man diese Werte mit den Ergebnissen der Transferumfrage 1981, so zeigt sich eine leichte Zunahme des Anteils der Haushalte mit weiblichem Haushaltsvorstand an allen deutschen Haushalten (1981: 27,6%; 1984: 28,4%). Der Anteil der Haushalte mit weiblichem Haushaltsvorstand in der Klasse unter dem 0,75fachen des Durchschnittseinkommens hat dagegen leicht abgenommen (1981: 75,0%; 1984: 74,3%).

Bezogen auf Wohlstandspositionen der Personen in deutschen Haushalten mit männlichem und weiblichem Haushaltsvorstand in dieser Klasse ist in diesem Zeitraum eine Angleichung der beiden Gruppen zu beobachten; (1981: 38,5% bzw. 30,2%; 1984: 36,6% bzw. 34,6%). Allerdings scheint diese Angleichung eher durch ein Absinken eines Teils der Haushalte mit weiblichem Haushaltsvorstand zustande gekommen zu sein.

Vergleicht man die Ergebnisse für 1981 und 1984 in bezug auf die Verteilung der Personen in deutschen Haushalten nach eigenem Geschlecht auf Wohlstandspositionen, so bestätigt sich die Aussage, daß Männer und Frauen von der Ungleichverteilung der Wohlstandspositionen fast gleichartig betroffen sind (Hauser, Stubig 1985, S. 64).

3.2   Zur Verteilung bei unterschiedlichen Haushaltstypen

Eine Analyse der Verteilungsstruktur differenziert nach Haushaltstypen soll vor allem bei der Betrachtung der Wohlstandspositionen der Haushaltsmitglieder Auswirkungen innerfamiliärer Umverteilung und staatlicher Transfers aufzeigen. Auch Transfers zwischen Haushalten können hier eine Rolle spielen.

Tabelle 6 zeigt, daß in 56% aller Haushalte ein Ehepaar allein oder mit Kindern lebt. In diesen Haushalten leben 71,1% aller Personen (Tabelle 7).

Tabelle 6: Die Verteilung von Haushalten nach Haushaltstypen und Nationalität des Haushaltsvorstandes auf Vielfache des durchschnittlichen Nettoeinkommens (VDNE)

VDNE von...bis unter... des Durchschnitts	bis 0,50 %	0,50 0,75 %	0,75 1,00 %	1,00 1,25 %	1,25 1,50 %	1,50 2,00 %	2,00 u.m. %	Gesamt %
HAUSHALTE (VDNE)								
Haushaltsvorstand verheiratet ohne Kinder								
Alle Haushalte	1,4	5,2	5,8	3,5	2,5	2,3	1,0	21,7
Deutsche Haushalte	1,3	5,0	5,7	3,4	2,5	2,3	1,0	21,2
Ausländische Haushalte	(0,1)	0,2	0,1	0,1	/	/	/	0,5
Verheiratet, 1 Kind								
Alle Haushalte	(0,3)	2,4	2,9	3,5	2,4	2,3	1,1	14,9
Deutsche Haushalte	(0,2)	2,2	2,8	3,4	2,4	2,3	1,1	14,4
Ausländische Haushalte	(0,1)	0,2	0,1	0,1	/	/	/	0,5
Verheiratet, 2 Kinder								
Alle Haushalte	(0,4)	1,4	2,4	2,7	2,4	2,8	1,3	13,4
Deutsche Haushalte	(0,3)	1,0	2,1	2,5	2,3	2,7	1,3	12,2
Ausländische Haushalte	(0,1)	0,4	0,3	0,2	0,1	0,1	/	1,2
Verheiratet, 3 u.m. Kinder								
Alle Haushalte	(0,4)	0,4	1,0	1,0	1,1	1,1	1,0	6,0
Deutsche Haushalte	-	-	0,8	0,8	1,0	1,1	1,0	5,2
Ausländische Haushalte	(0,1)	0,2	0,2	0,2	0,1	/	/	0,8
Alleinstehend ohne Kind								
Alle Haushalte	14,2	10,1	3,7	1,6	(0,7)	(0,5)	-	31,0
Deutsche Haushalte	13,5	9,2	3,5	1,5	(0,7)	(0,5)	-	29,1
Ausländische Haushalte	0,7	0,9	(0,2)	-	/	/	/	1,9
Alleinstehend mit Kind								
Alle Haushalte	0,8	1,3	0,9	0,7	(0,5)	(0,1)	-	4,5
Deutsche Haushalte	0,8	1,2	0,8	0,5	(0,3)	-	-	3,9
Ausländische Haushalte	/	(0,1)	-	(0,2)	-	/	/	0,6
Sonstiges								
Alle Haushalte	(0,5)	1,3	1,6	1,7	1,2	1,4	0,8	8,5
Deutsche Haushalte	(0,5)	1,2	1,6	1,6	1,2	1,4	0,8	8,3
Ausländische Haushalte	/	(0,1)	/	(0,1)	/	/	/	0,2

Anmerkung: / = Kein Nachweis
() = Stichprobenumfang unter 30
- = Stichprobenumfang unter 10

Quelle: Das Sozio-ökonomische Panel, Welle 1, 1984.

Tabelle 7: Die Verteilung von Personen nach Haushaltstypen und Nationalität des Haushaltsvorstandes auf Vielfache der durchschnittlichen Wohlstandsposition (VDWP)

VDWP von...bis unter... des Durchschnitts	bis 0,50 %	0,50 0,75 %	0,75 1,00 %	1,00 1,25 %	1,25 1,50 %	1,50 2,00 %	2,00 u.m. %	Gesamt %
PERSONEN IN HAUSHALTEN (VDWP)								
Haushaltsvorstand verheiratet ohne Kind								
Alle Haushalte	0,8	3,0	4,8	3,8	2,2	2,7	1,4	18,7
Deutsche Haushalte	0,7	2,9	4,7	3,7	2,1	2,7	1,4	18,2
Ausländische Haushalte	(0,1)	0,1	0,1	0,1	0,1	/	/	0,5
Haushaltsvorstand verheiratet, 1 Kind								
Alle Haushalte	1,1	4,5	5,5	3,3	2,3	1,4	0,7	18,8
Deutsche Haushalte	0,9	4,2	5,3	3,2	2,3	1,4	0,7	18,0
Ausländische Haushalte	0,2	0,3	0,2	0,1	/	/	/	0,8
Haushaltsvorstand verheiratet, 2 Kinder								
Alle Haushalte	2,2	6,1	6,7	3,2	1,9	1,1	(0,1)	21,3
Deutsche Haushalte	1,5	5,5	6,3	3,1	1,9	1,1	0,1	19,5
Ausländische Haushalte	0,7	0,6	0,4	0,1	/	/	/	1,8
Haushaltsvorstand verheiratet, 3 u.m. Kinder								
Alle Haushalte	2,8	4,6	2,4	1,3	1,0	(0,1)	0,1	12,3
Deutsche Haushalte	1,7	4,2	2,3	1,3	1,0	(0,1)	0,1	10,7
Ausländische Haushalte	1,1	0,4	0,1	/	/	/	/	1,6
Haushaltsvorstand alleinstehend ohne Kind								
Alle Haushalte	1,1	2,3	2,6	2,5	1,9	1,8	1,3	13,5
Deutsche Haushalte	1,0	2,2	2,5	2,3	1,7	1,7	1,3	12,7
Ausländische Haushalte	(0,1)	(0,1)	(0,1)	0,2	0,2	(0,1)	/	0,8
Haushaltsvorstand alleinstehend mit Kind								
Alle Haushalte	0,8	1,0	0,9	0,7	0,4	0,3	0,2	4,3
Deutsche Haushalte	0,7	1,0	0,9	0,6	0,2	0,3	0,2	3,9
Ausländische Haushalte	0,1	/	/	(0,1)	-	/	/	0,4
Sonstige Haushaltstypen								
Alle Haushalte	1,9	2,7	2,9	1,3	0,9	0,8	0,6	11,1
Deutsche Haushalte	1,8	2,7	2,9	1,2	0,9	0,8	0,6	10,9
Ausländische Haushalte	(0,1)	/	/	(0,1)	/	/	/	0,2

Anmerkung: / = Kein Nachweis
() = Stichprobenumfang unter 30
- = Stichprobenumfang unter 10

Quelle: Das Sozio-ökonomische Panel, Welle 1, 1984.

Diese Haushaltstypen sind bei den Haushalten mit deutschem Haushaltsvorstand mit 56,2% aller deutschen Haushalte, in denen 70,4% der Personen in deutschen Haushalten leben, vertreten. Bezogen auf Haushalte mit ausländischem Haushaltsvorstand weisen diese Haushaltstypen einen Anteil von 52,6% auf, in denen sogar 82,5% aller Personen in ausländischen Haushalten leben. Bei ausländischen und deutschen Haushalten ist der Anteil des Haushaltstyps 'Alleinstehend ohne Kind' am größten. Gemessen an der Anzahl der Haushalte der jeweiligen Nationalität sind dies bei deutschen Haushalten 30,9%, bei ausländischen Haushalten sogar 33,3%.

Allerdings leben in diesem Haushaltstyp nur 13,5% bzw. 13,1% aller deutschen bzw. ausländischen Personen.

Dieses Ergebnis muß wohl unterschiedlich interpretiert werden. Bei Haushalten mit ausländischem Haushaltsvorstand tritt hier der 'typische' alleinstehende Gastarbeiter in Erscheinung. Bei Haushalten mit deutschem Haushaltsvorstand dürften zu diesem Ergebnis vor allem junge Alleinstehende sowie verwitwete Rentner bzw. Rentnerinnen beitragen. Zieht man zum Vergleich das entsprechende Ergebnis der Transferumfrage 1981 heran, so ist dieses mit 29,3% immerhin um 1,6 Prozentpunkte geringer. In dieser Zunahme könnte eine leichte Tendenz zur selbständigen Haushaltsführung junger Menschen sowie zu einem erhöhten Altenanteil zum Ausdruck kommen.

Vergleicht man bei dem Typ "Alleinstehende ohne Kind" die Werte für die Klassen unter dem 0,75fachen des Durchschnitts, so zeigt sich, daß die Verteilung auf Wohlstandspositionen ein wesentlich günstigeres Ergebnis ergibt als die Verteilung auf Nettoeinkommenklassen. In dieser Gruppe liegen bei den Nettoeinkommensklassen 78,4% aller Haushalte bzw. 78,0% aller Haushalte mit deutschem Haushaltsvorstand und 84,2% aller Haushalte mit ausländischem Haushaltsvorstand. Bei der Verteilung auf Wohlstandspositionsklassen ergibt sich für dieselbe Abgrenzung sowohl bei der Gesamtverteilung als auch bei Differenzierung nach der Nationalität des Haushaltsvorstandes ein Anteil von nur 25%.

Bei einem Vergleich von Ehepaarhaushalten mit Kindern und Ehepaarhaushalten ohne Kinder zeigt sich im Hinblick auf den Anteil in unterdurchschnittlichen Nettoeinkommensklassen ein wesentlich günstigeres Ergebnis für Ehepaarhaushalte mit Kindern. Der Grund dafür dürfte darin liegen, daß in der Gruppe der Ehepaare ohne Kinder überwiegend Rentnerehepaarhaushalte mit niedrigem Einkommen zu finden sind. Geht man aber nun über auf die Verteilung der Personen auf Wohlstandspositionsklassen, so kehrt sich die Relation um. Aus dieser Sicht ergibt sich eine weitaus bessere Situation für Ehepaarhaushalte ohne Kinder.

Das gleiche Ergebnis erhält man auch, wenn man die Gesamtverteilung nach der Nationalität des Haushaltsvorstandes differenziert. Allerdings sind die Anteile der Haushalte mit ausländischem Haushaltsvorstand in den unterdurchschnittlichen Einkommensklassen wesentlich größer als jene der Haushalte mit deutschem Haushaltsvorstand.

Das Ergebnis, daß Ehepaarhaushalte ohne Kinder im Vergleich zu Ehepaaren mit Kindern ungünstiger gestellt sind, wenn man als Bezugsbasis das Haushaltsnettoeinkommen heranzieht, während bei einem Vergleich der Wohlstandspositionen Ehepaare mit Kindern deutlich zurückfallen, war bereits aus der Analyse der Transferumfrage 1981 bekannt (Hauser, Stubig 1985, S. 67). Trotz geringfügiger Verschiebungen kann dieses Ergebnis daher anhand der 1. Panelwelle bestätigt werden; dies besagt auch, daß in

33

dem Zeitraum von 1981 bis 1984 keine wesentlichen Verbesserungen im Bereich der Familienlastenausgleich-Transfers vorgenommen wurden, die das geschilderte Verhältnis zwischen Ehepaaren mit und ohne Kindern zugunsten der Familien mit Kindern grundlegend verbessert hätten.

3.3   Familienstand und Verteilungsstruktur

Inhaltlich nahestehend einer Verteilung nach Haushaltstypen ist eine Differenzierung nach dem Familienstand, die nach dem Merkmal des Haushaltsvorstandes, aber auch nach den eigenen Merkmalen der Personen im Haushalt erfolgen kann. Es ergibt sich hier die Möglichkeit, Anhaltspunkte über Familienzusammenhänge zu finden, die staatliche und private Transfers zur Folge haben; insbesondere läßt sich die Gruppe der Alleinstehenden genauer differenzieren.

Tabelle 8 zeigt, daß 61,4% aller Haushalte einen verheirateten Haushaltsvorstand aufweisen (unabhängig davon, ob die Ehepartner zusammen oder getrennt leben). Ein alleinstehender Haushaltsvorstand ist in 17,4% aller Haushalte verwitwet, in 6,0% aller Fälle geschieden und in 15,2% aller Fälle ledig. In den 61,4% der Haushalte mit verheiratetem Haushaltsvorstand leben 78,2% aller Personen, aber nur 49,9% aller Personen sind selbst verheiratet. Bei diesem Familienstand sind also die Haushalte ziemlich groß, wobei ein Großteil der weiteren Haushaltsmitglieder aus ledigen, oftmals minderjährigen Kindern besteht.

Vergleicht man innerhalb jeder Familienstandsgruppe jeweils die Haushalte mit ausländischer und deutscher Nationalität, so treten folgende Unterschiede deutlich hervor:
- ein höherer Anteil an ausländischen Haushalten mit verheiratetem Haushaltsvorstand (83,6% gegenüber 60,2%),
- geringere Anteile von ausländischen Haushalten mit verwitwetem Haushaltsvorstand (3,6% gegenüber 18,2%) sowie von ledigen Haushaltsvorständen (10,9% gegenüber 15,5%),
- ein fast gleich hoher Anteil von ausländischen Haushalten mit geschiedenem Haushaltsvorstand (5,5% gegenüber 6%).

Betrachtet man die Unterschiede in der Verteilung von deutschen und ausländischen Haushalten, so ist eine Beschränkung auf Haushalte von Verheirateten erforderlich, da bei den anderen Gruppen zu geringe Fallzahlen vorliegen; außerdem beschränken wir uns auf den Vergleich der Anteile bis zum 0,75fachen des Durchschnitts.

Während bei deutschen Haushalten mit verheiratetem Haushaltsvorstand nur 20,8% unter dieser Nettoeinkommensgrenze liegen, sind es bei den ausländischen Haushalten 50%. Betrachtet man anstelle der Nettoeinkommensposition der Haushalte mit verheiratetem Haushaltsvorstand die Wohlstandsposition von Personen in solchen Haushalten, so wird die Diskrepanz zwischen Deutschen und Ausländern im unteren Bereich noch deutlicher: In Haushalten mit deutschem verheirateten Haushaltsvorstand leben 35,2% aller Personen in solchen Haushalten unterhalb der Schwelle des 0,75fachen der durchschnittlichen Wohlstandsposition, in Haushalten mit ausländischem

Tabelle 8: Die Verteilung von Haushalten und Personen nach Nationalität und Familienstand des Haushaltsvorstandes auf Vielfache des durchschnittlichen Nettoeinkommens (VDNE) und Vielfache der durchschnittlichen Wohlstandsposition (VDWP)

VDNE und VDWP von...bis unter... des Durchschnitts	bis 0,50 %	0,50 0,75 %	0,75 1,00 %	1,00 1,25 %	1,25 1,50 %	1,50 2,00 %	2,00 u.m. %	Gesamt %
HAUSHALTE (VDNE)								
Haushaltsvorstand verheiratet								
Alle Haushalte	3,3	10,8	12,8	11,6	9,1	9,1	4,7	61,4
Deutsche Haushalte	2,6	9,2	11,9	10,9	8,6	9,0	4,6	56,8
Ausländische Haushalte	0,7	1,6	0,9	0,7	0,5	0,1	(0,1)	4,6
Haushaltsvorstand verwitwet								
Alle Haushalte	8,1	5,4	1,7	0,9	(0,5)	(0,4)	(0,4)	17,4
Deutsche Haushalte	8,0	5,3	1,7	(0,9)	(0,5)	(0,4)	(0,4)	17,2
Ausländische Haushalte	(0,1)	-	/	/	/	/	/	0,2
Haushaltsvorstand geschieden								
Alle Haushalte	1,4	1,6	1,4	0,6	(0,5)	(0,4)	-	6,0
Deutsche Haushalte	1,3	1,5	1,3	0,6	(0,5)	(0,4)	-	5,7
Ausländische Haushalte	(0,1)	(0,1)	-	/	/	/	/	0,2
Haushaltsvorstand ledig								
Alle Haushalte	5,3	4,8	2,2	1,4	0,8	(0,5)	-	15,2
Deutsche Haushalte	5,0	4,5	2,3	1,4	0,8	(0,5)	-	14,6
Ausländische Haushalte	0,3	0,3	/	/	/	/	/	0,6
PERSONEN (VDWP)								
Haushaltsvorstand verheiratet								
Alle Haushalte	9,2	20,0	21,1	12,0	7,8	5,5	2,6	78,2
Deutsche Haushalte	6,9	18,5	20,2	11,5	7,3	5,3	2,5	72,2
Ausländische Haushalte	2,3	1,5	0,9	0,5	0,5	0,2	(0,1)	6,0
Haushaltsvorstand verwitwet								
Alle Haushalte	0,6	1,9	2,6	1,8	0,7	0,9	0,6	9,1
Deutsche Haushalte	0,6	1,9	2,6	1,8	0,7	0,9	0,6	9,1
Ausländische Haushalte	/	/	/	/	/	/	/	/
Haushaltsvorstand geschieden								
Alle Haushalte	0,4	0,9	0,7	0,7	0,3	0,5	0,5	4,0
Deutsche Haushalte	0,4	0,9	0,7	0,7	0,3	0,5	0,5	4,0
Ausländische Haushalte	/	/	/	/	/	/	/	/
Haushaltsvorstand ledig								
Alle Haushalte	1,0	2,0	1,4	1,1	1,4	1,0	0,8	8,7
Deutsche Haushalte	1,0	1,9	1,3	1,0	1,4	1,0	0,8	8,4
Ausländische Haushalte	/	(0,1)	(0,1)	0,1	/	/	/	0,3

Anmerkung: / = Kein Nachweis
() = Stichprobenumfang unter 30
- = Stichprobenumfang unter 10

Quelle: Das Sozio-ökonomische Panel, Welle 1, 1984.

Haushaltsvorstand leben 63,3% unterhalb der genannten Schwelle. Dieses Ergebnis verdeutlicht eine bereits aus anderen Studien bekannte beträchtliche Überrepräsentation von Ausländern im Niedrigeinkommens- bzw. Niedrigwohlstandsbereich.

3.4 Verteilung nach Altersgruppen

Betrachtet man eine nach dem Lebensalter aufgegliederte Bevölkerung unter dem Gesichtspunkt der Einkommensentstehung, so kommt für Personen im erwerbsfähigen Alter dem Primäreinkommen die größte Bedeutung zu. Unterliegen diese Personen allerdings einer Erwerbsminderung, hervorgerufen z.B. durch Krankheit, Behinderung, Arbeitslosigkeit oder Kinderbetreuung, so treten staatliche und private Transfers mehr in den Vordergrund. Für Altersrentner sind staatliche Transfers die Haupteinnahmequelle, jüngeren Leuten dagegen kommen private Transfers in größerem Maße zugute. Inwieweit Transfers zur Kompensation fehlender Primäreinkommen dienen, zeigt folgende Analyse.

Die Verteilung des Nettoeinkommens (Tabelle 9) ist bei allen Haushalten mit einem Haushaltsvorstand in der Altersklasse bis zu 45 Jahren linkssteil mit 54,7% unter dem Durchschnittseinkommen. In der Klasse von 45 bis unter 60 Jahren ist sie rechtssteil (41,8% unter dem Durchschnitt) und in der letzten Altersklasse von 60 und mehr Jahren wieder stark linkssteil (80,1%). Dies trifft ebenso für die Verteilung der deutschen Haushalte zu. Die Verteilung der ausländischen Haushalte ist erwartungsgemäß in der ersten Altersklasse mit 80,0% wesentlich linkssteiler als die der deutschen. In der zweiten Altersklasse nimmt der Anteil der unter dem Einkommensdurchschnitt liegenden Haushalte zwar ab, die Verteilung ist mit 65,0% aber immer noch linkssteil. Für die dritte Altersklasse liegen keine für eine Interpretation ausreichenden Fallzahlen vor.

Ein aus dieser Betrachtung resultierendes Ergebnis einer im Alter ungenügenden Absicherung relativiert sich, wenn man auf Wohlstandspositionen der Personen abstellt. Die Anteile der unter der durchschnittlichen Wohlstandsposition liegenden Personen gleichen sich hier bezogen auf die drei Altersklassen an. Dies gilt auch, wenn nach Nationalität differenziert wird; jedoch sind die Anteile der Personen in ausländischen Haushalten mit unterdurchschnittlicher Wohlstandsposition jeweils deutlich höher als bei den Deutschen.

Diese Ergebnisse machen deutlich, daß von einer im Durchschnitt ungenügenden Altersabsicherung nicht die Rede sein kann. Nicht weiter überraschend ist die starke Konzentration in unteren Einkommensschichten bei ausländischen Haushalten, wobei hier die Verteilung für Personen in jüngeren Haushalten ungünstiger ist als die für Personen in Haushalten höheren Alters.

Tabelle 9: Die Verteilung von Haushalten und Personen nach Nationalität und Alter des Haushaltsvorstandes auf Nettoeinkommensklassen (VDNE) und Vielfache der durchschnittlichen Wohlstandsposition (VDWP)

VDNE oder VDWP von...bis unter... des Durchschnitts	bis 0,50 %	0,50 0,75 %	0,75 1,00 %	1,00 1,25 %	1,25 1,50 %	1,50 2,00 %	2,00 u.m. %	Gesamt %
HAUSHALTE (VDNE)								
Haushaltsvorstand unter 45 Jahre								
Alle Haushalte	5,9	8,6	7,2	6,6	4,7	4,7	2,0	39,7
Deutsche Haushalte	5,1	7,2	6,6	6,1	4,6	4,6	2,0	36,2
Ausländische Haushalte	0,8	1,4	0,6	0,5	0,1	0,1	/	3,5
Haushaltsvorstand 45-60 Jahre								
Alle Haushalte	2,5	4,0	5,7	5,3	4,6	4,6	2,5	29,2
Deutsche Haushalte	2,2	3,4	5,3	5,0	4,3	4,5	2,5	27,2
Ausländische Haushalte	0,3	0,6	0,4	0,3	0,3	0,1	/	2,0
Haushaltsvorstand über 60 Jahre								
Alle Haushalte	9,7	10,0	5,2	2,8	1,3	1,1	1,0	31,1
Deutsche Haushalte	9,7	10,0	5,2	2,8	1,3	1,1	1,0	31,1
Ausländische Haushalte	/	/	/	/	/	/	/	/
PERSONEN (VDWP)								
Haushaltsvorstand unter 45 Jahre								
Alle Haushalte	6,0	12,1	10,2	6,3	4,7	3,3	1,7	44,3
Deutsche Haushalte	4,5	10,9	9,6	5,9	4,5	3,2	1,7	40,3
Ausländische Haushalte	1,5	1,2	0,6	0,4	0,2	0,1	/	4,0
Haushaltsvorstand 45-60 Jahre								
Alle Haushalte	3,8	7,3	8,9	5,5	3,7	3,0	1,6	33,8
Deutsche Haushalte	3,0	6,9	8,6	5,3	3,4	2,9	1,6	31,7
Ausländische Haushalte	0,8	0,4	0,3	0,2	0,3	0,1	/	2,1
Haushaltsvorstand über 60 Jahre								
Alle Haushalte	1,6	5,4	6,5	3,9	1,8	1,6	1,1	21,9
Deutsche Haushalte	1,5	5,3	6,4	3,9	1,8	1,6	1,1	21,6
Ausländische Haushalte	(0,1)	-	(0,1)	/	/	/	/	0,3

Anmerkung: / = Kein Nachweis
() = Stichprobenumfang unter 30
- = Stichprobenumfang unter 10

Quelle: Das Sozio-ökonomische Panel, Welle 1, 1984.

Die Verteilung nach eigenem Alter der Personen auf Wohlstandspositions-klassen zeigt ein ähnliches Bild. Bei der Gesamtverteilung und bei Differenzierung nach Nationalität ist die Verteilung für Personen unter 18 Jahren stark linkssteil. Zieht man den Anteil aller unter dem 0,5fachen der durchschnittlichen Wohlstandsposition liegenden Personen (Armutsnähe) als Indikator heran, so zeigt sich ein abnehmender Anteil in dieser Gruppe mit zunehmendem Alter. Erst in der letzten Altersklasse nehmen die Anteile wieder leicht zu (Tabelle 10). Diese Schlechterstellung junger Leute deutet auf ein Problem unzureichender Absicherung durch private Transfers bzw. durch den Familienlastenausgleich hin. Für Personen in ausländischen Haushalten spiegelt sich hier aber auch der Altersaufbau wieder. So ist der Kinderanteil bei Ausländern sehr viel größer und der Anteil älterer Menschen sehr viel niedriger als bei den Deutschen (Fleischer 1985, S. 200).

Tabelle 10: Anteile der unter dem 0,5fachen der durchschnittlichen Wohlstandsposition liegenden Personen nach eigenem Alter an der jeweiligen Altersgruppe

Personen	in allen Haushalten	in deutschen Haushalten	in ausländischen Haushalten
unter 18 Jahre	18,0%	14,2%	50,0%
18 b.u.45 Jahre	11,8%	10,4%	29,0%
45 b.u.60 Jahre	7,4%	6,4%	25,0%
über 60 Jahre	7,6%	7,6%	/

Anmerkung: / = Kein Nachweis

Quelle: Das Sozio-ökonomische Panel, Welle 1, 1984.

3.5   Zur Verteilung von Haushalten mit Arbeitslosen

Der Absicherung gegen das Risiko der Arbeitslosigkeit ist angesichts der aktuellen Situation auf dem Arbeitsmarkt eine große Bedeutung beizumessen. Inwieweit Betroffenheit von Arbeitslosigkeit trotz der bestehenden Absicherung eine Schlechterstellung der entsprechenden Haushalte bewirkt, soll folgende Strukturanalyse beantworten helfen. Dabei wird als Haushalt mit Arbeitslosen ein Haushalt definiert, in dem zumindest eine Person lebt, die sich arbeitslos gemeldet hat. Hierbei ist zu beachten, daß es sich bei dem erfragten Haushaltsnettoeinkommen um eine auf den Befragungszeitraum Ende Februar bis Anfang Oktober 1984 bezogene Größe handelt, der Status der Arbeitslosigkeit wurde zum gleichen Zeitpunkt gemessen. Dementsprechend sind auch die aus dem Panel ermittelten Arbeitslosigkeitsquoten mit den amtlichen Werten nicht voll vergleichbar. Die Arbeitslosenquote in der ersten Panelwelle 1984 beträgt 6,7% gegenüber der begrifflich am nächsten kommenden amtlichen Angabe von 9,3% (Sachverständigenrat zur Begutachtung der gesamtwirtschaftlichen Entwicklung 1985, S. 61).

Bei der Betrachtung der Verteilung für alle Haushalte ist zunächst festzuhalten, daß in 6,3% aller Haushalte zumindest eine arbeitslose Person lebt; der Anteil der arbeitslosen Personen an allen Personen (einschließlich Kindern und Alten) beträgt aber lediglich 2,8% (Tabelle 11). In 5,4% aller deutschen Haushalte lebt mindestens eine arbeitslose Person, wobei der Anteil der arbeitslosen Personen hier 2,4% beträgt. Dagegen gibt es in 21,8% aller ausländischen Haushalte mindestens einen Arbeitslosen, deren Anteil an allen ausländischen Personen allerdings nur 9,4% ausmacht. Dies ist also eine wesentlich stärkere Diskrepanz als sie beim Vergleich der Arbeitslosenquoten für Deutsche (8,9%) und Ausländer (14,4%) zum Ausdruck kommt (Sachverständigenrat zur Begutachtung der gesamtwirtschaftlichen

Entwicklung 1985, S. 61; Amtliche Nachrichten der Bundesanstalt für Arbeit 1985, S. 11). Schon die Höhe dieser Werte macht deutlich, daß es sich bei den Ausländern auch hinsichtlich der Betroffenheit von Arbeitslosigkeit um eine Problemgruppe handelt.

Tabelle 11: Die Verteilung von Haushalten und Personen nach Nationalität und Erwerbsstatus auf Vielfache des durchschnittlichen Nettoeinkommens (VDNE) und Vielfache der durchschnittlichen Wohlstandsposition (VDWP)

VDNE oder VDWP von...bis unter... des Durchschnitts	bis 0,50 %	0,50 0,75 %	0,75 1,00 %	1,00 1,25 %	1,25 1,50 %	1,50 2,00 %	2,00 u.m. %	Gesamt %
HAUSHALTE (VDNE)								
mit Arbeitslosen								
Alle Haushalte	2,0	1,5	1,2	0,7	0,5	(0,3)	(0,1)	6,3
Deutsche Haushalte	1,4	1,2	1,0	(0,6)	(0,5)	(0,3)	(0,1)	5,1
Ausländische Haushalte	0,6	0,3	0,2	(0,1)	/	/	/	1,2
ohne Arbeitslose								
Alle Haushalte	16,2	21,1	16,8	14,0	10,1	10,2	5,3	93,7
Deutsche Haushalte	15,7	19,5	16,0	13,2	9,7	10,1	5,2	89,4
Ausländische Haushalte	0,5	1,6	0,8	0,8	0,4	0,1	0,1	4,3
PERSONEN (VDWP)								
in Haushalten mit arbeitslosen Haushaltsmitgliedern								
Alle Haushalte	2,5	2,2	1,5	0,6	(0,2)	(0,1)	–	7,2
Deutsche Haushalte	1,3	1,9	1,4	0,6	(0,2)	(0,1)	–	5,6
Ausländische Haushalte	1,2	0,3	(0,1)	/	/	/	/	1,6
in Haushalten ohne arbeitslose Haushaltsmitglieder								
Alle Haushalte	8,9	22,6	24,3	15,3	9,7	7,7	4,3	92,8
Deutsche Haushalte	7,8	21,2	23,4	14,7	9,2	7,5	4,2	88,0
Ausländische Haushalte	1,1	1,8	0,9	0,6	0,5	0,2	0,1	4,8
PERSONEN (VDWP) NACH EIGENEM MERKMAL								
Arbeitslos								
Alle Haushalte	0,3	0,6	0,7	0,7	0,3	(0,1)	(0,1)	2,8
Deutsche Haushalte	(0,2)	0,4	0,6	0,6	(0,2)	(0,1)	–	2,2
Ausländische Haushalte	0,1	0,2	0,1	(0,1)	(0,1)	/	/	0,6
Nicht arbeitslos								
Alle Haushalte	11,2	24,3	24,9	15,2	9,7	7,7	4,2	97,2
Deutsche Haushalte	9,0	22,8	23,9	14,7	9,2	7,6	4,2	91,4
Ausländische Haushalte	2,2	1,5	1,0	0,5	0,5	0,1	/	5,8

Anmerkung: / = Kein Nachweis
() = Stichprobenumfang unter 30
– = Stichprobenumfang unter 10

Quelle: Das Sozio-ökonomische Panel, Welle 1, 1984.

Die unvollständige soziale Absicherung bei Arbeitslosigkeit wird sich vor allem in der untersten Gruppe der Einkommensverteilung (bis zum 0,5fachen des Durchschnitts) widerspiegeln. Dementsprechend richtet sich hierauf unser Augenmerk. Gemessen am Anteil dieser untersten Gruppe ist die Nettoeinkommensverteilung für Haushalte mit Arbeitslosen (31,7%) wesentlich ungünstiger als für Haushalte ohne Arbeitslose (17,3%). Auch bei der

Betrachtung der Haushalte unter dem Einkommensdurchschnitt ist die Verteilung der Haushalte mit Arbeitslosen (74,6%) deutlich linkssteiler als die der Haushalte ohne Arbeitslose (57,7%).

Bei den deutschen Haushalten ist das Ergebnis ähnlich: 27,5% der deutschen Haushalte mit Arbeitslosen und 17,6% der deutschen Haushalte ohne Arbeitslose liegen in der untersten Klasse. Außerdem liegen 70,6% der deutschen Haushalte mit Arbeitslosen und 57,3% der deutschen Haushalte ohne Arbeitslose unter dem Durchschnittseinkommen.

Die Ergebnisse für ausländische Haushalte weisen in die gleiche Richtung, die Unterschiede zwischen Haushalten mit und ohne Arbeitslose sind jedoch noch deutlicher. So liegt jeder zweite der ausländischen Haushalte mit Arbeitslosen in der untersten Klasse gegenüber 11,6% der Haushalte ohne Arbeitslose. Wenn man berücksichtigt, daß der Anteil der ausländischen Haushalte ohne Arbeitslose in der untersten Gruppe niedriger ist als der entsprechende Wert für deutsche Haushalte, und sodann die große Differenz der Werte bei Haushalten mit Arbeitslosen betrachtet, so wird daran deutlich, in welchem Ausmaß Arbeitslosigkeit bei ausländischen Haushalten finanzielle Abstiege hervorruft. Auch wenn man den Anteil der unter dem Durchschnitt liegenden Haushalte betrachtet, zeigt sich die ungünstigere Position der Ausländer. Insgesamt 91,7% der ausländischen Haushalte mit Arbeitslosen bzw. 67,4% der ausländischen Haushalte ohne Arbeitslose liegen darunter.

Stellt man nun wiederum auf die Wohlstandsposition der Personen ab, so verstärken sich die Unterschiede zwischen Personen in Haushalten mit und ohne Arbeitslose bezogen auf Personen in allen Haushalten sowohl in der untersten Gruppe (34,7% bzw. 9,6%) als auch in dem Bereich unter der durchschnittlichen Wohlstandsposition (86,1% bzw. 60,1%). In der untersten Gruppe liegen 23,2% der Personen in deutschen Haushalten mit Arbeitslosen und 8,9% der Personen in deutschen Haushalten ohne Arbeitslose; in dem Bereich unter dem Durchschnittseinkommen leben 82,1% der Personen in deutschen Haushalten mit Arbeitslosen und 59,5% der Personen in deutschen Haushalten ohne Arbeitslose.

Von den Personen in ausländischen Haushalten mit Arbeitslosen befinden sich 75% in der untersten Klasse. Auffallend bei den Personen in ausländischen Haushalten ohne Arbeitslose ist aber nun, daß der Anteil der untersten Gruppe mit 22,9% wesentlich höher ist als bei deutschen Haushalten. War die Verteilung auf Nettoeinkommensklassen für ausländische Haushalte an dieser Stelle noch wesentlich günstiger als die für deutsche Haushalte, so kehrt sich dieses Ergebnis bei der Verteilung auf Wohlstandspositionsklassen um. Dies ist vermutlich wiederum ein Effekt der größeren Personenzahl bei ausländischen Haushalten im unteren Einkommensbereich. Im Bereich unterhalb der durchschnittlichen Wohlstandsposition leben ebenfalls größere Anteile der Personen in ausländischen Haushalten als in deutschen Haushalten: fast alle Personen in ausländischen Haushalten mit Arbeitslosen und immerhin 70,8% der Personen in ausländischen Haushalten ohne Arbeitslose.

4   Zusammenfassung

In diesem Beitrag werden auf der Basis einer neueren Datenquelle, der ersten Welle des Sozio-ökonomischen Panels (1984), Verteilungsstrukturen ermittelt. Dabei wird insbesondere zwischen deutschen und ausländischen Haushalten sowie zwischen Personen- und Haushaltsbetrachtung unterschieden. Außerdem werden ausgewählte, sozialpolitisch relevante Teilgruppen analysiert. Beschränkt auf deutsche Haushalte sollten die Ergebnisse der Transferumfrage 1981 des Sonderforschungsbereichs 3 auf ihre zeitliche Stabilität überprüft und für Änderungen gegebenenfalls Erklärungen gesucht werden.

Gemessen am Gini-Koeffizienten weisen deutsche Haushalte mit 0,319 eine größere Ungleichheit der Nettoeinkommen auf als ausländische Haushalte mit 0,281. Geht man zur Betrachtung der Wohlstandspositionen von Personen über, so erweist sich bei den Deutschen die Verteilung weniger ungleich als auf der Haushaltsebene, während bei den Ausländern die Ungleichheit größer erscheint. Ein Vergleich mit den Ergebnissen der Transferumfrage 1981 deutet bei den deutschen Haushalten eine leichte Tendenz zu einer Zunahme der Einkommensungleichheit an, jedoch lassen mögliche Erhebungsfehler keinen sicheren Schluß zu.

Die Betrachtung der Gesamtverteilung zeigt außerdem, daß eine größere Personenzahl im Haushalt nicht durch das bei zunehmender Haushaltsgröße im Durchschnitt ansteigende Haushaltsnettoeinkommen kompensiert wird. Im Vergleich zu der jeweiligen Nettoeinkommensklasse sinken größere Haushalte geordnet nach Wohlstandspositionen ab, während kleinere Haushalte aufsteigen. Dies ist für ausländische Haushalte in stärkerem Maße zu beobachten als für deutsche Haushalte.

Bei der Betrachtung einzelner Teilgruppen zeigt sich ebenfalls ein größerer Anteil ausländischer Haushalte im unteren Bereich der Verteilung. Bezogen auf Wohlstandspositionen wird der Unterschied zu den Personen in deutschen Haushalten noch größer, so daß sich ausländische Haushalte und Personen deutlich als Problemgruppe separieren.

Insgesamt gesehen sind die Ergebnisse für deutsche Haushalte für 1984 sehr ähnlich denen der Transferumfrage von 1981. Beim Vergleich dieser beiden Umfragen ergaben sich für manche Untergruppen Differenzen, die jedoch durchaus aus der unterschiedlichen Anlage der beiden Umfragen resultieren können. Trendaussagen lassen sich durch einen Vergleich dieser beiden Querschnitte daher nicht mit Sicherheit ableiten. Erst wenn mehrere Wellen des Sozio-ökonomischen Panels in Form von Längsschnittdaten analysiert werden können, sind verläßliche Aussagen über Veränderungen im Zeitablauf zu erwarten.

Literaturverzeichnis

Amtliche Nachrichten der Bundesanstalt für Arbeit 1985: Arbeitsstatistik 1984 - Jahreszahlen, Nürnberg.

Engel, Bernhard 1985: Die Transferumfrage als Datenquelle - Ihre Möglichkeiten und Grenzen zur empirischen Analyse der Einkommensverteilung und des Transfersystems, in: Hauser, Richard, Bernhard Engel (Hrsg.): Soziale Sicherung und Einkommensverteilung - Empirische Analysen für die Bundesrepublik Deutschland, Frankfurt - New York, S. 21-40.

Fleischer, Henning 1985: Ausländer im Bundesgebiet 1985, in: Wirtschaft und Statistik, Heft 3, S. 196-201.

Hauser, Richard, Hans-Jürgen Stubig 1985: Strukturen der personellen Verteilung von Nettoeinkommen und Wohlfahrtspositionen, in: Hauser, Richard, Bernhard Engel (Hrsg.): Soziale Sicherung und Einkommensverteilung - Empirische Analysen für die Bundesrepublik Deutschland, Frankfurt - New York, S. 41-97.

Klein, Thomas Ch. 1985: Umfang und Strukturen der Armut unter dem Einfluß von Zweitverdiensten, Sfb 3-Arbeitspapier Nr.170, Frankfurt - Mannheim.

Miegel, Meinhard 1984: Arbeitsmarktpolitik auf Irrwegen - Zur Ausländerbeschäftigung in der Bundesrepublik Deutschland, Stuttgart.

Sachverständigenrat zur Begutachtung der gesamtwirtschaftlichen Entwicklung 1985: Jahresgutachten 1985/86, Stuttgart - München.

Schmaus, Günther 1978: Personelle Einkommensverteilung im Vergleich 1962/63 und 1969, in: Krupp, Hans-Jürgen, Wolfgang Glatzer (Hrsg.): Umverteilung im Sozialstaat - Empirische Analysen für die Bundesrepublik, Frankfurt - New York, S. 71-112.

Zum Zusammentreffen von eigenen und abgeleiteten Leistungen aus Alterssicherungssystemen

Gabriele Rolf und Hans-Jürgen Stubig (*)

1   Problemstellung

Die Kumulation von Sozialleistungen ist bereits seit Jahren ein Problem wissenschaftlicher Beschäftigung mit Sozialpolitik (vgl. z.B. Mackenroth 1954; Transfer-Enquête-Kommission 1979; Becker 1985). Der folgende Beitrag konzentriert sich auf einen Teilbereich des Kumulationsproblems: das Zusammentreffen von eigenen und abgeleiteten Leistungen aus Alterssicherungssystemen bei einer Person. Aufgrund ihrer quantitativen Bedeutung steht dabei die gesetzliche Rentenversicherung (GRV) im Mittelpunkt der Betrachtung.

Das Zusammentreffen von eigenen und abgeleiteten Leistungen wird in diesem Beitrag lediglich unter einem von mehreren möglichen Blickwinkeln, und zwar unter Bedarfsgesichtspunkten, untersucht. Im Vordergrund steht dabei die in der sozialpolitischen Diskussion immer wieder aufgeworfene Frage, ob das Zusammentreffen mehrerer Sozialleistungen, hier von eigenen und abgeleiteten Leistungen aus Alterssicherungssystemen, zu Überversorgung führt oder notwendig ist, um ein ausreichendes Sicherungsniveau zu gewährleisten (vgl. z.B. Transfer-Enquête-Kommission 1979, S. 135). Andere Kriterien, die bei einer sozialpolitischen Bewertung des Kumulationsphänomens ebenfalls eine Rolle spielen - es sei hier nur an den Gedanken der Leistungsgerechtigkeit durch versicherungsgemäße Ausgestaltung von Transfers erinnert -, werden im folgenden außer Acht gelassen.

2   Die Erfassung des Einkommens aus Alterssicherungssystemen in der ersten Welle des Sozio-ökonomischen Panels

2.1   Datenlage

In der ersten Welle des Sozio-ökonomischen Panels, die von Ende Februar bis Anfang Oktober 1984 im Feld war, wurden im Bereich Einkommen aus Alterssicherungssystemen folgende, individuenbezogene Merkmale erhoben:

-    Höhe der eigenen Rente/Pension (auch Betriebsrente),

(*)   Wir danken Bernhard Engel für wertvolle Unterstützung bei der Abfassung dieses Beitrags.

43

- Höhe der Witwenrente (-pension), Waisenrente,
- Bezug jeder dieser beiden Einkommensarten in den einzelnen Kalendermonaten des Jahres 1983 und
- institutionelle Zuordnung der Rente/Pension, jeweils differenziert nach
  - Altersrente/-pension,
  - Erwerbs-/Berufsunfähigkeitsrente und
  - Witwenrente, Waisenrente, Witwenpension.

Die Einkommensangaben beziehen sich auf das Jahr 1983 (1), erfaßt wurde jeweils der durchschnittliche monatliche Bruttobetrag während der Bezugsdauer.

Für die Beantwortung der Frage nach der institutionellen Zuordnung der Sicherungsleistung(en) wurden im Fragebogen folgende Ausprägungen vorgegeben: Rentenversicherung der Arbeiter und der Angestellten, Knappschaft, Beamtenversorgung, Kriegsopferversorgung, Altershilfe für Landwirte, Unfallversicherung der Berufsgenossenschaft, Zusatzversorgung im öffentlichen Dienst (z.B. VBL), betriebliche Altersversorgung (z.B. Werkspension) und sonstige Rente/Pension.

Dieser kurze Merkmalsabriß soll verdeutlichen, daß eine Analyse der Einkommen aus Alterssicherungssystemen auf Basis der ersten Panelwelle vom Erhebungskonzept her insofern auf Grenzen stößt, als die Höhe von nur zwei Einkommensarten bekannt ist: die des Gesamteinkommens aus eigenen und die des Gesamteinkommens aus abgeleiteten Leistungen. Das heißt, für alle Personen, die mehr als eine eigene oder mehr als eine abgeleitete Leistung beziehen, läßt sich nicht sagen, wie sich das eigene bzw. das abgeleitete Einkommen im einzelnen zusammensetzt. Bezieht also beispielsweise eine Person eine eigene Rente aus der GRV und eine eigene Rente aus der betrieblichen Altersversorgung, weiß man nicht, wie hoch die GRV-Rente und wie hoch die Betriebsrente ist. Erst ab der zweiten bzw. dritten Panelwelle werden die Alterseinkommen detaillierter erfragt. Die folgenden Untersuchungen zur Kumulation von eigenen und abgeleiteten Leistungen aus Alterssicherungssystemen können daher nur auf die beiden oben genannten Gesamteinkommensbeträge abstellen.

2.2   Definitionen

Der Begriff 'Einkommen aus Alterssicherungssystemen' wird in diesem Beitrag definiert als das Einkommen, das eine Person, die 60 Jahre oder älter ist, aus eigenen und/oder abgeleiteten Leistungen aus den in Abschnitt 2.1

---

(1)   Bei der Interpretation der empirischen Ergebnisse ist somit zu beachten, daß ein Teil des Rentner- und Pensionärbestandes 1983 bis zum Jahr 1984 verstorben war und daher nicht in die Auswahl der Stichprobe gelangen konnte.

genannten Sicherungssystemen bezieht. Damit wird unterstellt, daß erstens die Sicherungen gegen Invalidität und gegen Tod des Verdieners ab einer bestimmten Altersgrenze die Funktion der Alterssicherung übernehmen, und zweitens, daß den Systemen, die keine 'typischen' Alterssicherungssysteme sind, wie die gesetzliche Unfallversicherung (GUV) und die Kriegsopferversorgung, ab einem bestimmten Alter der gesicherten Person ebenfalls Alterssicherungsfunktion zukommt. Daß die Sozialhilfe in diesem Beitrag nicht in den Kreis der untersuchten Systeme einbezogen wird, hat zwei Gründe. Zum einen dient sie primär der Sicherung des Existenzminimums. Sie ist negativ einkommensabhängig, stockt also lediglich zu geringes Einkommen auf die Höhe des sozio-kulturellen Existenzminimums auf. Zu Überversorgung können Sozialhilfeleistungen damit nicht beitragen. Zum anderen wird die Sozialhilfe nicht individuen-, sondern 'haushalts'bezogen gewährt (zur genauen Abgrenzung vgl. §§ 11 und 122 BSHG). Will man die Kumulation von Sozialleistungen - wie in diesem Beitrag - auf Personenebene untersuchen, müßte die Sozialhilfe (fiktiv) einzelnen Haushaltsmitgliedern zugerechnet werden. Ähnliche Überlegungen gelten für das Wohngeld.

Die gewählte Altersgrenze (60 Jahre) orientiert sich an der niedrigsten Altersgrenze in der Arbeiterrenten- und Angestelltenversicherung (ArV und AnV). Da im Sozio-ökonomischen Panel nicht nach dem Alter, sondern nach dem Geburtsjahr der Person gefragt wurde, gelten in diesem Beitrag alle Personen der Geburtsjahrgänge 1923 oder früher als 'alt'. Damit ist gewährleistet, daß die untersuchten Personen im Laufe des Jahres 1983, also dem Jahr, auf das sich die Einkommensangaben beziehen, mindestens das 60. Lebensjahr vollendet hatten.

Anstelle des etwas umständlichen Begriffs Einkommen aus Alterssicherungssystemen wird in diesem Beitrag manchmal nur der kürzere, aber weniger präzise Begriff Alterssicherungseinkommen gebraucht. Ebenfalls aus Gründen der sprachlichen Vereinfachung werden im folgenden - unabhängig von der Zahl der Leistungen je Person und ihrer institutionellen Herkunft - Personen mit ausschließlichem Bezug von eigenen Alterssicherungsleistungen als 'Nur-Versichertenrentenbezieher', Personen mit ausschließlichem Bezug von abgeleiteten Alterssicherungsleistungen als 'Nur-Witwenrentenbezieher' und Personen, die sowohl eigene als auch abgeleitete Leistungen beziehen, als 'Doppelrentenbezieher' bezeichnet.

3   Vergleich der Einkommenssituation unterschiedlich abgegrenzter Empfänger von Alterssicherungsleistungen

Tabelle 1 gibt einen Überblick über die Verteilung des persönlichen Gesamteinkommens aus Alterssicherungssystemen nach Art der Leistung und nach Geschlecht. Nach den Ergebnissen der ersten Welle des Sozio-ökonomischen Panels beziehen 8,9 Millionen Personen im Alter von 60 Jahren oder mehr Leistungen aus Alterssicherungssystemen, davon sind 5,4 Millio-

Tabelle 1: Die Verteilung von Personen (1) mit Einkommensleistungen (2) aus Alterssicherungssystemen (3) nach Geschlecht und Art der Leistung auf Größenklassen ihres Gesamteinkommens aus Alterssicherungssystemen

Personen mit Leistungen aus Alterssicherungssystemen	Anzahl	Anteil an der jew. Gruppe	Einkommensverteilung von ... bis unter ... DM						Durchschnittseinkommen
			unter 400	400-800	800-1200	1200-1600	1600-2000	2000 u.m.	
	in 1000	%	%	%	%	%	%	%	DM
alle Personen mit folgender(n) Leistung(en)									
eigene und/oder abgeleitete	8851	100	12,0	14,2	22,7	20,7	12,5	17,9	1332
nur eigene	6017	68,0	15,0	14,9	16,6	17,0	13,9	22,6	1401
nur abgeleitete	1647	18,6	8,7 /	19,2	37,0	24,7	5,7)	4,7)	1036
eigene und abgeleitete	1187	13,4	1,7 /	3,6 /	33,3	34,0	15,1	12,3)	1396
Frauen mit folgender(n) Leistung(en)									
eigene und/oder abgeleitete	5449	100	18,7	19,2	26,4	20,1	8,4	7,3	1027
nur eigene	2621	48,1	32,6	26,2	16,6	10,8	7,0)	6,8)	858
nur abgeleitete	1647	30,2	8,7 /	19,2	37,0	24,7	5,7)	4,7)	1036
eigene und abgeleitete	1181	21,7	1,7 /	3,6 /	33,5	34,2	15,2	11,8)	1389
Männer mit folgender(n) Leistung(en)									
eigene und/oder abgeleitete	3403	100	1,4 /	6,1	16,6	21,7	19,1	35,0	1822
nur eigene	3396	99,8	1,4 /	6,1	16,7	21,8	19,2	34,9	1820

Anmerkungen: (1) Nur Personen der Geburtsjahrgänge 1923 und älter mit einer Einkommensangabe größer Null bei eigenen oder abgeleiteten Leistungen. (2) Durchschnittlicher monatlicher Bruttobetrag während der Bezugsdauer im Kalenderjahr 1983. (3) Arbeiterrentenversicherung, Angestelltenversicherung, knappschaftliche Rentenversicherung, Altershilfe für Landwirte, Beamtenversorgung, Zusatzversorgung im öffentlichen Dienst, Betriebliche Altersversorgung, Kriegsopferversorgung, Gesetzliche Unfallversicherung, sonstige Rente/Pension.

) Fallzahl in der Stichprobe kleiner als 30.
/ Fallzahl in der Stichprobe kleiner als 10.

Quelle: Das Sozio-ökonomische Panel, Welle 1, 1984. Anhand des Mikrozensus 1982 und der EG-Arbeitskräftestichprobe 1984 hochgerechnete Werte.

46

nen Frauen und 3,4 Millionen Männer. 6,0 Millionen Personen mit Alterssicherungsleistungen (68 %) erhalten ausschließlich eigene, 1,6 Millionen (19 %) ausschließlich abgeleitete Leistungen, 1,2 Millionen (13 %) sind Empfänger beider Leistungsarten.

Das durchschnittliche Gesamteinkommen aus Alterssicherungssystemen liegt bei 1332 DM monatlich. Frauen erhalten im Durchschnitt 305 DM weniger, Männer 490 DM mehr. Ein deutlicher Unterschied im Durchschnittseinkommen ist auch zwischen Personen mit ausschließlichem Bezug eigener Leistungen (1401 DM) und Personen mit ausschließlichem Bezug abgeleiteter Leistungen (1036 DM) erkennbar. Personen mit Bezug beider Leistungsarten liegen mit 1396 DM 64 DM über dem Gesamtdurchschnitt, erreichen aber nicht ganz das Einkommensniveau der Nur-Versichertenrentenbezieher.

Da die unterschiedlichen Leistungsarten geschlechtsspezifisch unterschiedliche Bedeutung haben und die Verteilung der Einkommen nach Geschlecht differiert, werden im folgenden Frauen und Männer mit Bezug von Alterssicherungsleistungen gesondert betrachtet. Während der ausschließliche Bezug von abgeleiteten Leistungen und die Kumulation von eigenen und abgeleiteten Leistungen praktisch nur bei Frauen vorkommt, sind Männer in der Gruppe der Personen mit ausschließlichem Bezug von eigenen Leistungen überproportional vertreten.

Betrachtet man die Gruppe der Frauen näher, so fällt zunächst ins Auge, daß die Alterssicherungseinkommen von Frauen mit ausschließlichem Bezug von eigenen Leistungen extrem linkssteil verteilt sind. Jede dritte Nur-Versichertenrentenbezieherin kann lediglich auf ein Einkommen aus Alterssicherungssystemen von unter 400 DM zurückgreifen, nur bei jeder vierten beträgt es 1200 DM oder mehr. Das durchschnittliche Alterssicherungseinkommen dieser Gruppe fällt mit 858 DM entsprechend niedrig aus. 72 (69) % der Nur-Versichertenrentenbezieherinnen mit eigenen Ansprüchen bis unter 400 (800) DM waren zum Zeitpunkt der Erhebung verheiratet. Es ist zu vermuten, daß diese Frauen bei Berücksichtigung des gesamten Ehegatteneinkommens als ausreichend versorgt angesehen werden können. Die mittlere Position unter den Frauen nimmt die Gruppe der Nur-Witwenrentenbezieherinnen ein. Diese Frauen konzentrieren sich auf den Einkommensbereich von 800 bis unter 1600 DM (61,7 %). In den Einkommensklassen ab 1600 DM sind sie - sicher auch durch die institutionellen Regelungen der Hinterbliebenensicherung bedingt - nur relativ selten anzutreffen (10,4 %). Finanziell am besten unter den Frauen steht die Gruppe der Doppelrentenbezieherinnen da. Mehr als 61 % von ihnen verfügen über ein Einkommen aus Alterssicherungssystemen von 1200 DM oder mehr, jede vierte sogar über eines von 1600 DM oder mehr, nur bei einem geringen Prozentsatz (5,3 %) ist es kleiner als 800 DM.

Im Vergleich zu Frauen haben Männer, die in der Regel nur Leistungen aufgrund vorheriger Erwerbstätigkeit beziehen, eine sehr viel günstigere

Einkommenssituation. Das durchschnittliche Einkommen aus Alterssicherungssystemen der Nur-Versichertenrentenbezieher ist mit 1820 DM mehr als doppelt so hoch wie das Einkommen der korrespondierenden Frauengruppe und liegt rund 37 % über dem sämtlicher Leistungsbezieher. Sogar gegenüber Frauen mit gleichzeitigem Bezug von eigenen und abgeleiteten Leistungen können Nur-Versichertenrentenbezieher im Durchschnitt einen Einkommensvorsprung von mehr als 30 % verzeichnen. Drei Viertel dieser Männer haben ein Alterssicherungseinkommen von 1200 DM oder mehr, gut jeder Dritte (34,9 %) sogar von 2000 DM oder mehr. Bei der Bewertung der Ergebnisse ist allerdings zu beachten, daß verheiratete Männer gegebenenfalls noch eine Frau ohne oder mit geringem eigenen Einkommen mit unterhalten müssen.

Die ungleiche Verteilung der persönlichen Gesamteinkommen aus Alterssicherungssystemen zwischen Männern und Frauen entspricht den Erwartungen und wird durch die Ergebnisse anderer empirischer Untersuchungen gestützt (vgl. Der Bundesminister für Arbeit und Sozialordnung 1985a, 1985b). Die Gründe hierfür sind in den häufig nicht durchgehenden Sicherungsverläufen von Frauen, den bei Frauen im Durchschnitt geringeren Entgeltfaktoren sowie in der Tatsache zu suchen, daß abgeleitete Leistungen - die ganz überwiegend an Frauen fließen - lediglich einen bestimmten Prozentsatz der originären Leistungen an den verstorbenen Ehegatten ausmachen. Die Einkommenssituation von Männern und Frauen mit Alterssicherungsleistungen kann allerdings nicht allein nach der Höhe des persönlichen Gesamteinkommens aus Alterssicherungssystemen beurteilt werden, zu berücksichtigen sind auch eventuelle weitere Einkommen im Haushalt sowie die Haushaltsgröße und -zusammensetzung. Auf diesen Aspekt wird in Abschnitt 6.1 dieses Beitrags eingegangen.

4   Zur empirischen Relevanz unterschiedlicher Kumulationstypen

Der folgende Abschnitt beschäftigt sich mit der Frage, welche der möglichen Formen des Zusammentreffens von Alterssicherungsleistungen bei einer Person empirisch vorzufinden sind.

In Tabelle 2 wird dargestellt, welcher Zusammenhang zwischen der Anzahl der Alterssicherungsleistungen pro Person und der Höhe des persönlichen Gesamteinkommens aus Alterssicherungssystemen besteht. Auch hier wird wieder unterschieden zwischen Personen mit ausschließlichem Bezug von eigenen Leistungen, Personen mit ausschließlichem Bezug von abgeleiteten Leistungen und Personen, die neben eigenen auch abgeleitete Leistungen beziehen. Für alle drei Personengruppen zeigt sich - mit einer Ausnahme - ein mit steigender Anzahl der Leistungen zunehmendes durchschnittliches Gesamteinkommen aus Alterssicherungssystemen (siehe in diesem Zusammenhang auch Transfer-Enquête-Kommission 1979, S. 135 ff. und Becker 1985, S. 124 ff.).

Tabelle 2: Die Verteilung von Personen (1) mit Einkommensleistungen (2) aus Alterssicherungssystemen (3) nach Art und Zahl der Leistungen auf Größenklassen ihres Gesamteinkommens aus Alterssicherungssystemen

Personen mit Leistungen aus Alterssicherungssysteme (4)	Anzahl (5)	Anteil an der jew. Gruppe	Einkommensverteilung von ... bis unter ... DM				Durchschnittseinkommen
			unter 800	800- 1200	1200- 1600	1600 u.m.	
	in 1000	%	%	%	%	%	DM
insgesamt	8346	100	26,3	22,0	20,3	31,3	1347
mit ausschließlichem Bezug von eigenen Leistungen							
zusammen	5811	100	29,9	16,4	16,6	37,1	1411
1 Leistung	4519	77,8	28,3	13,7	13,3	22,4	1231
2 Leistungen	1170	20,1	1,6)	1,8)	3,0	13,7	2066
3 oder mehr Leistungen	122)	2,1)	-	0,9 /	0,2 /	1,0)	1825)
mit ausschließlichem Bezug von abgeleiteten Leistungen							
zusammen	1428	100	28,5	35,7	25,8	10,0)	1037
1 Leistung	1232	86,3	28,5	31,6	17,9	8,2)	986
2 Leistungen	165)	11,5)	-	4,1 /	5,9)	1,5 /	1320)
3 oder mehr Leistungen	31 /	2,2 /	-	-	1,9 /	0,3 /	1539 /
mit gleichzeitigem Bezug von eigenen und abgeleiteten Leistungen							
zusammen	1108	100	4,6)	33,7	32,9	28,8	1409
1 eigene, 1 abgeleitete	872	78,8	4,6)	31,4	24,4	18,2)	1324
1 eigene, 2 abgeleitete	132)	11,9)	-	2,3 /	4,4 /	5,2 /	1507)
2 eigene, 1 abgeleitete	85)	7,7)	-	-	4,0 /	3,7 /	1872)
2 eigene, 2 abgeleitete	18 /	1,7 /	-	-	-	1,7 /	2595 /

Anmerkungen: (1) Wie Anmerkung 1 in Tabelle 1. (2) Wie Anmerkung 2 in Tabelle 1. (3) Wie Anmerkung 3 in Tabelle 1. (4) Prozentuierungsbasis für die Gliederung nach Anzahl der Leistungen sind alle Personen mit der(n) jeweiligen Leistungsart(en). (5) Abweichungen in den Fallzahlen gegenüber Tabelle 1 erklären sich aus unvollständigen oder inkonsistenten Angaben im Datensatz.

) Fallzahl in der Stichprobe kleiner als 30.
/ Fallzahl in der Stichprobe kleiner als 10.

Quelle: Das Sozio-ökonomische Panel, Welle 1, 1984. Anhand des Mikrozensus 1982 und der EG-Arbeitskräftestichprobe 1984 hochgerechnete Werte.

Von den Nur-Versichertenrentenbeziehern erhalten gut drei Viertel jeweils nur eine Leistung. Rund 20 % können auf zwei, etwa 2 % auf drei oder mehr Leistungen zurückgreifen. Während das Gesamteinkommen aus Alterssicherungssystemen bei Nur-Versichertenrentenbeziehern mit einer Leistung in etwa eine U-förmige Verteilung aufweist, ist es bei Empfängern von zwei oder mehr Leistungen rechtssteil verteilt.

Unter den Nur-Witwenrentenbeziehern ist der Prozentsatz derer, die nur eine Leistung empfangen, noch höher als bei den Nur-Versichertenrentenbeziehern (86,3 %). Auch von den Nur-Witwenrentenbeziehern erhalten nur relativ wenige drei oder mehr Leistungen. Hervorzuheben ist, daß Personen mit zwei oder mehr Leistungen aus der Hinterbliebenenversorgung - im Unterschied zu Personen mit nur einer abgeleiteten Leistung - im Einkommensbereich unter 800 DM in der Stichprobe überhaupt nicht vertreten sind.

Personen, die sowohl eigene als auch abgeleitete Alterssicherungsleistungen beziehen, erhalten zu fast 80 % insgesamt nur zwei Leistungen. Ihr durchschnittliches Gesamteinkommen aus Alterssicherungssystemen ist in etwa so hoch wie das aller Bezieher von Alterssicherungsleistungen. 30 % höher liegt es bei Doppelrentenbeziehern mit drei oder mehr Leistungen. Dies zeigt sich auch in der Verteilung: Während ca. 46 % aller Doppelrentenbezieher mit insgesamt zwei Leistungen im Einkommensbereich unter 1200 DM liegen, sind es bei Empfängern von drei oder mehr Leistungen nur rund 11 %. Unter den Personen mit drei Leistungen stellen sich erwartungsgemäß die besser, die zwei eigene und eine abgeleitete Leistung beziehen, als die, die eine eigene und zwei abgeleitete Leistungen erhalten. Personen mit mehr als drei Leistungen sind in dieser Gruppe kaum vertreten.

Während bislang sämtliche Bezieher von Alterssicherungsleistungen betrachtet wurden, stehen im folgenden nur noch Personen mit gleichzeitigem Bezug von eigenen und abgeleiteten Leistungen im Mittelpunkt der Untersuchungen. Dabei soll zunächst der Frage nachgegangen werden, aus welchen Sicherungssystemen die Leistungen dieser Personen stammen. Auswertungen der ersten Welle des Sozio-ökonomischen Panels haben wie erwartet gezeigt, daß für die hier als Doppelrentenbezieher bezeichneten Personen die GRV mit Abstand das bedeutsamste Sicherungssystem ist (tabellarisch nicht ausgewiesen).

Eine eigene Leistung aus der GRV erhalten 93,5 % aller Bezieher von eigenen und abgeleiteten Alterssicherungsleistungen. Gemessen an sämtlichen diesem Personenkreis zufließenden eigenen Leistungen sind dies 85,5 % aller Zahlfälle. Bei den abgeleiteten Leistungen ist das Gewicht der GRV etwas geringer, aber immer noch sehr hoch. 82,9 % der Personen, die sowohl eigene als auch abgeleitete Leistungen beziehen, können auf eine Witwen- oder Witwerrente aus der GRV zurückgreifen. Dies sind 74,4 % aller abgeleiteten Leistungen, die an diese Personengruppe gezahlt werden. Bei den abgeleiteten Leistungen spielen noch die Kriegsopferversorgung und die

50

Beamtenversorgung eine gewisse Rolle: 13 % aller Personen mit gleichzeitigem Bezug von eigenen und abgeleiteten Alterssicherungsleistungen erhalten eine Hinterbliebenenrente aus der Kriegsopferversorgung, 9 % eine Witwen(r)pension aus der Beamtenversorgung. Daß Doppelrentenbezieher häufiger in der GRV versichert waren als ihre verstorbenen Ehegatten, überrascht nicht, da es sich bei der untersuchten Personengruppe nahezu ausschließlich um Frauen handelt.

Eine sehr große Gruppe unter den Beziehern eigener und abgeleiteter Alterssicherungsleistungen stellen mit fast 60 % die Personen dar, die ausschließlich Leistungen der GRV beziehen. Erweitert man diese Gruppe noch um die Personen, die neben einer eigenen und einer abgeleiteten GRV-Rente noch weitere eigene und/oder abgeleitete Leistungen aus anderen Sicherungssystemen erhalten, so kommt man sogar auf einen Satz von rund 78 %.

5 Die Bedeutung der abgeleiteten Leistungen für das Gesamteinkommen aus Alterssicherungssystemen

Tabelle 3 zeigt, welche Bedeutung die abgeleiteten Einkommen für Personen mit gleichzeitigem Bezug von eigenen und abgeleiteten Leistungen aus Alterssicherungssystemen haben. Aus dem Anteil der abgeleiteten Einkommen am Gesamteinkommen aus Alterssicherungssystemen von Hinterbliebenen lassen sich Rückschlüsse auf die Verteilung der Rentenanwartschaften der Ehegatten ziehen. Diese wiederum ist in gewissem Umfange auch ein Indikator für die Art der Arbeitsteilung in der Ehe, d.h. die Verteilung der Erwerbsarbeit und der Arbeit im Hause.

In Tabelle 3 wird die Bedeutung des abgeleiteten Einkommens auf dreierlei Weise für unterschiedliche Einkommensgrößenklassen gemessen. Meßkonzept a ermittelt den durchschnittlichen Pro-Kopf-Anteil des abgeleiteten Einkommens am Gesamteinkommen aus Alterssicherungssystemen, Meßkonzept b setzt die Summe der abgeleiteten Einkommen zur Summe der Gesamteinkommen aus Alterssicherungssystemen in Beziehung, Meßkonzept c bestimmt den Anteil der Personen, bei denen das abgeleitete Einkommen größer ist als das eigene Einkommen. Grundgesamtheit sind jeweils die Personen, die sowohl eigene als auch abgeleitete Alterssicherungsleistungen beziehen.

Die Meßkonzepte a und b unterscheiden sich von den Ergebnissen her kaum. Im Durchschnitt machen die abgeleiteten Einkommen der Doppelrentenbezieher rund drei Fünftel ihrer Gesamteinkommen aus Alterssicherungssystemen aus. Obwohl sich die abgeleiteten Leistungen nur auf einen bestimmten Prozentsatz der Rente oder Pension des verstorbenen Ehegatten belaufen, sind sie im Gesamtdurchschnitt und im Durchschnitt der betrachteten Einkommensgrößenklassen immer noch höher als die Ansprüche, die der überlebende Ehegatte durch ein eigenes Versicherungs- oder Versor-

Tabelle 3: Die Bedeutung der abgeleiteten Leistungen für das Gesamteinkommen (1) aus Alterssicherungssystemen (2) nach Größenklassen des Gesamteinkommens aus Alterssicherungssystemen bei unterschiedlichen Meßkonzepten (3)

Meßkonzepte (4)	Dim	Einkommensverteilung von ... bis unter ... DM				insgesamt
		unter 800	800- 1200	1200- 1600	1600 u.m.	
Meßkonzept a	%	53,7)	60,7	67,6	57,4	61,8
Meßkonzept b	%	53,3)	60,7	67,6	55,3	60,5
Meßkonzept c	%	53,1)	70,8	80,8	62,4	71,0
nachrichtlich:						
Anzahl	in 1000	63)	396	404	325	1187
Verteilung	%	5,3)	33,3	34,0	27,4	100

Anmerkungen: (1) Wie Anmerkung 2 in Tabelle 1. (2) Wie Anmerkung 3 in Tabelle 1. (3) Nur Personen der Geburtsjahrgänge 1923 und älter mit einer Einkommensangabe größer Null bei eigenen und abgeleiteten Leistungen. (4) Meßkonzept a: Durchschnittlicher Pro-Kopf-Anteil des abgeleiteten Einkommens am Gesamteinkommen aus Alterssicherungssystemen in den jeweiligen Einkommensgrößenklassen. Meßkonzept b: Verhältnis der Summe der abgeleiteten Einkommen in den jeweiligen Einkommensgrößenklassen zur Summe der Gesamteinkommen aus Alterssicherungssystemen in dieser Klasse. Meßkonzept c: Anteil der Personen mit überwiegendem 'Lebensunterhalt' aus abgeleiteten Leistungen (operationalisiert als: abgeleitetes Einkommen größer als eigenes Einkommen) in den jeweiligen Einkommensgrößenklassen.

) Fallzahl in der Stichprobe kleiner als 30.
/ Fallzahl in der Stichprobe kleiner als 10.

Quelle: Das Sozio-ökonomische Panel, Welle 1, 1984. Anhand des Mikrozensus 1982 und der EG-Arbeitskräftestichprobe 1984 hochgerechnete Werte.

gungsverhältnis erworben hat. Im Einkommensbereich von 1200 bis unter 1600 DM ist die Bedeutung des abgeleiteten Einkommens höher als im Durchschnitt, in der untersten und in der obersten Einkommensklasse ist sie niedriger. Eigene Leistungen gewinnen also dort relativ an Gewicht, wo das Gesamteinkommen aus Alterssicherungssystemen vergleichsweise niedrig bzw. vergleichsweise hoch ist.

Meßkonzept c vermittelt einen ähnlichen Gesamteindruck. Bei gut 70 % aller Doppelrentenbezieher ist das abgeleitete Einkommen größer als das eigene Einkommen. Im Einkommensbereich von 800 bis unter 1600 DM, in den etwa zwei Drittel aller Doppelrentenbezieher fallen, trifft dies sogar auf rund drei von vier Personen zu. Die Insgesamt-Ergebnisse der Meßkonzepte b und c stimmen in etwa mit den Ergebnissen einer Untersuchung aus dem Jahre 1977 überein, die sich - im Unterschied zu diesem Beitrag - auf Renten der ArV und AnV ohne Altersbegrenzung bezieht (vgl. Transfer-Enquête-Kommission 1979, S. 165-166).

Betrachtet man diejenigen Personen näher, bei denen das abgeleitete das eigene Alterssicherungseinkommen übersteigt (tabellarisch nicht ausgewiesen), so zeigt sich, daß bei gut zwei Dritteln dieser Personen das abgeleitete Einkommen mehr als doppelt so hoch ist wie das eigene. Dies ist fast die Hälfte aller Doppelrentenbezieher. Das durchschnittliche Gesamteinkommen aus Alterssicherungssystemen dieser Personengruppe unterscheidet sich mit 1317 DM nur geringfügig von demjenigen der Personen, deren abgeleitetes Einkommen zwar höher, aber höchstens doppelt so hoch ist wie ihr eigenes Einkommen (1333 DM). Ca. 250 DM höher ist das durchschnittliche Gesamteinkommen aus Alterssicherungssystemen der Doppelrentenbezieher, deren Gesamteinkommen überwiegend oder mindestens zur Hälfte aus eigenen Leistungen stammt (1577 DM). Dies sind fast 30 % aller Doppelrentenbezieher. Es zeigt sich damit deutlich, daß dort, wo die eigenen Leistungen dominieren, ein höheres durchschnittliches Gesamteinkommen aus Alterssicherungssystemen erreicht wird.

6 Das Zusammentreffen von eigenen und abgeleiteten Leistungen aus Alterssicherungssystemen – ein Problem der Überversorgung?

Um beurteilen zu können, ob es durch das Zusammentreffen von eigenen und abgeleiteten Leistungen aus Alterssicherungssystemen bei einer Person zu 'Überversorgung' kommt, muß zunächst der Begriff Überversorgung definiert werden. Hierfür bieten sich verschiedene Wege an. In diesem Beitrag wird das Vorliegen von Überversorgung auf unterschiedliche Weise gemessen: anhand von absoluten Einkommensbeträgen und mit Hilfe einer relativen Größe, der sog. Einkommensersatzrate (2).

6.1 Beurteilungsmaßstab: Durchschnittliche Einkommensbeträge unterschiedlicher Personengruppen mit Bezug von Alterssicherungsleistungen

Zunächst wird – in Anlehnung an Albers (1976, 1983) – Überversorgung dann unterstellt, wenn das Einkommen einer Person aus eigenen und abgeleiteten Alterssicherungsleistungen einen bestimmten absoluten DM-Betrag übersteigt. Um dem Tatbestand Rechnung zu tragen, daß die Wahl der Einkommensgrenze zwangsläufig immer mehr oder weniger willkürlich ist, werden im folgenden verschiedene, auf Basis des vorliegenden Datenmaterials ermittelte Durchschnittseinkommensbeträge unterschiedlicher Perso-

---

(2)   Der Aspekt der Unterversorgung wird in diesem Beitrag aus der Betrachtung ausgeklammert. Wie Auswertungen der ersten Welle des Sozio-ökonomischen Panels gezeigt haben, leben nur relativ wenige Personen mit gleichzeitigem Bezug von eigenen und abgeleiteten Leistungen aus Alterssicherungssystemen in Haushalten mit Sozialhilfebezug. Dies deckt sich mit anderen empirischen Befunden (vgl. Klanberg 1985).

nengruppen mit Bezug von Alterssicherungsleistungen als Beurteilungsmaßstab herangezogen. Da es sich bei den hier als Doppelrentenbeziehern bezeichneten Personen fast ausschließlich um Frauen handelt, bietet sich als mögliche Referenzgröße zunächst einmal das durchschnittliche Gesamteinkommen aus Alterssicherungssystemen von Männern an. Männer weisen in der Regel eine durchgehende "soziale Biographie" auf (vgl. zu diesem Begriff Zacher 1968), so daß sie im Alter ein 'angemessenes', den Zielsetzungen des Gesetzgebers entsprechendes Sicherungsniveau realisieren (in diesem Sinne auch Albers 1983, S. 127). Je nach familiärer Situation kann dies zu unterschiedlichen Möglichkeiten der Bedarfsdeckung führen. Als Beurteilungsmaßstab kommt daher auch das durchschnittliche Gesamteinkommen aus Alterssicherungssystemen von Alleinstehenden oder von Alleinlebenden in Frage, wobei das Alleinstehen am Familienstand (ledig, geschieden, verwitwet, getrennt lebend), das Alleinleben an der Haushaltsgröße festgemacht wird.

Bei diesen Vergleichen bleibt allerdings unberücksichtigt, ob es neben dem Einkommen aus Alterssicherungssystemen noch andere Einkommensquellen oder weitere Einkommensbezieher im Haushalt gibt und wie viele Personen von dem Einkommen leben müssen. Daher wurde noch das durchschnittliche haushaltsgrößen- und haushaltsstrukturbereinigte Haushaltsnettoeinkommen der untersuchten Personengruppen berechnet. Hierfür wurde das erfragte Haushaltsnettoeinkommen der jeweiligen Haushalte durch die Summe der Bedarfsgewichte der in diesem Haushalt lebenden Personen dividiert, jedem einzelnen Haushaltsmitglied zugeordnet und ein Durchschnitt über alle Personen in den jeweiligen Gruppen gebildet. Die gewählten Bedarfsgewichte entsprechen den Regelsatzproportionen der Sozialhilfe. Die den Berechnungen zugrunde liegende Äquivalenzskala für die Ermittlung der Bedarfsgewichte impliziert, daß durch das gemeinsame Wirtschaften in einem Haushalt Kostenersparnisse entstehen und Kinder geringere Versorgungskosten haben als Erwachsene. Der Rückgriff auf das haushaltsgrößen- und haushaltsstrukturbereinigte Haushaltsnettoeinkommen (im folgenden kurz: Äquivalenzeinkommen) stellt somit einen Versuch dar, bei der Beurteilung der Einkommenssituation von Doppelrentenbeziehern Bedarfsgesichtspunkten Rechnung zu tragen.

Bei der Interpretation der Ergebnisse ist zu beachten, daß das erfragte Haushaltsnettoeinkommen nicht alle Faktoren umfaßt, welche die Bedarfsdeckungsmöglichkeiten eines Haushalts beeinflussen (etwa den Nettomietwert des selbstgenutzten Wohneigentums oder den monetären Wert realer Transfers). Ferner ist darauf hinzuweisen, daß sich das erfragte Haushaltsnettoeinkommen - ebenso wie die Haushaltsgröße - auf das Jahr 1984 bezieht, während die restlichen in diesem Beitrag herangezogenen Einkommensvariablen für das Jahr 1983 erhoben wurden. Da das Äquivalenzeinkommen weniger als monetäre Variable denn als Positionsvariable verwendet wird, ist es sicherlich auch dann ein guter Indikator für Unterschiede in den Bedarfsdeckungsmöglichkeiten im Jahr 1983, wenn der Bezugszeitpunkt ein Jahr später, nämlich 1984, liegt. Dies gilt jedoch nur, wenn zwischen 1983 und 1984 keine nennenswerten Verschiebungen in der Rangfolge der Haushaltsnettoeinkommen und in der Haushaltszusammensetzung der untersuchten Personengruppen stattgefunden haben. Diese Unterstellung dürfte für den größten Teil der Haushalte, in denen Personen mit Bezug von Alterssicherungsleistungen leben, zutreffen.

Tabelle 4 gibt einen Überblick über die Einkommenssituation von Personen mit Bezug von Alterssicherungsleistungen, die sich im Hinblick auf demographische Merkmale bzw. Lebenssituationen voneinander unterscheiden. Wichtige demographische Merkmale sind das Geschlecht und die Haushaltsgröße, besondere Lebenssituationen sind das Alleinleben oder das Zusammenleben mit einem Ehepartner und damit häufig verbunden der Familienstand. Tabelle 4 liefert die zur Messung von Überversorgung benötigten absoluten Einkommensgrenzen. Darüber hinaus ergänzt sie die bisher vorgestellten Ergebnisse über die Einkommenslage im Alter in zweierlei Hinsicht: durch die Bildung weiterer Untergruppen und durch Berücksichtigung des Äquivalenzeinkommens. Analysegegenstand ist stets die Person. Auch das Äquivalenzeinkommen wird auf Personenebene - nicht etwa auf Haushaltsebene - ausgewertet (zur Begründung siehe Hauser, Stubig 1985, S. 52 ff.).

Der Vergleich der in Tabelle 4 ausgewiesenen demographischen Gruppen zeigt, daß Personen mit gleichzeitigem Bezug von eigenen und abgeleiteten Leistungen mit ihrem Alterssicherungseinkommen bei einer Durchschnittsbetrachtung zwar über dem Einkommensdurchschnitt sämtlicher Bezieher von Alterssicherungsleistungen liegen, es jedoch andere demographisch determinierte Lebenssituationen gibt, die durch ein höheres durchschnittliches Gesamteinkommen aus Alterssicherungssystemen gekennzeichnet sind. Auf eine Interpretation der Einzelergebnisse von Tabelle 4 soll an dieser Stelle verzichtet werden. Bei Heranziehung des durchschnittlichen Äquivalenzeinkommens - d.h. bei Berücksichtigung von Bedarfsgesichtspunkten - zeigt sich, daß die Durchschnittseinkommen der untersuchten Personengruppen sehr viel weniger streuen als ihre durchschnittlichen Alterssicherungseinkommen. Daß die Einkommenssituation von Personen nicht alleine mit Hilfe des Indikators Gesamteinkommen aus Alterssicherungssystemen beurteilt werden kann, sondern auch die Existenz bzw. Nichtexistenz weiterer Einkommen im Haushalt sowie die Haushaltsgröße und die Haushaltsstruktur mitberücksichtigt werden müssen, wird am Beispiel der nicht alleinstehenden (hier: der verheirateten, mit ihrem Ehepartner zusammenlebenden) Personen besonders deutlich. So fällt das durchschnittliche Alterssicherungseinkommen nicht alleinstehender Frauen mit 515 DM erheblich niedriger aus als bei nicht alleinstehenden Männern (1905 DM). Die genannten Einkommensbeträge spiegeln die traditionelle Rollenverteilung in der Ehe deutlich wider. Stellt man dagegen auf den Versorgungsaspekt ab und zieht als Beurteilungskriterium hierfür das durchschnittliche Äquivalenzeinkommen heran, gibt es nur geringfügige Unterschiede zwischen beiden Gruppen, wobei verheiratete, mit ihrem Ehepartner zusammenlebende Frauen sogar etwas besser dastehen als die vergleichbare Männergruppe.

Tabelle 4: Durchschnittliches Gesamteinkommen (1) aus Alterssicherungssystemen (2) und durchschnittliches haushaltsgrößen- und haushaltsstrukturbereinigtes Haushaltsnettoeinkommen (3) von Personen (4) mit Einkommensleistungen aus Alterssicherungssystemen

Personen mit Leistungen aus Alterssicherungssystemen	Gesamteinkommen aus Alterssicherungssystemen		haushaltsgrößen- und haushaltsstrukturbereinigtes Haushaltsnettoeinkommen	
	Anzahl (5)	Durchschnitt	Anzahl (5)	Durchschnitt
	in 1000	DM	in 1000	DM
insgesamt	8851	1332	8602	1269
dar.: mit gleichzeitigem Bezug von eigenen und abgeleiteten Leistungen	1187	1396	1128	1391
alleinlebend	987	1452	930	1442
nicht alleinlebend	201	1121	199	1154
Geschlecht				
männlich	3403	1822	3335	1266
weiblich	5449	1027	5267	1271
Familienstand				
alleinstehend (6)	4844	1234	4690	1321
Männer	705	1502	684	1529
Frauen	4139	1188	4006	1285
nicht alleinstehend	4007	1451	3912	1207
Männer	2698	1905	2650	1199
Frauen	1310	515	1261	1225
Familientyp				
alleinlebend	3627	1347	3514	1384
mit gleichzeitigem Bezug von eigenen und abgeleiteten Leistungen	987	1452	930	1442
ohne gleichzeitigen Bezug von eigenen und abgeleiteten Leistungen	2640	1307	2584	1363
mit Ehepartner im Haushalt (7)	4017	1450	3924	1204
sonstige	1207	899	1164	1142
Haushaltsgröße (8)				
1 Person	3627	1347	3514	1384
2 Personen	3913	1410	3795	1245
1 Bezieher	1538	1720	1497	1229
dar.: mit Ehepartner im Haushalt (7)	1232	1923	1191	1207
2 Bezieher	2374	1210	2298	1256
dar.: mit Ehepartner im Haushalt (7)	2088	1201	2042	1246
3 Personen u.m.	1312	1060	1293	1027
1 Bezieher	862	1092	843	1014
dar.: mit Ehepartner im Haushalt (7)	390	1527	383	1033
2 Bezieher u.m.	450	999	450	1051
dar.: mit Ehepartner im Haushalt (7)	308	1144	308	1134

Anmerkungen: (1) Wie Anmerkung 2 in Tabelle 1. (2) Wie Anmerkung 3 in Tabelle 1. (3) Erfragtes monatliches Haushaltsnettoeinkommen zum Zeitpunkt der Befragung (1984) dividiert durch die Summe der Bedarfsgewichte der im Haushalt lebenden Personen. Gewichtungsfaktoren sind die Regelsatzproportionen der Sozialhilfe. (4) Wie Anmerkung 1 in Tabelle 1. (5) Abweichungen in den Fallzahlen zur Grundgesamtheit der Tabelle erklären sich durch fehlende Angaben im Datensatz. (6) Ledig, geschieden, verwitwet, verheiratet (dauernd getrennt lebend). (7) Die Variable Ehepartner im Haushalt wurde von Notburga Ott unter Verwendung von Ergebnissen aus Welle 2 generiert. (8) Errechnet.

Quelle: Das Sozio-ökonomische Panel, Welle 1, 1984. Anhand des Mikrozensus 1982 und der EG-Arbeitskräftestichprobe 1984 hochgerechnete Werte.

In Tabelle 5 wird der Versuch unternommen, darzustellen, in welchem Umfang durch das Zusammentreffen von eigenen und abgeleiteten Alterssicherungsleistungen bei einer Person - gemessen am jeweils ausgewiesenen Durchschnittseinkommen ausgewählter Personengruppen - Überversorgung entsteht. Da der Gesetzgeber die Höhe des Äquivalenzeinkommens nicht in gleichem Maße beeinflussen kann wie die Höhe des Gesamteinkommens aus Alterssicherungssystemen, wird im folgenden nur untersucht, wie viele Doppelrentenbezieher mit ihrem Gesamteinkommen aus Alterssicherungssystemen bestimmte Einkommensstandards überschreiten. Als Einkommensgrenzen wurden die Werte gewählt, die sich in Tabelle 4 als durchschnittliches Gesamteinkommen aus Alterssicherungssystemen für relevante Subpopulationen ergeben haben. Um einen Vergleich mit der Gesamtpopulation zu ermöglichen, werden in Tabelle 5 zusätzlich zu den Doppelrentenbeziehern noch sämtliche Personen mit Bezug von Alterssicherungsleistungen ausgewiesen.

Während gut 60 % aller Doppelrentenbezieher auf ein höheres Gesamteinkommen aus Alterssicherungssystemen zurückgreifen können als der Durchschnitt der alleinstehenden Frauen (1188 DM), trifft dies nur auf gut die Hälfte aller Bezieher von Alterssicherungsleistungen zu. Wählt man als Einkommensgrenze das durchschnittliche Gesamteinkommen aus Alterssicherungssystemen aller Personen (1332 DM) oder von alleinlebenden Personen (1347 DM), so ist der Prozentsatz derer, die über der jeweiligen Einkommensgrenze liegen, bei Doppelrentenbeziehern immer noch höher als bei sämtlichen Beziehern von Alterssicherungsleistungen; der Unterschied ist hier allerdings nicht mehr so groß. Wird als Beurteilungsmaßstab dagegen das entsprechende Durchschnittseinkommen von alleinstehenden Männern (1502 DM) oder von allen Männern (1822 DM) herangezogen, so zeigt sich, daß Doppelrentenbezieher im Vergleich zu sämtlichen Empfängern von Alterssicherungsleistungen im Einkommensbereich über den jeweiligen Grenzen weniger häufig anzutreffen sind.

Aus Tabelle 5 wird auch ersichtlich, daß prozentual gesehen mehr alleinlebende Doppelrentenbezieher ein Einkommen oberhalb der gewählten Einkommensgrenzen beziehen als Doppelrentenbezieher insgesamt. So liegen anteilsmäßig beispielsweise genauso viele alleinlebende Doppelrentenbezieher über der Einkommensgrenze von 1502 DM wie Personen der Referenzgruppe, d.h. hier sämtliche Bezieher von Alterssicherungsleistungen.

Tabelle 5 bestätigt somit den in Abschnitt 3 gewonnenen Eindruck, daß Doppelrentenbezieher insofern in einer vergleichsweise günstigen Einkommenssituation leben, als sie mit ihrem Gesamteinkommen aus Alterssicherungssystemen im mittleren Einkommensbereich (d.h. hier: bei Zugrundelegung der ersten vier Einkommensgrenzen) stärker vertreten sind als alle Empfänger von Alterssicherungsleistungen. Legt man als Maßstab für eine Überversorgungssituation jedoch höhere Grenzen fest (1502 DM bzw. 1822 DM), werden diese von Doppelrentenbeziehern weniger häufig über-

Tabelle 5: Personen (1) mit Einkommensleistungen (2) aus Alterssicherungssystemen (3) über dem Durchschnittseinkommen ausgewählter Referenzgruppen

Personen mit Einkommen aus Alterssicherungssystemen über der jeweiligen Einkommensgrenze

| Einkommens-grenze (4) | alle | | mit gleichzeitigem Bezug von eigenen und abgeleiteten Leistungen | | | | | |
| | | | insgesamt | | alleinlebend | | nicht alleinlebend | |
	in 1000	%	in 1000	%	in 1000	%	in 1000	%
> 1188 DM	4539	51,3	734	61,8	630	63,9	104)	51,8)
> 1307 DM	3706	41,9	539	45,4	476	48,2	63 /	31,4 /
> 1332 DM	3682	41,6	517	43,6	459	46,5	59 /	29,3 /
> 1347 DM	3663	41,4	510	42,9	451	45,7	59 /	29,3 /
> 1502 DM	2785	31,5	333	28,0	312	31,6	21 /	10,4 /
> 1822 DM	1797	20,3	190)	16,0)	175)	17,7)	16 /	7,8 /

Anmerkungen: (1) Wie Anmerkung 1 in Tabelle 1. (2) Wie Anmerkung 2 in Tabelle 1. (3) Wie Anmerkung 3 in Tabelle 1. (4) Einkommensgrenze = durchschnittliches Gesamteinkommen aus Alterssicherungssystemen ausgewählter Referenzgruppen, und zwar: 1188 DM: alleinstehende Frauen, 1307 DM: Alleinlebende ohne gleichzeitigen Bezug von eigenen und abgeleiteten Leistungen, 1332 DM: alle Personen, 1347 DM: Alleinlebende, 1502 DM: alleinstehende Männer, 1822 DM: Männer.

) Fallzahl in der Stichprobe kleiner als 30.
/ Fallzahl in der Stichprobe kleiner als 10.

Quelle: Das Sozio-ökonomische Panel, Welle 1, 1984. Anhand des Mikrozensus 1982 und der EG-Arbeitskräftestichprobe 1984 hochgerechnete Werte.

schritten als von sämtlichen Personen mit Bezug von Alterssicherungsleistungen.

6.2 Beurteilungsmaßstab: Einkommensersatzrate

Eine andere interessante Frage ist, wie sich die Position des überlebenden Ehegatten - unabhängig von der absoluten Einkommenshöhe - aufgrund der Verwitwung c.p. verändert. Eine weitere Möglichkeit, den Begriff Überversorgung zu definieren, besteht daher darin, das Einkommen des verwitweten Ehegatten zu demjenigen Einkommen in Beziehung zu setzen, welches beiden Ehegatten zum Zeitpunkt des Todes des einen Ehegatten zur Verfügung stand, und als Norm einen Prozentsatz festzulegen, bei dessen Überschreiten Überversorgung angenommen wird. Man kann dabei sowohl sämtliche Einkommensarten als auch nur diejenigen Einkommensarten in die Betrachtung einbeziehen, die aus Alterssicherungssystemen stammen. Während im ersten Fall auf die effektive oder spürbare relative Einkommensänderung im Verwitwungsfall abgestellt wird, werden im zweiten Fall lediglich die Änderungen herausgestellt, die sich aus den institutionellen Regelungen der Hinterbliebenenversorgung ergeben.

Da in der ersten Welle des Sozio-ökonomischen Panels keine retrospektiven Fragen zur Einkommenssituation vor Verwitwung gestellt wurden, läßt sich mit Hilfe des vorliegenden Datenmaterials nachträglich nur das (fiktive) Bruttoeinkommen aus Alterssicherungssystemen des verstorbenen Ehegatten berechnen. Dies geschieht, indem das erfragte abgeleitete Einkommen aus Alterssicherungssystemen des überlebenden Ehegatten durch den Faktor 0,6 dividiert wird. Damit wird dem Tatbestand Rechnung getragen, daß die Höhe der Leistung an den verwitweten Ehegatten in den meisten und - was in diesem Zusammenhang wichtiger ist - in den quantitativ bedeutsamsten Sicherungssystemen 60 % der (fiktiven) Leistung an den verstorbenen Ehegatten beträgt. Nach Berechnung des (fiktiven) Alterssicherungseinkommens des Verstorbenen kann die 'Einkommensersatzrate' (ER) ermittelt werden. Sie gibt an, auf welchen Anteil des früheren (fiktiven) Ehegatteneinkommens aus Alterssicherungssystemen der überlebende Ehepartner verwiesen wird. Sie berechnet sich nach der Formel:

ER = (E + A)/(E + A/AS),
wobei
E = Höhe des eigenen Einkommens aus Alterssicherungssystemen
A = Höhe des abgeleiteten Einkommens aus Alterssicherungssystemen
AS = Ableitungssatz (in den Berechnungen einfachheitshalber stets 0,6)

Durch diese Art der Berechnung wird der Verwitwungsfall im Befragungszeitpunkt (genauer: im Jahr 1983) fingiert. Von eventuellen Kumulationsvorschriften beim Zusammentreffen von eigenen und abgeleiteten Leistungen wird abstrahiert. Dadurch kann die errechnete Einkommensersatzrate in einigen wenigen Fällen unter Umständen zu hoch ausfallen. Auf eine Umrechnung in Nettoeinkommensgrößen wurde verzichtet, da dies eine Vielzahl von Annahmen erforderlich gemacht hätte, die zusätzliche Unsicherheiten in die Berechnungen hineingetragen hätten.

Die Frage, ab welchem Absicherungsgrad von Überversorgung gesprochen werden kann, läßt sich ebenso wenig objektiv beantworten wie die Frage nach der Höhe einer absoluten Einkommensgrenze. Von daher ist es nur verständlich, wenn auch in der sozialpolitischen Diskussion die Meinungen darüber auseinandergehen, welcher Anteil des Ehegatteneinkommens zur Aufrechterhaltung des Lebensstandards des hinterbliebenen Ehegatten 'angemessen' ist bzw. wie hoch die Kostendegression durch das gemeinsame Wirtschaften in einem Zweipersonenhaushalt im Vergleich zum Alleinleben eingeschätzt wird. So wurden z.B. in der Diskussion über die Einführung einer Teilhaberente, die die Rente des hinterbliebenen Ehegatten auf der Grundlage der Rentenansprüche beider Ehegatten berechnen will - also explizit am Ehegatteneinkommen anknüpft - Sätze von 65 %, 70 % und 75 % genannt. Dabei gab es allerdings auch noch unterschiedliche Vorstellungen darüber, ob nur die gemeinsam in der Ehe oder zusätzlich auch die vor der Ehe erworbenen Ansprüche in die Teilhabe an der Gesamtversorgung eingehen sollten (vgl. etwa Sachverständigenkommission für die soziale Sicherung der Frau und der Hinterbliebenen 1979). Die SPD-Fraktion hat 1985 die Auffassung vertreten, daß eine "Gesamtversorgungsrente in Höhe von 70 v.H. ... es dem Überlebenden (ermögliche), den Lebensstandard des Rentnerehepaares angemessen fortzuführen" (Deutscher Bundestag 1985, S. 3). Auch die Fraktionen der CDU/CSU und FDP scheinen den individuellen Absicherungsgrad für eine sozialpolitisch relevante Größe zu halten. Sie haben an gleicher Stelle darauf hingewiesen, daß der überlebende Ehegatte bei dem von ihnen vorgeschlagenen Modell zur Neuregelung der Hinterbliebenenversorgung (d.h. der 1986 in Kraft getretenen Einkommensanrechnung bei der Hinterbliebenenrente) "bei Erwerbstätigkeit beider Ehegatten ... im Durchschnitt 70 bis 80 v.H. der Renten (erhalte), von denen beide Ehegatten früher gelebt hätten" (Deutscher Bundestag 1985, S. 6).

Aus den Einkommensersatzraten im Hinterbliebenenfall läßt sich das Bedarfsgewicht ermitteln, das die jeweiligen institutionellen Regelungen dem Hinzutreten einer zweiten Person in den Haushalt zumessen (vgl. hierzu auch Helberger, Wagner 1981, S. 465 f., Fußnote 6; Hauser 1982, S. 226 ff.). Eine Einkommensersatzrate von z.B. 70 % bedeutet, daß das Bedarfsgewicht der zweiten erwachsenen Person im Haushalt 0,43 (1/0,7 - 1 = 0,43) beträgt. Die oben genannten Vorschläge zur Neuregelung der Hinterbliebenenrente schätzen den Bedarfsrückgang, der mit dem Übergang vom Zwei- zum Einpersonenhaushalt einhergeht, somit deutlich geringer ein, als es in den Regelsatzproportionen der Sozialhilfe zum Ausdruck kommt, wo sich das Gewicht der zweiten erwachsenen Person im Haushalt (21 Jahre oder älter) auf 0,8 beläuft.

Im folgenden wird eine Grenze bei einer Einkommensersatzrate in Höhe von 70 % gezogen. Diese Größe orientiert sich an den in der sozialpolitischen Diskussion genannten Sätzen; als Norm wird der Satz von 70 % von uns nicht verstanden.

Tabelle 6 zeigt, wie sich Personen mit abgeleiteten Leistungen nach Einkommensersatzraten auf Größenklassen ihres Einkommens aus Alterssicherungssystemen verteilen. Wie aus Tabelle 1 zu ersehen war, setzt sich diese Personengruppe fast ausschließlich aus Frauen zusammen. Während die Nur-Witwenrentenbezieherinnen infolge der Verwitwung in der Regel eine Reduktion des gemeinsamen vorherigen Ehegatteneinkommens aus Alterssicherungssystemen auf 60 % hinnehmen mußten (eine Ausnahme sind z.B Witwenrentnerinnen der Altershilfe für Landwirte mit einem Ableitungssatz von 66,7 %, die hier jedoch den Personen mit einer Einkommensersatzrate von 60 % zugeschlagen werden, um die Gruppe der Nur-Witwenrentenbezieher von der Gruppe der Doppelrentenbezieher zu unterscheiden), fällt die relative Einkommenseinbuße bei Doppelrentenbeziehern geringer aus. Die Einkommensersatzrate bewegt sich bei rund 53 % der Doppelrentenbezieher im Bereich von mehr als 60 % bis einschließlich 70 %, beim Rest ist sie höher als 70 %. Eine Ersatzrate von mehr als 75 (80 bzw. 90) % wird lediglich von 26,4 (14,9 bzw. 3,4) % aller Doppelrentenbezieher erreicht (in der Tabelle nicht ausgewiesen) (3).

Betrachtet man zunächst das Gesamteinkommen aus Alterssicherungssystemen, so zeigt sich, daß es im Durchschnitt aller Personen mit abgeleiteten Leistungen 1187 DM beträgt und damit knapp 15 % über dem Durchschnitt der Nur-Witwenrentenbezieherinnen (1036 DM) und rund 15 % unter dem der Doppelrentenbezieher (1396 DM) liegt. Während fast zwei Drittel (64,9 %) aller Personen mit einer Ersatzrate von 60 % in Einkommensgrößenklassen bis unter 1200 DM anzutreffen sind, haben mehr als 60 % aller Personen mit einer Ersatzrate von über 60 % ein Gesamteinkommen aus Alterssicherungssystemen von 1200 DM oder mehr.

Ein anderes Bild ergibt sich, wenn die Personen mit abgeleiteten Leistungen auf Größenklassen ihres abgeleiteten Einkommens aus Alterssicherungssystemen verteilt werden, also das Einkommen aus eigenen Alterssicherungsleistungen von Doppelrentenbeziehern außerhalb der Betrachtung bleibt. Das durchschnittliche Einkommen aus abgeleiteten Leistungen ist mit 956 DM etwa ein Fünftel niedriger als das durchschnittliche Gesamteinkommen aus eigenen und abgeleiteten Leistungen dieser Personengruppe. Die abgeleiteten Einkommen nehmen mit zunehmender Ersatzrate ab und betragen bei einer Ersatzrate von über 60 % bis einschließlich 70 % 1026 DM und von über 70 % nur mehr 638 DM im Durchschnitt. Bei Dop-

---

(3)   Sind eigenes und abgeleitetes Einkommen aus Alterssicherungssystemen gleich hoch, beläuft sich die Einkommensersatzrate für den überlebenden Ehegatten bei einem Ableitungssatz von 60 % auf 75 %. Eine Ersatzrate von 80 % ergibt sich für den Hinterbliebenen rein rechnerisch immer dann, wenn die Renten beider Ehegatten gleich hoch waren.

Tabelle 6: Die Verteilung von Personen (1) mit abgeleiteten Leistungen nach Einkommensersatzraten auf Größenklassen ihres Einkommens (2) aus Alterssicherungssystemen (3)

Einkommen aus Alterssicherungssystemen Einkommensersatzrate	Anzahl der jew. Gruppe	Anteil an der jew. Gruppe	Einkommensverteilung von ... bis unter ... DM				Durchschnittseinkommen
	in 1000	%	unter 800	800-1200	1200-1600	1600 u.m.	DM
		%	%	%	%	%	DM
Gesamteinkommen							
insgesamt	2834	100	18,5	35,5	28,6	17,5	1187
0,6 (4)	1647	58,1	27,9	37,0	24,7	10,4)	1036
über 0,6 (5)	1187	41,9	5,3)	33,3	34,0	27,4	1396
davon:							
über 0,6-0,7	634	22,4	2,5 /	34,6	42,4	20,5)	1304
über 0,7	553	19,5	8,5 /	31,9)	24,4)	35,3)	1501
abgeleitete Einkommen							
insgesamt	2834	100	36,3	34,6	21,3	7,9	956
0,6 (4)	1647	58,1	27,9	37,0	24,7	10,4)	1036
über 0,6 (5)	1187	41,9	47,8	31,2	16,6)	4,5 /	845
davon:							
über 0,6-0,7	634	22,4	27,2)	43,9	23,1)	5,9 /	1026
über 0,7	553	19,5	71,5	16,6)	9,1 /	2,9 /	638
eigene Einkommen (6)							
über 0,6 (5)	1187	100	81,8	7,6)	5,9)	4,7 /	551
davon:							
über 0,6-0,7	634	53,4	100,0	-	-	-	278
über 0,7	553	46,6	61,0	16,3)	12,7)	10,1 /	863

Anmerkungen: (1) Wie Anmerkung 1 in Tabelle 1. (2) Wie Anmerkung 2 in Tabelle 1. (3) Wie Anmerkung 3 in Tabelle 1. (4) Personen mit einer Einkommensersatzrate von 60 % sind Personen mit ausschließlichem Bezug von abgeleiteten Leistungen (siehe Text). (5) Personen mit einer Einkommensersatzrate über 60 % sind Personen mit gleichzeitigem Bezug von eigenen und abgeleiteten Leistungen (siehe Text). (6) Ausweis nur möglich für Personen mit gleichzeitigem Bezug von eigenen und abgeleiteten Leistungen.

) Fallzahl in der Stichprobe kleiner als 30.
/ Fallzahl in der Stichprobe kleiner als 10.

Quelle: Das Sozio-ökonomische Panel, Welle 1, 1984. Anhand des Mikrozensus 1982 und der EG-Arbeitskräftestichprobe 1984 hochgerechnete Werte.

pelrentenbeziehern macht das abgeleitete Einkommen mit durchschnittlich 845 DM rund 60 % ihres durchschnittlichen Gesamteinkommens aus eigenen und abgeleiteten Alterssicherungsleistungen aus (vgl. hierzu auch schon Tabelle 3). Bei einer Einkommensersatzrate von über 60 % bis einschließlich 70 % beträgt der Anteil des abgeleiteten Einkommens rund 79 % (= 1026 DM/1304 DM), bei einer Ersatzrate von über 70 % dagegen nur noch knapp 43 % (= 638 DM/1501 DM). Die größten Veränderungen gegenüber der Verteilung nach dem Gesamteinkommen aus Alterssicherungssystemen zeigen sich in der untersten und in der obersten Einkommensgrößenklasse. Bei der Verteilung auf abgeleitete Einkommen sind Personen mit einer Ersatzrate von über 60 % in der untersten Einkommensgrößenklasse sehr viel stärker vertreten als bei der Verteilung auf das Gesamteinkommen aus eigenen und abgeleiteten Leistungen. Knapp die Hälfte der Personen mit einer Ersatzrate von über 60 % liegt mit ihrem abgeleiteten Einkommen im Einkommensbereich unter 800 DM. Dazu tragen überdurchschnittlich Personen mit einer Ersatzrate von über 70 % bei. In der obersten Einkommensgrößenklasse läßt sich der umgekehrte Effekt beobachten: Hier gibt es im Vergleich zur Verteilung nach dem Gesamteinkommen aus Alterssicherungssystemen sehr viel weniger Personen mit einer Ersatzrate von über 60 %. Besonders deutlich ist dies bei Doppelrentenbeziehern mit einer Ersatzrate von über 70 %. Allerdings ist hierbei die geringe Fallzahl in der Stichprobe zu beachten.

Man kann den eben geschilderten Sachverhalt auch noch anders darstellen (tabellarisch nicht ausgewiesen): Eine Verteilung auf Vielfache des durchschnittlichen abgeleiteten Einkommens ergibt, daß das abgeleitete Einkommen bei nahezu sieben von zehn Personen mit einer Ersatzrate von über 70 % um mehr als 25 % unter dem Durchschnitt von 956 DM liegt. Bei einer Verteilung auf Vielfache des durchschnittlichen Gesamteinkommens aus Alterssicherungssystemen stehen Personen mit einer Ersatzrate von über 70 % sehr viel besser da: 42 % beziehen ein Einkommen, welches das durchschnittliche Einkommen von 1187 DM um mindestens 25 % übersteigt. Dies läßt die Vermutung zu, daß Personen mit hoher Ersatzrate 'gezwungen' waren, wegen zu 'geringen' Einkommens ihres Ehegatten in der Erwerbsphase mitzuverdienen.

Wie die Verteilung nach den eigenen Einkommen aus Alterssicherungssystemen in Tabelle 6 zeigt, sind die durch eigene Erwerbstätigkeit (oder quantitativ weniger bedeutsam: durch freiwillige Beitragszahlung) erworbenen Ansprüche von Doppelrentenbeziehern insgesamt gesehen nicht sehr hoch. Bei vier von fünf Personen liegen sie im Einkommensbereich unter 800 DM.

Daß die eigenen und die abgeleiteten Einkommen der weiblichen Doppelrentenbezieher sich weit mehr im unteren Einkommensbereich häufen als die entsprechenden Einkommen der Nur-Versichertenrentenbezieherinnen oder der Nur-Witwenrentenbezieherinnen, macht Schaubild 1 deutlich. Die relativ günstige Verteilungssituation der Doppelrentenbezieherinnen erklärt

Schaubild 1: Die Verteilung der Einkommen aus Alterssicherungssystemen von Frauen 1983

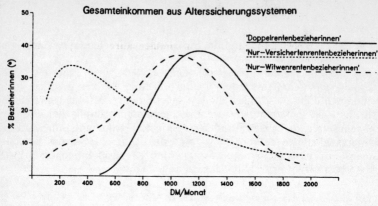

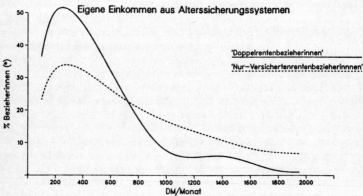

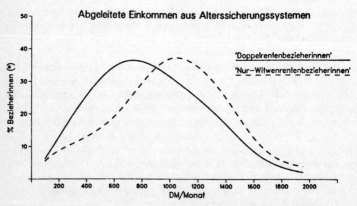

(*) Die Skalierung der Ordinate bezieht sich auf eine Klassenbreite von 400 DM.
Quelle: Das Sozio–ökonomische Panel, Welle 1, 1984.

sich also nicht aus dem Bezug relativ hoher eigener oder relativ hoher abgeleiteter Leistungen, sondern aus dem Zusammenspiel beider Leistungsarten.

7 Verteilungswirkungen einer Einkommensanrechnung bei der Hinterbliebenenrente

Der folgende Abschnitt beschäftigt sich mit der Frage, in welchem Umfang die Kumulation von eigenen und abgeleiteten Alterssicherungsleistungen durch die 1986 in Kraft getretene Einkommensanrechnung bei der Hinterbliebenenrente aus der GRV und GUV eingeschränkt wird. Im Mittelpunkt des Interesses stehen dabei die Fragen, wie sich die Höhe des Gesamteinkommens aus Alterssicherungssystemen und die Einkommensersatzrate im Hinterbliebenenfall durch die Neuregelung verändern.

7.1 Art der Einkommensanrechnung

Da die erste Panelwelle lediglich Informationen über die Höhe der laufenden Renten und Pensionen liefert, nicht aber über die Höhe der bislang erworbenen Anwartschaften auf Alterssicherungsleistungen, kann hier nur der Frage nachgegangen werden, welche Verteilungswirkungen die Einkommensanrechnung bei der Hinterbliebenenrente c.p. im Jahre 1983 für die in der Stichprobe erfaßten Doppelrentenbezieher gehabt hätte. Dies schränkt die Aussagekraft der Ergebnisse insofern ein, als das neue Recht nach dem Willen des Gesetzgebers nicht auf den Rentenbestand, sondern nur auf Versicherungsfälle ab 1986 Anwendung finden soll. Hinzu kommt noch, daß das neue Recht erst nach einer Übergangsfrist von 10 Jahren voll zum Tragen kommen soll und älteren Versicherten bis Ende 1988 ein Wahlrecht zwischen altem und neuem Recht eingeräumt wird. Bei der Würdigung der Ergebnisse ist außerdem im Auge zu behalten, daß sich die hier vorgelegten Untersuchungen nur auf 60jährige und ältere Personen beziehen, die Auswirkungen der Einkommensanrechnung auf Personen im erwerbsfähigen Alter somit außerhalb der Betrachtung bleiben. Aus der Untersuchung ausgeklammert werden auch diejenigen älteren Personen, die ausschließlich abgeleitete Leistungen aus Alterssicherungssystemen beziehen. Sie gehören ebenfalls zu den potentiellen Verlierern der Neuregelung. Auswertungen der ersten Welle des Sozio-ökonomischen Panels haben aber gezeigt, daß nur ein sehr geringer Prozentsatz von ihnen über anrechenbares Einkommen verfügt, das den Grundfreibetrag übersteigt. Aufgrund fehlender Informationen über die Höhe der Anwartschaften der Ehegatten von Hinterbliebenen, die nach altem Recht keinen Anspruch auf Hinterbliebenenrente geltend machen konnten, lassen sich im folgenden keine Aussagen über die Gewinner der Neuregelung treffen.

Da im Panel erhoben wurde, in welchen Kalendermonaten des Jahres 1983 die verschiedenen Einkommensarten bezogen wurden, konnte für Personen mit gleichzeitigem Bezug von eigenen und abgeleiteten Alterssicherungsleistungen geprüft werden, ob ihnen das abgeleitete Einkommen und diejenigen Einkommensarten, die der Anrechnungspflicht unterliegen, auch tatsächlich im gesamten Jahr zur Verfügung gestanden haben. War dies - was nur sehr selten vorkam - nicht der Fall, wurde das Einkommen anteilsmäßig berücksichtigt.

Die Parameter der Einkommensanrechnung - der Grundfreibetrag, der Freibetrag für jedes waisenrentenberechtigte Kind, der Anrechnungssatz, der Kreis der anrechnungspflichtigen Einkommen sowie die bei bestimmten Einkommensarten zu berücksichtigenden Abschlagsfaktoren - sind in den Simulationsrechnungen entsprechend den gesetzlichen Regelungen festgelegt worden. Letztere werden hier als bekannt vorausgesetzt (vgl. Hinterbliebenenrenten- und Erziehungszeiten-Gesetz 1985). Die Freibeträge wurden auf das Jahr 1983 zurückgerechnet, indem das arithmetische Mittel aus den allgemeinen Bemessungsgrundlagen für das erste und für das zweite Halbjahr 1983 mit den im Gesetz festgelegten Faktoren 0,033 bzw. 0,007 multipliziert wurde. Der Grundfreibetrag beläuft sich nach dieser Rechnung auf 817 DM monatlich, der Kinderfreibetrag auf 173 DM monatlich je Kind. Die im Gesetz vorgenommene Unterscheidung zwischen anrechenbaren und nicht anrechenbaren Einkommen wirft für die Simulationsrechnungen insofern Probleme auf, als sich - wie schon erwähnt - die Höhe einiger Einkommenskomponenten in dem vorliegenden Datenmaterial dann nicht im einzelnen aufschlüsseln läßt, wenn mehr als eine eigene oder mehr als eine abgeleitete Alterssicherungsleistung zusammentreffen. Auswertungen haben jedoch gezeigt, daß überhaupt nur bei ca. 17 % aller Personen mit gleichzeitigem Bezug von eigenen und abgeleiteten Alterssicherungsleistungen die Summe aus eigenem Bruttoerwerbseinkommen und anderen anrechenbaren eigenen Bruttoerwerbsersatzeinkommen den Grundfreibetrag übersteigt. Hierbei sind die Abschlagsfaktoren noch nicht berücksichtigt, die der bei der Einkommensanrechnung vorzunehmenden pauschalen Kürzung der Bruttoeinkommen auf Nettoeinkommen dienen. Da nicht alle der oben genannten Personen eine abgeleitete Rente aus der GRV oder GUV beziehen, reduziert sich der Prozentsatz der potentiellen Verlierer einer Einkommensanrechnung und damit auch der maximal möglichen 'Problemfälle' für die Simulationsrechnungen auf 13 %. Von daher ist es nicht überraschend, daß es in der Stichprobe insgesamt nur neun Fälle gibt, bei denen sich die Höhe des anrechnungspflichtigen eigenen Einkommens bzw. die Höhe der abgeleiteten Leistungen nicht im einzelnen aufschlüsseln läßt und bei denen die Einkommensanrechnung zum Tragen kommen könnte. Da Zusatzleistungen nicht auf Hinterbliebenenrenten aus der GRV und GUV angerechnet und andere Hinterbliebenenleistungen nicht gekürzt werden sollen, ist in diesen Fällen für die Simulationsrechnungen ein bestimmtes Verhältnis zwischen Renten aus Regel- und Zusatzsystemen unterstellt worden. Dieses beträgt im Falle des Zusammentreffens von Leistungen aus der GRV und der Zusatzversorgung im öffentlichen Dienst zwei zu eins und im Falle des Zusammentreffens von Renten der GRV und der betrieblichen Altersversorgung vier zu eins.

7.2 Die Verlierer der Einkommensanrechnung

Die Ergebnisse der Simulationsrechnungen (tabellarisch nicht ausgewiesen) haben erwartungsgemäß gezeigt, daß die Anwendung des neuen Hinterbliebenenrentenrechts auf den Renten- und Pensionsbestand des Jahres 1983 nur bei einem verhältnismäßig kleinen Teil der Personen mit eigenen und abgeleiteten Alterssicherungsleistungen (12,3 %) zum teilweisen oder vollständigen Ruhen der Hinterbliebenenrente aus der GRV und/oder GUV geführt hätte. Ferner wurde die Vermutung bestätigt, daß das Erwerbseinkommen - eine der bei der Anrechnung zu berücksichtigenden Einkommensarten - bei Personen jenseits der gewählten Altersgrenze eine vernachlässigbare Rolle spielt. Wenig überraschend ist auch, daß der zusätzliche Kinderfreibetrag für die untersuchte Personengruppe offenbar nur so selten zum Tragen kommt, daß er in unserer Stichprobe nicht sichtbar wird.

Das durchschnittliche monatliche Gesamteinkommen aus Alterssicherungssystemen der Doppelrentenbezieher vermindert sich durch die Einkommensanrechnung um 25 DM und beträgt damit 1371 DM nach Anrechnung. Die Simulationsrechnungen haben gezeigt, daß alleinlebende Doppelrentenbezieher von der Einkommensanrechnung stärker betroffen werden als nicht alleinlebende.

Gemessen an den in Abschnitt 6 entwickelten Indikatoren hätte eine Einkommensanrechnung im Jahre 1983 nur einen geringen Abbau der Überversorgung bewirkt. Die Anzahl der Doppelrentenbezieher mit einem Gesamteinkommen oberhalb der gewählten Einkommensgrenzen (vgl. Tabelle 5) hätte sich durch die Einkommensanrechnung nahezu überhaupt nicht verändert. Die Gruppenstärke der Doppelrentenbezieher, deren Einkommensersatzrate 70 % übersteigt, wird durch die Einkommensanrechnung zwar reduziert, allerdings ist die Veränderung gegenüber dem Status quo auch hier nicht sehr groß. So liegen 43,2 % aller Doppelrentenbezieher nach der Einkommensanrechnung mit ihrer Ersatzrate über 70 % - vor Anrechnung waren es 46,6 % -, in der Gruppe mit einer Ersatzrate von über 60 % bis einschließlich 70 % sind es 56,3 % statt bisher 53,4 %. Daß die Einkommensersatzrate aufgrund der Einkommensanrechnung auch unter 60 % absinken kann, ist auf die gewählte Definition der Ersatzrate zurückzuführen. In sie gehen nur Einkommen aus Alterssicherungssystemen ein, während bei der Einkommensanrechnung z.B. auch Erwerbseinkommen berücksichtigt werden. Gruppiert man die Personen mit gleichzeitigem Bezug von eigenen und abgeleiteten Leistungen wie eben beschrieben nach der Höhe ihrer Einkommensersatzrate nach Einkommensanrechnung und vergleicht die durchschnittliche Ersatzrate vor und nach Anrechnung in jeweiligen Klassen miteinander, so zeigen sich ebenfalls nur relativ geringe Veränderungen.

Deutlicher wird die Wirkung der Einkommensanrechnung, wenn man nur die Verlierer innerhalb der Gruppe der Doppelrentenbezieher betrachtet. Dabei ist allerdings zu beachten, daß die empirischen Ergebnisse über Umfang und Struktur der Verlierer aufgrund geringer Fallzahlen in der Stichprobe mit einem größeren Fehlerspielraum behaftet sind als die bisher in diesem Beitrag präsentierten Ergebnisse.

Bei den Verlierern sinkt die abgeleitete GRV-/GUV-Rente durch die Einkommensanrechnung im Durchschnitt um 195 DM monatlich. Eine Kürzung von 300 DM oder mehr erfolgt bei knapp 30 %. Ein vollständiges Ruhen der Hinterbliebenenrente ist quantitativ unbedeutend. Eine deutliche relative Einbuße - hier verstanden als Abnahme der Hinterbliebenenrente um mindestens 20 % - ist bei mehr als 60 % der Verlierer zu beobachten.

Gemessen am Gesamteinkommen aus Alterssicherungssystemen hat ein großer Teil der Verlierer (fast jeder zweite) jedoch nur geringfügige relative Verluste (hier: weniger als 5 %), die zu einer absoluten Einkommenseinbuße von durchschnittlich 33 DM führen. Verluste von 5 % bis unter 10 % kommen nur bei etwa jedem fünften vor. Für diese Personen verringert sich das Gesamteinkommen aus Alterssicherungssystemen infolge der Einkommensanrechnung um durchschnittlich 191 DM gegenüber dem Status quo. Die Neuregelung führt bei gut einem Drittel der Verlierer zu einer relativ hohen Minderung ihres Gesamteinkommens aus Alterssicherungssystemen von 10 % oder mehr, was im Durchschnitt einen Einkommensverlust von 403 DM bedeutet. Wie sich formelmäßig leicht nachvollziehen läßt, sind die durch die Einkommensanrechnung bewirkte prozentuale Abnahme des Gesamteinkommens aus Alterssicherungssystemen und die prozentuale Abnahme der Einkommensersatzrate gleich groß.

Die durchschnittliche Ersatzrate der Verlierer beträgt vor Anrechnung 82 %, nach Anrechnung 75 %, liegt damit aber immer noch über der durchschnittlichen Ersatzrate aller Doppelrentenbezieher vor Einkommensanrechnung (71 %).

Insgesamt kann festgehalten werden, daß eine Einkommensanrechnung bei der Hinterbliebenenrente - wie sie seit 1986 geltendes Recht ist - im Jahr 1983 nur zu einer geringen Änderung der Einkommensverteilung im Alter geführt hätte.

8   Zusammenfassung und sozialpolitische Schlußfolgerungen

Die Ausführungen haben gezeigt, daß das Zusammentreffen von eigenen und abgeleiteten Leistungen aus Alterssicherungssystemen bei einer Person nicht generell als Überversorgungstatbestand qualifiziert werden kann, sondern gegenwärtig in vielen Fällen erforderlich ist, um ein ausreichendes oder befriedigendes Sicherungsniveau zu gewährleisten. Verglichen mit sämtlichen Empfängern von Alterssicherungsleistungen sind Doppelrentenbezieher mit ihrem Gesamteinkommen aus Alterssicherungssystemen im Einkommensbereich von 800 bis unter 2000 DM überproportional, im Einkommensbereich unter 800 DM sowie im Einkommensbereich von 2000 DM und mehr unterproportional stark vertreten. Eigenes und abgeleitetes Einkommen der Doppelrentenbezieher fallen im Durchschnitt niedriger aus als die entsprechenden Durchschnittseinkommen der Nur-Versichertenrentenbezieher und der Nur-Witwenrentenbezieher, d.h. erst das Zusammentreffen beider Leistungsarten bewirkt die im Vergleich zu allen Empfängern von Alterssicherungsleistungen günstige Einkommenssituation der Doppelrentenbezieher.

Mehr als die Hälfte der Doppelrentenbezieher verfügt nach dem Tod des Ehegatten über ein Einkommen aus Alterssicherungssystemen, das sich im Bereich von über 60 % bis einschließlich 70 % des vorherigen gemeinsamen Ehegatteneinkommens bewegt. Eine höhere Einkommensersatzrate als 75 % realisiert etwa jeder vierte Doppelrentenbezieher, Ersatzraten über 90 % sind nur sehr selten anzutreffen.

Die Simulationsrechnungen haben gezeigt, daß von einer Einkommensanrechnung bei der Hinterbliebenenrente im Jahre 1983 nur ein relativ kleiner Prozentsatz der Personen mit gleichzeitigem Bezug von eigenen und abgeleiteten Leistungen aus Alterssicherungssystemen betroffen gewesen wäre. Da damit zu rechnen ist, daß Frauen in Zukunft höhere eigene Rentenansprüche geltend machen werden als heute (zum Aufbau von Rentenanwartschaften unterschiedlicher Alterskohorten vgl. Kiel 1987), dürfte die 1986 in Kraft getretene Neuregelung der Hinterbliebenenversorgung künftig häufiger als nach den Simulationsrechnungen das Zusammentreffen von eigenen und abgeleiteten Alterssicherungsleistungen beschneiden. Die Verlierer der Neuregelung müssen eine Minderung ihres Gesamteinkommens aus Alterssicherungssystemen und ihrer Einkommensersatzrate hinnehmen. Konzeptionell ist das neue Recht so angelegt, daß das Ausmaß des Kumulationsabbaus nicht nur von der Einkommenshöhe, sondern auch von der Art der Zusammensetzung des Einkommens abhängt. Dadurch kann es bei gleich hohem Gesamteinkommen aus Alterssicherungssystemen vor Einkommensanrechnung zu unterschiedlich hohen Gesamteinkommen nach Anrechnung kommen. Der Kumulationsabbau durch Einkommensanrechnung ist daher nicht nur unter systematischen Gesichtspunkten und unter Arbeitsanreizüberlegungen der Kritik ausgesetzt (4), sondern löst auch unter Bedarfsgesichtspunkten keineswegs alle Probleme.

Literaturverzeichnis

Albers, Willi 1976: Möglichkeiten einer stärker final orientierten Sozialpolitik, Schriftenreihe der Kommission für wirtschaftlichen und sozialen Wandel, Bd. 119, Göttingen.

---

(4)   So vertritt z.B. von Maydell (1984) die Auffassung, daß die Einkommensanrechnung bei der Hinterbliebenenrente die Beitragsäquivalenz verletzt. Gegenteiliger Meinung ist z.B. Krupp (1985). Zu den Anreizwirkungen vgl. Hauser (1984).

Albers, Willi 1983: Die Beseitigung der Rentenkumulation - Eine dringende sozialpolitische Aufgabe -, in: Euler, Manfred, Frank Klanberg (Hrsg.): Haushalte mit ausgewählten staatlichen Transferzahlungen - Ergebnisse der Einkommens- und Verbrauchsstichprobe 1978 ergänzt durch Ergebnisse des Mikrozensus 1979, Schriften zum Bericht der Transfer-Enquête-Kommission "Das Transfersystem in der Bundesrepublik Deutschland", Stuttgart-Berlin-Köln-Mainz, S. 120-131.

Becker, Irene 1985: Zur Problematik und empirischen Relevanz von Leistungskumulationen im sozialen Sicherungssystem, in: Hauser, Richard, Bernhard Engel (Hrsg.): Soziale Sicherung und Einkommensverteilung - Empirische Analysen für die Bundesrepublik Deutschland, Frankfurt-New York, S. 99-147.

Der Bundesminister für Arbeit und Sozialordnung 1985a (Hrsg.): Daten zur Einkommenssituation im Alter, Bd. 1, Forschungsbericht 118, Bonn.

Der Bundesminister für Arbeit und Sozialordnung 1985b (Hrsg.): Daten zur Einkommenssituation im Alter, Bd. 2, Forschungsbericht 118, Bonn.

Deutscher Bundestag 1985: Bericht des Ausschusses für Arbeit und Sozialordnung (11. Ausschuß) zu dem von der Fraktion der SPD eingebrachten Entwurf eines Gesetzes zur Reform der gesetzlichen Rentenversicherung (Rentenreformgesetz 1985 - RRG 1985) - Drucksache 10/2608 - zu dem von der Bundesregierung eingebrachten Entwurf eines Gesetzes zur Neuordnung der Hinterbliebenenrenten sowie zur Anerkennung von Kindererziehungszeiten in der gesetzlichen Rentenversicherung (Hinterbliebenenrenten- und Erziehungszeiten-Gesetz - HEZG) - Drucksache 10/2677 -, Drucksache 10/3519.

Hauser, Richard 1982: Die Modelle der Teilhabe - Probleme und Ergebnisse, in: Helberger, Christof, Gabriele Rolf (Hrsg.): Die Gleichstellung von Mann und Frau in der Alterssicherung - Ergebnisse eines Colloquiums zu den Alternativen der Rentenreform '84, Frankfurt-New York, S. 215-250.

Hauser, Richard 1984: Probleme des Anrechnungsmodells in der Hinterbliebenensicherung - Ein Vergleich mit einer allgemeinen bedingten Hinterbliebenenrente und dem Teilhabemodell, in: Ifo-Studien, 30. Jg., Heft 2, S. 107-138.

Hauser, Richard, Hans-Jürgen Stubig 1985: Strukturen der personellen Verteilung von Nettoeinkommen und Wohlfahrtspositionen, in: Hauser, Richard, Bernhard Engel (Hrsg.): Soziale Sicherung und Einkommensverteilung - Empirische Analysen für die Bundesrepublik Deutschland, Frankfurt-New York, S. 41-97.

Helberger, Christof, Gert Wagner 1981: Die Wirkung alternativer Rentensysteme auf die Verteilung der Lebenseinkommen, in: Krupp, Hans-Jürgen, Heinz P. Galler, Heinz Grohmann, Richard Hauser, Gert Wagner (Hrsg.): Alternativen der Rentenreform '84, Frankfurt-New York, S. 451-508.

Hinterbliebenenrenten- und Erziehungszeiten-Gesetz 1985: Gesetz zur Neuordnung der Hinterbliebenenrenten sowie zur Anerkennung von Kindererziehungszeiten in der gesetzlichen Rentenversicherung, Vom 11. Juli 1985, Bundesgesetzbl. Teil I, Nr. 38 vom 19. Juli 1985, S. 1450-1471.

Kiel, Walter 1987: Der Aufbau von Rentenanwartschaften - Eine empirische Untersuchung über die Versicherungsverläufe der erwerbstätigen Bevölkerung, Frankfurt-New York.

Klanberg, Frank 1985: Sozialhilfebedürftigkeit unter Rentenempfängern, in: Deutsche Rentenversicherung, Heft 6/7/8, S. 437-448.

Krupp, Hans-Jürgen 1985: Bestandsaufnahme und Perspektiven der Finanzierung des Sozialversicherungssystems, in: Wirtschaftsdienst, 65. Jg., Nr. 2, S. 64-72.

Mackenroth, Gerhard 1954: Die Verflechtung der Sozialleistungen - Ergebnisse einer Stichprobe, Schriften des Vereins für Socialpolitik, N.F. Bd. 8, Berlin.

v. Maydell, Bernd 1984: Hinterbliebenenrente mit Einkommensanrechnung - eine geglückte Reformkonzeption?, in: Deutsche Rentenversicherung, Heft 11, S. 662-676.

Rolf, Gabriele, Hans-Jürgen Stubig 1987: Verteilungswirkungen einer Einkommensanrechnung bei der Hinterbliebenenrente, Sfb 3-Arbeitspapier, Frankfurt-Mannheim.

Sachverständigenkommission für die soziale Sicherung der Frau und der Hinterbliebenen 1979: Vorschläge zur sozialen Sicherung der Frau und der Hinterbliebenen, Gutachten der Sachverständigenkommission, Veröffentlicht durch die Bundesregierung, Der Bundesminister für Arbeit und Sozialordnung, o.O. (Bonn).

Transfer-Enquête-Kommission 1979: Zur Einkommenslage der Rentner, Zwischenbericht der Kommission, Veröffentlicht durch die Bundesregierung, Der Bundesminister für Arbeit und Sozialordnung, Der Bundesminister für Wirtschaft, Bonn.

Zacher, Hans F. 1968: Empfiehlt es sich, die gesetzlichen Vorschriften über die soziale Sicherung der nichtberufstätigen Frau während und nach der Ehe, insbesondere im Falle der Scheidung, zu ändern? (Referat), in: Verhandlungen des 47. Deutschen Juristentages Nürnberg 1968, Bd. II (Teil O, Sitzungsbericht der Verhandlungen der Sozialrechtlichen Arbeitsgemeinschaft), München, S. O7-O38.

ERWERBSTÄTIGKEIT UND ARBEITSLOSIGKEIT

Strukturen und Entwicklungsperspektiven der Teilzeitbeschäftigung*

Christoph F. Büchtemann und Jürgen Schupp

1 Entwicklungstendenzen und Probleme der Teilzeitbeschäftigung in der Bundesrepublik Deutschland

Unter den Stichworten "Arbeitszeitverkürzung" und "Flexibilisierung" hat in der beschäftigungspolitischen Diskussion der letzten Jahre vor allem die Teilzeitbeschäftigung erhöhten Stellenwert erhalten: Das Hauptinteresse konzentriert sich hierbei auf die möglichen Mehr-Beschäftigungseffekte einer zugleich Arbeitnehmerwünschen nach mehr "Zeitsouveränität" entgegenkommenden individuellen Arbeitszeitverkürzung. Die sich an vermehrte Teilzeitarbeit knüpfenden weitreichenden Beschäftigungshoffnungen sind vor dem Hintergrund der fortgesetzten Expansion der Teilzeitarbeit in den vergangenen 10-15 Jahren zu sehen: 1984 übten in der Bundesrepublik Deutschland mehr als drei Millionen Arbeitnehmer, das sind rund 15 % aller abhängig Beschäftigten, als Haupttätigkeit eine Teilzeitbeschäftigung mit weniger als 35 Wochenstunden aus. Gegenüber 1960 hat sich die Zahl mehr als vervierfacht (Brinkmann, Kohler 1981), und auch in den vergangenen zehn Jahren anhaltender Arbeitsmarktkrise hat sich die Expansion der Teilzeitbeschäftigung - wenngleich verlangsamt - kontinuierlich fortgesetzt. Allein zwischen 1976 und 1984 ist die Zahl der Teilzeitbeschäftigten in der Bundesrepublik Deutschland noch einmal um knapp eine halbe Million und damit zugleich sehr viel stärker angewachsen als die Zahl der Vollzeitbeschäftigten.

Neben der - in der beschäftigungspolitischen Diskussion umstrittenen - Frage nach ihren tatsächlichen Netto-Beschäftigungseffekten wirft die Expansion der Teilzeitbeschäftigung aber auch eine ganze Reihe weiterreichender Fragen nach ihren sozio-ökonomischen, sozialstaatlichen und arbeitsmarktpolitischen Implikationen auf, die in der Bundesrepublik Deutschland bislang noch wenig erforscht sind:

Dies betrifft zu allererst die verschiedenen Varianten und Ausformungen der Teilzeitarbeit selbst. Denn anders als bei der rechtlich und kollektivvertraglich stärker regulierten Vollzeitbeschäftigung verbirgt sich hinter

---

*) Eine ausführliche Darstellung der Untersuchungsergebnisse sowie Erläuterungen zur methodischen Anlage der Analysen finden sich in: Büchtemann, Schupp 1986.

dem Sammelbegriff Teilzeitbeschäftigung ein breites Spektrum ganz unterschiedlicher Arbeitszeitarrangements, welches von eher marginalen bzw. geringfügigen Beschäftigungsformen bis hin zu regelmäßigen Beschäftigungen reicht, die sich hinsichtlich Arbeitszeitumfang, Beschäftigungsbedingungen und sozialstaatlicher Absicherung kaum von Vollzeitbeschäftigungen unterscheiden.

Überdies sind Teilzeitbeschäftigte nach wie vor so gut wie ausschließlich Frauen, woran sich zugleich die Frage nach den Auswirkungen vermehrter Teilzeitarbeit auf die geschlechtsspezifische Segmentierung des Arbeitsmarktes knüpft. Diese Frage stellt sich umso dringlicher als nicht weniger als 70 % der Gesamtzunahme der Frauenbeschäftigung im Zeitraum 1970 - 1984 dem Konto vermehrter Teilzeitbeschäftigung zuzurechnen sind.

Ferner ergeben sich mit vermehrter Teilzeitbeschäftigung zunehmend auch Probleme im Hinblick auf die sozialstaatliche Absicherung der Arbeitnehmer: Sowohl das System Sozialer Sicherung als auch eine ganze Reihe kollektivvertraglicher Regelungen sind nach wie vor weitgehend am normativen Bezugsmodell der dauerhaften Vollzeitbeschäftigung ("Normalarbeitsverhältnis", vgl. Mückenberger 1986) ausgerichtet, woraus sich für Teilzeitbeschäftigte erhöhte Risiken im Hinblick auf den Erwerb ausreichender Sozialleistungsansprüche wie auch Benachteiligungen im Hinblick auf tarifvertraglich festgelegte Mindeststandards (Hoff 1983) und für die sozialen Sicherungsträger überdies mittelfristig Finanzierungsprobleme ergeben (Büchtemann, Landenberger 1986).

Schließlich gibt es Befürchtungen, daß die anhaltende Expansion der Teilzeitbeschäftigung zugleich eine Erosion des kollektivvertraglichen Normalarbeitszeitstandards und dessen Garantiefunktion im Hinblick auf ein existenzsicherndes individuelles Arbeitseinkommen zur Folge hat (Kurz-Scherf 1985a). Damit stellt sich verstärkt die Frage nicht nur nach dem individuellen Arbeitsverdienst, sondern auch nach der gesamten Einkommens- und Haushaltssituation von Teilzeitbeschäftigten.

Der vorliegende Beitrag will diese Fragen auf der Grundlage von Welle 1 des Sozio-ökonomischen Panels in Form einer ersten deskriptiven Bestandsaufnahme zur Teilzeitbeschäftigung in der Bundesrepublik Deutschland einer Beantwortung näher bringen. Ausgehend von einer Analyse ihrer "Mikrostruktur" werden dabei Informationen zum gesamten sozio-ökonomischen "Umfeld" der Teilzeitbeschäftigung in die Untersuchung einbezogen. Dieses umfaßt sowohl die Angebotsseite des Arbeitsmarktes, d.h. Aspekte der personellen Struktur und Haushaltssituation Teilzeitbeschäftigter, als auch die Nachfrageseite, d.h. vor allem Aspekte der Beschäftigungssituation und Entlohnung von Teilzeitbeschäftigten, sowie schließlich Fragen der sozialstaatlichen Absicherung Teilzeitbeschäftigter im Rahmen des sozialen Sicherungssystems.

Für die vorliegende Fragestellung wurden aus der ersten Welle des Sozio-ökonomischen Panels die Datensätze von insgesamt 7 165 erwerbstätigen Männern und Frauen aus 4 535 Haushalten ausgewertet. Nach Selbsteinstufung waren davon 5 724 Personen (rd. 80 %) zum Befragungszeitpunkt voll erwerbstätig, 1 002 (knapp 13 %) übten eine (regelmäßige oder geringfügige) Teilzeitbeschäftigung aus, und 439 (7 %) befanden sich in einer betrieblichen Berufsausbildung. Damit sind ausreichende Fallzahlen für eine systematische Analyse der Teilzeitbeschäftigung gewährleistet.

In die Analyse einbezogen wurden alle Befragten, die sich als abhängig Beschäftigte, d.h. Arbeiter, Angestellte oder Beamte bezeichnet und Angaben zur Art bzw. zum Arbeitszeitumfang der ausgeübten (Haupt-)Berufstätigkeit gemacht haben: Dies sind insgesamt 5 777 voll- und teilzeitbeschäftigte Personen bzw. rd. 81 % aller Erwerbstätigen in der Stichprobe.

Da es sich bei den Teilzeitbeschäftigten in der Bundesrepublik Deutschland nach wie vor zu über 90 % um Frauen handelt, und teilzeitbeschäftigte Männer entsprechend auch in unserer Stichprobe nur sehr schwach vertreten sind, beschränkt sich der Großteil der folgenden Analysen auf abhängig beschäftigte Frauen, bei denen neben den Teilzeitbeschäftigten zu Zwecken des Strukturvergleichs stets auch die Vergleichsgruppe der Vollzeitbeschäftigten in die Untersuchung einbezogen wurde(1).

3   Befunde

3.1   Abgrenzung der Untersuchungsgruppen

Mit schrittweiser Verkürzung und vor allem Differenzierung des kollektiv-vertraglichen Regel- oder Normalarbeitszeitstandards wird zugleich eine eindeutige Abgrenzung der Teilzeitbeschäftigung immer schwieriger (Kohler, Reyher 1985). Aus dem Sozio-ökonomischen Panel standen uns zur Abgrenzung von Voll- und Teilzeitbeschäftigten prinzipiell drei Indikatoren zur Verfügung:

-       Die Selbsteinstufung der Befragten in die drei vorgegebenen Kategorien "voll erwerbstätig", "in regelmäßiger Teilzeitbeschäftigung" und "geringfügig oder unregelmäßig erwerbstätig";

-       die offenen Angaben der Befragten zu ihrer "normalen (Wochen-) Arbeitszeit";

---

(1) Siehe Näheres hierzu bei: Büchtemann, Schupp 1986.

-    die offenen Angaben der Befragten zu ihrer durchschnittlichen effektiven Wochenarbeitszeit im letzten Monat.

In den meisten vorliegenden Untersuchungen wird zur Abgrenzung von Vollzeit- und Teilzeitbeschäftigung die im Rahmen der amtlichen Erwerbsstatistik (Mikrozensus, EG-Arbeitskräftestichprobe) erhobene "normalerweise geleistete Arbeitszeit" herangezogen (z.B. Mörtl 1984; Schoer 1986). Dabei variiert allerdings die chronometrische Abgrenzung von Vollzeit- und Teilzeitbeschäftigung: Während das Statistische Bundesamt den Schnitt seit einigen Jahren in der Regel bei 35/36 Wochenstunden setzt, definieren andere Studien (z.B. Hofbauer 1981; Frerichs u.a. 1984) Teilzeitbeschäftigung als Erwerbsarbeit im Umfang von weniger als 40 Wochenstunden, eine Definition, die jedoch spätestens seit Einführung der 38,5-Stunden-Woche in einigen Tarifbereichen als problematisch anzusehen ist.

Für die nachfolgenden Analysen wurden sowohl die subjektive Selbsteinstufung der Befragten als auch ihre Angaben zur "normalen (Wochen-) Arbeitszeit ohne Überstunden" zur Abgrenzung verwendet: Als Teilzeitbeschäftigte wurden alle Befragten klassifiziert, die sich selbst als "in regelmäßiger Teilzeitbeschäftigung" oder "geringfügig bzw. unregelmäßig erwerbstätig" eingestuft und für ihre Haupterwerbstätigkeit eine normale Wochenarbeitszeit ohne Überstunden von weniger als 35 Wochenstunden angegeben haben. Die Abgrenzung bei 34/35 Wochenstunden erfolgte deshalb, weil sich alle Beschäftigten mit normalen Wochenarbeitszeiten zwischen 35 und 39 Wochenstunden selbst der Kategorie "voll erwerbstätig" zugeordnet haben. Vollzeitbeschäftigte sind entsprechend alle abhängig Erwerbstätigen mit einer normalen Wochenarbeitszeit von 35 und mehr Stunden, die sich gleichzeitig als "voll erwerbstätig" bezeichneten.

3.2   Arten und Arbeitszeitumfang von Teilzeitbeschäftigungen

Der Begriff Teilzeitbeschäftigung umschreibt ein breites Feld sowohl in chronometrischer wie auch in chronologischer Hinsicht stark unterschiedlicher Gestaltungsmuster der Arbeitszeit. Gemeinsames Merkmal und zugleich Definitionskriterium aller Varianten von Teilzeitbeschäftigung ist lediglich, daß sie in chronometrischer Hinsicht vom Normalarbeitszeitstandard der vollen Erwerbstätigkeit oder Vollzeitbeschäftigung abweichen. Trotzdem sprechen Studien über Teilzeitarbeit (z.B. Hofbauer 1981) häufig pauschal von DER Teilzeitbeschäftigung (bzw. DEN Teilzeitbeschäftigten), ohne zwischen ihren verschiedenen Ausformungen und Konfigurationen sowie den damit einhergehenden unterschiedlichen Beschäftigungs-, Einkommens- und Lebenslagen zu differenzieren. Anhand der in Welle 1 des Sozio-ökonomischen Panels enthaltenen Indikatoren zur subjektiven Selbsteinstufung sowie zur "normalen" Wochenarbeitszeit der ausgeübten Teilzeitbeschäftigung lassen sich Teilzeitbeschäftigungen demgegenüber im Hinblick auf ihre Regelmäßigkeit und ihren Arbeitszeitumfang differenzieren.

78

Nach ihrer subjektiven Selbsteinstufung übten zum Erhebungszeitpunkt 16 % der abhängig Beschäftigten oder hochgerechnet gut 3,3 Millionen Personen eine Teilzeitbeschäftigung aus, wobei es sich in gut zwei Drittel (69%) der Fälle (rd. 2,3 Mio. Personen) um eine regelmäßige und zu knapp einem Drittel (31% bzw. bei rd. 1,05 Mio. Personen) um eine geringfügige oder unregelmäßige Teilzeitbeschäftigung handelte. Dabei liegt der Teilzeitanteil bei den Frauen mit rund 39 % erheblich höher als bei den Männern (2 %). Von den hochgerechnet insgesamt 3,1 Millionen teilzeitbeschäftigten Frauen bezeichneten sich rd. 70 % (2,2 Millionen) als in regelmäßiger Teilzeitbeschäftigung und annähernd jede dritte (29 %) - hochgerechnet mehr als 900 Tsd. Personen - als geringfügig oder unregelmäßig teilzeitbeschäftigt. Dabei muß davon ausgegangen werden, daß gerade die Gruppe der nur geringfügig bzw. marginal Beschäftigten in unseren Daten ohnehin unterschätzt wird, zumal es sich hierbei häufig um sporadische Gelegenheitstätigkeiten sowie Tätigkeiten im Grenzbereich zwischen formeller Erwerbstätigkeit und eher schattenwirtschaftlichen Aktivitäten handelt, die sich einer zeitpunktbezogenen, standardisierten Erhebung teilweise entziehen.

An den zeitlichen Umfang der Erwerbsarbeit knüpfen sich zugleich eine Reihe arbeits- und sozialrechtlicher Regelungen, weshalb Teilzeitbeschäftigungen mit unterschiedlicher Wochenarbeitszeit auch im Hinblick auf ihre sozialstaatlichen Implikationen unterschiedlich zu beurteilen sind. Die wichtigsten dieser arbeits- und sozialrechtlichen Arbeitszeitgrenzen liegen

- bei einer normalen Wochenarbeitszeit von 10 Stunden, bis zu der bei Arbeitern kein Anspruch auf Lohnfortzahlung im Krankheitsfall besteht,

- ferner bei 15 Wochenstunden, bei deren Unterschreiten keine Versicherungspflicht in der Gesetzlichen Kranken- und Rentenversicherung besteht, sofern bestimmte monatliche Verdienstgrenzen (bis 1984: 390,- DM) nicht überschritten werden (sog. "geringfügige" Beschäftigungen),

- sowie bei 20 (ab 1986: 19) Wochenstunden, bei deren Unterschreiten keine Versicherungspflicht in der Arbeitslosenversicherung besteht und entsprechend auch keine Leistungsansprüche erworben werden (Büchtemann 1987; Landenberger 1985).

Wie unsere Daten zeigen (vgl. Tabelle 1), übt die große Mehrheit der teilzeitarbeitenden Frauen (65 % bzw. hochgerechnet gut 2 Mio.) Beschäftigungen von 20 und mehr Wochenstunden aus, d.h. oberhalb der geltenden Sozialversicherungspflicht-Grenzen. Diese Teilzeitbeschäftigungen konzentrieren sich dabei vor allem auf den Bereich der "klassischen" Halbtagsarbeit im Umfang von 20 - 25 Wochenstunden (48 % bzw. rd. 1,5 Mio. aller teilzeitbeschäftigten Frauen) sowie ferner auf den Bereich zwischen 26-30 Wochenstunden (knapp 14 % bzw. gut 400 Tsd. aller teilzeitbeschäftigten

Tabelle 1: Beschäftigte Frauen (ohne Auszubildende) nach normaler Wochenarbeitszeit (ohne Überstunden)

normale Wochenarbeitszeit (ohne Überstunden)	hochgerechnet in Tsd. Frauen insgesamt	in v.H. aller beschäftigten Frauen	in v.H. aller teilzeitbeschäftigten Frauen
- 1-10 Stunden	423	5,3 %	13,6 %
- 11-14 Stunden	67	0,8 %	2,2 %
- 15-19 Stunden	245	3,1 %	7,9 %
- 20-25 Stunden	1.474	18,5 %	47,5 %
- 26-32 Stunden	499	6,3 %	16,1 %
- 33-34 Stunden	36	0,3 %	1,2 %
- 35 und mehr Stunden (Vollzeitbeschäftigte)	4.767	59,8 %	-
- habe keine festgelegte Arbeitszeit	432	5,4 %	10,2 %
- keine Angabe	33	0,4 %	1,6 %
Summe	7.976	100,0 %	100,0 %

Quelle: Das Sozio-ökonomische Panel, Welle 1,1984.

Frauen). Demgegenüber sind Teilzeitbeschäftigungen von 30 und mehr Wochenstunden, die schon nahe an den Normalarbeitszeitstandard der Vollzeiterwerbstätigkeit heranreichen, relativ selten (hochgerechnet rd. 100 Tsd. Personen), obgleich gerade dies derjenige Arbeitszeitbereich ist, auf den sich die so häufig zitierten Wünsche Vollzeitbeschäftigter nach individueller Arbeitszeitverkürzung konzentrieren (Nerb 1986).

Dies soll allerdings nicht verdecken, daß heute bereits ein erheblicher Teil der Teilzeitarbeit unter die geltenden Sozialversicherungsgrenzen fällt: Nach unseren Daten übte 1984 rund jede vierte (24 %) der teilzeitbeschäftigten Frauen eine Beschäftigung von normalerweise weniger als 20 Wochenstunden aus; hochgerechnet verbergen sich dahinter rd. 750 Tsd. Frauen, von denen die Mehrheit (ca. 500 Tsd.) zugleich unter die 15-Wochenstundengrenze bei der Gesetzlichen Renten- und Krankenversicherung fällt und somit in der Regel (2) zur Gruppe der geringfügig Beschäftigten zählt. Daß es sich hierbei in vielen Fällen um wirklich "marginale" Erwerbsformen handelt, zeigt der hohe Anteil von Beschäftigungen darunter, die nicht einmal die 10-Wochenstundengrenze überschreiten und damit in vielen Fällen nicht einmal Anspruch auf Lohnfortzahlung im Krankheitsfall begründen. Eine Beschäftigung von bis zu 10 Wochenstunden übte 1984 annähernd jede siebte (14 %) teilzeitbeschäftigte Frau aus, was hochgerechnet in etwa einer Zahl von 420 Tsd. entspricht.

Hervorzuheben ist schließlich, daß immerhin rund 10 % (370 Tsd. Personen) der abhängig teilzeitbeschäftigten Frauen angeben, sie hätten "keine festgelegte Arbeitszeit". Hierbei handelt es sich überwiegend (zu 55 %) um Frauen, die ihre Beschäftigung zugleich als geringfügig oder unregelmäßig bezeichnen. Sie sind von daher tendenziell auch der Gruppe Teilzeitbeschäftigter unterhalb der Sozialversicherungspflichtgrenzen hinzuzurechnen (3), deren Gesamtumfang sich damit auf hochgerechnet gut 700 Tsd. abhängig beschäftigte Frauen (ca. 23 % aller teilzeitbeschäftigten Frauen) erhöht.

Vor allem die Entwicklung geringfügiger Teilzeitbeschäftigungen unterhalb der geltenden Sozialversicherungspflichtgrenzen hat in letzter Zeit in der sozial- und arbeitsmarktpolitischen Diskussion verstärkt Beachtung gefunden. Obgleich für die Bundesrepublik Deutschland hierüber bislang keine exakten Daten vorliegen (vgl. auch: Weber 1986), gibt es begründete

(2) D.h. bei gleichzeitigem Nicht-Überschreiten bestimmter Verdienstgrenzen: Siehe hierzu ausführlicher Punkt 3.5.
(3) Zu den sozialversicherungsfreien, geringfügigen Beschäftigungen zählen nicht nur regelmäßig ausgeübte Teilzeitbeschäftigungen von weniger als 15 Wochenstunden, sondern auch sonstige Erwerbstätigkeiten, die nicht kontinuierlich ausgeübt werden, sofern sie eine Höchstdauer von 2 Monaten bzw. 50 Arbeitstagen pro Jahr nicht überschreiten; darüber hinaus gelten eine ganze Reihe von Sonderregelungen z.B für Schüler-, Studenten- und Rentnerbeschäftigungen (siehe Benner 1985).

Vermutungen, daß die Zahl geringfügiger Beschäftigungen in den letzten Jahren stark zugenommen und inzwischen eine reale Größenordnung von 1,5 - 2 Millionen erreicht hat, weshalb in letzter Zeit u.a. seitens der SPD sowie der Gewerkschaften die Einbeziehung aller Teilzeitbeschäftigten in die Sozialversicherungspflicht gefordert wird (siehe z.B. den SPD-Entwurf eines Gesetzes "zum Schutze der Teilzeitbeschäftigten", in: Bundestags-Drucksache 10/2559; DGB 1986). Gestützt wird die Annahme einer überproportionalen Zunahme geringfügiger Beschäftigungen durch einen Vergleich unserer Daten für 1984 mit den Ergebnissen der Volks- und Berufszählung 1970: Die Zahl abhängig beschäftigter Frauen mit einer normalerweise geleisteten Wochenarbeitszeit unter 15 Stunden ist in diesem Zeitraum annähernd doppelt so stark (+ 113,3 %) angewachsen wie die Zahl der teilzeitbeschäftigten Frauen insgesamt (+ 56,6 %) (siehe Büchtemann, Schupp 1986). Mit anderen Worten: Obgleich sich nach vielfältigen Untersuchungsbefunden die Arbeitszeitwünsche Teilzeitsuchender und bereits Teilzeitbeschäftigter stark auf Wochenarbeitszeiten zwischen 25 und 35 Stunden konzentrieren (Landenberger 1983), scheinen die größten Expansionschancen der Teilzeitbeschäftigung eher nahe dem oder im nicht-sozialversicherungspflichtigen "Geringfügigkeits"-Bereich zu liegen.

3.3 Arbeitskräfteangebot: Personenstruktur und Haushaltssituation teilzeitbeschäftigter Frauen

Die fortgesetzte Expansion der Teilzeitbeschäftigung verweist nicht nur auf den Strukturwandel auf der Nachfrageseite des Arbeitsmarktes, etwa die anhaltende Tertiarisierungstendenz der Berufsstruktur, sondern spiegelt auch veränderte Strukturen und Verhaltensweisen auf der Angebotsseite des Arbeitsmarktes wider, so etwa Veränderungen der Familienstruktur, des generativen Verhaltens und der geschlechtsspezifischen Rollenverteilung. Eine systematische Analyse der Teilzeitbeschäftigung sollte deshalb auch die spezifische Personenstruktur und Haushaltssituation Teilzeitbeschäftigter im Vergleich zu Vollzeitbeschäftigten miteinbeziehen.

Die Analyseperspektive richtet sich im folgenden deshalb nicht nur auf die Strukturmerkmale von teilzeit- und vollzeitbeschäftigten Personen (Tabelle 2), sondern auch auf verschiedene Haushaltstypen, die sich im Hinblick auf Art und Konstellation ihrer Beteiligung am Erwerbsleben voneinander unterscheiden (Tabelle 3).

Betrachtet man zunächst die abhängig beschäftigten Frauen je nach Umfang und Art ihrer Beteiligung am Erwerbsleben, so treten eine Reihe markanter Unterschiede zwischen Teilzeit- und Vollzeitbeschäftigten hervor, wie sie zum Teil bereits in früheren Untersuchungen festgestellt wurden (Linkert 1974; Hofbauer 1981):

-       Teilzeitbeschäftigte Frauen sind im Durchschnitt deutlich älter als vollzeitbeschäftigte Frauen: Sie konzentrieren sich stark in den Al-

Tabelle 2: Abhängig beschäftigte Frauen (ohne Auszubildende) 1984 nach Indikatoren zur Arbeitszeit der ausgeübten Haupterwerbstätigkeit und ausgewählten Strukturmerkmalen (1)

	Abhängig beschäftigte Frauen insgesamt	darunter: Vollzeit beschäftigte	Teilzeit-/geringfügig Beschäftigte	darunter: in regelmäßiger Teilzeitbeschäftigung	unregelmäßige/geringfügige Teilzeitbeschäftigung	mit einer normalen Arbeitszeit (ohne Überstunden) von(2)		
						1-14 Wochenstunden	15-19 Wochenstunden	20-34 Wochenstunden
Basis ungewichtet	2.172	1.446	726	533	191	124	73	529
Basis hochgerechnet (in Tsd.)	7.976	4.873	3.103	2.197	906	490	245	2.009
1. Alter 1984								
16 - 20	3,7	5,8	0,6	0,6	0,7	1,0	0,2	0,3
21 - 30	29,4	39,0	14,8	12,2	20,8	16,3	17,8	11,5
31 - 40	24,3	20,2	30,4	32,0	27,4	36,1	18,6	32,4
41 - 50	26,1	20,4	34,8	35,8	32,3	32,8	39,1	35,7
51 - 60	14,3	13,6	15,3	17,3	10,5	6,0	18,2	17,6
61 Jahre und älter	2,3	1,0	4,1	2,1	8,4	7,8	6,2	2,4
2. Familienstand 1984								
ledig	26,4	39,1	7,2	4,7	10,9	3,9	4,7	5,7
verheiratet/zusammenlebend	60,3	46,2	81,5	81,7	83,8	91,3	86,8	80,6
verheiratet getrennt lebend	1,9	2,2	1,5	1,7	1,0	0,4	2,8	1,8
geschieden	7,8	9,5	5,1	6,6	1,8	1,9	2,8	6,9
verwitwet	3,7	3,0	4,7	5,2	2,5	2,5	2,8	5,5
3. Personen mit Kindern unter 16 Jahren im Haushalt								
- in v.H. aller Personen	34,9	25,9	48,3	46,6	53,9	72,5	34,4	43,4
- in v.H. der Personen in Mehrpersonenhaushalten	39,8	32,4	52,0	49,3	58,5	76,3	36,6	46,5
4. höchster Schulabschluß 1984(3)								
Volks-/Hauptschule	56,5	48,2	68,2	67,4	70,6	71,7	65,8	67,9
mittlere Reife	27,7	33,9	19,0	21,1	14,6	17,3	16,6	21,8
Fachhochschulreife	3,7	4,7	2,4	2,9	0,2	0,4	--	2,5
Abitur	11,7	13,2	9,5	8,3	12,2	10,6	17,6	7,6
noch in schulischer Ausbildung	0,4	--	0,9	0,4	2,3	--	--	0,2
5. beruflicher Bildungsabschluß 1984(3)								
ohne abgeschlossene Berufsausbildung	25,0	20,7	34,5	30,1	47,2	37,5	45,0	28,4
abgeschlossene Lehre sonstige abgeschlossene Berufsausbildung unterhalb FHS/HS-Abschluß	39,5	47,3	48,5	49,4	37,6	37,6	37,2	54,3
	26,3	22,3	10,8	13.9	11,6	16,6	4,5	11,1
Fachhoch-/Hochschulabschluß	9,2	9,7	6,2	6,6	3,6	8,3	13,3	6,2
6. Qualifikationsanforderungen am Arbeitsplatz 1984								
keine besondere Ausbildung	12,8	6,9	21,6	15,8	34,1	30,6	30,8	14,3
kurze Einweisung am Arbeitsplatz	18,4	15,8	22,0	21,0	25,4	24,0	20,6	20,4
längere Einarbeitung	12,2	11,7	13,0	13,6	11,3	9,3	11,7	14,1
Besuch von besonderen Kursen/Lehrgängen	4,8	5,6	3,6	4,2	2,2	1,3	4,0	3,9
abgeschlossenen Berufsausbildung	44,9	52,0	34,2	39,4	23,8	27,0	21,9	41,4
abgeschlossenes Studium	6,9	7,7	5,6	5,9	3,2	7,8	10,9	5,8

83

	Abhängig beschäftigte Frauen insgesamt	darunter: Vollzeit beschäftigte	Teilzeit-/ geringfügig Beschäftigte	darunter: in regelmäßiger Teilzeitbeschäftigung	unregelmäßige/geringfügige Teilzeitbeschäftigung	mit einer normalen Arbeitszeit (ohne Überstunden) von(2)		
						1-14 Wochenstunden	15-19 Wochenstunden	20-34 Wochenstunden
7. Typus der ausgeübten Berufstätigkeit 1984(4)								
Agrarberufe	1,7	2,3	0,8	0,3	2,2	3,5	--	0,3
einfache manuelle Berufe	5,0	5,8	3,9	4,8	2,0	1,6	--	4,4
qualifizierte manuelle Berufe	7,5	9,1	5,3	5,7	5,0	2,9	2,9	5,1
Techniker/Ingenieure	3,1	3,3	2,8	3,1	2,4	3,5	1,9	3,3
einfache Dienstleistungsberufe	19,6	12,3	29,8	23,1	44,3	39,0	36,3	23,7
qualifizierte Dienstleistungsberufe	4,9	6,2	3,0	3,3	2,4	3,0	2,9	3,4
Semiprofessionen	11,7	14,0	8,4	10,3	4,2	9,1	12,8	9,8
Professionen	5,0	6,1	3,4	2,7	4,1	8,3	2,1	2,7
einfache kaufmännische und Verwaltungsberufe	17,8	14,2	22,8	23,4	20,1	17,8	23,6	23,7
qualifizierte kaufmännische und Verwaltungsberufe	23,7	26,4	19,8	23,3	13,3	11,4	17,6	23,7
Manager	0,2	0,3	--	--	--	--	--	--
8. Stellung im Beruf 1984								
ungelernte Arbeiterin	11,3	7,1	17,7	13,8	28,8	26,5	26,3	12,1
angelernte Arbeiterin	16,4	15,4	18,0	17,2	20,0	17,1	19,2	16,9
gelernte/Facharbeiterin	3,4	4,5	1,8	1,8	2,0	1,8	--	2,3
Vorarbeiterin, Meisterin	0,5	0,4	0,5	0,4	0,7	1,4	--	0,4
Angestellte mit einfacher Tätigkeit	24,2	20,2	30,1	30,5	26,5	23,7	26,2	31,1
Angestellte mit qualifizierter Tätigkeit	33,4	39,0	25,0	28,5	18,7	21,9	20,5	29,1
Angestellte mit hochqualifizierter Tätigkeit/Führungsposition	4,9	6,4	2,8	2,5	1,6	2,8	1,3	2,8
Beamtin im einfachen/mittleren Dienst	1,3	1,8	0,6	0,8	--	--	2,3	0,7
Beamtin im gehobenen Dienst	2,6	3,0	2,0	2,7	0,7	2,4	2,4	3,2
Beamtin im höheren Dienst	1,9	2,1	1,5	1,8	0,9	2,5	1,8	1,5
9. Wirtschaftsbereich des Betriebs 1984(5)								
Land-/Forstwirtschaft/ Fischerei	0,5	0,2	0,9	0,5	2,0	2,8	--	0,3
Bergbau/Energiewirtschaft	0,3	0,5	0,1	1,4	0,2	--	--	0,2
Produzierendes Gewerbe	22,9	27,3	16,6	19,1	12,0	6,1	13,7	19,4
Baugewerbe	1,8	1,1	2,9	2,9	2,5	2,6	2,0	3,0
Handel	17,4	14,3	22,5	24,3	18,1	17,9	24,5	24,8
Verkehr, Bundesbahn, Post	3,1	2,8	3,7	3,7	4,0	2,9	3,1	4,0
Banken, Kreditgewerbe, Versicherungen	4,3	4,9	3,3	3,3	3,3	4,2	0,7	3,1
Gaststätten, Beherbergung	3,7	3,2	4,3	2,3	7,8	1,6	1,0	1,9
Wäscherei, Körperpflege Gebäudereinigung	2,9	1,9	4,6	2,8	9,5	7,3	8,1	3,0
Wissenschaft, Kultur	11,6	10,8	12,8	13,0	12,1	16,3	30,5	12,3
Gesundheits-/Veterinärwesen	10,1	11,4	8,0	9,7	4,8	6,8	2,7	10,5
Sonstige Dienstleistungen	3,6	3,2	4,3	3,6	6,0	6,4	3,0	3,4
Organisationen ohne Erwerbscharakter, private Haushalte	7,2	7,0	7,7	6,2	10,1	14,0	4,5	6,2
Gebietskörperschaften, Sozialversicherung	8,9	10,0	7,0	7,5	6,5	9,2	4,2	7,5
Sonstige/unzureichende Branchenangabe	1,6	1,9	1,1	1,0	1,5	1,8	2,1	0,6
Summe: Handel/Dienstleistungen	72,8	71,0	78,2	76,4	82,2	86,6	82,3	76,7

	Abhängig beschäftigte Frauen insgesamt	darunter: Vollzeit beschäftigte	Teilzeit-/ geringfügig Beschäftigte	darunter: in regelmäßiger Teilzeitbeschäftigung	unregelmäßige/geringfügige Teilzeitbeschäftigung	mit einer normalen Arbeitszeit (ohne Überstunden) von(2)		
						1-14 Wochenstunden	15-19 Wochenstunden	20-34 Wochenstunden
10. Betriebsgröße (Beschäftigtenzahl) 1984								
unter 20 Beschäftigte	30,5	23,9	40,5	34,7	51,4	41,3	50,0	33,8
20 b. u. 200 Beschäftigte	28,0	29,6	25,4	24,9	29,1	36,5	26,2	25,2
200 b. u. 2000 Beschäftigte	19,9	22,0	16,6	21,1	6,8	10,1	9,2	20,7
2000 u. m. Beschäftigte	21,7	24,4	17,5	19,2	12,8	12,1	14,6	20,3
11. Betriebliche Sozialleistungen 1983 (Anteil Befragter mit ...(6)								
13. Monatsgehalt	46,2	52,3	36,1	43,5	13,2	18,1	26,5	44,5
14. Monatsgehalt	2,4	3,3	1,1	1,4	-	-	-	1,6
Weihnachtsgeld	44,1	44,7	43,0	44,4	40,0	45,4	38,9	45,9
Urlaubsgeld	62,9	68,9	53,0	63,7	23,3	27,4	30,1	65,6
Sonstiges (Vorgaben)	4,8	5,2	4,0	4,8	2,0	2,6	1,0	4,7
Nichts davon	9,6	3,3	20,0	11,1	44,6	35,6	33,4	8,9
12. Sozialversicherungsstatus 1983(6)								
Pflichtbeiträge des Arbeitgebers zur gesetzlichen Rentenversicherung	86,4	93,0	75,0	87,2	42,9	39,9	56,9	91,2
- in v.H. der als Arbeiter/ Angestellte Beschäftigten	91,7	99,9	78,2	92,1	43,6	41,6	60,9	96,4
Versichertenstatus in der Krankenversicherung 1983								
- pflichtversichert	81,2	85,7	74,8	87,1	42,5	40,8	63,4	91,3
- freiwillig versichert	10,9	13,8	4,3	4,9	2,6	4,0	5,6	3,8
- mitversichertes Familienmitglied	6,7	0,3	17,7	7,3	45,2	48,1	16,7	4,2
- versichert als Rentnerin, Arbeitslose etc.	0,7	0,1	1,6	0,5	4,5	3,4	5,4	0,8
- nichts davon	0,7	0,2	1,6	0,3	5,1	3,7	8,8	0,1
13. Überstunden/Überstundenvergütung								
leiste keine Überstunden	40,2	33,9	49,6	44,4	65,0	56,6	61,2	41,4
leiste Überstunden	59,8	66,1	50,4	55,6	35,0	43,4	38,8	58,6
darunter: Überstunden...								
- werden bezahlt	15,0	13,3	17,5	15,3	20,4	22,3	21,1	15,9
- werden abgefeiert	27,2	31,4	20,9	27,3	7,8	9,5	12,5	28,9
- teils bezahlt/teils abgefeiert	6,3	7,0	5,1	6,4	1,6	2,7	0,4	7,0
- gar nicht abgegolten	11,4	14,4	6,9	6,6	5,2	8,9	4,9	6,7

	Abhängig beschäftigte Frauen insgesamt	darunter: Vollzeit beschäftigte	Teilzeit-/ geringfügig Beschäftigte	darunter: in regelmäßiger Teilzeitbeschäftigung	unregelmäßige/geringfügige Teilzeitbeschäftigung	mit einer normalen Arbeitszeit (ohne Überstunden) von(2)		
						1-14 Wochenstunden	15-19 Wochenstunden	20-34 Wochenstunden
14. Indikatoren zur beruflichen Mobilität								
a) Beschäftigungsdauer beim derzeitigen Arbeitgeber (1984)								
bis ein Jahr	13,9	12,8	15,4	11,3	25,3	32,2	17,5	10,6
über 1 Jahr b. u. 5 Jahre	25,0	25,2	24,5	22,0	30,5	23,8	24,8	22,2
5 bis unter 10 Jahre	25,6	26,5	24,4	25,4	21,8	23,1	24,6	25,5
10 bis unter 15 Jahre	18,0	18,0	17,9	21,2	12,1	10,8	18,4	21,5
15 bis unter 20 Jahre	8,9	7,4	11,2	13,5	4,4	5,2	7,6	12,9
20 Jahre und länger	8,8	10,1	6,8	6,6	6,0	4,8	7,2	7,1
b) Zahl der Arbeitgeber 1974-1984								
ein Arbeitgeber	57,6	57,2	58,3	60,0	53,1	54,1	61,0	60,3
zwei Arbeitgeber	26,1	27,0	24,6	25,6	24,4	21,9	24,4	25,0
drei und mehr Arbeitgeber	16,3	15,8	17,1	14,4	23,5	24,1	14,6	14,7

Anmerkungen Tabelle 2:

(1) %-Werte senkrecht: Summen ≠ 100 infolge von Rundungsfehlern und/oder Mehrfachnennungen.

(2) gebildet anhand offener Angaben auf die Frage "Wie viele Wochenstunden beträgt Ihre normale Arbeitszeit ohne Überstunden?"; ohne Befragte, die ihre normale Wochenarbeitszeit mit weniger als 35 Wochenstunden angeben, sich subjektiv jedoch als "voll erwerbstätig" einstufen: Bei dieser Gruppe handelt es sich überwiegend um Lehrer/Pädagogen, die nicht ihre gesamte Arbeitszeit, sondern die Zahl ihrer Pflicht-Unterrichtsstunden angeben; sie wurden für die vorliegende Analyse zu den "Vollzeitbeschäftigten" hinzugezählt.

(3) Angaben nur für Befragte in Haushalten mit deutschem Haushaltsvorstand.

(4) Zusammenfassung der nach ISCO (International Standard Classification of Occupations) vercodeten Angaben zur ausgeübten Berufstätigkeit nach: H.P. Blossfeld 1985.

(5) vercodet nach offenen Branchenangaben der Befragten.

(6) Angaben zu betrieblichen Sozialleistungen und Sozialversicherungsstatus wurden nur für das Kalenderjahr 1985 erhoben, die Prozentwerte beziehen sich entsprechend nur auf Befragte, die nicht nur zum Befragungszeitpunkt 1984, sondern auch das gesamte Kalenderjahr 1983 vollzeit- bzw. teilzeitbeschäftigt waren.

Quelle: Das Sozio-ökonomische Panel Welle I/1984.

tersgruppen über 30 Jahre (= 85 % der teilzeitbeschäftigten Frauen), während vollzeitbeschäftigte Frauen zu annähernd der Hälfte in die Alterskategorie bis 30 Jahre fallen. Vollzeit- und Teilzeitbeschäftigungen sind offensichtlich jeweils an bestimmte Phasen des weiblichen (Erwerbs-)Lebenszyklus gebunden (Brinkmann 1981). Dies spiegelt sich auch in den altersspezifischen Teilzeitquoten wider: Diese beträgt bei Arbeitnehmerinnen bis 30 Jahre 18 %, bei den über 30 bis 60jährigen indes 48 %.

- Mehr als vier Fünftel der teilzeitbeschäftigten Frauen sind verheiratet, was nicht einmal auf die Hälfte der vollzeitbeschäftigten Frauen zutrifft. Teilzeitarbeit ist somit nach wie vor hauptsächlich Erwerbsarbeit von Ehefrauen. Während von den verheirateten (wie auch den verwitweten) Arbeitnehmerinnen gut jede zweite eine Teilzeitbeschäftigung ausübt, trifft dies bei den ledigen nur auf jede zehnte und auch bei den geschiedenen nur auf jede vierte zu. Doppelt so häufig wie bei den vollzeitbeschäftigten Frauen (26 %) gibt es im Haushalt von teilzeitbeschäftigten Frauen (48 %) gleichzeitig Kinder unter 16 Jahre.

Strukturunterschiede zeigen sich ferner im Hinblick auf das schulische und berufliche Ausbildungsniveau von teilzeit- und vollzeitbeschäftigten Frauen:

- Nach wie vor haben teilzeitbeschäftigte Frauen signifikant häufiger nur die Volks-/Hauptschule absolviert. Der Anteil von Frauen mit mittlerer Reife oder Fachhochschulreife/Abitur liegt bei den vollzeitbeschäftigten Frauen entsprechend deutlich höher als bei den teilzeitbeschäftigten.

- Ein ähnliches Qualifikationsgefälle zeichnet sich auch hinsichtlich des beruflichen Ausbildungsniveaus ab: Gut jede dritte der teilzeitbeschäftigten Arbeitnehmerinnen hat keinen beruflichen Ausbildungsabschluß (vollzeitbeschäftigte Frauen: 21 %). Vollzeitbeschäftigte Frauen weisen wesentlich häufiger einen (Fach-)Hochschulabschluß oder eine sonstige abgeschlossene Berufsausbildung auf als ihre teilzeitbeschäftigten Kolleginnen.

Trotz der enormen Expansion der Teilzeitbeschäftigung während der vergangenen Jahre heben sich Teilzeitbeschäftigte im Hinblick auf ihr Ausbildungsniveau somit immer noch negativ von den vollzeitbeschäftigten Frauen ab, was nur zum Teil auf Kohorteneffekte, sprich das höhere Durchschnittsalter der Teilzeitbeschäftigten, zurückzuführen ist. Zugleich zeigt der Vergleich mit den Befunden des Mikrozensus von 1978 (siehe: Büchtemann, Schupp 1986), daß sich die qualifikatorische Kluft zwischen voll- und teilzeitbeschäftigten Frauen in den letzten Jahren sogar noch vergrößert hat.

Diese im Hinblick auf das Arbeitskräfteangebot feststellbaren Strukturdiskrepanzen zwischen voll- und teilzeitbeschäftigten Frauen gelten prinzipiell für alle Varianten der Teilzeitbeschäftigung. Gleichzeitig zeichnen sich jedoch zwischen Frauen mit regelmäßiger Teilzeitbeschäftigung (im Umfang von 20-34 Wochenstunden) und den geringfügig oder unregelmäßig Teilzeitbeschäftigten eine Reihe von Unterschieden ab, die eine differenzierte Betrachtung rechtfertigen:

-    Geringfügige oder unregelmäßige Teilzeitbeschäftigungen konzentrieren sich zwar ebenfalls stark auf die "klassische" Teilzeit-Altersgruppe der 30-60jährigen Frauen, werden jedoch häufiger als reguläre Teilzeitbeschäftigungen auch von jüngeren Frauen ausgeübt: Gut jede fünfte der geringfügig oder unregelmäßig teilzeitbeschäftigten Frauen gehört zur Altersgruppe bis 30 Jahre, wobei es sich in der Hälfte der Fälle um Teilzeitarbeit neben einer Ausbildung (Zweiter Bildungsweg, Studium, Fortbildung) handelt.

-    Zugleich handelt es sich vor allem bei geringfügigen Teilzeitbeschäftigungen mit weniger als 15 Wochenstunden überwiegend um Beschäftigungen von Müttern mit Kindern im Haushalt: Während von den teilzeitbeschäftigten Frauen mit weniger als 15 Wochenstunden drei Viertel Kinder unter 16 Jahre im Haushalt haben, trifft dies bei den halbtags oder länger teilzeitbeschäftigten Frauen auf nicht einmal die Hälfte zu.

-    Schließlich zeigt sich, daß das - im Vergleich zu den vollzeitbeschäftigten Frauen - niedrigere berufliche Ausbildungsniveau teilzeitbeschäftigter Frauen vor allem auf die wachsende Gruppe der geringfügig oder unregelmäßig Beschäftigten unter ihnen zurückzuführen ist: Der Anteil ohne beruflichen Bildungsabschluß liegt bei ihnen mit 47 % noch einmal deutlich höher als bei den Frauen mit regelmäßiger Teilzeitbeschäftigung (30 %).

Mit der festgestellten starken Konzentration der Teilzeitbeschäftigung bei Ehefrauen stellt sich die Frage nach dem relativen Stellenwert der Teilzeitarbeit im Hinblick auf die Einkommenssituation der Haushalte. Aufschlüsse hierüber vermittelt eine Strukturanalyse der Haushalte von Teilzeit- (und im Vergleich dazu: von Vollzeit-) Beschäftigten, wozu wir die Teilgesamtheit der Erwerbstätigenhaushalte in unserer Stichprobe nach der Art und Konstellation ihrer Beteiligung am Erwerbsleben differenziert haben:

Danach gab es in der Bundesrepublik Deutschland 1984 in gut jedem sechsten der insgesamt 17,2 Millionen Erwerbstätigenhaushalte mindestens eine(n) Teilzeitbeschäftigte(n) (4) (im folgenden: Teilzeithaushalte); in 83 % der Erwerbstätigenhaushalte lebten ausschließlich Vollzeitbeschäftigte (im folgenden: Vollzeithaushalte). Die haushaltsbezogene Betrachtung macht

---

(4) Hier: einschließlich teilzeitbeschäftigter Männer.

deutlich, daß sich Teilzeitbeschäftigte auf einen ganz spezifischen Haushaltstyp konzentrieren: Bei 93 % der Teilzeithaushalte handelt es sich um Mehrpersonenhaushalte; Teilzeitbeschäftigung von Alleinstehenden spielt am Arbeitsmarkt nach wie vor so gut wie keine Rolle (1,2 % aller Erwerbstätigenhaushalte). Vielmehr handelt es sich bei der überwiegenden Mehrheit (78 %) der Teilzeithaushalte um Ehepaar-Haushalte, wobei bei den Teilzeithaushalten vor allem der hohe Anteil der Ehepaar-Haushalte mit Kindern (59%) auffällt. Typisch für Teilzeithaushalte ist ferner eine spezifische Konstellation der Haushaltsmitglieder im Hinblick auf ihre Beteiligung am Erwerbsleben: In rd. 80 % der Teilzeithaushalte übte 1984 neben dem (der) Teilzeitbeschäftigten mindestens eine weitere Person eine Erwerbstätigkeit aus (Vollzeithaushalte: 38 %), wobei es sich so gut wie ausschließlich um einen Vollzeitbeschäftigten handelte. Haushalte mit nur einem Teilzeitbeschäftigten ohne weitere Verdiener (20 % der Teilzeit- und rd. 3,4 % der Erwerbstätigenhaushalte insgesamt) und erst recht Haushalte mit mehreren Teilzeitbeschäftigten, aber keinem Vollzeitverdiener (1,2 % der Teilzeithaushalte) kommen indes bislang nur relativ selten vor. Mit anderen Worten: Teilzeitbeschäftigung setzt offensichtlich in den meisten Fällen die Existenz (mindestens) eines weiteren, und zwar in der Regel Vollzeit-Verdieners im Haushalt voraus, um ein ausreichendes Haushaltseinkommen zu gewährleisten.

Dies verdeutlicht auch ein Blick auf die Minderheit von Teilzeithaushalten ohne weitere(n) Vollzeitverdiener, die sich im Hinblick auf ihre sozio-ökonomische Situation deutlich von der Mehrheit der Erwerbstätigenhaushalte mit Vollzeitverdiener(n) unterscheiden:

- Bei jedem siebten Teilzeithaushalt ohne weitere(n) Vollzeitbeschäftigte(n) handelt es sich um eine unvollständige Familie (d.h. Elternteil mit Kind), während dies nicht einmal auf jeden zwanzigsten der übrigen Erwerbstätigenhaushalte zutrifft.

- Signifikant häufiger als bei den Haushalten mit Vollzeitbeschäftigten (5 %) ist in Teilzeithaushalten ohne Vollzeitverdiener zugleich eine Person arbeitslos gemeldet (21 %).

- Das monatliche Haushalts-Nettoeinkommen liegt bei rd. jedem dritten (30 %) Teilzeithaushalt ohne weiteren Vollzeitverdiener unter 750.- DM pro Kopf, was nur auf 17 % der Teilzeithaushalte mit Vollzeitbeschäftigten zutrifft.

- Zugleich äußern Teilzeitbeschäftigte in Haushalten ohne weitere Vollzeitverdiener signifikant häufiger (26 %) Unzufriedenheit mit dem Haushaltseinkommen, als dies bei Teilzeitbeschäftigten aus Haushalten mit Vollzeiterwerbstätigen der Fall ist (15 %).

Allerdings wird das fehlende Vollzeit-Einkommen in den Haushalten mit ausschließlich Teilzeitbeschäftigten in vielen Fällen zumindest partiell durch

Tabelle 3: Erwerbstätigenhaushalte in der Bundesrepublik Deutschland 1984 nach Vorhandensein von Voll- und/oder Teilzeitbeschäftigten sowie Indikatoren zur Haushaltsstruktur (1)

	Erwerbs-tätigen-haushalte gesamt	Haushalte mit mind. einem Voll-zeitbeschäf-tigten	darunter: mit aus-schließlich Vollzeitbe-schäftigten	Haushalte mit mind. einem Teil-zeitbeschäf-tigten	darunter: mit Voll- und Teil-zeitbeschäf-tigten	nur mit (einem oder mehreren) Teilzeitbe-schäftigten
Basis ungewichtet	4.535	4.393	3.777	758	616	142
Basis hochgerechnet in (Tsd.)	17.198	16.580	14.277	2.921	2.303	618
1. Haushaltsgröße (Zahl der Personen im Haushalt)						
Einpersonenhaushalt	18,0	17,5	20,7	6,9	-	32,7
Zweipersonenhaushalt	26,0	25,4	26,3	24,7	19,5	44,2
Drei- und Mehrpersonenhaushalt	55.9	57,1	53,4	68,3	80,5	23,1
- Kinder (unter 16 Jahre) im Haushalt	38,2	38,8	36,7	45,7	51,8	23,0
- in v.H. der Mehrpersonen-haushalte	46,6	47,0	46,3	49,1	51,8	34,2
2. Haushaltstyp						
Alleinstehendenhaushalt	18,0	17,5	20,3	6,9	-	32,7
Ehepaar ohne Kind(er)	18,2	17,8	18,0	19,1	16,3	29,6
Ehepaar mit Kind(ern)	46,5	47,8	44,0	58,8	71,2	12,5
Elternteil mit (ledigem/n) Kind(dern)	4,8	4,4	4,9	4,1	1,6	13,6
Sonstiger Haushaltstyp	12,5	12,5	12,8	11,1	10,9	11,6
3. Erwerbsstruktur des Haushalts						
Anteil Haushalte...						
mit einem Erwerbstätigen	55,1	53,6	62,3	20,0	-	94,4
mit zwei Erwerbstätigen	35,0	36,1	30,4	57,5	71,4	5,6
drei und mehr Erwerbstätigen	9,9	10,3	7,3	22,5	28,6	-
- mit mehr Erwerbstätigen i.v.H. der Mehrpersonenhaushalte	54,8	57,5	47,5	85,9	100,0	8,3
mit einem Teilzeitbeschäftigten	16,7	13,8	-	98,3	99,3	94,4
mehreren Teilzeitbeschäftigten	0,3	(-)	-	1,7	0,7	5,6
- in v.H. der Haushalte mit zwei und mehr Erwerbstätigen	0,7	(-)	-	2,1	0,7	100,0
mit mindestens einem Arbeitslosen	4,4	4,0	4,5	4,2	1,6	14,0
- in v.H. der Mehrpersonen-haushalte	5,4	4,8	5,7	4,5	1,6	20,8
4. Durchschnittliches monatliches Pro-Kopf-(Haushalts-)Nettoeinkommen in DM/1/ (in DM)						
bis unter 500,--	6,4	6,6	6,9	4,5	3,1	8,9
500,-- bis unter 750,--	18,0	19,0	18,5	16,6	14,3	21,1
750,-- bis unter 1.000,--	18,0	19,4	16,9	24,6	27,0	9,3
1.000,-- bis unter 1.250,--	15,8	16,4	14,4	23,7	22,7	21,5
1.250,-- bis unter 1.500,--	10,0	10,5	9,8	11,1	10,4	10,7
1.500,-- bis unter 1.750,--	8,6	9,1	8,8	8,5	7,9	8,4
1.750,-- bis unter 2.000,--	5,8	6,1	6,3	3,5	3,1	4,2
2.000,-- und mehr	12,0	12,8	13,1	7,4	6,1	10,1
Durchschnittlicher DM-Betrag pro Kopf	1.226,-	1.230,-	1.247,-	1.129,-	1.123,-	1.149,-
5. Anteil Haushalte mit Transferbezug (1983) (Rente und/oder Alg/Alhi, Sozialhilfe, BAFÖG, Mutter-schaftsgeld)	25,4	24,4	25,4	25,2	17,8	53,0

Anmerkung Tabelle 4:

(1) %-Werte senkrecht: Summen ≠ 100 % infolge von Rundungsfehlern

Quelle: Das Sozio-ökonomische Panel,Welle 1,1984.

öffentliche Transferleistungen kompensiert: Mehr als die Hälfte dieser Haushalte (53 %) waren zugleich Bezieher von Einkommensersatzleistungen wie Rente(n), Arbeitslosengeld, Sozialhilfe, BAFöG oder Mutterschaftsgeld (zum Vergleich: Teilzeithaushalte mit Vollzeitbeschäftigten 18 %).

Zugleich zeigen unsere Daten, daß es sich auch beim vorherrschenden Typ von Teilzeithaushalten mit Vollzeitverdiener(n) keineswegs um Haushalte handelt, in denen auf den Teilzeitzuverdienst ohne weiteres verzichtet werden könnte: Das durchschnittliche Pro-Kopf-Netto-Einkommen liegt bei den Haushalten mit Teilzeit- und Vollzeitverdienern (1.123,- DM) nicht höher, sondern um etwa 10 % niedriger als bei den übrigen Arbeitnehmerhaushalten (1.243,- DM). Hieraus kann man schließen, daß es sich bei dem zumeist ohnehin recht niedrigen Teilzeitverdienst in vielen Fällen um einen notwendigen Zuverdienst handelt, um das Pro-Kopf-Einkommen im Haushalt dem durchschnittlichen Niveau der Arbeitnehmerhaushalte insgesamt (1.226,- DM) anzunähern. Daß der Teilzeitverdienst in den Doppelverdiener-Haushalten vielfach unverzichtbar ist, wird besonders deutlich, wenn man in diesen Haushalten das durchschnittliche Pro-Kopf-Einkommen abzüglich des Teilzeit-Zuverdienstes betrachtet: Ohne den Nettoverdienst des Teilzeitbeschäftigten läge das Pro-Kopf-Netto-Einkommen in diesen Haushalten erheblich niedriger (864,- DM) als bei der Vergleichsgruppe der übrigen (Mehrpersonen-)Haushalte mit ausschließlich einem Vollzeitverdiener (951,- DM). Die Alternative zur Teilzeitbeschäftigung dürfte bei diesen Doppelverdiener-Haushalten in vielen Fällen weniger in einem Rückzug vom Arbeitsmarkt als in der Suche nach einer weiteren Vollzeiterwerbstätigkeit bestehen(5).

Festzuhalten ist: Einkommen aus Teilzeitarbeit reichen offensichtlich in der Regel alleine nicht zur Existenzsicherung eines Haushalts aus, weshalb Teilzeitbeschäftigte in den meisten Fällen auch nur (wenngleich häufig unverzichtbare) Zuverdiener zum Vollzeit-Erwerbseinkommen anderer Haushaltsmitglieder sind. Dies bedeutet zugleich, daß die realen Expansionschancen der Teilzeitbeschäftigung überwiegend dort liegen dürften, wo der größere Teil des Haushaltseinkommens durch andere Vollzeitverdiener im Haushalt abgesichert ist. Dies heißt auch, daß die Substitution von Vollzeit- durch Teilzeitbeschäftigungen und die damit häufig befürchtete "Erosion" des kollektivvertraglichen Normalarbeitszeitstandards notwendigerweise dort auf ihre Grenzen stoßen, wo nicht mehr in ausreichender Zahl "Normalarbeitsverhältnisse" vom Typ der dauerhaften Vollzeitbeschäftigung bereitstehen, um das unzureichende Arbeitseinkommen Teilzeitbeschäftigter zu ergänzen. Eine Ausweitung der Teilzeitbeschäftigung durch Arbeitsplatzteilung über diese Grenze hinaus wäre vermutlich nur gegen den Wil-

---

(5) In dieselbe Richtung deuten Ergebnisse der Transferumfrage 1981, wonach der Zuverdienst von Zweitverdienern zum Vollerwerbseinkommen des Hauptverdieners in nicht wenigen Fällen Voraussetzung für ein ausreichendes Haushaltseinkommen oberhalb des Subsistenzminimums ist (Klein 1985).

len der Betroffenen durchzusetzen und würde - wie dies die sozio-ökonomische Situation der Teilzeitbeschäftigten ohne weitere Vollzeitverdiener im Haushalt verdeutlicht - zweifellos die Zahl der Haushalte mit öffentlichen Transferansprüchen (vor allem Sozialhilfe und Arbeitslosenhilfe) deutlich erhöhen.

3.4 Arbeitskräftenachfrage: Beschäftigungssituation und Beschäftigungsstabilität teilzeitbeschäftigter Frauen

Vor allem aus arbeitsmarktpolitischer Perspektive stellt sich die Frage, inwieweit das vermehrte Teilzeitstellenangebot zwar einerseits vielen Frauen mit außerberuflichen (familiären) Verpflichtungen eine (kontinuierlichere) Beteiligung am Erwerbsleben erst ermöglicht, andererseits jedoch zugleich Tendenzen einer geschlechtsspezifischen Segmentierung des Arbeitsmarktes verstärkt, was Ostner und Willms (1983, S. 213) treffend als "Integration durch Segregierung" bezeichnen.

Die Beschäftigungssituation teilzeitbeschäftigter Frauen weist nach wie vor eine Reihe von Unterschieden zur Situation vollzeitbeschäftigter Frauen auf, welche auf das Fortbestehen mehr oder minder deutlicher struktureller Benachteiligungen im Teilzeitarbeitsmarkt hindeuten:

Ebenso wie vollzeitbeschäftigte Frauen konzentrieren sich die Teilzeitbeschäftigten (vgl. Tabelle 2) stark auf den Bereich Handel und Dienstleistungen (78 % der teilzeit- und 71 % der vollzeitbeschäftigten Frauen), wobei jedoch vor allem die Bereiche Handel, Gaststätten/Beherbergung, Wäscherei/Körperpflege/Gebäudereinigung, sonstige Dienstleistungen und private Haushalte, d.h. Branchen mit eher ungünstigen Arbeits-, Beschäftigungs- und Entlohnungsbedingungen, eine jeweils überdurchschnittliche Teilzeitquote aufweisen. Auf diese Branchen allein entfallen knapp 30 % der vollzeitbeschäftigten, gut 43 % der teilzeitbeschäftigten sowie 56 % der geringfügig oder unregelmäßig teilzeitbeschäftigten Frauen.

Das spiegelt sich auch in der Struktur der ausgeübten Berufstätigkeiten wider: Teilzeitbeschäftigte Frauen sind zweieinhalb mal so häufig wie vollzeitbeschäftigte Frauen (30 % versus 12 %) in einfachen Dienstleistungsberufen und annähernd doppelt so häufig in einfachen kaufmännischen und einfachen Verwaltungsberufen beschäftigt (23 % versus 14 %). Zugleich zeigt sich jedoch, daß die im Vergleich zu den vollzeitbeschäftigten erheblich ungünstigere Berufsstruktur der teilzeitbeschäftigten Frauen wiederum zum großen Teil auf die geringfügig oder unregelmäßig Beschäftigten unter ihnen zurückzuführen ist: Eine einfache Dienstleistungs-, kaufmännische oder Verwaltungstätigkeit übten 1984 jede vierte vollzeitbeschäftigte, die Hälfte der regelmäßig teilzeitbeschäftigten, und annähernd zwei Drittel der geringfügig oder unregelmäßig teilzeitbeschäftigten Frauen aus.

Ein ähnliches Gefälle zwischen vollzeit-, regulär teilzeit- und geringfügig/unregelmäßig beschäftigten Frauen läßt sich entsprechend auch im Hinblick auf die Stellung im Beruf feststellen: Als un- bzw. angelernte Arbeiterinnen oder einfache Angestellte waren 1984 43 % der vollzeitbeschäftigten Frauen, 61 % der Frauen mit einer regelmäßigen Teizeitbeschäftigung und 75 % der Frauen mit einer geringfügigen oder unregelmäßigen Teilzeitbeschäftigung tätig. Hierin wird zugleich deutlich, daß vor allem geringfügig beschäftigte Frauen sehr viel häufiger als vollzeitbeschäftigte Frauen zusätzlich Dequalifikation in ihrer Beschäftigung in Kauf nehmen müssen: Von den Frauen, die überhaupt einen Beruf erlernt haben, sind gut ein Drittel mit einer Vollzeitbeschäftigung, fast die Hälfte mit einer regulären Teilzeitbeschäftigung und annähernd zwei Drittel mit geringfügigen oder unregelmäßigen Teilzeitbeschäftigungen nicht mehr im erlernten Beruf tätig.

Dies Bild bestätigt auch das insgesamt niedrige Qualifikationsniveau der Arbeitsplätze teilzeitbeschäftigter Frauen: Eine abgeschlossene Berufsausbildung oder ein abgeschlossenes Studium ist bei rd. 60 % der Vollzeitbeschäftigten, aber nur 45 % der regelmäßig teilzeitbeschäftigten und lediglich 27 % der geringfügig oder unregelmäßig teilzeitbeschäftigten Frauen zur Ausübung ihrer Tätigkeit erforderlich. Umgekehrt geben nur knapp jede vierte der vollzeitbeschäftigten, aber annähernd jede zweite der teilzeitbeschäftigten Frauen sowie 60 % der geringfügig Beschäftigten an, zur Ausübung ihrer Tätigkeit sei überhaupt keine Ausbildung oder bestenfalls eine kurze Einweisung am Arbeitsplatz erforderlich.

Deutliche Unterschiede zwischen vollzeit- und teilzeitbeschäftigten Frauen zeichnen sich ferner hinsichtlich der Größe des Beschäftigungsbetriebes ab, mit welcher eine ganze Reihe beschäftigungsrelevanter Implikationen, wie etwa Arbeitsplatzsicherheit, berufliche Qualifizierungs- und Aufstiegschancen, Lohnhöhe und Umfang betrieblicher Sozialleistungen verknüpft sind (Weimer u.a. 1982): Teilzeitbeschäftigte Frauen sind signifikant häufiger in kleinen Unternehmen (unter 20 Beschäftigte: 41 %) beschäftigt als vollzeitbeschäftigte Frauen (24 %); dies trifft wiederum vor allem auf die geringfügig oder unregelmäßig beschäftigten Frauen zu.

Segmentationstendenzen am Arbeitsmarkt werden überdies häufig im Hinblick auf die relative Beschäftigungsstabilität thematisiert, zu welcher Welle 1 des Sozio-ökonomischen Panels eine Reihe (retrospektiv erhobener) Indikatoren enthält, die zugleich erste Aussagen über die beruflichen Mobilitätsprozesse im "Umfeld" von Teilzeitbeschäftigung erlauben.

Obgleich es sich vor allem bei teilzeitbeschäftigten Frauen zum großen Teil um Frauen mit vorangegangenen (familienbedingten) Unterbrechungen der Erwerbstätigkeit handelt, zeichnen sich hinsichtlich der Beschäftigungsstabilität im Betrieb zwischen den vollzeitbeschäftigten und den teilzeitbeschäftigten Frauen insgesamt keine Unterschiede ab: In beiden Gruppen sind jeweils rund 60 % bereits seit mindestens fünf Jahren bei ihren derzeitigen Arbeitgebern beschäftigt. Auffallend ist hierbei, daß die Beschäftigungsdauer der regulär Teilzeitbeschäftigten mit 20-34 Wochenstunden sogar leicht höher liegt als die der vollzeitbeschäftigten Frauen, was zum einen auf das höhere Durchschnittsalter bei den Teilzeitbeschäftigten zurückzuführen sein dürfte, andererseits jedoch auch populäre Vorurteile widerlegt, wonach Teilzeitbeschäftigungen generell die Rolle eines "Konjunkturpuffers" mit überdurchschnittlichen Beschäftigungsrisiken zukommt (vgl. auch: Krebsbach-Gnath u.a. 1985).

Ein deutlich höherer Grad an Beschäftigungsinstabilität zeigt sich allerdings bei der Gruppe der geringfügig teilzeitbeschäftigten Frauen: Von ihnen sind über die Hälfte seit weniger als fünf Jahren bei ihrem derzeitigen Arbeitgeber beschäftigt, bei denjenigen mit weniger als 15 Wochenstunden ein Drittel sogar erst kürzer als ein Jahr.

Die im Unterschied dazu relativ hohe Beschäftigungsstabilität der Frauen mit regelmäßiger Teilzeitbeschäftigung (41 % von ihnen sind seit mindestens 10 Jahren bei demselben Arbeitgeber beschäftigt) spiegelt sich auch darin wider, daß diese Gruppe weder häufigere Arbeitgeberwechsel, noch häufiger Arbeitslosigkeitserfahrungen in den vorangegangenen zehn Jahren (1974-1984) aufweist als die Gruppe der vollzeitbeschäftigten Frauen. Eine höhere Mobilität im Hinblick auf Arbeitgeberwechsel zeichnet sich demgegenüber wiederum bei den geringfügig beschäftigten Frauen ab: Rund jede vierte von ihnen war im Zeitraum 1974-1984 bei insgesamt drei oder mehr Arbeitgebern beschäftigt.

Wenngleich sich bei der Mehrheit der teilzeitbeschäftigten Frauen somit ein insgesamt hoher Grad an Beschäftigungsstabilität feststellen läßt, so zeigt sich bei ihnen im Vergleich zu den Vollzeitbeschäftigten jedoch eine höhere Mobilität im Hinblick auf die Arbeitszeit. Während vollzeitbeschäftigte Frauen zu 97 % auch im vorangegangenen Kalenderjahr (1983) durchgehend vollzeitbeschäftigt waren, übten nur etwa drei Viertel (74 %) der teilzeitbeschäftigten Frauen im vorangegangenen Jahr durchgehend eine Teilzeitbeschäftigung aus: Gut jede achte teilzeitbeschäftigte Frau (13 %) war im Vorjahr zumindest zeitweise vollerwerbstätig, d.h. war zwischen 1983 und 1984 von Vollzeit- in Teilzeitarbeit gewechselt; bei den vollzeitbeschäftigten Frauen hat im selben Zeitraum indes nur etwa jede vierzigste einen umgekehrten Wechsel von Teilzeit- in Vollzeitbeschäftigung vollzogen. Der Übergang von Vollzeit- in Teilzeitbeschäftigung im Zeitraum 1983/84 ist dabei häufiger bei den 1984 regelmäßig teilzeitbeschäftigten Frauen mit 20-34 Wochenstunden (15 %), die damit auch erwerbsbiographisch eine größere "Nähe" zur Vollzeiterwerbstätigkeit aufweisen als die Gruppe der geringfügig oder unregelmäßig teilzeitbeschäftigten Frauen: Bei letzteren liegt dafür der Anteil von Personen deutlich höher, die im vergangenen Jahr zumindest zeitweise nichterwerbstätig oder arbeitslos gewesen sind (25 % versus 9 % bei den regelmäßig teilzeitbeschäftigten Frauen). Mit anderen Worten: Die relative Marginalität geringfügiger Teilzeitbeschäftigungen zeigt sich auch darin, daß solche Beschäftigungen signifikant häufiger nach einer Phase der Nicht-Erwerbstätigkeit bzw. im Anschluß an Arbeitslosigkeit aufgenommen werden, als dies bei regulären Teilzeitbeschäftigungen im Umfang von 20 und mehr Wochenstunden der Fall ist.

Differenziertere Befunde über Mobilitätsprozesse und Mobilitätsverhalten im Umfeld von Teilzeit- und Vollzeitbeschäftigung lassen zukünftige Längsschnittanalysen erwarten. Einen ersten Eindruck der Aussagemöglichkeiten derartiger Längsschnittanalysen vermittelt bereits eine einfache (allerdings noch vorläufige) Kreuztabellierung des Erwerbsstatus der Befragten 1984 mit ihren entsprechenden Angaben ein Jahr später, bei Welle 2 im Frühjahr 1985. Sie bestätigt die anhand der Retrospektivangaben aus Welle 1 gewonnenen Befunde (siehe hierzu ausführlicher: Büchtemann, Schupp 1986). Hervorzuheben ist hier vor allem ein Ergebnis, welches in Zukunft vertiefender Analysen bedarf: Betrachtet man nur diejenigen Frauen, die sowohl 1984 als auch 1985 teilzeitbeschäftigt sind (circa 80 % aller teilzeitbeschäftigten Frauen von 1984), so fällt vor allem der bei ihnen 1985 (8 %) gegenüber 1984 (29 %) deutlich gesunkene Anteil geringfügig Teilzeitbeschäftigter auf: Ein erheblicher Teil der ehemals geringfügig beschäftigten Frauen ist im Beobachtungszeitraum in eine regelmäßige Teilzeitbeschäftigung (59 %) sowie in Erwerbslosigkeit oder Nicht-Erwerbstätigkeit (20 %) gewechselt. Dies hat indes keineswegs zur Folge, daß sich der Anteil geringfügig Teilzeitbeschäftigter an allen erwerbstätigen Frauen von 1984 auf 1985 insgesamt verringert hat: Er liegt zu beiden Befragungszeitpunkten bei etwa 10 %. Dies ist darauf zurückzuführen, daß die umfangreichen Abgänge aus geringfügigen Teilzeitbeschäftigungen durch ebenso zahlreiche Zugänge - und zwar vorwiegend aus der Gruppe der nichterwerbstätigen bzw. arbeitslosen Frauen - kompensiert werden: Von den 1984 nicht-erwerbstätigen Frauen haben zwischen 1984 und 1985 ca. 8 % eine Erwerbstätigkeit aufgenommen, wovon allerdings nur gut ein Drittel auf eine Vollzeit-, annähernd zwei Drittel indes auf eine Teilzeitbeschäftigung und davon etwa die Hälfte auf geringfügige oder unregelmäßige Teilzeitbeschäftigungen entfallen. Mit anderen Worten: Bei fast jeder zweiten (47 %) Frau, die zwischen 1984 und 1985 nach einer Phase der Nicht-Erwerbstätigkeit (einschließlich Arbeitslosigkeit) eine Teilzeitarbeit aufgenommen hat (schätzungsweise eine Million Personen), handelt es sich um eine geringfügige oder unregelmäßige Teilzeitbeschäftigung. Hierin deutet sich zugleich an, daß dieser Form "prekärer" Teilzeitbeschäftigung unter den gegenwärtigen Arbeitsmarktbedingungen eines deutlichen Beschäftigungsanstiegs offensichtlich in vielen Fällen eine Art "Brückenfunktion" beim Übergang aus Nicht-Erwerbstätigkeit in reguläre Beschäftigung zukommt.

3.5 Einkommen und soziale Sicherung teilzeitbeschäftigter Frauen

Wesentliche Komponenten der Beschäftigungssituation, die bislang ausgeklammert blieben, sind die Arbeitsverdienste, die betrieblichen Soziallleistungen und die soziale Sicherung teilzeitbeschäftigter Frauen. Sie stellen unter dem Stichwort "Beschäftigungskosten" auch in der gegenwärtigen beschäftigungspolitischen Diskussion quasi die gemeinsame Klammer von Arbeitskräfteangebot und -nachfrage dar. Hinsichtlich aller drei Komponenten ist die Teilzeitbeschäftigung in der beschäftigungs- wie auch in der sozialpolitischen Diskussion hochgradig kontrovers: Teilzeitbeschäftigung wird dabei häufig mit Niedriglöhnen und geringen, wenn nicht fehlenden Sozialversicherungsbeiträgen assoziiert, wobei von den Befürwortern vermehrter Teilzeitbeschäftigung häufig die damit verbundenen niedrigeren Beschäftigungskosten (Ruppert 1986), seitens der Kritiker indes die mit Teilzeitbeschäftigung einhergehenden Einkommens- und sozialen Sicherungsrisiken für die Betroffenen hervorgehoben werden (Bäcker 1981). Vor allem von Ökonomen wird überdies darauf hingewiesen, daß Lohnhöhe, betriebliche Zusatzleistungen sowie der Erwerb sozialer Sicherungsansprüche auch im Hinblick auf die Motivation seitens der Arbeitskraftanbieter, eine Teilzeitbeschäftigung aufzunehmen, von Bedeutung sind. Schließlich sind sowohl Lohnhöhe wie auch der soziale Sicherungsstatus von Teilzeitbeschäftigungen relevant im Hinblick auf die Finanzierung des sozialen Sicherungssystems, sofern vermehrte Teilzeitbeschäftigung einen negativen Effekt auf das sozialversicherungspflichtige Beschäftigungsvolumen insgesamt und auf die durchschnittliche Beitragshöhe pro versichertem Arbeitnehmer hat.

Erwartungsgemäß reproduziert sich im Hinblick auf die Bruttostundenverdienste das oben hinsichtlich ihrer relativen Beschäftigungssituation festgestellte deutliche Gefälle zwischen vollzeit-, regelmäßig und geringfügig teilzeitbeschäftigten Frauen: Der durchschnittliche Bruttostundenverdienst betrug 1984 bei den teilzeitbeschäftigten Frauen insgesamt nur rd. 92 % des Bruttostundenverdienstes vollzeitbeschäftigter Frauen (13,56 DM), wobei sich hier wiederum erhebliche Unterschiede zwischen den regelmäßig und den nur geringfügig oder unregelmäßig teilzeitbeschäftigten Frauen abzeichnen. Während der Bruttostundenlohn der regulär Teilzeitbeschäftigten nahe dem der Vollzeitbeschäftigten liegt, beläuft sich der durchschnittliche Bruttostundenverdienst der geringfügig teilzeitbeschäftigten Frauen auf nur 83 % des Stundenlohnniveaus der Vollzeitbeschäftigten.

Betrachtet man demgegenüber die Nettostundenlöhne, so sind diese Differenzen zwischen Vollzeit- und verschiedenen Typen von Teilzeitbeschäftigungen im Hinblick auf die durchschnittlichen Stundensätze weit weniger stark ausgeprägt: Netto lagen sowohl die durchschnittlichen Stundenverdienste der geringfügig (98 %) wie auch der regelmäßig teilzeitbeschäftigten Frauen (96 %) nur unwesentlich unter denjenigen der vollzeitbeschäftigten Frauen (8,98 DM). Während die feststellbaren Brutto-Unterschiede zum erheblichen Teil die ungleiche Berufs- und Qualifikationsstruktur der betrachteten Gruppen widerspiegeln, sind die Unterschiede im Hinblick auf die Brutto-/Netto-Relation vor allem auf die jeweils unterschiedlichen Abgabenquoten (d.h. Steuerklassen, Steuersätze und Sozialversicherungsabgaben) von vollzeit-, teilzeit- und geringfügig beschäftigten Frauen zurückzuführen.

Die beschäftigungspolitischen Implikationen des unterschiedlichen Brutto-Netto-Gefälles bei Vollzeit- und unterschiedlichen Arten von Teilzeitbeschäftigung werden sichtbar, wenn man nur die Brutto- und Nettostundenverdienste von Frauen derselben Qualifikationsstufe miteinander vergleicht (6): Zunächst zeigt sich, daß - anders als in anderen Ländern (OECD 1983) - in der Bundesrepublik Deutschland zwischen vollzeit- und teilzeitbeschäftigten Frauen derselben Qualifikationsstufe insgesamt nur geringe Unterschiede im Hinblick auf die Brutto-Stundenlohnhöhe bestehen. Dies gilt zumindest für die Gruppe der regelmäßig teilzeitbeschäftigten Frauen, nicht indes für die geringfügig Beschäftigten: Bei ihnen liegt der durchschnittliche Brutto-Stundenverdienst mit 9,61 DM rund 11 % niedriger als bei den regulär Teilzeitbeschäftigten (vgl. Tabelle 4).

Zugleich wird jedoch sichtbar, daß sich auf gleichem Qualifikationsniveau bei der Netto-Betrachtung die Lohnunterschiede zwischen geringfügig beschäftigten Frauen und regulär teilzeitbeschäftigten (sowie vollzeitbeschäftigten) Frauen nicht nur nivellieren, sondern - infolge der unterschiedlichen Abgabenbelastungen - sogar in ihr Gegenteil verkehren: Während bei den regelmäßig teilzeit- und den vollzeitbeschäftigten Frauen der durchschnittliche Netto-Stundenlohn 1984 mit jeweils 7,20 DM circa 67 % ihres durchschnittlichen Brutto-Stundenlohns ausmachte, blieben den geringfügig oder unregelmäßig teilzeitbeschäftigten Frauen derselben Qualifikationsstufe mit netto 7,92 DM über vier Fünftel ihres Brutto-Stundenlohns und damit auch absolut gesehen pro gearbeiteter Stunde mehr als den regulär teilzeit- sowie den vollzeitbeschäftigten Frauen.

Damit ist der Fall nicht auszuschließen, daß sowohl seitens des Arbeitgebers wie auch seitens des Arbeitnehmers jeweils ein Interesse an einer geringfügigen (anstelle einer regulären, sozialversicherungspflichtigen) Teilzeitbeschäftigung besteht:

-       Für den Arbeitgeber liegt der Vorteil geringfügiger Teilzeitbeschäftigung neben dem bei diesen Tätigkeiten ohnehin niedrigeren Bruttoverdienst vor allem darin, daß aufgrund der in der Regel nicht bestehenden Sozialversicherungspflicht auch keine Arbeitgeberanteile zur Sozialversicherung entrichtet werden müssen, die ansonsten zum Arbeitnehmerbrutto noch hinzukommen und die gesamten Lohnkosten noch einmal um rd. 15 % erhöhen (Weissmann 1985).

---

(6)   Zusammengefaßt wurden zu diesem Zwecke die un- und angelernten Arbeiterinnen sowie die weiblichen Angestellten mit einfacher Tätigkeit. Um ausreichende Fallzahlen zu gewährleisten, wurde auf eine noch feinere Untergliederung verzichtet.

Tabelle 4: Un- und angelernte Arbeiterinnen sowie Angestellte mit einfacher Tätigkeit (ohne Auszubildende) 1984 nach Indikatoren zur Arbeitszeit und (Brutto-/Netto-)Stundenlohn (1)

	Vollzeitbeschäftigte Frauen gesamt		Teilzeitbeschäftigte Frauen gesamt		darunter: in regelmäßiger Teilzeitbeschäftigung		in unregelmäßiger/geringfügiger Teilzeitbeschäftigung		mit einer normalen Arbeitszeit (ohne Überstunden) von(2) 1-14 Wochenstunden		20-34 Wochenstunden	
Basis ungewichtet(3)	752		432		315		117		54		229	
Basis hochgerechnet (in Tsd.)	1.843		1.672		1.115		517		238		1.080	
	br	ne	br	ne	br	ne	br	ne	br	ne	br	ne
Stundenlohn (brutto/netto) in DM(4)												
bis unter 6.--	2,0	28,4	13,9	31,2	10,8	28,7	19,7	33,3	13,1	24,4	8,0	26,9
6.-- bis unter 9.--	24,0	55,0	24,5	49,0	17,3	52,4	38,9	45,5	55,0	62,5	17,3	54,0
9.-- bis unter 11.--	32,0	13,5	21,9	11,1	25,7	12,3	14,8	7,3	16,0	6,3	26,7	12,4
11.-- und mehr	42,0	2,7	39,7	8,7	46,2	6,6	26,6	13,9	15,9	6,8	48,0	6,7
Durchschnittlicher Stundenlohn in DM	10,59	7,16	10,36	7,40	10,78	7,22	9,61	7,92	9,47	7,91	10,99	7,28

Anmerkungen Tabelle 3:

(1) %-Werte senkrecht: Summen ≠ 100 infolge von Rundungsfehlern.
(2) gebildet anhand offener Angaben auf die Frage "Wie viele Wochenstunden beträgt Ihre normale Arbeitszeit ohne Überstunden?"
(3) nur Befragte mit Angaben zum Brutto- und Nettoverdienst.
(4) errechnet anhand Angaben zum Brutto-/Nettoverdienst im letzten Monat sowie zur im letzten Monat effektiv geleisteten Wochenarbeitszeit.

Quelle: Das Sozio-ökonomische Panel, Welle 1, 1984.

–   Für den <u>Arbeitnehmer</u> ergibt sich aufgrund der bei geringfügigen
     Beschäftigungen zumeist gegebenen Möglichkeit der Lohnsteuer-
     pauschalierung (Lang 1985) sowie aufgrund der Sozialversicherungs-
     freiheit geringfügiger Beschäftigungen auf kurze Sicht zumindest
     ein Stundenverdienstvorsprung gegenüber <u>regulär</u> Teilzeitbeschäf-
     tigten, welcher allerdings mit Beitragsausfällen und damit mittelfri-
     stig erhöhten sozialen Sicherungsrisiken bei Arbeitslosigkeit und im
     Alter erkauft ist.

Für den Arbeitgeber kommt als zusätzlicher Anreiz zur Schaffung geringfügiger Beschäftigungsverhältnisse noch hinzu, daß solche Beschäftigungen
neben geringen Lohn- und Lohnnebenkosten auch im Hinblick auf sonstige
betriebliche Sozialleistungen erheblich kostengünstiger sind als reguläre
Teilzeit- oder Vollzeitbeschäftigungen: Sehr viel häufiger erhalten geringfügig beschäftigte Frauen nämlich weder ein 13. oder 14. Monatsgehalt
(bzw. Weihnachtsgeld) noch Urlaubsgeld oder sonstige betriebliche Sonder-
zahlungen: Keine dieser Leistungen vom Arbeitgeber zu erhalten, geben nur
3 % der vollzeitbeschäftigten, 11 % der regelmäßig teilzeitbeschäftigten,
aber annähernd die Hälfte (45 %) der geringfügig beschäftigten Frauen an
(vgl. Tabelle 2). Anders als bei Vollzeitbeschäftigung sind bei Teilzeitbeschäftigung überdies in der Regel keine Überstundenzuschläge bei Mehrar-
beit zu bezahlen, da Überstunden nach wie vor weitgehend erst ab Überschreiten der tariflichen bzw. betriebsüblichen Regelarbeitszeit zuschlags-
pflichtig sind. Überstunden leisteten immerhin annähernd die Hälfte der
teilzeitbeschäftigten Frauen unserer Stichprobe. Während geringfügige Teilzeitbeschäftigung unterhalb der geltenden Sozialversicherungspflichtgrenzen
somit für den Arbeitnehmer bestenfalls aus der Perspektive kurzfristiger
Einkommensmaximierung eine attraktive Alternative zur regulären (sozialversicherungspflichtigen) Teilzeitbeschäftigung darstellt, ist sie für den Arbeitgeber in jedem Fall die kostengünstigste Variante von Teilzeitarbeit.

Um abschließend festzustellen, wie viele der nach eigener Selbsteinstufung
geringfügig teilzeitbeschäftigten Frauen tatsächlich geringfügig Beschäftigte
im sozialversicherungsrechtlichen Sinne sind, wurden zusätzlich zur normalen Wochenarbeitszeit und zum monatlichen Bruttoverdienst die Angaben
der Befragten zu ihrem Sozialversicherungsstatus in der Gesetzlichen Ren-
ten- und Krankenversicherung herangezogen: Nach § 8 SGB IV gelten alle
Beschäftigungsverhältnisse, deren regelmäßige Wochenarbeitszeit weniger als
15 Stunden beträgt und deren regelmäßiges monatliches Bruttoarbeitsentgelt
bestimmte Höchstgrenzen (1984: 390,- DM) nicht überschreitet, als geringfügige Beschäftigungen und unterliegen damit keiner Versicherungspflicht
in der Gesetzlichen Renten- und Krankenversicherung. Betrachtet man zunächst die Gruppe teilzeitbeschäftigter Frauen (7) mit einer normalen Wochenarbeitszeit von weniger als 15 Stunden nach ihrem monatlichen Bruttoverdienst, so zeigt sich, daß insgesamt 60 % von ihnen, dies sind hochge-

---

(7) Ohne Beamtinnen, die generell keiner Sozialversicherungspflicht unter-
     liegen.

rechnet knapp 300 Tsd. Personen, in die Kategorie bis 390,- DM fallen, d.h. im strengen Sinne als geringfügig Beschäftigte ohne Sozialversicherungspflicht angesehen werden müssen. Eine höhere und zugleich realistischere Zahl geringfügig teilzeitbeschäftigter Frauen ergibt sich anhand unserer Daten, wenn man anstelle der (nicht immer auf die Stunde bzw. Mark exakten) offenen Arbeitszeit- und Verdienstangaben der Befragten ihre Angaben zum Sozialversicherungsstatus in der Gesetzlichen Rentenversicherung heranzieht: Insgesamt jede vierte (25 %) aller teilzeitbeschäftigten Frauen, darunter annähernd 60 % der geringfügig oder unregelmäßig beschäftigten Frauen geben an, keine Pflichtbeiträge zur Gesetzlichen Rentenversicherung zu entrichten: Hochgerechnet sind dies zwischen 600 Tsd. und 800 Tsd. Personen, eine Größenordnung, die dem auf rund 1 - 1,5 Millionen Personen geschätzten realen Ausmaß geringfügiger Beschäftigung in der Bundesrepublik Deutschland (Degen 1986) erheblich näher kommt.

Ferner zeigt sich im Hinblick auf die Gesetzliche Krankenversicherung, daß es sich bei den geringfügig teilzeitbeschäftigten Frauen überwiegend um mitversicherte Familienangehörige ohne eigene Beitragsleistungen handelt: Bezogen auf die teilzeitbeschäftigten Frauen insgesamt trifft dies auf annähernd jede fünfte (18 % bzw. gut 500 Tsd. Personen), bei den geringfügig oder unregelmäßig Teilzeitbeschäftigten unter ihnen auf annähernd jede zweite (45 %) zu. Dies scheint Befürchtungen zu bestätigen, wonach eine weitere Expansion der Teilzeitbeschäftigung in Form vermehrter geringfügiger Beschäftigung auf Kosten von Vollzeitarbeitsplätzen bei den Trägern der Gesetzlichen Krankenversicherung mittelfristig erhöhte Finanzierungsprobleme zur Folge haben dürfte (Gerlach 1985).

4 Zusammenfassung

Unsere im Vorangegangenen dargestellten Befunde legen - entgegen den großen Erwartungen, die sich in Teilen der beschäftigungs- und arbeitsmarktpolitischen Diskussion an die Ausweitung der Teilzeitarbeit knüpfen - eine differenzierte Beurteilung der Teilzeitbeschäftigung nahe:

Erstens verbirgt sich hinter der Sammelkategorie "Teilzeitbeschäftigung" ein hochgradig heterogenes Spektrum unterschiedlicher Arbeitszeitmuster, welche im Hinblick auf ihre arbeitsmarkt- und sozialpolitischen Implikationen jeweils unterschiedlich zu beurteilen sind: Vor allem ist in der Bundesrepublik Deutschland während der letzten Jahre eine Zunahme geringfügiger Teilzeitbeschäftigungsverhältnisse zu beobachten, für deren Schaffung das geltende Arbeits-, Sozial- und Steuerrecht in Form niedrigerer Beschäftigungskosten dem Arbeitgeber einen besonderen Anreiz bietet. Für die Arbeitnehmer jedoch sind geringfügige Beschäftigungen, die heute bereits annähernd ein Drittel aller Teilzeitbeschäftigungen ausmachen, aufgrund der bei ihnen nicht gegebenen Sozialversicherungspflicht in vielen Fällen zwar kurzfristig mit einem höheren Nettostundenlohn, mittelfristig jedoch mit erhöhten sozialen Sicherungsrisiken verbunden.

Zweitens heben sich Teilzeitbeschäftigungen auch im Hinblick auf ihre Arbeits- und Beschäftigungsbedingungen nach wie vor negativ von Vollzeitbeschäftigungen ab, was wiederum besonders auf den "Wachstumsbereich" geringfügiger Teilzeitbeschäftigungen zutrifft. Obgleich geringfügigen Teilzeitbeschäftigungen unter den derzeitigen Bedingungen in nicht wenigen Fällen eine Art "Brückenfunktion" für Frauen bei der Rückkehr ins Erwerbsleben zukommt, handelt es sich hierbei doch größtenteils um geringqualifizierte, gering entlohnte und im Hinblick auf betriebliche Sozialleistungen deutlich benachteiligte Beschäftigungen. Ein weiteres Anwachsen der geringfügigen Teilzeitbeschäftigung wäre somit nicht nur sozialpolitisch problematisch zu werten, sondern dürfte auch die geschlechtsspezifische Segmentierung des Arbeitsmarktes verstärken.

Drittens ist aus beschäftigungspolitischer Sicht gegenüber allzu großen Erwartungen im Hinblick auf die Arbeitsmarktentlastungseffekte vermehrter Teilzeitbeschäftigung Skepsis angebracht: Teilzeitarbeit trägt zwar sicherlich zu einer beschäftigungspolitisch wünschbaren gerechteren Verteilung des vorhandenen Beschäftigungsvolumens bei; zugleich sind jedoch die erhofften positiven Auswirkungen vermehrter Teilzeitarbeit auf das Gesamtbeschäftigungsvolumen aufgrund der ihr innewohnenden Rationalisierungspotentiale eher zweifelhaft. Zudem ist davon auszugehen, daß die Arbeitsmarktentlastungseffekte vermehrter Teilzeitbeschäftigung unter den gegebenen Bedingungen weitgehend auf die Zielgruppe zuverdienender Ehefrauen beschränkt bleiben, zumal das Teilzeiteinkommen bei den gegenwärtigen Strukturen der Teilzeitarbeit alleine in der Regel nicht zu einer eigenständigen Existenzsicherung ausreicht, sondern die Existenz mindestens eines Vollzeitverdieners im Haushalt voraussetzt. Für andere Zielgruppen, wie etwa Jugendliche (Casey 1984), stellt Teilzeitarbeit derzeit keine (dauerhafte) Alternative zur Vollzeitbeschäftigung dar. Dies bedeutet zugleich, daß die Arbeitsmarktentlastungseffekte vermehrter Teilzeitarbeit sich nur zum Teil in einem Abbau der registrierten Arbeitslosigkeit bemerkbar machen und partiell in Form von Arbeitsmarktzufuhreffekten aus der stillen Reserve zu Buche schlagen. Der Zuverdienst-Charakter von Teilzeitarbeit impliziert darüber hinaus, daß eine weitere Expansion der Teilzeitbeschäftigung und die damit vielfach befürchtete "Erosion" des kollektivvertraglichen Normalarbeitszeitstandards dort auf ihre Grenzen stoßen, wo nicht mehr in ausreichender Zahl "Normalarbeitsverhältnisse" vom Typ der dauerhaften Vollzeitbeschäftigung bereitstehen, um das Arbeitseinkommen Teilzeitbeschäftigter zu ergänzen. Vermehrte Teilzeitbeschäftigung ist aus beschäftigungspolitischer Sicht deshalb kein Ersatz, wohl aber eine notwendige Ergänzung beschäftigungspolitischer Maßnahmen, welche auf die Schaffung regulärer "Normalarbeitsverhältnisse" abzielen.

Literaturverzeichnis

Bäcker, G. 1981: Teilzeitarbeit und individuelle Arbeitszeitflexibilisierung, in: WSI-Mitteilungen, Heft 4, S. 194-203.

Benner, W. 1985: Versicherungspflicht und Versicherungsfreiheit in der Krankenversicherung, Rentenversicherung und Arbeitslosenversicherung, 15. Auflage, Karlsruhe.

Brinkmann, Chr. 1981: Veränderung des Arbeitsvolumenangebots bei Realisierung von Arbeitszeitwünschen, in: Klauder, W., G. Kühlewind (Hrsg.): Probleme der Messung und Vorausschätzung des Frauenerwerbspotentials, BeitrAB 56, Nürnberg, S. 147-168.

Brinkmann, Chr., H. Kohler 1981: Am Rande der Erwerbsbeteiligung: Frauen mit geringfügiger, gelegentlicher oder befristeter Arbeit, in: Klauder W., G. Kühlewind (Hrsg.): Probleme der Messung und Vorausschätzung des Frauenerwerbspersonenpotentials, in: BeitrAB 56, Nürnberg, S. 120-145.

Büchtemann, C.F. 1987: Entwicklungstendenzen der Teilzeitarbeit und Geringfügigkeitsgrenzen, Manuskript, Wissenschaftszentrum Berlin für Sozialforschung.

Büchtemann, C.F., M. Landenberger 1986: Arbeitszeitdifferenzierung und Gesetzliche Krankenversicherung: Zwischen Beitragsfinanzierung und Bedarfsdeckungsprinzip, Manuskript, Wissenschaftszentrum Berlin für Sozialforschung.

Büchtemann, C.F., J. Schupp 1986: Zur Sozio-Ökonomie der Teilzeitbeschäftigung in der Bundesrepublik Deutschland. Discussion Paper IIM/LMP 86-15, Wissenschaftszentrum Berlin für Sozialforschung.

Bundesanstalt für Arbeit 1986: Beschäftigtenstatistik - Begonnene und beendete Beschäftigungsverhältnisse im Bundesgebiet, IV. Quartal 1985, Nürnberg.

Casey, B. 1984: Teilzeit nach der Lehre: Ein neues Arbeitsmarktphänomen? in: MittAB, Heft 3, S. 334-345.

Degen, B. 1986: Frauen in ungeschützten Arbeitsverhältnissen, in: Arbeitsrecht im Betrieb, Heft 7, S. 150-152.

DGB, Deutscher Gewerkschaftsbund, Bundesvorstand 1986: Aspekte eines zukünftigen Arbeitszeitsystems aus gewerkschaftlicher Sicht: Stellungnahme zur "Flexibilisierung der Arbeitszeit", in: Soziale Sicherheit, Heft 8/9, S. 256-259.

Frerichs, J. u.a. 1984: Rahmenbedingungen betrieblicher Arbeitszeitpolitik, ISO-Institut, Arbeitsmaterialien Nr. 7, Köln.

Galler, H.P. 1986: Ein Gewichtungskonzept für das Sozio-ökomische Panel, Sfb 3-Arbeitspapier Nr. 204, Frankfurt - Mannheim.

Gerlach, W. 1985: Flexible Arbeitszeit, in: Die Ortskrankenkasse, Heft 7/8, S. 300-307.

Hofbauer, H. 1981: Zur Struktur der Teilzeitarbeit bei Frauen, in: Klauder, W., G. Kühlewind (Hrsg.): Probleme der Messung und Vorausschätzung des Frauenerwerbspotentials, BeitrAB 56, Nürnberg, S. 107-119.

Hoff, A. 1983: Betriebliche Arbeitszeitpolitik zwischen Arbeitszeitverkürzung und Arbeitszeitflexibilisierung, München.

Klein, T. 1985: Umfang und Strukturen der Armut unter dem Einfluß von Zweitverdiensten, Sfb 3-Arbeitspapier Nr. 170, Frankfurt - Mannheim.

Kohler, H., L. Reyher 1985: Jahresarbeitszeit und Arbeitszeitvolumen, in: MittAB, Heft 1, S. 14-19.

Krebsbach-Gnath, C. u.a. 1983: Frauenbeschäftigung und neue Technologien, München.

Kurz-Scherf, J. 1985: Chancen, Risiken und Tendenzen der neuen Arbeitszeitbestimmungen, in: Ferlemann, E. u.a. (Hrsg.): Existenz sichern, Arbeit ändern, Leben gestalten: Gewerkschaften im Kampf um Arbeitszeitverkürzung, Hamburg.

Landenberger, M. 1983: Arbeitszeitwünsche - Vergleichende Analysen vorliegender Befragungsergebnisse, Discussion Paper IIM/LMP 83-17, Wissenschaftszentrum Berlin für Sozialforschung.

Landenberger, M. 1985: Aktuelle sozialversicherungsrechtliche Fragen der flexiblen Arbeitszeit und Teilzeitbeschäftigung, in: Zeitschrift für Sozialreform, Jg. 31, Heft 6 und 7, S. 321-335 und S. 393-415.

Lang, W. 1985: Lohnsteuer-Pauschalierung bei Teilzeitarbeit, in: BISt-SozAvbR 23-24, S. 376-379.

Mörtl, H. 1984: Beruf und Tätigkeitsmerkmale der Erwerbstätigen, Ergebnisse des Mikrozensus 1982, in: Wirtschaft und Statistik, Heft 5, S. 408-419.

Mückenberger, U. 1986: Zur Rolle des Normalarbeitsverhältnisses bei der sozialstaatlichen Umverteilung von Risiken, Manuskript, Hamburg.

Nerb, G. 1986: Mehr Beschäftigung durch Flexibilisierung des Arbeitsmarktes? in: IFO-Schnelldienst 24, S. 6-11.

Ostner, I., A. Willms 1983: Strukturelle Veränderungen der Frauenarbeit in Haushalt und Beruf, in: Matthes, J. (Hrsg.): Krise der Arbeitsgesellschaft, Frankfurt - New York, S. 206-227.

Ruppert, W. 1986: Maßnahmen zur Flexibilisierung des Arbeitsmarktes aus Unternehmenssicht, in: IFO-Schnelldienst 24, S. 12-22.

Schoer, K. 1986: Teilzeitbeschäftigung in Großbritannien und in der Bundesrepublik Deutschland, in WSI-Mitteilungen, Heft 1, S. 21-29.

SVR, Sachverständigenrat zur Begutachtung der gesamtwirtschaftlichen Entwicklung 1984: Jahresgutachten 1983/84 "Ein Schritt voran", Stuttgart - Mainz.

Tegle, S. 1985: Part-Time-Employment: An Economic Analysis of Weekly Working Hours in Sweden 1963-1982, Lund.

Weimer, S. u.a. 1982: Arbeitsbedingungen in Klein- und Mittelbetrieben, Eschborn.

Weissman, B. 1985: Sozialversicherungsbeiträge als Jobkiller? in: Zeitschrift für Sozialreform, Heft 9, S. 513-526.

Weber, A. 1986: Geringfügige Beschäftigung, in: Arbeit und Sozialpolitik, Heft 7/8, S. 225-229.

Lebensbedingungen und wahrgenommene Lebensqualität von Arbeitslosen

Peter Krause

1 Vorbemerkung

Berufsstruktur und Arbeitsbedingungen unterlagen in den letzten Jahren vielfältigen und zum Teil tiefgreifenden Wandlungsprozessen, von denen die Mitte der siebziger Jahre einsetzende Massenarbeitslosigkeit als diejenige anzusehen ist, die die gegenwärtige Struktur der Arbeitsgesellschaft am stärksten in Frage stellt. Wie der Begriff der Arbeitsgesellschaft bereits andeutet, verfügt Erwerbstätigkeit für die Bestimmung des eigenen Status und der eigenen Identität nach wie vor über einen außerordentlich hohen sozialen Wert (Noll 1984). Entsprechend tiefgreifend sind die bei Verlust des Arbeitsplatzes zu beobachtenden Defizite. Im vorliegenden Beitrag stehen die Auswirkungen von Arbeitslosigkeit auf die Lebensbedingungen im Haushalt im Mittelpunkt der Analyse.

Als Vergleichsbasis werden in den nachfolgenden Analysen die entsprechenden Daten aller Erwerbstätigen (Vollzeit- und Teilzeiterwerbstätige, geringfügig Beschäftigte und Personen in betrieblicher Ausbildung) herangezogen. Dieses Vorgehen dient jedoch lediglich einer Illustration der ermittelten Ergebnisse, da Arbeitslose hinsichtlich Qualifikation, erreichbarer Einkommen und anderer Merkmale eine andere Zusammensetzung aufweisen als die Erwerbstätigen.

Die Analysen wurden ungewichtet durchgeführt und beziehen sich ausschließlich auf bundesdeutsche Personen (einschließlich West-Berlin) im Alter von 16 - 65 Jahren und deren Haushalte. Die Dauer der Arbeitslosigkeit ist lediglich für das zurückliegende Jahr als Kalenderfrage im Datensatz enthalten und kann somit für die Beurteilung der aktuellen Einkommens- und Zufriedenheitsstandards nicht herangezogen werden.

Die Datenqualität ist mit einigen Abstrichen als zufriedenstellend zu bezeichnen. Im Vergleich zur amtlichen Statistik sind Arbeitslose im Sozioökonomischen Panel 1984 um ca. drei Prozentpunkte untererfaßt (vgl. ANBA 1985, S. 295). Die Verteilungen entsprechen jedoch mit Ausnahme einer Untererfassung von Arbeitslosen ohne abgeschlossene Berufsausbildung um ca. 15 Prozentpunkte unter Berücksichtigung möglicher saisonbedingter Schwankungen weitgehend denen der Bundesanstalt für Arbeit.

2 Betroffenheit von Arbeitslosigkeit im Haushaltskontext

Die besondere Bedeutung, die dem Haushaltskontext in diesem Beitrag beigemessen wird, beruht auf folgenden Überlegungen: In objektiver Hinsicht ist der Haushalt als ein Ort anzusehen, in dem vielfache materielle Transfers erfolgen. Von entscheidender Bedeutung für die Konstitution eines Haushaltes ist dabei dessen materielle Absicherung mittels Erwerbseinkommen. Durch wen der Erwerb von Einkommen und zu welchen Teilen geleistet wird, ist ebenso wie die Ausgabenverteilung Gegenstand einer segmentären Aufgabenteilung innerhalb von Haushalten.

In subjektiver Hinsicht ist der Haushalt als ein Ort anzusehen, an dem psychische Spannungen am unmittelbarsten mit anderen Personen geteilt werden. Gerade in der Gewährleistung dieses psychischen Spannungsausgleichs liegt eine wesentliche Funktion familialer Haushalte.

Zudem ist der Haushalt als ein Ort anzusehen, an dem Lebenserfahrungen von einer Generation an die nachfolgende Generation weitergegeben werden. Die Erfahrungen des Kindes im elterlichen Haushalt bilden den Erwartungshorizont, an dem die spätere eigene Entwicklung gemessen wird.

Unter Berücksichtigung von Entscheidungsbefugnissen und Aspekten des Lebensverlaufs werden die im Haushalt lebenden Personen einer der folgenden vier Gruppen zugeordnet:

1. Haushaltsvorstand oder Hauptverdiener,
2. Ehe- oder Lebenspartner des Haushaltsvorstandes,
3. im elterlichen Haushalt lebende ledige Kinder (einschließlich Enkel, Adoptiv- und Pflegekinder),
4. weitere Haushaltsmitglieder (verheiratete oder mit Partner zusammenlebende Kinder; Schwiegersöhne oder -töchter; Eltern oder Elternteile; sonstige Verwandte oder nichtverwandte Personen).

Diese Personengruppen sind in unterschiedlicher Zusammensetzung in den Haushalten vertreten. Nach den hier zugrundeliegenden Überlegungen bildet die Art dieser Zusammensetzung die Haushalts- oder Lebensform der Haushaltsmitglieder. Vereinfacht lassen sich folgende vier Haushaltsformen unterscheiden:

1. Einpersonenhaushalte,
2. Ehepaare einschließlich Lebensgemeinschaften,
3. Ehepaare mit Kindern einschließlich Lebensgemeinschaften mit Kindern,
4. sonstige Haushalte (Mehrpersonenhaushalte, in denen der Haushaltsvorstand ohne Partner lebt wie z.B. Alleinerziehende sowie Haushalte mit weiteren Haushaltsmitgliedern).

Nahezu die Hälfte aller Arbeitslosen sind Haushaltsvorstände, etwas mehr als ein Viertel sind (Ehe-) Partner und etwas weniger als ein Viertel sind im Haushalt lebende Kinder (vgl. Tabelle 1). Ehepartner und vor allem ledige Kinder sind im Vergleich zu ihrem Anteil an den Erwerbstätigen überproportional unter den Arbeitslosen vertreten. Die sehr kleine Gruppe der weiteren Haushaltsmitglieder bleibt aufgrund ihrer geringen Fallzahl bei den nachfolgenden Analysen außer Betracht.

Tabelle 1: Verteilung von Arbeitslosen und Arbeitslosenquoten nach Personengruppen im Haushalt und deren Lebensform

Untersuchungs-einheit: Personen	Haushalts-vorstand N Quote[3]	(Ehe-)[1] Partner N Quote[3]	ledige Kinder N Quote[3]	weitere HH-Mitgl. N Quote[3]	Arbeitslose N Quote[3] (in %)	Erwerbstätige N (in %)
Einpers.-HHe	37 8.5	-- ...	-- ...	-- ...	37 8.5 (15.0%)	433 (9.2%)
Ehepaare[2]	28 4.8	34 7.6	-- ...	-- ...	62 6.0 (25.1%)	1041 (22.1%)
Ehepaare[2] m. Kinder	35 2.5	34 5.6	42 7.2	-- ...	111 4.3 (44.9%)	2695 (57.1%)
sonstige Haushalte	16 6.8	2 4.7	13 8.2	6 9.0	37 7.2 (15.0%)	550 (11.7%)
Arbeitslose insg. (in %)	116 4.4 (47.0%)	70 6.4 (28.3%)	55 7.4 (22.3%)	6 9.0 (2.4%)	247 5.4 (100.0%)	
Erwerbstätige insg. (in %)	2829 (59.9%)	1118 (23.7%)	706 (15.0%)	66 (1.4%)		4719 (100.0%)

1) einschließlich unverheirateter Partner
2) einschließlich Lebensgemeinschaften
3) Arbeitslosenquote; Berechnung: (Arbeitslose)/(abhängig Erwerbstätige + Arbeitslose);
   abhängig Erwerbstätige: Erwerbstätige ohne Selbstständige und Mithelfende;
   in der Tabelle sind dagegen alle Erwerbstätigen (einschließlich Selbstständige und Mithelfende) ausgewiesen.

Quelle: Sozio-ökonomisches Panel, Welle 1, 1984.

In den Haushaltsformen "Ehepaare" und "Ehepaare mit Kindern" leben zusammen 80 % aller Erwerbstätigen, aber nur 70 % aller Arbeitslosen. Insbesondere Einpersonenhaushalte sind bei Arbeitslosen ungleich häufiger als Lebensform zu finden als bei Erwerbstätigen. Entsprechend hoch ist die Arbeitslosenquote in dieser Lebensform.

Diese weist je nach betroffener Personengruppe und Haushaltsform deutliche Unterschiede auf: Generell sind Haushaltsvorstände weniger von Arbeitslosigkeit betroffen als (Ehe-) Partner, diese wiederum weniger als im Haushalt lebende Kinder. Dieses Muster gilt für nahezu alle Haushaltsformen, wenn auch auf unterschiedlichem Niveau. Die typische kleinfamiliäre Lebensform "Ehepaar mit Kindern" ist bei allen Personengruppen mit Ausnahme der hinsichtlich ihrer Personenkonstellation heterogenen Residualgruppe "sonstige Haushalte" vergleichsweise am geringsten von Arbeitslosigkeit betroffen.

Tabelle 2: Betroffenheit von Arbeitslosigkeit nach Haushaltstyp und Erwerbskonstellation im Haushalt

Untersuchungseinheit: Haushalte	Haushalte insges. (1) abs.	(2) in %	darunter: Arbeiterhaushalte[1] abs.	in % von (1)
Einpersonen-Haushalte	470	100.0	137	29.1
Erwerbsstatus (HHV)				
AL	37	7.9	25	67.6
EW	433	92.1	112	25.9
Mehrpers.-HHe ohne PAR	160	100.0	49	30.6
Erwerbsstatus (HHV)				
AL	11	6.9	2	(18.2)
EW	149	93.1	47	31.5
Mehrpers.-HHe mit PAR	2207	100.0	891	40.4
Erwerbskonstellation				
(HHV/PAR) AL/AL	10 ⎤		6	(60.0)
AL/NEW	31 ⎬ 3.0		22	71.0
AL/EW	25 ⎦		16	64.0
EW/AL	50	2.3	30	60.0
EW/NEW	1083	49.1	429	39.6
EW/EW	1008	45.7	388	38.5

Anmerkung: HHV = Haushaltsvorstand; PAR = Lebensgefährte des HHVs.

AL = arbeitslos; NEW = weder arbeitslos noch erwerbstätig;

EW = erwerbstätig.

( ) = Fallzahl < 10.

1) gegenwärtige oder letzte sozialrechtliche Stellung des HHVs: Arbeiter.

Quelle: Sozio-ökonomisches Panel, Welle 1, 1984.

Neben der Frage nach der Lebensform und der betroffenen Personengruppe sind weitere Differenzierungen des Haushaltskontextes für die Analyse der Arbeitslosigkeit von Bedeutung. Wie aus Tabelle 2 hervorgeht, ist in ca. 5 % aller Mehrpersonenhaushalte mit (Ehe-) Partner, ca. 7 % aller Mehrpersonenhaushalte ohne (Ehe-) Partner sowie ca. 8 % aller Einpersonenhaushalte der Haushaltsvorstand und/oder dessen (Ehe-) Partner von Arbeitslosigkeit betroffen - ohne Berücksichtigung von Haushalten mit arbeitslosen Jugendlichen, die noch im elterlichen Haushalt leben und weiteren arbeitslosen Haushaltsmitgliedern.

Weitere Differenzierungen nach der sozialrechtlichen Stellung des Haushaltsvorstandes offenbaren schichtspezifische Unterschiede bei der haushaltsspezifischen Betroffenheit von Arbeitslosigkeit. Arbeiterhaushalte, deren Anteil an allen Haushalten je nach Haushaltsform zwischen 30 und 40 % beträgt, stellen allein 60 - 70 % aller von Arbeitslosigkeit betroffenen Haushalte. Wie aus Tabelle 2 hervorgeht, liegt ihre Betroffenheit von Arbeitslosigkeit für Einpersonen- und Mehrpersonenhaushalte mit Partnern um 20 - 40 Prozentpunkte über ihrem Anteil an allen Haushalten. Lediglich Mehrpersonenhaushalte ohne Partner weisen ein davon abweichendes Muster auf, das aber aufgrund der geringen Fallzahl nicht weiter interpretiert werden kann.

3 Erwerbskonstellation und Einkommenssituation in Arbeitslosenhaushalten

Bereits Mitte der siebziger Jahre wurde nach einer stetigen Zunahme der Arbeitslosenzahlen deutlich, daß die finanzielle Absicherung bei Arbeitslosigkeit unzureichend ist und zu einem Anstieg der Sozialhilfeempfänger führt (Cremer-Schäfer 1981). Diese Situation hat sich nach politischen Sparoperationen und einer weiteren stetigen Zunahme insbesondere von Dauerarbeitslosen nach Beginn der achtziger Jahre noch verschärft und eine anhaltende, unter dem Stichwort "Neue Armut" vehement geführte sozialpolitische Auseinandersetzung über das System der sozialen Sicherung ausgelöst (Büchtemann 1985; Adamy, Steffen 1984).

Aus der Sicht des Haushalts sind bei der Beurteilung der materiellen Folgen von Arbeitslosigkeit neben dem, an die Erfüllung der Mindestanwartschaft und die Dauer der Arbeitslosigkeit gebundenen Umfang der Einkommenseinbußen, auch die Bedeutung des vormaligen Erwerbseinkommens für den Haushalt sowie die Erwerbsbeteiligung weiterer Haushaltsmitglieder zu beachten. Neben Übergängen in Nichterwerbstätigkeit zählen zusätzliche oder vermehrte Erwerbstätigkeit weiterer Haushaltsmitglieder zu den erfahrungsgemäßen Folgen von Arbeitslosigkeit (Brinkmann, Spitznagel 1984, S. 260). Diese sind trotz Gewährung von Arbeitslosenhilfe oder Sozialhilfe als über die Möglichkeiten staatlicher Einkommenssicherung hinausgehende haushaltsspezifische Kompensationsleistungen zur Verminderung arbeitslosigkeitsbedingter Einkommenseinbußen anzusehen.

Da der haushaltsspezifische Lebensstandard im allgemeinen in erster Linie durch die Erwerbstätigkeit des Haushaltsvorstandes und/oder dessen (Ehe-) Partner aufrechterhalten wird, bleiben bei den nachfolgenden haushaltsbezogenen Einkommensanalysen die noch im elterlichen Haushalt lebenden arbeitslosen Jugendlichen außer Betracht.

Einen Überblick über die aktuellen Erwerbskonstellationen in von Arbeitslosigkeit betroffenen Haushalten vermittelt Tabelle 3.

Tabelle 3: Verteilung von arbeitslosen Haushaltsvorständen und (Ehe-)Partnern nach der Erwerbskonstellation im Haushalt

	(HHV/PAR)	Haushalts-vorstand abs.	in %	(Ehe-) Partner abs.	in %	insg. abs.	in %
Entweder HHV oder PAR erwerbstätig:	EW/AL	--	--	51	83.6	51	29.1
	AL/EW	25	37.9	--	--	25	14.3
Weder HHV noch PAR erwerbstätig:	AL/NEW	31	47.0	--	--	31	17.7
	AL/AL	10	15.0	10	16.4	20	11.4
Haushalte mit HHV ohne PAR							
Einpersonenhaushalte		(--)	(--)	(--)	(--)	37	21.1
Mehrpersonenhaushalte[1]		(--)	(--)	(--)	(--)	11	6.3
insg.		66	100.0	61	100.0	175	100.0

Anm.: HHV = Haushaltsvorstand; PAR = Lebensgefährte des Haushaltsvorstandes; EW = erwerbstätig; AL = arbeitslos; NEW = nicht erwerbstätig.

1) Alleinerziehende sowie Haushalte von Einzelpersonen, die mit ihren Eltern oder sonstigen Personen zusammenleben.

Quelle: Sozio-ökonomisches Panel, Welle 1, 1984.

Demnach lebt die überwiegende Mehrheit aller Arbeitslosen (Ehe-) Partner (83,6 %) in Haushalten, in denen der Haushaltsvorstand (im allgemeinen auch Hauptverdiener) erwerbstätig ist.

Von den in Partner- oder Familienhaushalten lebenden arbeitslosen Haushaltsvorständen sind demgegenüber nur 37,9 % der (Ehe-) Partner erwerbstätig. Bei nahezu der Hälfte der arbeitslosen Haushaltsvorstände dieser Haushaltsformen sind die (Ehe-) Partner nicht erwerbstätig (47,0 %) und bei weiteren 15 % sind die (Ehe-) Partner ebenfalls arbeitslos. Der Anteil der mit einem erwerbstätigen Lebensgefährten zusammenlebenden Arbeitslosen in Partner- und Familienhaushalten ist demnach bei Arbeitslosigkeit des (Ehe-) Partners doppelt so hoch wie bei Arbeitslosigkeit des Haushaltsvorstandes.

Berücksichtigt man ferner die arbeitslosen Haushaltsvorstände, die in Einpersonenhaushalten oder sonstigen Haushaltsformen ohne (Ehe-) Partner leben, so ergibt sich folgendes Bild: In über 40 % aller von Arbeitslosigkeit betroffenen Haushalte ist entweder der Haushaltsvorstand oder dessen (Ehe-) Partner erwerbstätig. Die verbleibenden 60 % an arbeitslosen Haushalten, in denen kein erwerbstätiger Ehepartner vorhanden ist, verteilen sich zu etwa gleichen Teilen auf partnerlose Haushalte und auf Haushalte, in denen der (Ehe-) Partner nicht erwerbstätig oder selbst arbeitslos ist.

Die Bestimmung der Einkommenslage in von Arbeitslosigkeit betroffenen Haushalten erfolgt auf der Grundlage der monatlichen Haushaltsnettoeinkommen, die unter Berücksichtigung von Einsparungen durch gemeinsames Wirtschaften in Mehrpersonenhaushalten sowie von altersbedingten Bedarfsunterschieden anhand einer auf den Sozialhilferegelsatz rekurrierenden Äquivalenzskala (vgl. Hauser, Stubig 1985, S. 49) in personenbezogene Wohlstandspositionen umgerechnet werden (1). Zusätzlich zu den personenbezogenen Wohlstandsniveaus wird ein daraus abgeleiteter Armuts- bzw. Niedrigeinkommensbereich ausgewiesen, der den Anteil von Personen angibt, die in Einkommenssituationen leben, die 60 % der mittleren Wohlstandspositionen der bundesdeutschen Bevölkerung nicht übersteigen (vgl. Hauser u.a. 1981).

Mittels einer multiplen Klassifikationsanalyse wird in einem ersten Schritt untersucht, wie groß die Einkommensunterschiede bzw. die unterschiedlichen Wohlstandspositionen zwischen Arbeitslosenhaushalten und nicht von Arbeitslosigkeit betroffenen Haushalten sind. In einem zweiten Analyseschritt wird die mit der Diskussion über die "Neue Armut" im Zusammenhang stehende These untersucht, daß Personen in Arbeitslosenhaushalten zu einem deutlich höheren Anteil über Einkommen verfügen, die dem Ar-

---

(1)   Vgl. dazu den Beitrag von Berntsen, Hauser: "Strukturen der Einkommensverteilung von Haushalten und Personen" in diesem Band.

mutsbereich zuzurechnen sind, als Personen, die nicht in von Arbeitslosigkeit betroffenen Haushalten leben.

Die Wohlstandspositionen und die Anteile der im Niedrigeinkommensbereich lebenden Personen (Armutsraten) gehen in getrennten Auswertungen als abhängige Variablen in die multiple Klassifikationsanalyse ein. Als unabhängige bzw. erklärende Variablen werden die bereits beschriebene Erwerbskonstellation, die sozialrechtliche Stellung des Haushaltsvorstandes sowie die Haushaltsform herangezogen. Aufgrund der extrem ungleichen Zellenbesetzung bei der hier im Mittelpunkt stehenden Variable - der Erwerbskonstellation - werden in erster Linie die Abweichungen vom Gesamtmittelwert beschrieben, die sich vor und nach Kontrolle der übrigen Variablen ergeben (vgl. Tabelle 4.1 und 4.2).

Die niedrigsten Wohlstandspositionen und die höchsten Armutsraten weisen nach Kontrolle von Lebensform und Haushaltstyp erwartungsgemäß die Haushalte auf, in denen der Haushaltsvorstand arbeitslos und dessen (Ehe-) Partner ebenfalls arbeitslos oder nicht erwerbstätig ist; in diesen Fällen liegt das mittlere Wohlstandsniveau bei 600 - 700 DM und der Anteil der im Niedrigeinkommensbereich lebenden Personen bei 70 %. Die entsprechenden Wohlstandspositionen von Haushalten, in denen beide Ehepartner erwerbstätig sind, liegen etwa doppelt so hoch, der entsprechende Armutsanteil beträgt sogar weniger als ein Viertel.

Arbeitslosigkeit von (Ehe-) Partnern scheint auf den ersten Blick weniger defizitäre Auswirkungen auf das Haushaltseinkommen zu haben. So verfügen arbeitslose (Ehe-) Partner bei Erwerbstätigkeit des Haushaltsvorstandes im Mittel über bessere materielle Lebensbedingungen als nichterwerbstätige (Ehe-) Partner. Hierbei ist aber zu berücksichtigen, daß erst durch Erwerbstätigkeit des (Ehe-) Partners in vielen Haushalten ein Wohlstandsniveau oberhalb des Niedrigeinkommensbereichs erreicht wird (Klein 1985). Vergleicht man die haushaltsspezifische Einkommenslage dieser Erwerbskonstellation mit der von Haushalten, in denen beide (Ehe-) Partner erwerbstätig sind, so ergibt sich ein Defizit von 250 DM und ein um 12 Prozentpunkte höherer Armutsanteil. Umgekehrt verfügen erwerbstätige (Ehe-) Partner bei Arbeitslosigkeit des Haushaltsvorstandes im Vergleich zu nichterwerbstätigen oder arbeitslosen Ehepartnern über ein um ca. 200 DM höheres Wohlstandsniveau und einen um ca. 35 Prozentpunkte niedrigeren Anteil von Haushalten im Niedrigeinkommensbereich.

Bei Haushalten, in denen die Arbeitslosigkeit des Haushaltsvorstandes nicht durch Erwerbstätigkeit eines (Ehe-) Partners gemildert werden kann, liegt trotz eines im Mittel höheren Wohlstandsniveaus der Armutsanteil im allgemeinen über dem der soeben beschriebenen Haushalte.

Die Einkommensdifferenzen bei Arbeitslosigkeit verschärfen sich noch für die Mehrheit der Arbeitslosen, da diese in Arbeiterhaushalten leben. Ehepaare und Alleinlebende weisen im Vergleich zu Familien- oder sonstigen Mehrpersonenhaushalten eine bessere Einkommenssituation auf.

Tabelle 4.1: Erwerbskonstellation im Haushalt als Determinante von Wohlstandspositionen und Niedrigeinkommensbeziehern

Untersuchungs-einheit: Haushalte	N	Wohlstandsposition[1] (in DM) Abweichung vom Gesamtmittelwert		Niedrigeinkommens-bezieher[2] (Anteile in %) Abweichung vom Gesamtmittelwert	
		unadjusted eta	adjusted beta	unadjusted eta	adjusted beta
Haushalte mit HHV, ohne PAR	627	(Gesamtmittelwert 1588.- DM)		(Gesamtmittelwert 0.15)	
Erwerbsstatus der HHV					
AL	46	-776	-714	0.35	0.34
EW	581	61	57	-0.03	-0.03
		0.22	0.21	0.27	0.26
Haushaltstyp					
Arbeiter-HH	186	-275	-212	0.07	0.04
sonstiger HH	441	116	89	-0.03	-0.02
		0.18	0.14	0.12	0.07
Lebensform					
Einpers.-HH	469	181	182	-0.05	-0.05
Mehrpers.-HH	158	-538	-542	0.14	0.14
		0.32	0.32	0.22	0.22
Anteil erklärter Varianz (R^2)			0.18		0.13

Anm.: HHV = Haushaltsvorstand; PAR = Lebensgefährte des HHV; AL = arbeitslos; EW = erwerbstätig; NEW = nicht erwerbstätig.
unadjusted = ohne Kontrolle der übrigen Variablen; adjusted = bei Kontrolle der übrigen Variablen.

1) Auf der Grundlage der altersspezifischen Regelsätze des Bundessozialhilfegesetzes bedarfs-gewichtetes monatliches Haushaltsnettoeinkommen (ohne Berücksichtigung einmaliger Zahlungen).
2) Niedrigeinkommens- oder Armutsbereich: Anteil von Haushalten, deren Einkommen weniger als 60% der mittleren Wohlstandspositionen beträgt.

Quelle: Sozio-ökonomisches Panel, Welle 1, 1984.

Selbst wenn man davon ausgeht, daß die von Arbeitslosigkeit betroffenen Personen im Mittel eher niedrigen Lohngruppen angehören und die hier implizit als Vergleichsmaßstab herangezogenen Einkommensstandards der

Tabelle 4.2: Erwerbskonstellation im Haushalt als Determinante von Wohlstandspositionen und Niedrigeinkommensbeziehern

Untersuchungs-einheit: Haushalte	N	Wohlstandsposition[1] (in DM) Abweichung vom Gesamtmittelwert		Niedrigeinkommens-bezieher[2] (Anteile in %) Abweichung vom Gesamtmittelwert	
		unadjusted eta	adjusted beta	unadjusted eta	adjusted beta
Haushalte mit HHV und PAR	2203	(Gesamtmittelwert 1175.- DM)		(Gesamtmittelwert 0.26)	
Erwerbskonstellation (HHV/PAR)					
AL/AL	10	-429	-577	0.34	0.39
AL/NEW	31	-582	-484	0.55	0.51
AL/EW	22	-208	-315	0.10	0.13
EW/AL	50	-29	-102	-0.00	0.02
EW/NEW	1083	-167	-113	0.09	0.07
EW/EW	1007	207	154	-0.12	-0.10
		0.21	0.16	0.28	0.25
Haushaltstyp					
Arbeiter-HH	891	-162	-156	0.07	0.06
sonstiger HH	1312	110	106	-0.05	-0.04
		0.14	0.14	0.13	0.12
Lebensform					
Ehepaare	624	474	449	-0.17	-0.15
Ehepaare m. Kin.	1469	-183	-174	0.06	0.05
sonstige HHe	110	-249	-226	0.14	0.13
		0.32	0.30	0.24	0.22
Anteil erklärter Varianz (R^2)		0.15		0.14	

Anm.: HHV = Haushaltsvorstand; PAR = Lebensgefährte des HHV; AL = arbeitslos; EW = erwerbstätig; NEW = nicht erwerbstätig.

unadjusted = ohne Kontrolle der übrigen Variablen; adjusted = bei Kontrolle der übrigen Variablen.

1) Auf der Grundlage der altersspezifischen Regelsätze des Bundessozialhilfegesetzes bedarfs-gewichtetes monatliches Haushaltsnettoeinkommen (ohne Berücksichtigung einmaliger Zahlungen).
2) Niedrigeinkommens- oder Armutsbereich: Anteil von Haushalten, deren Einkommen weniger als 60% der mittleren Wohlstandspositionen beträgt.

Quelle: Sozio-ökonomisches Panel, Welle 1, 1984.

Erwerbstätigen auch nach Kontrolle von Haushaltstyp und Lebensform als ein überhöhter Schätzwert der erreichbaren Einkommen der gegenwärtig Arbeitslosen anzusehen sind, sprechen diese Ergebnisse dafür, daß Arbeitslosigkeit, in Abhängigkeit von der jeweils betroffenen Personengruppe sowie der haushaltsspezifischen Erwerbskonstellation, mit mehr oder weniger deutlichen Einkommensdefiziten einhergeht, die sich in einem überproportionalen Anteil von Niedrigeinkommensbeziehern niederschlagen.

4 Arbeitslosigkeit und wahrgenommene Lebensqualität

Neben den finanziellen Einschränkungen werden von den Arbeitslosen psychosoziale Folgen des Erwerbsverlustes als besonders belastend empfunden (Brinkmann, Spitznagel 1984, S. 260). Im Mittelpunkt der Analyse zur Bestimmung von Zufriedenheitsdefiziten bei Arbeitslosen steht in der vorliegenden Arbeit die Frage nach der allgemeinen Lebenszufriedenheit. Wie aus verschiedenen Untersuchungen zum subjektiven Wohlbefinden hervorgeht, kann diese als eine Zusammenfassung der Zufriedenheiten in den einzelnen Lebensbereichen angesehen werden (Glatzer 1984). Innerhalb der Haushalte ergeben sich im allgemeinen hohe Übereinstimmungen der allgemeinen Lebenszufriedenheit, die überwiegend auf Ähnlichkeiten der objektiven Lebensbedingungen und der subjektiven Vergleichsstandards beruhen (Berger 1984). Die enge emotionale Verflechtung innerhalb des Haushalts führt im Falle von Arbeitslosigkeit insbesondere bei Ehepartnern zu einer Verminderung des subjektiven Wohlbefindens, auch wenn die jeweilige Person selbst nicht unmittelbar von Arbeitslosigkeit betroffen ist (Brinkmann, Spitznagel 1984, S. 261 f.).

Das auf einer 11stufigen Skala (0 = ganz und gar unzufrieden; 10 = ganz und gar zufrieden) erhobene subjektive Zufriedenheitsniveau von Arbeitslosen liegt weit unterhalb von dem anderer Problemgruppen wie Alleinerziehenden, Schwerbehinderten oder Alleinlebenden, die selbst überproportional von Arbeitslosigkeit betroffen sind. Unter den Arbeitslosen ist nahezu jeder zweite im elterlichen Haushalt lebende Jugendliche, nahezu jeder dritte Haushaltsvorstand und nahezu jeder siebte (Ehe-) Partner mit dem Leben unzufrieden (Skalenwert 0-4). Der Unzufriedenheitsanteil von Arbeitslosen übersteigt den der Erwerbstätigen um mehr als das sechsfache (vgl. Tabelle 5).

Unter den verschiedenen Zufriedenheitsbereichen ist die Einkommenszufriedenheit diejenige, bei der Arbeitslose gegenüber den Erwerbstätigen über die höchsten Defizite verfügen. Die höchsten Unzufriedenheitsanteile weisen Haushaltsvorstände auf, ein Ergebnis, das direkt den objektiven Gegebenheiten entspricht. Arbeitslose (Ehe-) Partner scheinen demgegenüber weniger starke Zufriedenheitsdefizite im Einkommensbereich aufzuweisen. Hierbei ist wiederum zu berücksichtigen, daß diese überwiegend in Haushalten leben, in denen der Haushaltsvorstand erwerbstätig ist.

Auch bei der Einschätzung der Sorgen zeigt sich für diese Personengruppen ein divergierendes Muster: Werden von Haushaltsvorständen die meisten

Tabelle 5: Subjektives Wohlbefinden und Sorgen von Arbeitslosen nach Personengruppen im Haushalt

Untersuchungseinheit: Personen		N	Allgemeine Lebenszufriedenheit		Zufriedenheit mit dem Einkommen		Es machen sich große Sorgen...[1]	
			Mittelwert	Anteil der Unzufriedenen[2]	Mittelwert	Anteil der Unzufriedenen[2]	um die allg. wirtschaftl. Entwicklung in %	um die eigene wirtschaftl. Situation in %
Haushaltsvorstand	arbeitslos	117	5.4	30.8	3.3	62.6	51.3	63.2
	erwerbstätig	2863	7.6	4.4	6.5	16.6	35.5	35.5
(Ehe-)Partner	arbeitslos	70	7.0	14.3	5.1	35.2	42.0	39.1
	erwerbstätig	1120	7.7	4.5	6.9	12.2	37.1	14.7
ledige Kinder[3]	arbeitslos	54	5.0	44.4	3.9	54.0	52.8	51.9
	erwerbstätig	700	7.5	5.9	6.4	18.0	33.0	18.7
Arbeitslose		248	5.8	28.6	3.9	53.1	49.4	54.1
Erwerbstätige		4754	7.6	4.7	6.6	15.9	35.0	16.1

1) Weitere Antwortmöglichkeiten: "einige Sorgen", "keine Sorgen".
2) Skalenwerte 0-4 auf einer 10stufigen Skala: 0 = ganz und gar unzufrieden; 10 = ganz und gar zufrieden.
3) im elterlichen Haushalt lebende Jugendliche über 16 Jahre.

Quelle: Sozio-ökonomisches Panel, Welle 1, 1984.

Sorgen der eigenen wirtschaftlichen Situation entgegengebracht, so äußern (Ehe-) Partner häufiger große Sorgen hinsichtlich der allgemeinen wirtschaftlichen Entwicklung. Dies gilt nicht nur für arbeitslose, sondern gerade auch für erwerbstätige (Ehe-) Partner.

Über ebenfalls sehr hohe Unzufriedenheitsanteile im Bereich Einkommen verfügen ferner die noch im elterlichen Haushalt lebenden arbeitslosen Jugendlichen. Der große Anteil Jugendlicher, die sich neben der eigenen wirtschaftlichen Situation auch große Sorgen um die allgemeine wirtschaftliche Entwicklung machen, deutet darauf hin, daß bei dieser kurz vor der Gründung eines eigenen Haushaltes stehenden Personengruppe auch die für die Zukunft antizipierte Einkommenslage bei der subjektiven Bewertung der gegenwärtigen Einkommenssituation Eingang findet.

4.1 Gegenwärtige Lebenszufriedenheit und Zukunftserwartungen von Arbeitslosen

Neben der Frage nach der allgemeinen Lebenszufriedenheit wurde auch die in einem Jahr erwartete Zufriedenheit erhoben. Letztere gibt Auskunft über den erwarteten Verlauf des subjektiven Wohlbefindens. In Verbindung mit der Frage nach dem gegenwärtigen Zufriedenheitsniveau lassen sich dabei drei Typen von erwarteten Zufriedenheitsverläufen unterscheiden:

Typ I : Zukunft besser als Gegenwart ("Optimisten")
Typ II : Zukunft gleich wie Gegenwart ("Ambivalente")
Typ III: Zukunft schlechter als Gegenwart ("Pessimisten")

Sowohl hinsichtlich des Zufriedenheitsniveaus als auch hinsichtlich der Verteilung auf die so gebildeten Typen von Zufriedenheitsverläufen lassen sich zwischen Arbeitslosen und Erwerbstätigen markante Unterschiede feststellen (vgl. Schaubild 1).

Innerhalb der Erwerbstätigen weisen die mittleren Zufriedenheitsmuster zwischen den drei Personengruppen im Haushalt (Haushaltsvorstände, Partner und Kinder) keine Unterschiede auf: zwei Drittel aller Erwerbstätigen verfügen über eine ausgeglichene Zufriedenheitserwartung auf hohem Niveau (Typ II). Verbesserungen hin zu diesem Niveau (Typ I) oder Verschlechterungen der gegenwärtig zufriedenstellenden Lage (Typ III) werden von jeweils einem Sechstel aller Erwerbstätigen erwartet. Lediglich die im elterlichen Haushalt lebenden erwerbstätigen Jugendlichen folgen stärker einem Zufriedenheitsverlauf nach Typ I mit entsprechenden Anteilseinbußen bei Typ II.

Auch bei nach Lebensform und sozioökonomischem Haushaltstyp disaggregierten Analysen bleiben die Mittelwerte dieser drei Verlaufsmuster erhalten. Einpersonenhaushalte folgen dabei zu einem höheren Anteil dem in

Schaubild 1: Typologie der Zufriedenheitsverläufe von Arbeitslosen - gegenwärtige Lebenszufriedenheit und Zukunftserwartungen

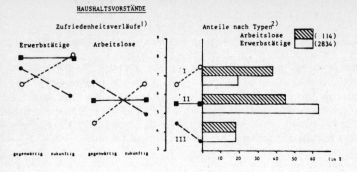

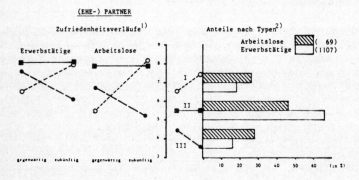

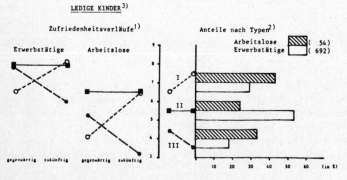

1) Mittelwerte; allgemeine Lebenszufriedenheit vs. Zufriedenheitserwartung in einem Jahr - jeweils Skalenwerte 0 - 10 (0: ganz und gar unzufrieden, 10: ganz und gar zufrieden).

2) Typ I   : Zukunft besser als Gegenwart ("Optimisten")
   Typ II   : Zukunft gleich wie Gegenwart ("Ambivalente")
   Typ III : Zukunft schlechter als Gegenwart ("Pessimisten")

3) noch im elterlichen Haushalt lebende Jugendliche über 16 Jahre

Quelle: Das Sozio-ökonomische Panel, Welle 1, 1984

Typ I beschriebenen Zufriedenheitsverlauf, in Arbeiterhaushalten lebende Personen verfügen über einen geringfügig höheren Anteil an Personen, die in Zukunft Verschlechterungen ihres subjektiven Wohlbefindens erwarten (Typ III). Die aufgezeigten Muster der subjektiven Zufriedenheitserwartungen von Erwerbstätigen bilden somit einen relativ robusten Vergleichsmaßstab für die Zufriedenheitseinschätzungen von Arbeitslosen.

Hierbei offenbaren sich beträchtliche Zufriedenheitseinbußen, die je nach betroffener Personengruppe unterschiedliche Formen aufweisen: Das Zufriedenheitsniveau von arbeitslosen Haushaltsvorständen liegt im Mittel ca. zwei Skalenpunkte unter dem der erwerbstätigen; dies gilt sowohl für die gegenwärtige als auch für die zukünftig erwartete Lebenszufriedenheit. Der anteilsmäßig noch bedeutsamste Typ II mit ausgeglichener Zufriedenheitserwartung hat sich auf einem deutlich niedrigeren Niveau arrangiert. Selbst der anteilsmäßig ebenfalls bedeutsame Typ I mit optimistischer Zukunftseinschätzung erwartet ein Zufriedenheitsniveau, das das der Erwerbstätigen deutlich unterschreitet.

Ein Großteil der arbeitslosen (Ehe-) Partner weist nur geringfügige Unterschiede im Zufriedenheitsniveau im Vergleich zu den erwerbstätigen auf - in diesen Fällen führt Arbeitslosigkeit nicht zu einem Defizit an Lebensqualität. Andere arbeitslose (Ehe-) Partner verfügen über hohe Einbußen; so liegt der Anteil der "Pessimisten" dieser Personengruppe bei gleich niedrigem Zufriedenheitsniveau noch über dem der arbeitslosen Haushaltsvorstände.

Bei den arbeitslosen Jugendlichen liegen alle Zufriedenheitsniveaus mit Ausnahme des anteilsmäßig weniger bedeutsamen Typs II noch weit unter denen der anderen arbeitslosen Personengruppen. Der verhinderte Einstieg in das Arbeitsleben schlägt sich hier überaus negativ in der Lebenszufriedenheit nieder.

4.2   Determinanten der Lebenszufriedenheit im Haushaltskontext

Nach den bisher eher deskriptiven Analysen, in denen für die jeweilige arbeitslose Personengruppe im Haushalt teilweise gravierende Defizite im subjektiven Wohlbefinden aufgezeigt werden konnten, soll abschließend noch die Frage nach dem Haushaltskontext selbst, dem Einfluß von Arbeitslosigkeit nicht nur auf die Lebenszufriedenheit des Betroffenen, sondern auch auf die anderer Haushaltsmitglieder, exemplarisch anhand der Ehegattenbeziehung, aufgegriffen werden. Mittels einer multiplen Klassifikationsanalyse wird nun untersucht, inwieweit die allgemeine Lebenszufriedenheit durch die Erwerbskonstellation im Haushalt determiniert wird und welchen Einfluß dabei die Lebenszufriedenheit des jeweiligen Lebensgefährten ausübt. Bei der Analyse dieser Zufriedenheitsbeziehungen bleiben dementsprechend Haushalte, in denen der Haushaltsvorstand ohne Lebensgefährten lebt, außer Betracht.

Wie aus den vorausgehenden Analysen implizit hervorgeht, wird die Lebenszufriedenheit des jeweiligen Haushaltsmitgliedes in doppelter Hinsicht von der Erwerbskonstellation beeinflußt: zum einen indirekt, über die Verringerung des Haushaltseinkommens, zum anderen direkt als Ausdruck des sozialen Ausschlußes aus dem Erwerbsleben.

Die Höhe des Haushaltseinkommens hat keinen direkten Einfluß auf die Lebenszufriedenheit; wohl aber die in der Einkommenszufriedenheit zum Ausdruck gebrachte subjektive Bewertung der Einkommenslage, die aus sozialen Vergleichsstandards resultiert und aufgrund der Ähnlichkeiten dieser Vergleichsstandards zwischen Ehepartnern korreliert. Der hohe Zusammenhang zwischen der allgemeinen Lebenszufriedenheit der beiden Ehepartner ist Ausdruck weiterer gemeinsamer Zufriedenheitsbewertungen, wie Zufriedenheit mit dem Ehepartner etc., die aber anhand der vorliegenden Daten nicht weiter differenziert werden können.

Inwieweit führt Arbeitslosigkeit nach Kontrolle der Einkommenszufriedenheit und/oder der Lebenszufriedenheit des Partners zu Defiziten im subjektiven Wohlbefinden, je nach Erwerbskonstellation im Haushalt? Die in den Tabellen 6.1 und 6.2 zusammengefaßten Ergebnisse einer nach Personengruppen disaggregierten Analyse zeigen zunächst das für Haushaltsvorstände erwartete Muster: ohne Berücksichtigung der Kontrollvariablen weisen Haushaltsvorstände im Falle von Arbeitslosigkeit hohe Zufriedenheitsdefizite auf, bei Erwerbstätigkeit jedoch keine. Demgegenüber führt bei (Ehe-) Partnern bei alleiniger Berücksichtigung der Erwerbskonstellation auch die Arbeitslosigkeit des Haushaltsvorstandes zu Zufriedenheitsdefiziten. In beiden Fällen ist dieser Zusammenhang zwar deutlich, die Erklärungskraft dieser Variablen jedoch gering, was auch auf die extrem ungleiche Zellenbesetzung zurückzuführen ist.

Nach Kontrolle der Einkommenszufriedenheit bleibt für Haushaltsvorstände dasselbe Muster erhalten, die Zufriedenheitsdefizite verringern sich jedoch um die Hälfte. Ein Großteil der Zufriedenheitseinbußen sind somit auf die Unzufriedenheit mit dem Einkommen zurückzuführen. Derselbe Zusammenhang findet sich in abgeschwächter Form auch bei (Ehe-) Partnern: Arbeitslosigkeit des Haushaltsvorstandes führt nach Kontrolle der Einkommensvariable zu Zufriedenheitsdefiziten, Erwerbstätigkeit des Haushaltsvorstandes jedoch nicht - unabhängig vom eigenen Erwerbsstatus des (Ehe-) Partners. Diese Modelle verfügen bereits über eine relativ hohe Erklärungskraft.

Bei alleiniger Kontrolle der Zufriedenheit des jeweiligen Ehepartners weisen Haushaltsvorstände ähnliche Zufriedenheitseinbußen auf wie bei Kontrolle der Einkommenszufriedenheit. (Ehe-) Partner zeigen so das erwartete

Tabelle 6.1: Determinanten der allgemeinen Lebenszufriedenheit nach Personengruppen im Haushalt (Haushaltsvorstand und (Ehe-)Partner)

allgemeine Lebens-zufriedenheit des Haushaltsvorstandes	N	Abweichung vom Gesamtmittelwert eta	Abweichung vom Gesamtmittelwert bei Kontrolle der Kovariaten		
			beta	beta	beta
Erwerbskonstellation im Haushalt (HHV/PAR)	2203	(Gesamtmittelwert = 7.71)			
AL/AL	10	-2.31	-1.23	-1.12	-0.64
AL/NEW	31	-2.10	-1.02	-1.21	-0.67
AL/EW	24	-2.25	-1.39	-1.52	-1.06
EW/AL	50	0.19	0.55	0.42	0.60
EW/NEW	1071	0.11	0.09	0.08	0.07
EW/EW	1004	0.02	-0.04	-0.02	-0.06
		0.21	0.13	0.13	0.10
Kovariaten		(unstandardisierte Regressionskoeffizienten)			
Einkommenszufriedenheit		--	0.31	--	0.20
Lebenszufriedenheit des PAR		--	--	0.49	0.41
Anteil erklärter Varianz (R^2)		0.04	0.20	0.30	0.36

allgemeine Lebens-zufriedenheit des (Ehe-)Partners	N	Abweichung vom Gesamtmittelwert eta	Abweichung vom Gesamtmittelwert bei Kontrolle der Kovariaten		
			beta	beta	beta
Erwerbskonstellation im Haushalt (HHV/PAR)	2203	(Gesamtmittelwert = 7.74)			
AL/AL	10	-2.44	-1.07	-1.16	-0.51
AL/NEW	31	-1.87	-0.81	-0.66	-0.21
AL/EW	24	-1.26	-0.31	0.10	0.45
EW/AL	50	-0.45	0.01	-0.55	-0.23
EW/NEW	1071	0.04	0.01	-0.02	-0.03
EW/EW	1004	0.09	0.03	0.08	0.04
		0.17	0.07	0.08	0.04
Kovariaten		(unstandardisierte Regressionskoeffizienten)			
Einkommenszufriedenheit		--	0.35	--	0.23
Lebenszufriedenheit des HHV		--	--	0.55	0.43
Anteil erklärter Varianz (R^2)		0.03	0.22	0.29	0.36

Anm.: HHV = Haushaltsvorstand, PAR = Lebensgefährte des HHV; AL = arbeitslos, EW = erwerbs-tätig; NEW = nicht erwerbstätig.

Quelle: Sozio-ökonomisches Panel, Welle 1, 1984.

Tabelle 6.2: Determinanten der allgemeinen Lebenszufriedenheit nach Personengruppen im Haushalt (im elterlichen Haushalt lebende Kinder)

allgemeine Lebens- zufriedenheit der ledigen Kinder	N	Abweichung vom Gesamtmittelwert eta	Abweichung vom Gesamtmittelwert bei Kontrolle der Kovariaten beta	beta	beta
Erwerbsstatus des Kindes	571	(Gesamtmittelwert = 7.40)			
AL	40	-2.23	-1.44	-2.15	-1.39
EW	531	0.17	0.11	0.16	0.10
		0.30	0.19	0.28	0.19
Kovariaten		(unstandardisierte Regressionskoeffizienten)			
Einkommenszufriedenheit		--	0.30	--	0.26
Lebenszufriedenheit des HHV		--	--	0.16	0.12
Lebenszufriedenheit des PAR		--	--	0.14	0.14
Anteil erklärter Varianz (R^2)		0.09	0.22	0.16	0.27

Anm.: HHV = Haushaltsvorstand, PAR = Lebensgefährte des HHV; AL = arbeitslos, EW = erwerbstätig; NEW = nicht erwerbstätig.

Quelle: Sozio-ökonomisches Panel, Welle 1, 1984.

Muster: Zufriedenheitsdefizite bei eigener Arbeitslosigkeit und keine Zu-friedenheitseinbußen bei eigener Erwerbstätigkeit; bei Nichterwerbstätigkeit führt darüber hinaus auch Arbeitslosigkeit des Haushaltsvorstandes zu Zufriedenheitsdefiziten. Die Erklärungskraft dieses Modells liegt über der des vorausgegangenen Modells, was für die größere Bedeutung der Lebens-zufriedenheit des jeweiligen Partners im Vergleich zur Einkommenszufrie-denheit spricht.

Werden sowohl die Zufriedenheit des jeweiligen Partners als auch die Ein-kommenszufriedenheit kontrolliert, ergibt sich ein Modell mit hoher Er-klärungskraft und Zufriedenheitseinbußen nach dem zuletzt beschriebenen Muster. Die Variable Erwerbskonstellation gibt jetzt die um die genannten Zufriedenheitsbeziehungen im Haushalt bereinigten Abweichungen vom Gesamtmittelwert an. Sowohl bei den Haushaltsvorständen als auch bei de-ren (Ehe-) Partnern führt eigene Erwerbstätigkeit demnach bei Arbeits-losigkeit des jeweiligen Lebensgefährten zu einem höheren Zufriedenheits-niveau und umgekehrt, eigene Arbeitslosigkeit bei Erwerbstätigkeit des Partners zu einem niedrigeren Zufriedenheitsniveau. Die Variable Erwerbskonstellation ist jedoch vor allem bei den (Ehe-) Partnern nur noch von marginaler Bedeutung, da der überwiegende Teil der durch Arbeitslosigkeit verursachten Veränderung der Lebenszufriedenheit mittels Einkommenszufriedenheit und der Lebenszufriedenheit des Partners beschrieben werden kann.

Inwieweit das subjektive Wohlbefinden der Eltern auch Einfluß auf die arbeitslosigkeitsbedingten Zufriedenheitsdefizite ihrer Kinder hat, geht aus dem letzten Teil der Tabelle hervor. Die Variable Erwerbsstatus verfügt hier im Vergleich zur Erwerbskonstellation der Eltern über einen größeren Einfluß. Nach Kontrolle der Einkommenszufriedenheit ergibt sich ein dem elterlichen Muster ähnliches Modell. Im Unterschied zu der hohen Bedeutung der Ehegattenbeziehung verfügt die elterliche Lebenszufriedenheit bei den zu den Erwerbspersonen zählenden Jugendlichen jedoch nur über einen geringen zusätzlichen Einfluß.

5   Zusammenfassung

Bei der Differenzierung der Arbeitslosen nach Personengruppen im Haushalt offenbaren sich unterschiedliche Betroffenheitsrisiken und, im Vergleich zu den Erwerbstätigen, auch Verteilungsunterschiede. So stellen Haushaltsvorstände zwar den größten Anteil an allen Arbeitslosen, verfügen aber zugleich über die niedrigste Arbeitslosenquote; letztere weist für die noch im Elternhaus lebenden Jugendlichen die höchsten Werte auf.

Bei der Beurteilung der Einkommenssituation in von Arbeitslosigkeit betroffenen Haushalten kommt zudem der Personen- und Erwerbskonstellation im Haushalt eine zusätzliche Bedeutung zu, da hiervon die Möglichkeit zur zumindest partiellen Kompensation von Einkommensdefiziten durch Erwerbstätigkeit weiterer Haushaltsmitglieder abhängt. Als Ergebnis bleibt festzuhalten, daß die überwiegende Mehrheit von arbeitslosen (Ehe-) Partnern in Haushalten lebt, in denen der Haushaltsvorstand erwerbstätig ist, und daß arbeitslose Haushaltsvorstände meist in Haushalten leben, in denen entweder kein (Ehe-) Partner vorhanden ist (Einpersonenhaushalte) oder dieser nicht erwerbstätig ist.

Erwartungsgemäß sind bei Arbeitslosigkeit des Haushaltsvorstandes die gravierendsten Einkommensdefizite zu verzeichnen, die sich auch in einem hohen Anteil von Niedrigeinkommensbeziehern niederschlagen. Bei Arbeitslosigkeit von (Ehe-) Partnern findet sich aufgrund der finanziellen Absicherung des Haushaltsbudgets durch das Erwerbseinkommen des Haushaltsvorstandes im allgemeinen kein unterdurchschnittliches Einkommensniveau. Da aber in vielen Haushalten erst durch Erwerbstätigkeit des (Ehe-) Partners ein zufriedenstellendes Wohlstandsniveau erreicht wird, ist auch hier im Vergleich zu Haushalten, in denen beide Ehepartner erwerbstätig sind, bei Arbeitslosigkeit ein deutlich höherer Anteil von Niedrigeinkommensbeziehern festzustellen, der allerdings den von nichterwerbstätigen (Ehe-) Partnern nicht übersteigt.

Im elterlichen Haushalt lebende arbeitslose Jugendliche äußern besonders im Einkommensbereich hohe Unzufriedenheit. Die zudem eher von Hoffnungslosigkeit geprägten zukünftigen Zufriedenheitserwartungen dieser Personengruppe machen das Defizit an Wohlbefinden, das aus der Verhinderung der Teilnahme am Erwerbsleben resultiert, hier besonders deutlich.

Hohe Unzufriedenheitsraten, reduzierte Zukunftserwartungen und große Sorgen, sowohl um die eigene wirtschaftliche Situation als auch um die allgemeine wirtschaftliche Entwicklung, sind auch für die von Arbeitslosigkeit betroffenen Haushaltsvorstände und (Ehe-) Partner zu verzeichnen.

Aufgrund der engen Zufriedenheitsbeziehungen zwischen Ehepartnern führt Arbeitslosigkeit des Haushaltsvorstandes nicht nur zu Zufriedenheitsdefiziten bei ihm selbst, sondern auch bei seinem Ehepartner; dieser Zusammenhang bleibt auch nach Kontrolle der Einkommenszufriedenheit erhalten.

Zusammenfassend erweist sich der Haushaltskontext als ein überaus bedeutsames Konstrukt bei der Analyse von Arbeitslosigkeit. In Abhängigkeit von der jeweils betroffenen Personengruppe sowie der Personen- und Erwerbskonstellation im Haushalt ergeben sich sowohl hinsichtlich objektiver Lebensbedingungen als auch hinsichtlich der wahrgenommenen Lebensqualität unterschiedliche Auswirkungen der Arbeitslosigkeit, die auch für weitere Untersuchungen der individuellen Folgen von Arbeitslosigkeit anhand von Längsschnittanalysen von Bedeutung sind.

Literaturverzeichnis

Adamy, Wilhelm, Johannes Steffen 1984: Arbeitslos gleich arm - Ursachen und Lösungsansätze zur Beseitigung der Neuen Armut -, in: WSI-Mitteilungen, Heft 10, S. 574 - 581.

Amtliche Nachrichten der Bundesanstalt für Arbeit (ANBA) 1985: Heft 3.

Berger, Regina 1981: Multiple Klassifikationsanalyse, Sfb 3-Arbeitspapier Nr. 42, Frankfurt-Mannheim.

Berger, Regina 1984: Übereinstimmungen und Unterschiede zwischen Ehepartnern, in: Glatzer, Wolfgang, Wolfgang Zapf (Hrsg.): Lebensqualität in der Bundesrepublik, Frankfurt-New York, S. 307 - 322.

Brinkmann, Christian, Eugen Spitznagel 1984: Belastungen des Haushalts durch Arbeitslosigkeit, in: Hauswirtschaft und Wissenschaft, 32. Jahrgang, Heft 5, S. 256 - 263.

Büchtemann, Christoph F. 1985: Soziale Sicherung bei Arbeitslosigkeit und Sozialhilfebedürftigkeit, in: Mitteilungen aus der Arbeitsmarkt- und Berufsforschung, Heft 4, S. 450 - 466.

Cremer-Schäfer, Helga 1981: Arbeitslosigkeit, Einkommensverlust und Armut, Sfb 3-Arbeitspapier Nr. 54, Frankfurt-Mannheim.

Glatzer, Wolfgang 1984: Determinanten subjektiven Wohlbefindens, in: Glatzer, Wolfgang, Wolfgang Zapf (Hrsg.): Lebensqualität in der Bundesrepublik, Frankfurt-New York, S. 307 - 322.

Hauser, Richard, Helga Cremer-Schäfer, Udo Nouverné 1981: Armut, Niedrigeinkommen und Unterversorgung in der Bundesrepublik Deutschland, Frankfurt-New York.

Hauser, Richard, Hans Jürgen Stubig 1985: Strukturen der personellen Verteilung von Nettoeinkommen und Wohlfahrtspositionen, in: Hauser, Richard, Bernhard Engel (Hrsg.): Soziale Sicherung und Einkommensverteilung, Frankfurt-New York, S. 41 - 98.

Klein, Ch. Thomas 1985: Umfang und Strukturen der Armut unter dem Einfluß von Zweitverdiensten, Sfb 3-Arbeitspapier Nr. 170, Frankfurt-Mannheim.

Noll, Heinz-Herbert 1982: Beschäftigungschancen und Arbeitsbedingungen, Frankfurt-New York.

Noll, Heinz-Herbert 1984: Erwerbstätigkeit und Qualität des Arbeitslebens, in: Glatzer, Wolfgang, Wolfgang Zapf (Hrsg.): Lebensqualität in der Bundesrepublik, Frankfurt-New York, S. 97 - 123.

Das Arbeitsangebot verheirateter Frauen in der Bundesrepublik Deutschland - Eine mikroökonometrische Analyse unter Berücksichtigung des 'selectivity bias'

Joachim Merz

> Es gibt Kalender und Uhren, um sie zu messen, aber das will wenig besagen, denn jeder weiß, daß einem eine einzige Stunde wie eine Ewigkeit vorkommen kann, mitunter kann sie aber auch wie ein Augenblick vergehen - je nachdem, was man in dieser Stunde erlebt.
>
> Aus Momo: Ende 1973, S. 57.

1 Einführung

Das individuelle Arbeitsangebot hat für viele Bereiche der Wirtschafts- und Sozialpolitik in den letzten Jahren ein besonderes Interesse erfahren. So spielt beispielsweise in der neueren Diskussion um 'incentives' und 'disincentives' staatlicher Maßnahmen der Einfluß von Steuern und Transfers auf den Problembereich Arbeitsmarkt und damit auch auf das Arbeitsangebot eine besondere Rolle. Im Rahmen neuer Formen der Versorgungsstrategien privater Haushalte, die formelle und informelle Markt- und Haushaltsaktivitäten einbeziehen, ist die individuelle Entscheidung, Arbeit auf dem Markt anzubieten oder den nichtmarktmäßigen Aktivitäten im Haushalt und im Freizeitbereich mehr Raum zu geben, von zentraler Bedeutung.

In dieser Studie wird die Erwerbsbeteiligung, der Lohnsatz und die angebotene Arbeitszeit verheirateter Frauen in der Bundesrepublik Deutschland analysiert. Die Konzentration auf das Arbeitsangebot von Frauen hier und in anderen Studien (Smith 1980; Killingsworth, Heckman 1986) wird damit begründet, daß sich ein Strukturwandel auf dem Arbeitsmarkt abzeichnet mit seit den letzten zehn bis fünfzehn Jahren verstärkter Erwerbsbeteiligung von Frauen. Ziel ist es, mit aktuellen Mikrodaten Determinanten des Arbeitsangebots unter Berücksichtigung von Transfers und Steuern, der Berufserfahrung und anderen Variablen sowie der Erwerbstätigkeit anderer Haushaltsmitglieder mit neueren mikroökonometrischen Verfahren zu quantifizieren. Als Datenbasis dient das Sozio-ökonomische Panel, das eine Vielzahl sozio-ökonomischer Merkmale von Personen im Haushaltsverbund umfaßt.

Vor allem in den USA gibt es eine umfangreiche Literatur (einen Überblick geben Killingsworth 1983; Ashenfelter, Layard 1986), die sich theoretisch und empirisch mit der mikroökonomischen Bestimmung der zwei wesentlichen Komponenten: Lohnsatz und Arbeitsangebot befassen. Dagegen sind neuere empirische Arbeiten für die Bundesrepublik kaum zu finden. Neuere Arbeiten alleine zur Lohnsatzbestimmung und damit zum Arbeitseinkommen finden sich bei Helberger (1986) und Dworschak (1986), zur Mobilität bei Knepel, Hujer (1985). Arbeitsangebotseffekte einer Arbeitszeitverkürzung haben Galler und Wagner (1983) untersucht; zur mikroanalytischen Arbeitszeiterklärung vgl. auch Wagner (1979). Hübler (1983) untersucht das Arbeitsangebotsverhalten von niedersächsischen Frauen für die Jahre 1970 und 1978; Frauenerwerbstätigkeit im Familienzyklus ist Gegenstand der Arbeit von Müller (1981). Für die Analyse sowohl des Arbeitsangebots als auch des Lohnsatzes sind Franz und Kawasaki (1981) und Franz (1981) zu nennen, die neuere ökonometrische Ansätze zur Schätzung des Arbeitsangebots verheirateter Frauen auf der Basis der Mikrozensusdaten 1976 von Baden-Württemberg heranziehen (vgl. auch Franz 1985) (1).

Die hier vorgelegte Studie zur endogenen Bestimmung sowohl des Lohnsatzes als auch der angebotenen Arbeitszeit - auf der Basis eines zweistufigen selektionskorrigierten PROBIT/COLS und des TOBIT-Ansatzes - verwendet mit Daten aus dem Jahr 1984 aktuelle und für die Bundesrepublik repräsentative Mikrodaten. Sie ist wie folgt organisiert: Im zweiten Abschnitt wird das Arbeitsangebotsmodell und seine theoretische Begründung diskutiert. Dabei wird auf die Erweiterungen des mikroökonomischen nutzenmaximierenden Grundmodells um Steuern und Transfers, das Arbeitsangebot von Personen im Haushaltsverbund sowie auf individuell unterschiedliche Präferenzen eingegangen. Die in Abschnitt 3 verwendete flexible lineare Spezifikation verzichtet aber auf die Annahme einer bestimmten Nutzenfunktion. Bei der Spezifikation des Arbeitsangebotsmodells wird der 'selectivity bias' erläutert und dessen Korrektur mit Hilfe eines PROBIT-Ansatzes (für die Partizipationswahrscheinlichkeit) und eines selektionskorrigierten OLS-Schätzers (COLS) sowie mit dem TOBIT-Ansatz modelliert. Der vierte Abschnitt präsentiert die empirischen Ergebnisse des Arbeitsangebots verheirateter Frauen.

2   Das Arbeitsangebotsmodell und seine theoretische Begründung

2.1   Das mikroökonomische Grundmodell

Im statischen Arbeitsangebotsmodell erzielt ein Individuum einen bestimmten Nutzen, wenn es Konsumgüter (C) und Freizeitstunden (L) 'konsumiert'. In einer Periode sind insgesamt T Zeiteinheiten (z.B. Stunden) auf

---

(1)   Mit dem Arbeitsangebot im deutschsprachigen Raum befassen sich in jüngster Zeit in der Schweiz Leu u.a. (1985), Mordasini (1985), Schelbert-Syfrig (1986) und in Österreich eine Gruppe um Buchegger und Zweimüller (1985).

H Arbeitsstunden und L Freizeitstunden aufzuteilen. In dem Bestreben seinen Nutzen zu maximieren, entgeht dem Einzelnen Markteinkommen, wenn er sich der Freizeit widmet (W, der Marktlohnsatz, ist zugleich der 'Preis' für eine Freizeitstunde). Zum anderen kann er für Konsumausgaben (PC, P ist der Preis für eine Konsumeinheit) insgesamt nur das ausgeben, was durch das Arbeitseinkommen (WH) und sein Nichterwerbseinkommen (V) zur Verfügung steht. Damit sucht ein Individuum seinen Nutzen u = u(C,L) unter der Budgetbeschränkung PC = W(T-L) + V und der Zeitrestriktion T = H + L zu maximieren.

Die optimale Kombination von Arbeitsangebot und Konsum ist durch die Gleichheit der Grenzrate der Substitution M und dem Reallohn W/P gegeben:

$$(1) \qquad M = \frac{\partial u/\partial L}{\partial u/\partial C} = \frac{W}{P}$$

Die Lösung der Optimumbedingung (1) führt dann (mit H=T-L) bekanntlich zu den gesuchten, nutzenmaximierenden Bestimmungsgleichungen

$$(2) \qquad \begin{aligned} C &= C(W,P,V) \\ H &= H(W,P,V) \end{aligned}$$

mit dem optimalen Arbeitsangebot (H) als Funktion des Lohnsatzes (W), des Preises (P) des zusammengefaßten Konsums (Hick's 'composite commodity') sowie des Nichterwerbseinkommens (V) (2).

Ein Punkt auf der geknickten Budgetlinie (mit Knick an H=0 (L=T) im C,L-Diagramm) ist für die weitere Analyse von besonderer Bedeutung: der Eckpunkt, an dem das Individuum indifferent zwischen Arbeit und Nichtarbeit ist (H=0). Der reale Lohnsatz, der der Grenzrate der Substitution einer Indifferenzkurve an diesem Punkt (H=0, C=V/P) entspricht, ist der sogenannte Mindestlohnsatz oder Anspruchslohn M* ('reservation wage', Schattenpreise der Freizeit), der über ein positives Arbeitsangebot entscheidet. So lange der Marktlohnsatz W kleiner als der gewünschte Anspruchslohn M* ist, wird keine Arbeit angeboten. Ist der Marktlohnsatz aber größer als der Mindestlohnsatz, ab dem das Individuum bereit ist zu arbeiten (W > M*), dann erfolgt ein positives, nutzenerhöhendes Arbeitsangebot. Damit wird zugleich simultan nicht nur über die angebotenen Arbeitsstunden, sondern auch über die Erwerbsbeteiligung überhaupt entschieden.

---

(2)   Zur allgemeinen Ableitung und Diskussion des statischen Arbeitsangebotsmodells vgl. bspw. Abbott, Ashenfelter 1976, S. 389 ff., Ehrenberg, Smith 1982 oder Killingsworth 1983.

2.2 Steuern, Transfers und Arbeitsangebot

In der neueren wirtschafts- und sozialpolitischen Diskussion um 'incentives' und 'disincentives' staatlicher Maßnahmen spielt der Einfluß von Steuern und Transfers auf den Arbeitsmarkt und damit auch auf das Arbeitsangebot eine besondere Rolle (Danziger u.a. 1981; Feldstein 1983). Steuern und Transfers verändern die Ressourcen und somit direkt das für Konsumausgaben vorhandene individuelle Budget. Betrachten wir zunächst die Steuern, so vermindern sie das Gesamteinkommen $(V+WH)$ um $S(V,WH)$, wobei die Steuern eine Funktion des Erwerbs- (WH) und des Nichterwerbseinkommens V sind. Die Budgetrestriktion ist dann $V + WH - S(V,WH) = PC$.

Ausgehend vom Bruttolohn W^b steht somit dem Individuum für seine Ausgaben nur der um seinen marginalen Steuersatz $t=\partial S/\partial(W^bH)$ verminderte Nettolohnsatz $W = (1-t)W^b$ und in ähnlicher Weise das Nichterwerbseinkommen nach Steuern $V = V-(S-tW^bH)$ (z.B. bei Berücksichtigung von Vermögenssteuern) zur Verfügung.

In neueren Arbeiten (Burtless, Hausman 1978; Hausman 1985; Wales, Woodland 1979; Blomquist 1983) wird die Budgetrestriktion durch stückweise lineare Segmente unterschiedlicher Steigungen aufgrund unterschiedlicher von der Höhe des Einkommens (WH) abhängiger progressiver Grenzsteuersätze formuliert. Das optimale Arbeitsangebot wird dann dem Grundansatz folgend über die Nutzen/Budgetkombinationen der verschiedenen Segmente gefunden.

Im Gegensatz zu Steuern erhöhen Transfers (B) das individuelle Budget. Prinzipiell können dann Transfers wie Steuern im Modellansatz berücksichtigt werden, allerdings mit entgegengesetztem Vorzeichen (negative Steuern). Erhöht wird das Nichterwerbseinkommen V um den jeweiligen Transferbetrag B auf $V = V+B$. Neben unabhängig vom Einkommen gezahlten Transfers lassen sich auch einkommensabhängige Einkommenstransfers in das Grundmodell einbauen, die dann den meisten 'negative income tax'-Ansätzen (NIT) zugrundeliegen (Rees 1974).

2.3 Das Arbeitsangebot von Personen im Haushaltszusammenhang

In den bisherigen Ausführungen wurde das nutzenmaximierende Arbeitsangebot für ein Individuum formuliert und zwar unabhängig davon, ob es alleine oder mit anderen Personen gemeinsam in einem Haushalt lebt. Nun spricht vieles dafür, daß das Arbeitsangebot der einzelnen Personen im Haushalts-/Familienverbund auch vom Verhalten und insbesondere Erwerbsverhalten der anderen Personen im Haushalt abhängt (3). In der Lite-

---

(3)   Ein deutlicher, signifikanter Einfluß der unterschiedlichen Erwerbstätigkeit von Frauen und Männern auf das Konsumverhalten priva-

ratur werden hierzu drei Modellansätze diskutiert: das 'Einkommensabhängigkeits'-Modell, das 'Familiennutzen-Familienbudget'-Modell und das 'Individualnutzen-Familienbudget'-Modell (Killingsworth 1983, S. 29-38).

Im 'Einkommensabhängigkeits'-Modell betrachtet die Ehefrau bei ihrer Arbeitsangebotsentscheidung das Erwerbseinkommen des Mannes als Vermögenseinkommen. Dagegen entscheidet der Ehemann über sein Arbeitsangebot ausschließlich auf der Basis seines eigenen Marktlohnsatzes und des effektiven Vermögenseinkommens des Haushalts. Dieses Modell unterscheidet sich damit von dem mikroökonomischen Grundmodell nur in der Behandlung des Arbeitsangebots der Ehefrau, deren Arbeitsangebot vom Erwerbseinkommen des Ehemannes insofern abhängt, als dadurch das Vermögenseinkommen des Haushalts erhöht wird (Barth 1967).

Im 'Familiennutzen-Familienbudget'-Modell wird der gesamte Familiennutzen in Abhängigkeit vom gesamten Konsum und der Freizeit aller Familienmitglieder maximiert. Die Familie legt also alle Einkommen zusammen und entscheidet als Einheit über das jeweilige Arbeitsangebot (Ashenfelter, Heckman 1974). Im 'Individualnutzen-Familienbudget'-Modell schließlich steht der individuelle Nutzen, allerdings im Familienkontext, im Vordergrund. Jedes Familienmitglied maximiert seinen eigenen Nutzen in Abhängigkeit des gesamten Familienkonsums und der eigenen Freizeit (Ashworth, Ulph 1981).

Wir werden in unserer empirischen Analyse das 'Einkommensabhängigkeits'-Modell zugrundelegen, da damit der Einfluß des Erwerbsverhaltens des Ehemannes explizit getestet werden kann.

2.4 Das empirische Arbeitsangebot mit individuell unterschiedlichen Präferenzen

Im beschriebenen erweiterten mikroökonomischen Grundmodell wird von einem repräsentativen Individuum ausgegangen. Unterschiedliche Personen werden im allgemeinen allerdings unterschiedliche Arbeitspräferenzen haben, auch wenn sie gleiches Nichterwerbseinkommen und einen gleichen Marktlohnsatz haben. In neueren Studien werden u.a. unterschiedliche Nutzenvorstellungen einerseits über individuell beobachtbare sozioökonomische Variablen (Pollak, Wales 1981; Merz 1980, 1983a), andererseits über nicht beobachtbare Variablen als Fehlerterm berücksichtigt. Sie gehen als Präferenzfaktoren über die Gleichungen der Grenzrate der Substitution (M) und des Anspruchslohns (M*) in die Arbeitsangebotsfunktion ein.

---

ter Haushalte ist z.B. von Merz (1983a,b) nachgewiesen worden. Zum unterschiedlichen Arbeitsangebot von Frauen und Männern im Haushaltsverbund vgl. Blundell, Walker 1982.

Zusammenfassend läßt sich das erweiterte mikroökonomische Modell durch den folgenden Block von Bestimmungsgleichungen darstellen (4):

(3a) $W_i = W(X_i, \varepsilon_{wi})$ Marktlohn

(3b) $M_i = M(W_i H_i + V_i, \ 1 - H_i, \ Z_i, \ \varepsilon_{Mi})$ Grenzrate der Substitution

(3c) $M_i^* = M(V_i, \ 1, \ Z_i, \ \varepsilon_{Mi})$ Anspruchslohn

(3d) $W(X_i, \varepsilon_{wi}) = M \ (W(X_i, \ \varepsilon_{wi}) \ H_i + V_i, \ 1 - H_i, \ Z_i, \ \varepsilon_{Mi})$ Optimumbedingung

aus der - falls $W_i > M_i^*$ - ein positives Arbeitsangebot

(3e) $H_i = H_i(W_i, \ V_i, \ Z_i, \ \varepsilon_{wi}, \ \varepsilon_{Mi})$

folgt.

Der für ein Individuum i relevante Marktlohnsatz W_i ist bei den Erwerbstätigen der beobachtbare Lohnsatz. Bei den Nichterwerbstätigen ist dies ein Lohnsatz, den das Individuum erhalten könnte. Der Marktlohnsatz hängt von Arbeitsmarktbedingungen sowie von individuellen Merkmalen wie Alter, Geschlecht und individuellen Fähigkeiten wie Schul- und Berufsausbildung, Berufserfahrung (Humankapitalgrößen) (Mincer 1974; Blinder 1976) ab, die in dem Vektor X_i zusammengefaßt sind. Die unbeobachtete Größe ε_{wi} steht für nicht erfaßte Größen, wie Motivation, angeborene Fähigkeiten etc., die als Zufallsterm bei der Schätzung berücksichtigt werden. Die Grenzrate der Substitution M_i ist eine Funktion des Erwerbs- ($W_i H_i$) und des Nichterwerbseinkommens (V_i), des Arbeitsangebots (H_i) (z.B. als angebotene Arbeitsstunden hier anteilig mit H+L=T=1) sowie von Z_i, einem Vektor beobachteter Variablen ('taste variables'), der die präferenzabhängigen Faktoren umfaßt. ε_{Mi} ist eine Zufallsgröße unbeobachteter Präferenzfaktoren. Der individuelle Mindestlohnsatz oder Anspruchslohn M_i^*, der Wert der Grenzrate der Substitution bei H=0, ist, wie die Spezifikation der Substitutionsrate, abhängig vom Nichterwerbseinkommen und den Präferenzfaktoren. Ein Individuum wird dann arbeiten, wenn der für das Individuum in Frage kommende Marktlohnsatz den Anspruchslohn übersteigt ($W_i > M_i^*$). Schließlich werden die angebotenen Arbeitsstunden ($H_i > 0$) im Falle einer Erwerbstätigkeit aus der Optimumbedingung (3d) bestimmt. Das Arbeitsangebot ist somit eine Funktion (3e) des Lohnsatzes, des Nichterwerbseinkommens, der Präferenzfaktoren des Individuums und der unbeobachteten Zufallsvariablen.

---

(4)   Zur ausführlichen Diskussion vgl. Killingsworth 1981, 1983 oder Heckman, MaCurdy 1981.

Die diskutierten Erweiterungen des Grundmodells bezüglich der Steuern und Transfers und des Familienzusammenhangs sind wie folgt Bestandteil des Ansatzes (3): Steuern können implizit und linearisiert über W_i als Nettolohnsatz eingehen; sie können explizit berücksichtigt werden über $W_i = (1-\tau) W^b_i$ falls W^b_i ein Bruttolohnsatz ist. Transfers verändern entsprechend das Nichterwerbseinkommen V. Die mögliche Abhängigkeit des Arbeitsangebots von Aktivitäten anderer Familienmitglieder wird das vorhandene Nichterwerbseinkommen modifizieren.

3 Spezifikation des Arbeitsangebotsmodells, methodische Probleme und Schätzverfahren

3.1 Zur Spezifikation des mikroökonomischen Arbeitsangebotsmodells

Für die empirische Analyse ist nun eine bestimmte Funktionsform zu wählen (Blundell, Meghir 1986). Prinzipiell gibt es drei Ansätze, die Arbeitsangebotsfunktion vor dem Hintergrund der klassischen Nutzenmaximierungstheorie zu spezifizieren.

Der eine Ansatz beginnt mit einer direkten Nutzenfunktion spezifischer Form (z.B. Stone-Geary, CES-Nutzenfunktion). Aus der Optimumbedingung (2 bzw. 3) der restringierten Nutzenmaximierung folgen als Lösung explizite Nachfrage- und Arbeitsangebotsfunktionen.

Im zweiten Ansatz wird von einer spezifischen indirekten Nutzenfunktion $u^* = \partial u[C(W,P,V), \partial L(W,P,V)]$ ausgegangen, in der der maximierte Nutzen unter der Budgetrestriktion (2) ausgedrückt wird als Funktion des Lohnsatzes (W), des Preises des zusammengefaßten Konsumgutes (P) und des Nichterwerbseinkommens (V). Während im ersten Ansatz Konsum und Freizeit bzw. Arbeitsangebot direkt den Nutzen beeinflussen, gehen diese Größen hier nur indirekt über die sie bestimmenden Variablen (W, P und V) ein. Über den dualen Ansatz (Diewert 1974) und die Identität von Roy wird dann die nutzenmaximierende Arbeitsangebotsfunktion aus $H = (\partial u^*/\partial W)/(\partial u^*/\partial V)$ abgeleitet.

Der dritte generelle Ansatz schließlich verwendet für das optimale gewünschte Arbeitsangebot H (und analog für C) approximative Funktionen als flexiblen Ansatz. Es wird hier oft der lineare Ansatz (Lau u.a. 1978) als (Taylor-) Approximation einer 'wahren' Funktion in der Umgebung des Optimums herangezogen. Wir werden den linearen Ansatz im Rahmen des ökonomischen Grundmodells in unserer empirischen Analyse verwenden, da er neben der Flexibilität als Approximation allgemeinerer Funktionen, auch für die ökonometrische Schätzung Vorteile erbringt.

3.2 'Selectivity bias' und seine Korrektur

Nach dem mikroökonomischen Arbeitsangebotsmodell hängt das Arbeitsangebot u.a. vom individuell gültigen Marktlohnsatz W_i ab. Diese Abhängigkeit gelte für alle Individuen, sowohl für die Erwerbstätigen ($H_i>0$) als auch für die Nichterwerbstätigen ($H_i=0$). Eines der schätztechnischen Probleme von Arbeitsangebotsmodellen war seit den siebziger Jahren die korrekte, unverzerrte Schätzung des Lohnsatzes/Arbeitsangebotes bei Berücksichtigung der typischerweise nicht beobachteten Lohnsätze/Arbeitsstunden der Nichterwerbstätigen. Die Korrektur dieses 'selectivity bias' oder 'sample selection'-Problems ist dann wesentlicher Bestandteil der neueren Arbeitsangebotsmodelle, den Modellen der sogenannten 'zweiten Generation' (Gronau 1974; Heckman 1974, 1976, 1980; Wales, Woodland 1980, Killingsworth 1983).

Das 'selectivity'-Problem tritt immer dann auf, wenn aus einer Grundgesamtheit bestimmte Informationen ausgewählt werden und die Auswahl mit dem Untersuchungsgegenstand eng verbunden ist; der ausgewählte Datensatz ist dann keine Zufallsstichprobe mehr. Für das vorliegende Problem ist das Auswahlkriterium 'Arbeitsangebot $H_i>0$' in der Tat sehr eng mit dem Untersuchungsgegenstand verbunden.

Verallgemeinert hat das Schätzproblem folgende Charakteristika: eine Variable hat eine untere (obere) Grenze, die für eine bestimmte Gruppe gegeben ist (hier ist die untere Grenze $W_i=0$ bzw. $W_i-M_j^* = 0$, $H_i=0$ für die Gruppe der Nichterwerbstätigen). Für die verbleibende, ausgewählte Gruppe nimmt die Variable einen weiten Bereich möglicher Werte an (hier $W_i>0$ bzw. $W_i-M_i^*>0$, und $H_i>0$ für die Gruppe der Erwerbstätigen).

Dieses Problem einer beschränkt abhängigen Variablen ist die Basis des TOBIT-Ansatzes (Tobin 1958; Amemiya 1973):

(4) $y_i = X_i\beta + \varepsilon_i$ wenn RS > 0, d.h. $\varepsilon_i > -X_i\beta$

 0 wenn RS ≤ 0, d.h. $\varepsilon_i \le -X_i\beta$,

mit y_i als der beschränkt abhängigen Variablen, ß als zu schätzendem Parametervektor, X_i als Vektor der Regressoren und ε_i als unabhängigem normalverteiltem Fehlerterm mit $N(0,\sigma^2)$ (5).

---

(5) 'Qualitative response models' dieser Art werden z.B. im Transportbereich (Domencich, McFadden 1975) für Ausgaben dauerhafter Konsumgüter (Merz 1983b) und in neueren Arbeitsangebotsstudien eingesetzt. Einen Überblick geben z.B. Judge u.a. 1985; Maddala 1983; Amemiya 1981.

Auf der Grundlage aller Beobachtungen (hier sowohl Erwerbstätige als auch Nichterwerbstätige) sind nun ß und σ^2 bei beschränkter, gestutzter Verteilung des Fehlerterms ε_i zu schätzen. Umformuliert lautet der stochastische Ansatz bei gegebenen positiven Werten von y: $y_i = X_i\beta + \varepsilon_i^* \mid y_i > 0$. Der zugehörige Erwartungswert (Amemiya 1973) ist dann

(5) $E[y_i \mid y_i > 0] = E[X_i\beta] + E[\varepsilon_i^*]$

$$= X_i\beta + \sigma^2 f_i / F_i$$

wobei $f_i = f(X_i\beta, \sigma^2)$ und F_i die Dichte- und Verteilungsfunktion einer zufälligen Variablen mit $N(X_i\beta, \sigma^2)$ und f_i/F_i die Inverse des in der Statistik bekannten Mills-Quotienten ist.

Strebt nun F_i, die Wahrscheinlichkeit in der Stichprobe zu sein, gegen 1, so wird der gestutzte (abgeschnittene) Teil der Normalverteilung immer kleiner und f_i/F_i strebt gegen Null. Dies heißt nichts anderes, als daß im Grenzfall alle Beobachtungen y_i positiv sind und hier die ganze Stichprobe aus Erwerbstätigen mit $H_i > 0$ besteht. Der Erwartungswert wäre dann in der Tat $E[y_i] = E[X_i\beta + \varepsilon_i] = X_i\beta$, mit ε_i als unbeschränkter Zufallsvariablen mit einem Erwartungswert $E(\varepsilon_i)$ von Null.

Der zweite Term von (5) $\sigma^2 f_i/F_i = \sigma \lambda_i$ mit $\lambda_i = \phi_i/\Phi_i$ (ϕ_i und Φ_i sind die entsprechenden standardnormalverteilten Funktionen) ist somit ein Ausdruck für den sogenannten 'sample selection bias'. Er gibt das Ausmaß der Verzerrung an, wenn eine OLS-Schätzung alleine aufgrund der positiven Werte (nur Erwerbstätige) zur Schätzung herangezogen wird.

Damit ergeben sich für eine ökonometrische Schätzung unmittelbar zwei Ansätze, den 'sample selection bias' oder 'selectivity bias' zu korrigieren, um zu einer unverzerrten Schätzung zu gelangen:

1.   Eine Schätzung über den TOBIT-Ansatz oder
2.   eine OLS-Schätzung mit Korrektur des 'selectivity bias' (COLS-Ansatz) entsprechend (5).

Die TOBIT Likelihood-Funktion, die explizit die Information der Gesamtstichprobe (Erwerbstätige E und Nichterwerbstätige NE) berücksichtigt, ist

(6) $L(\beta, \sigma^2) = \prod_{i \varepsilon E} f(\varepsilon_i) \prod_{i \varepsilon NE} (1 - F_i)$

mit $f(\varepsilon_i = Y_i - X_i\beta)$ als Dichtefunktion einer normalverteilten Zufallsvariablen an der Stelle $X_i\beta$. F_i repräsentiert zugleich die entsprechende Eintrittswahrscheinlichkeit eines Ereignisses, hier die Wahrscheinlichkeit zu arbeiten (Partizipationswahrscheinlichkeit). Die Parameter ß und σ^2 können als Maximum Likelihood (ML) Schätzwerte über die Maximierung der TOBIT

Likelihood-Funktion (oder ihres Logarithmus) als Nullstellen der ersten partiellen Ableitungen bestimmt werden.

Der zweite Ansatz, der auf Heckman (1974) zurückgeht, korrigiert den 'selectivity bias' über ein einfaches zweistufiges Verfahren. Würde man in einem Ansatz wie (5) den Ausdruck $\lambda_i = \phi_i/\Phi_i$ kennen, so könnte er als zusätzliche erklärende Variable in eine OLS-Schätzung, z.B. des Lohnsatzes, auf der Basis der Gruppe der Erwerbstätigen aufgenommen werden. Die Verzerrung, die entsteht, wenn nur die positiven Lohnsätze der Erwerbstätigen berücksichtigt werden, wäre dann korrigiert.

Dafür schätzt man zunächst die Wahrscheinlichkeit, daß ein Individuum i zur ausgewählten Gruppe (hier der Erwerbstätigen) gehört. Dies kann über einen LOGIT- oder PROBIT-Ansatz erfolgen. Beide Ansätze berücksichtigen über eine (logistische oder Normalverteilungs-) Transformation T, daß die zu erklärende Wahrscheinlichkeit tatsächlich im Intervall (0,1) liegt (Maddala 1983). Ausgehend vom zu schätzenden Ansatz $T^{-1}[p(Y_i)] = Y_i\alpha + u_i$, mit $p(Y_i)$ (6) als zu schätzende Partizipationswahrscheinlichkeit bei gegebenen erklärenden Variablen Y_i, zu schätzendem Parametervektor α und normalverteiltem Fehlerterm u_i mit $N(0,\sigma^2_u)$, ergibt sich als PROBIT-Likelihood-Funktion

(7) $\qquad L(\alpha,\sigma^2_u) = \prod_{i\varepsilon E} F_i \prod_{i\varepsilon NE} (1-F_i)$

wobei $F_i = F(Y_i\alpha/\sigma_u)$ die Verteilungsfunktion an der Stelle $Y_i\alpha/\sigma_u$ ist. Die Maximum-Likelihood-Schätzung liefert den Parametervektor α/σ_u.

Zusammengefaßt wird der 'selectivity bias' wie folgt zweistufig korrigiert:

1a)	Schätzung der Wahrscheinlichkeit der ausgewählten Gruppe (Erwerbstätige) mit den Auswahlvariablen Y_i anhand des PROBIT-Verfahrens und allen Beobachtungen (Erwerbstätige und Nichterwerbstätige).

1b)	Mit den geschätzten Parametern α/σ_u aus Schritt (1a) wird für jede Person der Auswahlgruppe (Erwerbstätige) der Term $\lambda_i=\phi_i(Y_i\alpha/\sigma_u)/\Phi_i(Y_i\alpha/\sigma_u)$ berechnet.

---

(6)	Im LOGIT-Ansatz wird die Partizipationswahrscheinlichkeit p(Y) aus der logistischen Verteilung $F(Y_i\alpha) = \exp(Y_i\alpha)/[1 + \exp(Y_i\alpha)]$ und im PROBIT-Ansatz aus der Normalverteilung

$F(Y_i\alpha) = (2\pi)^{-1} \displaystyle\int_{-\infty}^{Y_i\alpha/\sigma_u} [\exp(-t^2/2)]\, dt$

geschätzt.

2) Die Variable λ_i wird dann als zusätzliche erklärende Variable in die zu schätzende Gleichung der Auswahlgruppe (Erwerbstätige) aufgenommen. Die um diese Variable erweiterte Gleichung (z.B. Lohnsatz- oder Arbeitszeitgleichung) kann dann mit OLS geschätzt werden (COLS) und liefert unverzerrte Werte.

Die mit COLS geschätzten Parameter sind konsistent. Sie sind allerdings nicht effizient, da die Verwendung von geschätzten Lambdas Heteroskedastizität erzeugt (Wales, Woodland 1980; Nelson 1984).

3.3 Mikroökonometrische Formulierung des Arbeitsangebotsmodells

Vor dem Hintergrund der theoretischen Begründung des Modells mit seinen Erweiterungen bezüglich der Berücksichtigung von Steuern und Transfers, des Erwerbsverhaltens im Haushalts-(Familien-)verbund sowie individuell unterschiedlicher Präferenzen (Block 3), setzt sich dann das dreistufige Arbeitsangebotsmodell wie folgt zusammen:

1) Einer PROBIT-Gleichung für die Partizipationswahrscheinlichkeit erwerbstätig zu sein mit Lohnsatz $W_i > M_i^*$;

2) der Marktlohnsatzgleichung W_i, die selektionskorrigiert über OLS (COLS) geschätzt wird, sowie

3) dem Arbeitsangebot (in Stunden) H_i als selektionskorrigierte Schätzung unter Berücksichtigung des geschätzten Marktlohnsatzes W_i der Stufe 2.

Mit linearer Spezifikation der relevanten Bestimmungsgleichungen aus (3) ergibt sich damit:

Stufe 1: Partizipation ($W_i > M_i^*$, $H_i > 0$)

(8) $T^{-1} [p(Y_i)] = Y_i \alpha + u_i$
        mit
        T = Normalverteilungtransformation
                        (PROBIT-Ansatz) entsprechend (7)
        $p(Y_i)$ = Partizipationswahrscheinlichkeit
        Y_i = Vektor der exogenen Variablen
        α = zu schätzender Parametervektor
        u_i = normalverteilter Fehlerterm mit $N(0, \sigma^2)$
        $i \varepsilon E, NE$ = Beobachtungen über alle Personen der Stichprobe,
                        Erwerbstätige (E) und Nichterwerbstätige (NE).

Stufe 2: Marktlohnsatz

(9) $\ln W_i = X_{wi}\beta_w + \delta_w \lambda_i + \varepsilon_{wi}$

mit

W_i	=	Marktlohnsatz (Netto)
X_{wi}	=	Vektor der exogenen Variablen
β_w, δ_w	=	zu schätzende Parameter
ε_{wi}	=	normalverteilter Fehlerterm mit $N(0, \sigma^2_\varepsilon)$
λ_i	=	Selektionskorrekturvariable
	=	$\phi(Y\alpha/\sigma_u)/\Phi(Y\alpha/\sigma_u)$
$i\varepsilon E$	=	Beobachtungen nur über die Erwerbstätigen (E).

Stufe 3: Arbeitsangebot in Stunden

(10) $H_i = (W_i)a + V_i b + Z_i c + \delta_H \lambda_i + \varepsilon_{Hi}$

mit

H_i	=	Arbeitsangebot
W_i	=	'imputed wage', geschätzter Marktlohnsatz als Instrument aus Stufe 2
V_i	=	Vektor der Nichterwerbseinkommen bestehend aus Transferzahlungen und Nichterwerbseinkommen inclusive Arbeitseinkommen des Mannes
Z_i	=	Vektor exogener Variablen, Präferenzvariablen
λ_i	=	Selektionskorrekturvariable
a, b, c, δ_H	=	zu schätzende Parameter
ε_{Hi}	=	normalverteilter Fehlerterm mit $N(0, \sigma^2_\varepsilon)$
$i\varepsilon E$	=	Beobachtungen nur über die Erwerbstätigen (E).

Mit getrennter Erklärung von Partizipation und Arbeitsangebot (Lohnsatzbestimmungen) wird u.a. der Möglichkeit Rechnung getragen, daß das Arbeitsangebot von einem bestimmten von Null verschiedenen Sockellohnsatz an erfolgt (Berücksichtigung von 'fixed costs').

Alternativ zum dreistufigen Modell wird das Arbeitsangebot mit einem TOBIT-Ansatz geschätzt, wobei der 'selectivity bias' durch den TOBIT-Ansatz direkt korrigiert wird:

Stufe 3: Arbeitsangebot in Stunden

(11) $H_i = \begin{cases} (W_i)a^* + V_i b^* + Z_i c^* + \varepsilon_{Hi}, & \text{wenn } \varepsilon_{Hi} > -(W_i a^* + V_i b^* + Z_i c^*) \\ 0 & \text{sonst,} \end{cases}$

mit a^*, b^* und c^* als die zu schätzenden Koeffizienten.

Damit können alle Informationen der Stichprobe zur Schätzung verwendet werden und gemeinsam ausschlaggebende Einflußfaktoren sowohl für die Partizipation als auch für das Arbeitsangebot (in Abhängigkeit des Lohnsatzes als 'imputed wage') gefunden werden. Darüber hinaus gibt eine Gegenüberstellung zu den getrennten Erklärungen der Partizipation und des Arbeitsangebots Hinweise auf nichtlineare Verläufe der vom Marktlohnsatz abhängigen Arbeitsangebotsfunktion $H(W,.)$.

In dem zweistufigen Modell (PROBIT/COLS) unterschätzt die 'Standard'-COLS Kovarianzmatrix die Varianz der Regressionskoeffizienten. Dies führt gegenüber den wahren Werten zu einer Überschätzung der t-Werte, der Signifikanz der Parameter (Heckman 1980). Die korrekte asymptotische Varianz-Kovarianzmatrix ergibt sich nach LEE u.a. (1980) wie folgt:

Verallgemeinert lautet der obige simultane Ansatz (reduzierte Form):

(12) $I_i = Y_i \alpha - u_i$

$y_{ji} = X_{ji} \beta_j^* + v_{ji} = X_{ji} \beta_j - \sigma_{ju} \lambda_i + \mu_{ji}$ \qquad falls $I_i > 0$

mit $j=1,2$ für die Lohnsatz- bzw. Arbeitsangebotsgleichung sowie $E(\mu_{ji}) = 0$, $\sigma_{ju} = \mathrm{cov}(v_{ji}, u)$, X_{ji} der Vektor der K_j erklärenden Variablen, α und β_j den zu schätzenden Parametern sowie $\lambda_i = \phi_i / \Phi_i$ an der Stelle $(Y_i \alpha / \sigma_u)$, den geschätzten Korrekturvariablen der PROBIT-Indikatorfunktion I; $i=1,...,N$ Beobachtungen.

Für die Lohnsatzbestimmung $W(.)$ ist $X_{1i}\beta = X_{wi}\beta_w$ mit dem $(1 \times K_w)$ Vektor X_{wi} der lohnerklärenden Variablen und β_w dem geschätzten $(K_w \times 1)$-Parametervektor. Für das Arbeitsangebot $H(.)$ ist $X_{2j}\beta = X_{Hi}\beta_H$ mit dem $(1 \times K_H)$-Vektor $X_{Hi} = [X_{wi} : X_i]$ der Arbeitsangebotsvariablen, die über die Lohnsatzvariablen X_{wi} ('imputed wage') hinaus weitere Variablen X_i enthält; β_H ist der zu schätzende $(K_H \times 1)$-Parametervektor.

Für das zweistufige Modell (8) mit I als PROBIT-geschätzter Indikatorfunktion ist nach Lee u.a. (1980) die korrekte asymptotische Varianz-Kovarianzmatrix (zur Vereinfachung ohne Kennzeichnung der geschätzten Parameter)

(13) $\mathrm{var} \begin{bmatrix} \beta_j \\ \sigma_{ju} \end{bmatrix} = \sigma_j^2 (W'W)^{-1} - \sigma^2_{ju}(W'W)^{-1}W'(A - AY_1(Y'\Lambda Y)^{-1} Y'_1 A) W(W'W)^{-1}$

wobei $\sigma_j^2 = \mathrm{var}(v_j) = N_1^{-1}[\Sigma v_{ji}^2 + \sigma_{ju}^2 \Sigma a_i]$, $a_i = Y_i \alpha \lambda_i + \lambda_i^2$, $W = [X_j : \lambda]$, $[\beta_j : \sigma_{ju}]' = (W'W)^{-1}W'y_j$, Y_1 die $(N_1 * L)$-Matrix der erklärenden Variablen aus der PROBIT-Gleichung mit $I_i > 0$, $\Lambda = \mathrm{diag}[\phi^2_i / (\Phi_i(1 - \Phi_i))]$ eine $(N \times N)$ Dia-

138

gonalmatrix und A = diag. [a$_i$] eine (N$_1$xN$_1$) Diagonalmatrix ist; N$_1$ sind die Beobachtungen mit I$_i$>= 0 (i=1,...,N) (7).

4 Ergebnisse

Die empirische Analyse des Arbeitsangebots verheirateter Frauen in der Bundesrepublik basiert auf repräsentativen Mikrodaten des Sozio-ökonomischen Panels für das Jahr 1984. Dieser reichhaltige aktuelle Mikrodatensatz ist für die Analyse des Arbeitsangebots besonders geeignet, da er neben einer Vielzahl persönlicher, sozio-ökonomischer Daten personen- und haushaltsbezogene Transfers und Einkommen aus Vermögen enthält. Zudem gibt es detaillierte Informationen über die bisherige Berufsbiographie in Vollzeit- und Teilzeitberufserfahrung. Daten somit, die in dieser Form erstmals für die Bundesrepublik in eine Analyse des Arbeitsangebots einbezogen werden können.

Der Analyse liegen 3932 für die Bundesrepublik Deutschland repräsentative Datensätze verheirateter Frauen zugrunde: dies sind 64% aller befragten Frauen (n = 6237). Eine Deskription der Daten, alle gegliedert nach verheirateten sowie (außer Haus) arbeitenden verheirateten Frauen, findet sich in Anhang A.

Wie im theoretischen Teil begründet, besteht das mikroökonometrische Arbeitsangebotsmodell aus einem System von drei Gleichungen, und zwar zur Bestimmung: 1. der Partizipationswahrscheinlichkeit, 2. des endogenen Marktlohnsatzes und 3. der angebotenen Arbeitsstunden. Die Partizipationsschätzung liefert die 'selectivity bias'-Korrekturvariable Lambda, die den Marktlohn für alle verheirateten Frauen sowie das positive Arbeitsangebot auf der Basis der nur arbeitenden Frauen unverzerrt schätzen läßt (PROBIT/COLS-Ansatz). Nach der Diskussion der Determinanten dieser Gleichungen wird auf die Ergebnisse des TOBIT-Ansatzes eingegangen, der gleichzeitig die Partizipationswahrscheinlichkeit als auch die angebotenen Arbeitsstunden unverzerrt schätzt.

4.1 Erwerbsbeteiligung

Die erste Spalte der Tabelle 1 enthält die ML-geschätzten Koeffizienten der Indexfunktion für die Partizipationswahrscheinlichkeit (PROBIT-Ansatz),

---

(7)   Die Berechnungen hierzu sind Bestandteil des TOBIT/COLS Programmpakets des Autors. Die strukturellen Koeffizienten ergeben sich nach Lee u.a. (1980, S. 496-7). Falls für einen zweistufigen Ansatz der Indikatorfunktion ein TOBIT-Ansatz zugrundeliegt und daraus Lambda entsprechend bestimmt wird, ist die asymptotische Kovarianzmatrix aus Lee u.a. (1980, S. 502) zu berücksichtigen.

Tabelle 1: Ergebnisse der Schätzung von Partizipations-, Marktlohnsatz- und Arbeitsangebotsgleichung verheirateter Frauen in der Bundesrepublik Deutschland

	Partizipation PROBIT	Lohnsatz PROBIT/COLS	Arbeitsangebot PROBIT/COLS	Partizipation, Std. TOBIT	Stand. Koeff.(7)
PERSÖNLICHE MERKMALE					
Alter	-0.090 (0.72)	-0.025 (0.54)	-4.205 (3.49)**	-4.495 (2.61)**	-3.107
Alter^2*10^{-2}	0.137 (0.45)	-0.451 (0.40)	8.840 (3.02)**	8.580 (2.03)*	5.556
Alter^3*10^{-4}	-0.081 (0.34)	0.233 (0.26)	-6.564 (2.87)**	-5.917 (1.78)*	-2.956
Berufliche Erfahrung					
Vollzeitbeschäftigte Jahre	0.018 (1.35)	0.013 (2.85)**	0.496 (4.05)**	0.529 (2.97)**	0.250
Unterbrechungen	-0.006 (0.08)	0.025 (0.91)	-1.346 (1.93)*	-0.791 (0.74)	-0.022
max. Unterbrechung	-0.010 (0.90)	0.000 (0.01)	0.546 (5.21)**	0.367 (2.39)**	0.072
Teilzeitbeschäftigte Jahre	0.008 (0.52)	0.007 (1.31)	-1.067 (7.54)**	-0.207 (2.12)*	-0.061
Unterbrechungen	0.008 (0.06)	-0.050 (0.89)	0.129 (0.09)	-0.338 (0.17)	-0.005
max. Unterbrechung	-0.007 (0.30)	0.007 (0.72)	-0.029 (0.12)	-0.072 (0.21)	-0.008
Dauer letzter Erwerbslosigkeit	-0.988 (2.12)*				
Aus- und Weiterbildung	0.749 (2.68)**	0.001 (0.01)	-2.224 (0.69)	14.071 (3.75)**	0.087
Schulabschluß					
Realschule	0.034 (0.29)	0.115 (2.88)**	-0.355 (0.35)	-0.097 (0.06)	-0.002
Fachhochschulreife	0.084 (0.25)	0.035 (0.31)	-0.151 (0.05)	0.148 (0.04)	0.001
Abitur	-0.050 (0.19)	0.423 (4.22)**	-4.182 (1.69)*	-4.971 (1.41)	-0.051
Berufsausbildungsabschluß					
Lehre	-0.268 (2.57)**	0.097 (2.50)**	-0.041 (0.04)	-2.991 (2.18)*	-0.072
Berufsfachschule	-0.163 (1.11)	0.152 (2.92)**	-1.086 (0.83)	-3.377 (1.76)*	-0.048
Fachhochschule	-0.371 (1.11)	0.264 (2.19)*	3.618 (1.21)	-0.850 (0.19)	-0.004
Universität	-0.407 (1.21)	0.318 (2.25)*	-0.240 (0.06)	-4.813 (1.02)	-0.036
Beamtenausbildung	-0.116 (0.21)	-0.151 (0.84)	-2.412 (0.54)	-4.640 (0.70)	-0.020
Gesundheitswesen	-0.363 (1.64)	0.184 (2.37)**	4.028 (2.05)*	1.404 (0.48)	0.011
Berufliche Stellung					
Arbeiterin	3.617 (17.28)**	0.688 (2.48)**	3.703 (0.40)	76.458 (25.96)**	1.528
Angestellte	3.822 (16.91)**	0.763 (2.71)**	5.563 (0.59)	78.982 (25.87)**	1.547
Beamtin	3.890 (10.85)**	1.144 (3.76)**	7.667 (0.76)	82.533 (17.01)**	0.523
Selbständige	3.129 (12.71)**	0.242 (0.90)	11.467 (1.34)	74.669 (21.73)**	0.734
Ausländerin	0.247 (2.23)*	0.093 (2.49)**	6.649 (6.74)**	8.048 (5.76)**	0.184

Fortsetzung Tabelle 1

	Partizipation PROBIT	Lohnsatz PROBIT/COLS	Arbeitsangebot PROBIT/COLS	Partizipation, TOBIT	Std.	Stand. Koeff.(7)
Gesundheit						
Behinderung(1)	0.058 (0.76)		0.837 (1.31)	1.449	(1.50)	0.051
chronische Beschwerden(2)	0.074 (0.67)		-0.119 (0.13)	0.017	(0.01)	0.000
amtlich schwerbehindert(3)	-0.051 (0.26)		1.411 (0.84)	1.606	(0.64)	0.020
Subjektive Zufriedenheit(4) mit						
Einkommen des Haushalts	-0.006 (0.34)		0.435 (2.95)**	0.406	(1.82) *	0.051
Tätigkeit im Haushalt	-0.003 (0.19)		-0.675 (4.36)**	-0.634	(2.73)**	-0.071
Monatliches Nichterwerbseinkommen						
aus Rente, Witwerente $*10^{-3}$	0.275 (0.42)		2.374 (0.38)	-0.319	(0.04)	-0.003
aus BAFÖG $*10^{-3}$	2.371 (1.15)		1.647 (1.31)	-0.803	(0.04)	-0.001
aus Unterstützung(5) $*10^{-3}$ Arbeitslosengeld/-hilfe	0.000 (1.44)		-0.001 (0.43)	0.001	(0.31)	0.008
MERKMALE DES EHEMANNES						
Berufliche Stellung						
Arbeiter	-0.615 (4.09)**		2.205 (1.53)	-4.453	(2.32)**	-0.113
Angestellter	-0.781 (4.66)**		1.198 (0.72)	-6.751	(3.12)**	-0.139
Beamter	-0.924 (4.38)**		0.267 (0.13)	-7.850	(2.90)**	-0.106
Selbständiger	-0.828 (4.53)**		9.348 (4.81)**	-0.781	(0.32)	-0.011
Nettoarbeitsverdienst im letzten Monat $*10^{-3}$	0.371 (9.72)**		-0.746 (1.57)	2.624	(6.06)**	0.187
HAUSHALTSMERKMALE						
Pflegebedürftige im Haushalt(3)	0.303 (1.01)		1.377 (0.53)	2.776	(0.74)	0.025
Kinder in Altersklassen						
0 bis 5 Jahre	-0.250 (2.84)**		-3.590 (4.28)**	-5.726	(4.97)**	-0.169
6 bis 9 Jahre	-0.085 (0.86)		-1.548 (1.90) *	-2.175	(1.77) *	-0.048
10 bis 15 Jahre	0.039 (0.58)		-1.366 (2.50)**	-1.461	(1.74) *	-0.048
16 und älter	-0.054 (1.02)		-0.139 (0.29)	-0.175	(0.25)	-0.007

Fortsetzung Tabelle 1

	Partizipation PROBIT	Lohnsatz PROBIT/COLS	Arbeitsangebot PROBIT/COLS	Partizipation, Std. TOBIT	Stand. Koeff.(7)
Gemeindegröße nach Boustedt					
bis u. 20.000 Einwohner	-0.078 (0.63)	-0.114 (2.72)**	0.405 (0.39)	-0.421 (0.27)	-0.009
100.000 und mehr Einwohner	-0.164 (1.47)	0.012 (0.34)**	-0.336 (0.36)	-1.915 (1.38)	-0.048
Monatliches Nichterwerbseinkommen: Transfers					
Wohngeld *10^{-3}	-0.036 (0.02)		2.917 (0.25)	5.779 (0.32)	0.009
Sozialhilfe(6) *10^{-3}	0.280 (0.32)		1.912 (1.37)	8.412 (0.67)	0.026
Jährliches Nichterwerbseinkommen: Vermögen					
Einnahmen aus Vermietung und Verpachtung *10^{-3}	-0.013 (1.40)		-0.258 (2.01) *	-0.258 (1.68) *	-0.073
Einnahmen aus Zinsen und Dividenden *10^{-3}	-0.029 (2.19)**		0.068 (0.38)	-0.278 (1.32)	-0.035
Konstante	-0.723 (0.44)	0.695 (1.07)**	89.865 (5.15)**	23.847 (1.07)	0.000
Lambda		0.068 (0.69)**	-6.206 (1.52)		
R^2(adj.)		0.21	0.36		

Anmerkungen: (1) subjektiv, 0 = überhaupt keine, 1 = ein wenig, 2 = erheblich; (2) subjektiv, 0 = nein, 1 = ja; (3) 0 = nein, 1 = ja; (4) Skala 0-10, 0 = ganz und gar unzufrieden, 10 = ganz und gar zufrieden; (5) von Personen, die nicht im Haushalt leben; (6) inkl. Hilfe für den lfd. Lebensunterhalt/Hilfe in besonderen Lebenslagen; (7) standardisierte Regressionskoeffizienten *10^{-3}.

Lohnsatz = ln (Marktlohnsatz)
Arbeitsangebot = wöchentliche Arbeitsstunden

t-Werte in Klammern (Basis: Korrekte asymptotische Varianz-Kovarianzmatrix)
Signifikanzniveau: *(95%), **(99%)

Quelle: Das Sozio-ökonomische Panel, Welle 1, 1984.

der Wahrscheinlichkeit einer Erwerbsbeteiligung (positives Arbeitsangebot) (8). Die erklärenden Variablen (Y) sind untergliedert in persönliche Merkmale der verheirateten Frau, in Merkmale des Ehemannes sowie in gemeinsame Merkmale des Haushalts (9).

Persönliche Merkmale: In den meisten humankapitaltheoretisch begründeten empirischen Analysen zur Lohnsatzbestimmung und in Analysen zur Bestimmung der Partizipationswahrscheinlichkeit wird die Berufserfahrung (Ausbildung durch den Beruf) als wichtige Determinante lediglich durch Größen wie 'Alter abzüglich Jahr des letzten Schulabschlusses' approximiert. Durch retrospektive Daten innerhalb der ersten Panelwelle (Biographieschema) ist es hier nun möglich, die Berufserfahrung mit ihren Unterbrechungen sowohl als vollzeit- als auch teilzeitbeschäftigte Jahre detailliert einzubeziehen. Untersucht wird jeweils neben den beschäftigten Jahren die Anzahl der Unterbrechungen, die maximale Unterbrechung sowie die Dauer der letzten Erwerbslosigkeit (Dauer der jetzigen Nichterwerbstätigkeit).

Die Analyse ergibt, daß die Anzahl der vollzeitbeschäftigten Jahre einen leicht signifikanten (Signifikanzniveau 94%) positiven Einfluß auf die Wahrscheinlichkeit einer Erwerbsbeteiligung hat. Im Gegensatz etwa zur angebotenen Arbeitszeit spielen Unterbrechungen in der Erwerbskarriere keine signifikante Rolle. Nicht signifikant ist eine frühere Teilzeitbeschäftigung. Mit erwartetem negativem Vorzeichen ist dagegen die Dauer der letzten Erwerbslosigkeit hoch signifikant: je länger die Phase der derzeitigen Nichterwerbstätigkeit ist, desto geringer ist die Wahrscheinlichkeit einer (erneuten) Erwerbsbeteiligung. Wird allerdings eine Aus- bzw. Weiterbildung zur Zeit betrieben, so erhöht sich signifikant die Partizipationswahrscheinlichkeit.

Gegenüber einem Volksschulabschluß ist ein höherer Schulabschluß für die Aufnahme einer Erwerbstätigkeit nicht von Bedeutung. Wie wir noch sehen werden, ist aber ein höherer Schulabschluß im Falle einer Erwerbstätigkeit ein bedeutender Faktor bei der Entlohnung.

Die Variablen des beruflichen Bildungsabschlusses beinhalten gegenüber anderen Studien auch eine Beamtenausbildung sowie eine Ausbildung in

---

(8)   Die Berechnungen erfolgten mit einem modifizierten PROBIT-Programm von F. Nelson, R. Rosett und B. H. Hall; die Grundversion wurde uns vom Sfb 5 freundlicherweise zur Verfügung gestellt.

(9)   Die Koeffizienten dieser Gleichung sind auf eine Referenzperson zu beziehen; hier auf eine verheiratete deutsche Frau mit Volksschulabschluß, ohne weitere berufliche Bildung und ohne gesundheitliche Beeinträchtigung, deren Mann nichterwerbstätig ist, die ohne Kinder ist, keine Person zur Pflege im Haushalt hat, keine Transfers erhält und in einer Stadt mittlerer Größe (20 000 bis 100 000 Einwohner) lebt.

Schulen des Gesundheitswesen, die beide gegenüber allen verheirateten Frauen überproportional von den arbeitenden Frauen abgeschlossen wurden (siehe Anhang A). Außer einer abgeschlossenen Lehre ist ein weiterer deutscher beruflicher Abschluß (10) für die Erwerbsbeteiligungsentscheidung - im Gegensatz zur Entlohnung und der angebotenen Arbeitszeit - nicht von signifikanter Bedeutung.

Die berufliche Stellung ist hoch signifikant und ist ein zentraler Variablenblock für die Erklärung der Wahrscheinlichkeit einer Erwerbsbeteiligung. Zwei Interpretationen können hier herangezogen werden: für die derzeit beschäftigten verheirateten Frauen, sei es als Arbeiterin, Angestellte, Beamtin oder Selbständige, ist die Wahrscheinlichkeit, weiter erwerbstätig zu sein, relativ groß. Für die derzeit nichterwerbstätigen Frauen ist eine angestrebte Beschäftigung mit der jeweiligen beruflichen Stellung und unterschiedlicher Beschäftigungsmöglichkeit ein wichtiger positiver Einflußfaktor auf die Aufnahme einer Erwerbsbeteiligung. Mit positiven Vorzeichen und hoch signifikant erhöht sich bei verheirateten Ausländerinnen gegenüber deutschen Ehefrauen die Erwerbsneigung, die Wahrscheinlichkeit erwerbstätig zu sein.

In verschiedenen Studien für die USA ist festgestellt worden, daß der Gesundheitszustand einen signifikanten negativen Einfluß auf die Erwerbsbeteiligung verheirateter Frauen hat (vgl. z.B. Hanoch 1980, S. 283; Schultz 1980, S. 50). In der vorliegenden Studie verringert der objektive Befund 'amtlich schwerbehindert' die Wahrscheinlichkeit, (außer Haus) zu arbeiten; allerdings ist der Koeffizient nicht signifikant. Zwar ist auch das subjektive gesundheitliche Befinden (gesundheitliche Behinderung, chronische Beschwerden) nicht signifikant, jedoch deutet der Vorzeichenwechsel darauf hin, daß für den gesundheitlichen Bereich subjektive und objektive Gründe einen unterschiedlichen Einfluß haben.

Es wird oft argumentiert, daß die Zufriedenheit/Unzufriedenheit mit dem häuslichen Bereich Auswirkungen auf eine Arbeit außer Haus habe. Wir konnten aus den Paneldaten subjektive Informationen zur Zufriedenheit in zwei Variablen berücksichtigen: Zufriedenheit mit dem Einkommen des Haushalts und Zufriedenheit mit der Tätigkeit im Haushalt. Die negativen Vorzeichen der entsprechenden Koeffizienten unterstützen die These, daß erhöhte Unzufriedenheit die Wahrscheinlichkeit erhöht (außer Haus) zu arbeiten. Während alleine für deutsche verheiratete Frauen die Unzufriedenheit mit den Tätigkeiten im Haushalt für eine Erwerbsbeteiligung noch hoch signifikant ist (Merz 1986, S. 35), ist dieser Einfluß hier - und damit vorwiegend bei Ausländerinnen - nicht mehr signifikant. Sowohl für ver-

---

(10) Wegen der schwierigen Vergleichbarkeit mit ausländischen Abschlüssen, ist sowohl bei der beruflichen als auch bei der schulischen Bildung für die ausländischen Frauen nur ein evtl. deutscher Abschluß berücksichtigt worden.

heiratete deutsche als auch ausländische Frauen ist festzuhalten, daß ökonomische Gründe (hier Einkommensunzufriedenheit) nicht ausschlaggebend für eine Erwerbsbeteiligung sind.

Persönliche Transfers als Rente/Witwenrente, Arbeitslosengeld/-hilfe oder als private Unterstützungszahlungen von Personen, die nicht im Haushalt leben, haben keinen signifikanten Einfluß auf eine Erwerbsbeteiligung verheirateter Frauen. Auf die Bedeutung von haushaltsbezogenen Transfers auf die Arbeitsangebotsentscheidung wird im Block 'Haushaltsmerkmale' zurückzukommen sein.

Merkmale des Ehemannes: Im 'Einkommensabhängigkeits'-Modell beeinflußt das Erwerbseinkommen des Ehemannes (als ein Teil des Vermögenseinkommens des Haushalts) das weibliche Arbeitsangebot. In der vorliegenden Studie wird der Einfluß des Vermögenseinkommens in drei Variablen unterteilt analysiert: explizit durch den Nettoarbeitsverdienst des Ehemannes im letzten Monat, den jährlichen Vermögenseinnahmen aus Vermietung und Verpachtung sowie den Einnahmen aus Zinsen und Dividenden. Betrachten wir hier zunächst den (lfd.) Nettoarbeitsverdienst des Ehemannes und darüber hinaus den Einfluß seiner beruflichen Stellung auf die Partizipationswahrscheinlichkeit der Ehefrau.

Gegenüber der Referenzperson verringert in unterschiedlicher Weise die berufliche Tätigkeit des Ehemannes als Arbeiter, Angestellter, Beamter oder Selbständiger (alle hoch signifikant) die Wahrscheinlichkeit zu arbeiten (schichtspezifischer Effekt). Während hier das theoretisch erwartete negative Vorzeichen empirisch unterstützt wird, widerspricht das positive Vorzeichen des hochsignifikanten Einkommenseinflusses des Ehemannes der theoretischen Annahme, daß ein höheres Einkommen über den Einkommenseffekt ein niedrigeres Arbeitsangebot bzw. eine geringere Erwerbsneigung zur Folge hat, solange Freizeit kein inferiores Gut ist. Dieses Ergebnis deutet darauf hin, daß andere Gründe als eine ökonomische Notwendigkeit bedeutend bzw. bedeutender geworden sind, wenngleich auch die Erwerbsbeteiligung der Frau von der beruflichen Situation und dem Einkommen des Ehemannes abhängt (11). Wie bei der Analyse des positiven Arbeitsangebots noch ersichtlich wird, ist allerdings dann das zeitliche Engagement, die Anzahl der angebotenen Arbeitsstunden, negativ mit dem Einkommen des Ehemannes korreliert.

Haushaltsmerkmale: Pflegebedürftige im Haushalt, obwohl oft verbunden mit einer Betreuung durch die Frau, beeinflussen nicht signifikant die Er-

---

(11)   Bei Franz (1981) und Franz und Kawasaki (1981) ist in ihrer Analyse zum Arbeitsangebot verheirateter Frauen mit 1976er Daten aus Baden-Württemberg das Vorzeichen der Einkommensvariablen des Ehemannes (noch) negativ und die Statusvariable 'Selbständig' positiv.

werbsbeteiligung. Der Einfluß von Kindern ist dagegen erwartungsgemäß hoch signifikant: besonders Kinder bis zum schulpflichtigen Alter verringern die Wahrscheinlichkeit, außer Haus zu arbeiten.

Regionale Daten, die u.a. auch die Arbeitskräftenachfrage und damit die Erwerbsmöglichkeiten charakterisieren, können von besonderer Bedeutung sein. Es liegen allerdings bisher nur regionale Gemeindegrößenangaben für die untersuchten Haushalte vor. Die Analyse zeigt hier, wenn auch nicht signifikant, daß gegenüber Gemeinden mittlerer Größe sowohl kleinere als auch größere Gemeinden die Wahrscheinlichkeit verringern, erwerbstätig zu sein. Dieser Effekt ist hauptsächlich verheirateten Ausländerinnen zuzuschreiben, da eine Analyse alleine verheirateter deutscher Frauen eine gemeindegrößenspezifische Erhöhung der Partizipation am Arbeitsmarkt andeutet (Merz 1986, S. 37).

Neben dem Einfluß persönlicher Transfers konnte der Einfluß haushaltsabhängiger Transfers untersucht werden. Sowohl Wohngeld, als auch die Sozialhilfe/Hilfe für den lfd. Lebensunterhalt/Hilfe in besonderen Lebenslagen sind nicht signifikant. Dieses Ergebnis entschärft die Diskussion um 'disincentives' von Transferzahlungen des Staates auf die Erwerbsbeteiligungsentscheidung: als nichtsignifikante Effekte verweisen sie deutlich auf andere Erklärungsmuster, wie auf die diskutierten Variablen bzw. auf weitere, die Arbeitsmarktsituation kennzeichnenden Variablen.

Ein Nichterwerbseinkommen aus Vermögen schließlich, hier das jährliche Vermögenseinkommen des Haushalts - einmal aus Vermietung und Verpachtung und zum anderen aus Zinsen und Dividenden - verringert die Wahrscheinlichkeit einer Erwerbsbeteiligung. Allerdings sind nur Vermögenseinkommen aus Zinsen und Dividenden signifikant. Für die Höhe der angebotenen Arbeitszeit werden Vermögenseinkommen aus Vermietung und Verpachtung zum signifikanten Einflußfaktor.

4.2   Marktlohnsatz

Dem theoretischen Ansatz folgend wird der Marktlohnsatz als Funktion von Arbeitsmarktbedingungen sowie von individuellen Merkmalen wie Alter, Geschlecht, individuellen Fähigkeiten wie Schul- und Berufsausbildung und Berufserfahrung (Humankapitalgrößen) spezifiziert. Neben einer detaillierten Berücksichtigung der beruflichen Erfahrung mit Unterbrechungen in Voll- und Teilzeitbeschäftigung werden wir darüber hinaus den diskutierten Einfluß des Ausländerstatus und einer gesundheitlichen Beeinträchtigung untersuchen.

Außer ihrer eigenständigen Bedeutung zur Erklärung der Erwerbsbeteiligungsentscheidung wird die Partizipationswahrscheinlichkeit zur Bestimmung von Lambda (Inverse der Mill's ratio) verwendet. In Stufe 2 geht diese Variable in die Marktlohnsatz- und in die Arbeitsangebotsgleichung zur Korrektur des 'selectivity bias' ein (PROBIT/COLS-Ansatz). Tabelle 1 enthält in der zweiten Spalte die geschätzten Koeffizienten sowie zur Signifikanzanalyse die korrekten t-Werte.

Den humankapitaltheoretischen Ansätzen mit nichtlinearer Erklärung des Lohnsatzes folgend (Mincer 1974), wurde der Marktlohnsatz in logarithmierter Form geschätzt. Ein signifikanter nichtlinearer Einfluß sowohl einer Vollzeit- als auch Teilzeitberufserfahrung auf die Höhe des Marktlohnsatzes wird deutlich: mit wachsender Berufserfahrung werden weitere Jahre der Erwerbstätigkeit weniger bedeutend. Die Anzahl und die maximale Dauer der Unterbrechungen, sowohl was Vollzeit- als auch Teilzeitbeschäftigungen betrifft, beeinflußt die Entlohung nicht signifikant.

Ein Realschulabschluß, und mehr noch ein Abitur, erhöhen den Lohnsatz signifikant gegenüber der Referenzperson, einer Frau mit Volksschulabschluß und beruflicher Stellung als Arbeiterin. Bis auf eine Beamtenausbildung erhöht eine weitere berufliche Bildung ebenfalls signifikant den Lohnsatz. Dies gilt ebenso für eine abgeschlossene Ausbildung im Gesundheitswesen, die in dieser Studie erstmals explizit als mögliche Determinante des Lohnsatzes aufgenommen werden konnte. Mit einem Stundenlohnsatz von netto 8,50 DM verdienen zwar Ausländerinnen im Durchschnitt weniger als deutsche Ehefrauen (9,60 DM), bezüglich der Referenzgruppe erzielen ausländische verheiratete Frauen aber einen höheren Stundenlohnsatz als deutsche.

Der gesundheitliche Befund 'amtlich schwerbehindert' verringert zwar den Stundenlohnsatz, der entsprechende Koeffizient ist aber nicht signifikant. Ist es somit für Schwerbehinderte möglich, einen Arbeitsplatz zu erhalten, so scheinen sozialpolitische Maßnahmen (wie bspw. 'Schwerbehinderte werden bei gleicher Qualifikation bevorzugt eingestellt') eine Diskriminierung in der Entlohung zu verhindern.

Was die regionalen Bedingungen betrifft, so hat die Bevölkerungsdichte einen deutlichen Effekt auf den Marktlohnsatz: eine Arbeit in einer kleineren Gemeinde (unter 20 000 Einwohner) ist gegenüber einer mittleren Gemeindegröße mit einem geringeren Marktlohnsatz verbunden. Mit positiven Vorzeichen führen Gemeinden mit über 100 000 Einwohnern tendenziell zu einem höheren Lohnsatz; allerdings ist dieser Unterschied zu Gemeinden mittlerer Größe nicht mehr signifikant.

Nicht signifikant ist die Korrekturvariable des 'selectivity bias' für den Lohnsatz. Franz und Kawasaki (1981) haben hier, allerdings mit Mikrozensusdaten aus Baden-Württemberg, eine signifikante Selektionsverzerrung festgestellt.

4.3 Arbeitsangebot

Das Arbeitsangebot wird auf der Basis des theoretischen Modells in Stufe 3 als Funktion des Lohnsatzes, des Nichterwerbseinkommens sowie der Präferenzfaktoren spezifiziert. Um den jeweiligen Einfluß der Lohnsatzdeterminanten auch für das Arbeitsangebot quantifizieren zu können, wird nicht der errechnete Lohnsatz ('imputed wage') in einer einzigen Größe berücksichtigt, sondern es werden die ihn bestimmenden Variablen explizit einbezogen.

Für die Schätzung des Arbeitsangebots allein auf der Basis der arbeitenden Frauen sind die Variablen herauszunehmen, die nur für die nicht erwerbstätigen Frauen vorhanden sind. Hier, wie auch bei der Schätzung des Marktlohnsatzes, ist dies die Variable 'Dauer der letzten Erwerbslosigkeit', eine Variable, die vor allem die Erwerbsbeteiligung überhaupt beeinflußt. Ohne auf die einzelnen Variablen einzugehen, seien hier nur die wichtigsten Einflußfaktoren diskutiert (Spalte 3 der Tabelle 1).

Als signifikante Bestimmungsfaktoren der wöchentlichen Arbeitzeit (12) führt im Bereich der persönlichen Merkmale zunehmendes Alter (nichtlinear) zu einer Verringerung der Arbeitszeit. Eine mögliche Multikollinearität zwischen dem Alter und der Berufserfahrung wird durch Unterbrechungen in der beruflichen Karriere abgeschwächt. Eine längere Vollzeit-Berufserfahrung führt mit nichtlinearem Verlauf insgesamt zu einem leicht höheren Arbeitsangebot, während eine längere Teilzeitberufserfahrung zunächst zu einer Verringerung und erst später wieder zu einem erhöhten Arbeitsangebot führt.

Unterbrechungen in der Vollzeit-Berufserfahrung verringern die angebotene Arbeitszeit; je länger allerdings die bisher maximale Unterbrechung war, desto höher ist die Anzahl der angebotenen wöchentlichen Arbeitsstunden. Unterbrechungen in der Teilzeit-Berufserfahrung haben dagegen keinen Einfluß auf die aktuelle Arbeitszeit. Diese Ergebnisse zeigen, daß die detaillierte berufliche Erfahrung mit ihren Unterbrechungen wichtig ist für die Analyse des Arbeitsangebots verheirateter Frauen.

Verheiratete Ausländerinnen arbeiten deutlich länger als deutsche Ehefrauen. Der berufliche Bildungsabschluß einer Schule des Gesundheitswesens ist hervorzuheben. Der letztgenannte hochsignifikante positive Einfluß auf die Höhe des Arbeitsangebots weist daraufhin, daß über die traditionellen Berufsbildungsabschlüsse hinaus hier andere Bildungsabschlüsse von Bedeutung sind. Hochsignifikant ist der Einfluß subjektiver Variablen: eine vermehrte Unzufriedenheit mit den Haushaltstätigkeiten führt zu einem signi-

---

(12) Stunden pro Woche einschließlich Überstunden im Durchschnitt (evtl. Krankheit oder Urlaub wie normale Arbeitszeit berücksichtigt).

fikant höheren Arbeitsangebot (13); zugleich ist die Zufriedenheit mit dem Einkommen positiv mit dem Arbeitsangebot korreliert.

Ein höheres Einkommen des Ehemannes reduziert, allerdings nur schwach signifikant, das Arbeitsangebot. Von besonderer Bedeutung ist die unterschiedliche berufliche Stellung des Ehemannes: mit positivem Vorzeichen erhöht insbesondere die 'Selbständigkeit' des Ehemannes die angebotene Arbeitszeit hoch signifikant; ein Ergebnis, das z.B. von Franz (1981) auch für Baden-Württemberg ermittelt wurde. Damit sind eher schichtspezifische Effekte für ein Arbeitsangebot verheirateter Frauen in der Bundesrepublik ausschlaggebend als die ökonomische Notwendigkeit, etwas dazu zu verdienen.

Kinder, besonders jüngeren Alters, reduzieren signifikant die gewünschte angebotene Arbeitszeit. Sowohl persönliche als auch haushaltsbezogene Transfers haben keinen signifikanten Einfluß auf das Arbeitsangebot. Einnahmen aus Vermietung und Verpachtung reduzieren erwartungsgemäß das Arbeitsangebot. Im Gegensatz zur Marktlohnbestimmung hat die Gemeindegröße keinen signifikanten Einfluß auf die angebotene Arbeitszeit.

4.4 Partizipation und Arbeitsangebot

Die geschätzten Koeffizienten des TOBIT-Ansatzes bestimmen sowohl die Partizipationswahrscheinlichkeit als auch die tatsächliche Ausprägung der angebotenen wöchentlichen Arbeitsstunden. Damit werden gemeinsam ausschlaggebende Einflußfaktoren erkennbar. Zur Schätzung werden zudem die Informationen aller verheirateten Frauen einbezogen, also auch die der nichterwerbstätigen Frauen (H=0).

Von Bedeutung ist neben dem Alter die berufliche Erfahrung mit Unterbrechungen, eine derzeitige Aus- und Weiterbildung, die jetzige berufliche Stellung sowie der Ausländerstatus. Ein höherer beruflicher Bildungsabschluß ist nicht signifikant. Die Unzufriedenheit mit der häuslichen Tätigkeit ist ausschlaggebend sowohl für die Partizipation als auch für die angebotenen Arbeitsstunden.

Das positive Vorzeichen des Einkommens-Koeffizienten des Ehemannes setzt sich bestimmend durch. Die unterschiedliche berufliche Stellung ('Schichtzugehörigkeit') des Ehemannes ist ausschlaggebender Erklärungsfaktor. Besonders jüngere Kinder verringern die Arbeitsangebotsaktivitäten. Nur ein Vermögenseinkommen aus Vermietung und Verpachtung ist bedeutend.

---

(13)   Allerdings ist hier eine umgekehrte Kausalität durchaus vorstellbar.

Der Einfluß von staatlichen und privaten Transfers ist auch hier nicht signifikant. Damit wird deutlich, daß für die Bundesrepublik der 'disincentive'-Einfluß von Transfers insgesamt auf das Arbeitsangebot verheirateter Frauen nur eine untergeordnete Rolle spielt.

Gemessen am individuellen Erklärungbeitrag (standardisierte Regressionskoeffizienten, letzte Spalte der Tabelle 1) belegen die Variablen Alter, Vollzeitberufserfahrung, Einkommen des Ehemannes, Ausländerstatus und jüngere Kinder die ersten sechs Plätze.

5   Abschließende Bemerkungen

Diese Studie zum Arbeitsangebot verheirateter Frauen hat den Einfluß einer Vielzahl persönlicher sozioökonomischer Faktoren, Merkmale des Ehemannes und Haushaltsinformationen auf die Erwerbsbeteiligung, den endogenen Marktlohnsatz und auf die angebotenen Arbeitsstunden vor dem theoretischen Hintergrund des mikroökonomischen Modells unter Berücksichtigung des 'selectivity bias' quantifiziert. Das geschätzte mikroanalytische Modell ist, neben seiner eigenständigen Funktion als Erklärungsmodell, auch im Rahmen eines Mikrosimulationsmodells wie das des Sfb 3 (vgl. Galler, Wagner 1986) zur Politikanalyse (Orcutt u.a. 1986) verwendbar.

Die Ergebnisse zeigen insbesondere, daß neben der Berufserfahrung die Unzufriedenheit mit der Haushaltstätigkeit, die Kindererziehung und andere persönliche und familiäre Faktoren für das Arbeitsangebot verheirateter Frauen zusammengenommen wichtiger sind, als eine ökonomische Notwendigkeit, etwas (dazu)zuverdienen. Neben einer Fülle weiterer Ergebnisse, die erstmals für die Bundesrepublik hiermit vorliegen, wird u.a. deutlich, daß 'disincentive'-Wirkungen staatlicher und privater Transfers zwar das Arbeitsangebot verringern, aber keinen signifikanten Einfluß haben.

Mit den Daten weiterer Panelwellen, wird es möglich werden, den statischen Ansatz zu dynamisieren. Ein erster Schritt wäre die Verwendung von Übergangsratenmodellen für den Eintritt in die Erwerbstätigkeit; die entsprechende Partizipationswahrscheinlichkeit mußte hier noch aus Querschnittdaten gewonnen werden. Wichtig ist gerade auch für die tatsächliche Aufnahme einer Erwerbstätigkeit die Erweiterung um regionale Arbeitsmarktvariablen, die auch die Arbeitsnachfrage umfassen.

Literaturverzeichnis

Abott, M., Orley Ashenfelter 1976: Labour Supply, Commodity Demand and the Allocation of Time, in: Review of Economic Studies 43, S. 389-411.

Amemiya, Takeshi 1973: Regression Analysis when the Dependent Variable is Truncated Normal, in: Econometrica 41, S. 997-1017.

Amemiya, Takeshi 1981: Qualitative Response Models: A Survey, in: Journal of Economic Literature 19, S. 1483-1536.

Ashenfelter, Orley, James J. Heckman 1974: The Estimation of Income and Substitution Effects in a Model of Family Labor Supply, in: Econometrica 42, S. 73-85.

Ashenfelter, Orley, Richard Layard (Hrsg.) 1986: Handbook of Labor Economics, Amsterdam.

Ashworth, J. S., D. T. Ulph 1981: Household Models, in: Brown, C. V. (Hrsg.): Taxation and Labour Supply, London, S. 117-133.

Barth, P. S. 1967: A Cross-Sectional Analysis of Labor Force Participation Rates in Michigan, in: Industrial Labor Relations Review 20, S. 234-249.

Blinder, Alan S. 1976: On Dogmatism in Human Capital Theory, in: Journal of Human Resources 11, S. 8-22.

Blomquist, Søren N. 1983: The Effect of Income Taxation on the Labor Supply of Married Men in Sweden, in: Journal of Public Economics 2, S. 169-197.

Blundell, Richard W., C. Meghir 1986: Selection Criteria for a Microeconometric Model of Labour Supply, in: Journal of Applied Econometrics 1, S. 55-80.

Blundell, Richard W., Ian Walker 1982: Modelling the Joint Determination of Household Labour Supplies and Commodity Demands, in: Economic Journal 92, S. 351-364.

Buchegger, R., J. Zweimüller 1985: Neuere Entwicklungen in der Theorie und Empirie des Arbeitsangebotes, Arbeitspapier Nr. 8511, Universität Linz, Linz.

Burtless, Gary, Jerry A. Hausman 1978: The Effect of Taxation on Labor Supply: Evaluating the Gary Negative Income Tax Experiment, in: Journal of Political Economy 86, S. 1103-1130.

Danziger, Sheldon, Robert H. Haveman, R. Plotnick 1981: How Income Transfers Affect Work, Savings and Income Distribution, in: Journal of Economic Literature 19, S. 975-1028.

151

Domencich, T., Daniel McFadden 1975: Urban Travel Demand, A Behavioral Analysis, Amsterdam.

Dworschak, Franz 1986: Struktur von Arbeitseinkommen, Idstein.

Ehrenberg, Ronald G., Robert S. Smith 1982: Modern Labor Economics, Glenview.

Ende, Michael 1973: Momo, Stuttgart.

Feldstein, Martin S. (Hrsg.) 1983: Behavioral Simulation Methods in Tax Policy Analysis, Chicago-London.

Franz, Wolfgang 1981: Schätzung regionaler Arbeitsangebotsfunktionen mit Hilfe der TOBIT-Methode und des PROBIT-Verfahrens unter Berücksichtigung des sogenannten 'sample selection bias', in: Jahrbuch für Regionalwissenschaft 2, S. 88-108.

Franz, Wolfgang, S. Kawasaki 1981: Labor Supply of Married Women in the Federal Republic of Germany: Theory and Empirical Results from a New Estimation Procedure, in: Empirical Economics 6, S. 129-143.

Franz, Wolfgang 1985: An Economic Analysis of Female Work Participation, Education, and Fertility: Theory and Empirical Evidence for the Federal Republic of Germany, in: Journal of Labor Economics 3, S. 218-234.

Galler, Heinz P., Gert Wagner 1983: Arbeitszeitverkürzung und Arbeitsangebot, in: Wirtschaftsdienst 63, S. 329-336.

Galler, Heinz P., Gert Wagner 1986: The Microsimulation Model of the Sfb 3 for the Analysis of Economic and Social Policies, in: Orcutt, Guy, Joachim Merz, Hermann Quinke (Hrsg.): Microanalytic Simulation Models to Support Social and Financial Policy, Amsterdam, S. 227-247.

Gronau, Reuben 1974: Wage Comparisons - A Selectivity Bias, in: Journal of Political Economy 82, S. 1119-1143.

Hanoch, Giora 1980: Hours and Weeks in the Theory of Labor Supply, in: Smith 1980, S. 119-165.

Hausman, Jerry A. 1985: The Econometrics of Nonlinear Budget Sets, in: Econometrica 53, S. 1255-1282.

Heckman, James J. 1974: Shadow Prices, Market Wages and Labor Supply, in: Econometrica 42, S. 679-694.

Heckman, James J. 1976: The Common Structure of Statistical Models of Truncation, Sample Selection, and Limited Dependent Variables and a Simple Estimator for Such Models, in: Annals of Economic and Social Measurement 5, S. 475-492.

Heckman, James J. 1980: Sample Selection Bias as a Specification Error, in: Smith, James P. (Hrsg.): Female Labor Supply, Theory and Estimation, Princeton, S. 206-248.

Heckman, James J., Thomas E. MaCurdy 1981: New Methods for Estimating Labor Supply Functions, A Survey, in: Ehrenberg Ronald G. (Hrsg.): Research in Labor Economics, Vol.4, Greenwich, S. 65-102.

Helberger, Christof (Hrsg.) 1986: Erwerbstätigkeit und Entlohnung in der Bundesrepublik Deutschland, Frankfurt-New York.

Hübler, Olaf 1983: Ökonometrische Untersuchungen zum Arbeitsangebotsverhalten von Frauen, in: Mitteilungen aus der Arbeitsmarkt- und Berufsforschung (MittAB) 16, S. 301-311.

Judge, George G., William E. Griffiths, R. Carter Hill, Helmut Lütkepohl, Tsoung-Chao Lee 1985: The Theory and Practice of Econometrics, 2. Aufl., New York-Singapur.

Killingsworth, Mark R. 1981: A Survey of Labor Supply Models: Theoretical Analysis and First-Generation Empirical Results, in: Ehrenberg, Ronald G. (Hrsg.): Research in Labor Economics, Vol. 4, Greenwich, S. 1-64.

Killingsworth, Mark R. 1983: Labor Supply, Cambridge.

Killingsworth, Mark R., James J. Heckman 1986: Female Labor Supply: A Survey, in: Ashenfelter, Orley, Richard Layard (Hrsg.): Handbook of Labor Economics, Vol. 1, Amsterdam, S. 103-204.

Knepel, Helmut, Reinhard Hujer (Hrsg.) 1985: Mobilitätsprozesse auf dem Arbeitsmarkt, Frankfurt-New York.

Lau, Lawrence J., Wuu-Long Lin, Pan A. Yotopoulos 1978: The Linear Logarithmic Expenditure System: An Application to Consumption - Leasure Choice, in: Econometrica 46, S. 843-868.

Lee, Lung-Fei, G. S. Madalla, R. P. Trost 1980: Asymptotic Covariance Matrices of Two-Stage PROBIT and Two-Stage TOBIT Methods for Simultaneous Equations Models with Selectiity, in: Econometrica 48, S. 491-503.

Leu, R. E., P. Kugler, P. Pfirter, S. Rohrer, R. L. Frey 1985: Auswirkungen der Einkommenssteuern auf das Arbeitsangebot in der Schweiz, Arbeitsbericht, Basel.

Maddala, G. S. 1983: Limited - Dependent and Qualitative Variables in Econometrics, Cambridge.

Merz, Joachim 1980: Die Ausgaben privater Haushalte - Ein mikroökonometrisches Modell für die Bundesrepublik Deutschland, Frankfurt-New York.

Merz, Joachim 1983a: FELES: The Functionalized Extended Linear Expenditure System - Theory, Estimation and Application to Individual Household Consumption Expenditures Involving Socioeconomic and Sociodemographic Characteristics, in: European Economic Review 23, S. 359-394.

Merz, Joachim 1983b: Der Einfluß sozioökonomischer Größen auf die individuelle private Nachfrage nach dauerhaften Konsumgütern - Eine Anwendung der diskreten Entscheidungsmodelle LOGIT und TOBIT, in: Zeitschrift für Wirtschafts- und Sozialwissenschaften 3, S. 225-253.

Merz, Joachim 1986: Das Arbeitsangebot verheirateter Frauen - eine mikroökonometrische Analyse unter Berücksichtigung des 'selectivity bias' mit dem PROBIT/COLS und TOBIT-Ansatz, Sfb 3-Arbeitspapier Nr. 207, Frankfurt-Mannheim.

Merz, Joachim, Klaus Wolff 1986: Eigenarbeit und Erwerbsarbeit in Haupt- und Nebenerwerb - Ergebnisse der Sfb 3 Nebenerwerbstätigkeitsumfrage, Sfb 3-Arbeitspapier Nr. 191, Frankfurt-Mannheim.

Mincer, Jacob 1974: Schooling, Experience and Earnings, New York.

Mordasini, Bruno 1985: Das Erwerbsverhalten in der Schweiz - eine empirische Analyse, Basel.

Müller, Walter 1981: Familienzyklus und Frauenerwerbstätigkeit - Eine Analyse sozialen Wandels aus der Perspektive des Lebenslaufs, VASMA Arbeitspapier Nr. 21, Mannheim.

Nelson, Forrest D. 1984: A Test of Misspecification in the Censored Normal Model, in: Econometrica 49, S. 1317-1329.

Orcutt, Guy, Joachim Merz, Hermann Quinke (Hrsg.) 1986: Microanalytic Simulation Models to Support Social and Financial Policy, Amsterdam.

Pollak, Robert A., Terrence J. Wales 1981: Demographic Variables in Demand Analysis, in: Econometrica 48, S. 595-612.

Rees, Albert 1974: An Overview of the Labor-Supply Results, in: Journal of Human Resources 9, S. 158-180.

Schelbert-Syfrig, H. (Hrsg.) 1986: Mikroökonomik des Arbeitsmarktes, Bern-Stuttgart.

Schultz, T. Paul 1980: Estimating Labor Supply Functions for Married Women, in: Smith, James P. 1980, S. 25-89.

Smith, James P. (Hrsg.) 1980: Female Labor Supply: Theory and Estimation, Princeton.

Tobin, James 1958: Estimation of Relationships for Limited Dependent Variables, in: Econometrica 26, S. 24-36.

Wagner, Gert 1979: Mikroanalytische Arbeitszeiterklärung, Sfb 3-Arbeitspapier Nr. 8, Frankfurt-Mannheim.

Wales, Terrence J., A. D. Woodland 1979: Labour Supply and Progressive Taxes, in: Review of Economic Studies 46, S. 83-95.

Wales, Terrence J., A. D. Woodland 1980: Sample Selectivity and the Estimation of Labor Supply Functions, in: International Economic Review 21, S. 437-468.

ANHANG A: Verheiratete Frauen: Deskription der Daten

Alle Personen	12 246		Alle Frauen	6 108	100.0%
Alle Haushalte	5 921		verheiratete Frauen	3 932	64.3%

	Anzahl der verheirateten Frauen			Mittelwert		
	Alle	Erwerbs-tätige	%	Alle	Erwerbs-tätige	%
	(I)	(II)	(II)von(I)	(III)	(IV)	(IV)von(III)
PERSÖNLICHE MERKMALE						
Arbeitszeit (wöchentlich)	-	1 353	-	-	32.6	-
Lohnsatz (pro Stunde)	-	1 353	-	-	9.2	-
Alter	3 932	1 353	34.4	43.4	39.6	91.2
Berufliche Erfahrung						
Vollzeitbeschäftigte Jahre	3 188	1 246	39.1	11.8	13.4	113.2
Unterbrechungen	742	334	45.0	1.2	1.2	98.2
max. Unterbrechung	742	334	45.0	6.8	6.2	91.4
Teilzeitbeschäftigte Jahre	1 344	651	48.4	8.5	8.9	105.0
Unterbrechungen	222	100	45.1	1.3	1.2	96.4
max. Unterbrechung	222	100	45.1	7.1	5.9	81.9
Dauer l. Erwerbslosigkeit	1 588	-	-	14.6	-	-
Aus- und Weiterbildung	58	22	37.9	-	-	-
Schulabschluß						
Volksschule	2 108	610	28.9	-	-	-
Realschule	624	243	38.9	-	-	-
Fachhochschulreife	66	27	40.9	-	-	-
Abitur	165	65	39.4	-	-	-
Berufsausbildungsabschluß						
Lehre	1 305	447	34.3	-	-	-
Berufsfachschule	341	121	35.5	-	-	-
Fachhochschule	52	25	48.1	-	-	-
Universität	88	39	44.3	-	-	-
Beamtenausbildung	28	11	39.3	-	-	-
Gesundheitswesen	104	47	45.2	-	-	-
Berufliche Stellung						
Arbeiterin	732	627	85.7	-	-	-
Angestellte	695	580	83.5	-	-	-
Beamtin	61	48	78.7	-	-	-
Selbständige	150	91	60.7	-	-	-
Ausländerin	1 076	446	41.5	-	-	-
Gesundheit						
Behinderung(1)	1 490	461	30.9	1.3	1.2	94.4
chronische Beschwerden(2)	1 139	327	28.7	-	-	-
Amtlich schwerbehindert(3)	251	59	23.5	-	-	-

Fortsetzung ANHANG A:

	Anzahl der verheirateten Frauen			Mittelwert		
	Alle	Erwerbs-tätige	%	Alle	Erwerbs-tätige	%
	(I)	(II)	(II)von(I)	(III)	(IV)	(IV)von(III)
Subjektive Zufriedenheit(4)mit						
Einkommen des Haushalts	3 844	1 333	34.6	6.8	6.8	99.6
Tätigkeit im Haushalt	3 903	1 345	34.4	7.3	7.0	96.2
Monatliches Nichterwerbseinkommen						
aus Rente, Witwenrente	271	6	2.2	575.9	660.6	114.7
aus Unterstützung(5)	10	3	30.0	483.0	500.0	103.5
Arbeitslosengeld/-hilfe	128	42	32.8	698.8	640.4	91.6
MERKMALE DES EHEMANNES						
Berufliche Stellung						
Arbeiter	1 690	674	39.9	-	-	-
Angestellter	850	295	36.7	-	-	-
Beamter	296	105	35.4	-	-	-
Selbständiger	325	131	40.3	-	-	-
Nettoarbeitsverdienst im letzten Monat	2 841	1 164	40.8	2348.1	2265.5	96.4
HAUSHALTSMERKMALE						
Pflegebedürftige im Haushalt(3)	135	23	17.0	-	-	-
Kinder in Altersklassen						
0 bis 5 Jahre	840	222	26.4	1.2	1.1	91.6
6 bis 9 Jahre	648	223	34.4	1.1	1.1	100.7
10 bis 15 Jahre	1 053	389	36.9	1.3	1.2	99.6
16 und älter	1 314	486	37.0	1.5	1.4	94.7
Gemeindegröße nach Boustedt						
bis u. 20.000 Einwohner	1 039	352	33.9	-	-	-
100.000 und mehr Einwohner	2 226	783	35.1	-	-	-
Monatliches Nichterwerbseinkommen: Transfers						
Wohngeld	135	24	17.8	135.0	150.1	111.1
Sozialhilfe(6)	37	3	8.1	509.7	456.6	89.5
Jährliches Nichterwerbseinkommen: Vermögen						
Einahmen aus Vermietung und Verpachtung	234	74	31.6	11354.6	7894.2	69.5
Einnahmen aus Zinsen und Dividenden	797	259	32.5	1729.4	1440.5	83.3

Anmerkungen: (1) 0 = überhaupt keine, 1 = ein wenig, 2 = erheblich; (2) 0 = nein, 1 = ja; (3) 0 = nein, 1 = ja; (4) Skala 0-10, 0 = ganz und gar unzufrieden, 10 = ganz und gar zufrieden; (5) von Personen, die nicht im Haushalt leben; (6) inkl. Hilfe für den lfd. Lebensunterhalt/Hilfe in besonderen Lebenslagen.

Quelle: Das Sozio-ökonomische Panel, Welle 1, 1984.

DIMENSIONEN VON LEBENSLAGEN

Ausgewählte Aspekte zur wahrgenommenen Lebensqualität

Hans-Michael Mohr

1 Einführung

In dem vorliegenden Beitrag sollen für ausgewählte Aspekte Informationen über die wahrgenommene Lebensqualität der deutschen Bevölkerung präsentiert werden (1). Den Ausgangspunkt bilden dabei konzeptionelle Überlegungen zum Begriff der "wahrgenommenen Lebensqualität" im allgemeinen und zu Zufriedenheiten im besonderen. In Ergänzung dazu wird in einer kurzen Zusammenfassung über die aus der Literatur bekannten Determinanten von Lebenszufriedenheit informiert. Es folgt ein allgemeiner Überblick zu Indikatoren der wahrgenommenen Lebensqualität der Bundesbürger. Die Darstellung wird komplettiert durch einige Querverweise auf die Resultate anderer Studien. Das Kernstück dieses Beitrags bilden dann die Untersuchungen zu den Determinanten von Lebenszufriedenheit. Diese werden getrennt für die Gruppen "alte Menschen über 64", "nichterwerbstätige Hausfrauen" und "ganztags Erwerbstätige" vorgenommen, um populationsspezifische Zusammenhänge adäquater darstellen zu können.

2 Theoretische Grundlagen

Seit Mitte der 70er Jahre ist die "wahrgenommene Lebensqualität" ein Schlüsselbegriff der deutschen Sozialindikatorenforschung. Verstanden wird darunter die auf Angaben von Individuen beruhende Bewertung ihrer Lebensbedingungen. Dazu gehören Hoffnungen, Ängste, Erwartungen und Kompetenzen, insbesondere aber Einsamkeit, Glück und Zufriedenheit (Zapf 1984, S. 238). Als gemeinsame, die Zugehörigkeit definierende Merkmale gilt dabei in Anlehnung an Levy und Guttman (1975, S. 364): "Ein Item gehört dann und nur dann zu den Items der wahrgenommenen Lebensqualität, wenn es auf die kognitive (affektive, instrumentelle) Bewertung von Lebensbedingungen eines Individuums oder einer sozialen Gruppe abzielt, einen spezifischen Lebensbereich oder das Leben im allgemeinen betrifft und die Skala eindimensional und bipolar von 'ganz und gar

---

(1) Die Analysen beziehen sich auf die Stichprobe A der 1. Welle des Sozio-ökonomischen Panels. Zielgruppe der vorliegenden Untersuchung sind Bundesbürger ab 16 Jahren, die in Haushalten mit deutschem Haushaltsvorstand leben.

zufriedenstellend' bis 'ganz und gar unzufriedenstellend' konstruiert ist". Spezifische Lebensbereiche grenzen wir ein als "tangible" Lebensverhältnisse wie Einkommen, Wohnverhältnisse, Gesundheit, Familienbeziehungen usw.

Aus einer sozialpsychologischen Denktradition leiten sich die Überlegungen von Schwarz und Strack (1984) ab. Bewertungen - also z.B. Zufriedenheitsangaben - sind ihrer Auffassung nach Urteile. Dies bedeutet, daß sie von Informationen abhängig sind, die das Individuum gespeichert hat. Darunter fallen beispielsweise die eigenen Lebensbedingungen oder etwa als Vergleichsstandard die Lebenssituation einer als relevant erachteten Bezugsgruppe. Die einzelnen Informationen werden dabei nicht unbedingt als gleichrangig gewertet, sondern es findet eine Art Gewichtung in Abhängigkeit der individuellen Relevanz statt. Demgemäß kann man sich vorstellen, daß Bewertungen auf einem kognitiven Saldo beruhen, d.h. aktivierte Informationen werden bilanziert.

Eine sich aus dem Vorangegangenen unmittelbar ableitende Frage ist nun, was genau in die Bewertung eingeht. In verschiedenen Studien konnte empirisch nachgewiesen werden, daß Zufriedenheit u.a. mit Vergleichsprozessen, Stimmungen, Wertorientierungen sowie Lebensbedingungen korreliert (2). Für die Lebenszufriedenheit konnte darüber hinaus nachgewiesen werden, daß sie in multivariaten Analysen gut durch Bereichszufriedenheiten erklärbar ist (Andrews 1981). Glatzer und Zapf (1984b, S. 19) äußern sich etwas zurückhaltend: "Es ist naheliegend, die Lebenszufriedenheit als Zusammenfassung der Zufriedenheiten in einzelnen Lebensbereichen aufzufassen; sie wäre demzufolge eine Art Bilanz der Zufriedenheit mit der Familie, dem Beruf, dem Lebensstandard und den anderen Bereichszufriedenheiten". Diese Annahme konnte dann in einer weiteren Untersuchung von Hampel (1985) mittels einer LISREL-Analyse bestätigt werden. Vorliegende Ergebnisse deuten jedoch auch darauf hin, daß es wichtig ist, die individuelle Position im Lebenszyklus zu berücksichtigen und danach zu unterscheiden, welches der dominierende Lebensbereich für einzelne Individuen ist. "Nach den bisherigen Ergebnissen ist davon auszugehen, daß die jeweilige Lebenssituation ausschlaggebend dafür ist, welche Bereichszufriedenheiten die Lebenszufriedenheit am stärksten determinieren" (Glatzer 1984, S. 237). Der Beruf ist z.B. nicht nur eine zusätzliche Quelle von (Un-)Zufriedenheit, er verändert auch das relative Gewicht anderer Einflußfaktoren. Unter anderem zeigte es sich, daß bei ganztags Erwerbstätigen die Familie erheblich geringere Bedeutung für die Lebenszufriedenheit hat als bei halbtags Erwerbstätigen (Glatzer, Herget 1984).

---

(2)   Vgl. zu dem Einfluß von Vergleichsprozessen: Campbell u.a. 1976; Michalos 1980; Glatzer, Zapf 1984b. Von Wertorientierungen: Inglehart 1977; Habich 1984. Von Stimmungen: Schwarz, Strack 1985. Von Lebensbedingungen: Glatzer, Zapf 1984a; Berger, Mohr 1986.

Eine zentrale theoretische Erweiterung betrifft die Berücksichtigung individueller Sorgen komplementär zu den Bereichszufriedenheiten. Zwischen beiden Aspekten besteht nach unserer Auffassung ein deutlicher qualitativer Unterschied: Sorgen sind Ausdruck einer größeren Deprivation als Unzufriedenheit(en). Dies bedeutet konkret, daß bei den Sorgen die Differenzen zwischen Anspruch und Wirklichkeit größer sind. Beziehen sich die Sorgen auf private Lebensbereiche, bekommen sie einen existentiellen Charakter. Daraus leitet sich wiederum die Schlußfolgerung ab, daß Sorgen einen stärkeren Einfluß auf die Lebenszufriedenheit ausüben müßten als die bereichsspezifischen Zufriedenheitsdefizite.

3   Zufriedenheiten und Sorgen: Ein Überblick

Bevor detailliert die Determinanten subjektiven Wohlbefindens analysiert werden, sollen die Randverteilungen von Lebenszufriedenheit, Bereichszufriedenheiten und Sorgen dargestellt werden.

3.1   Lebenszufriedenheit

Ein Indikator, mit dem sich die Struktur der wahrgenommenen Lebensqualität beschreiben läßt, ist die Lebenszufriedenheit. Aus anderen Untersuchungen ist bekannt, daß die Bundesbürger im Schnitt - und von Ausnahmen abgesehen - eine relativ hohe Lebenszufriedenheit haben (Glatzer 1985; Berger, Mohr 1986). Auch mit den Daten des Sozio-ökonomischen Panels kann dieses Resultat bestätigt werden (vgl. Tabelle 1). Die große Mehrheit ordnet sich auf der 11-Punkte-Skala im positiven Bereich (6-9) ein, rund ein Fünftel ist mit seinem Leben so zufrieden (10), daß nicht einmal kleine Abstriche in der Bewertung gemacht werden. Eine Minderheit von 7% ist dagegen, wenn man ihre Skalenposition betrachtet (0-4), mit dem Leben unzufrieden. Bei einer generellen Tendenz in der Bevölkerung, sich bei Zufriedenheiten in privaten Lebensbereichen im positiven Bereich einzuordnen, ist dies allerdings ein bemerkenswertes Resultat und läßt auf erhebliche Defizite schließen.

3.2   Bereichszufriedenheiten

Bei der Zufriedenheit mit einzelnen Lebensbereichen kann man mit geringfügigen Abstrichen das Gleiche beobachten wie bei der Lebenszufriedenheit (vgl. Tabelle 1). In keinem der sechs thematisierten Bereiche (Wohnung, Arbeit, freie Zeit, Gesundheit, Tätigkeit im Haushalt und Haushaltseinkommen) ist die Mehrheit unzufrieden. Auch dies kann als Bestätigung von anderen - auf der Basis des Wohlfahrtssurveys 1984 durchgeführten - Untersuchungen aufgefaßt werden (Glatzer 1985). Den größten Anteil Unzufriedener finden wir noch beim Haushaltseinkommen. Hier beträgt die Quote rund 18%. Bei der Arbeit sind es dagegen nur 6%. Die anderen Be-

Tabelle 1: Lebenszufriedenheit und Bereichszufriedenheiten

Zufriedenheit mit	0 %	1 %	2 %	3 %	4 %	5 %	6 %	7 %	8 %	9 %	10 %	k.A. %	Median	N
der Wohnung[1])	1,0	0,8	1,3	2,2	2,6	8,3	5,4	9,5	18,9	14,5	34,8	0,7	8.5	8865
der Arbeit[2])	1,2	0,5	1,0	2,3	2,5	9,2	6,9	12,7	21,5	14,2	25,9	2,3	8.1	4905
der freien Zeit	1,6	0,9	2,5	3,7	3,5	9,9	6,7	12,1	19,7	11,4	27,5	0,6	8.0	8865
der Gesundheit	3,2	1,5	2,9	4,1	4,2	15,2	6,6	12,0	18,4	11,3	20,3	0,2	7.5	8865
der Tätigkeit im Haushalt[3])	1,5	1,1	2,3	4,0	4,5	16,4	9,4	12,1	20,1	9,1	19,4	–	7.4	5633
dem Einkommen des Haushalts	3,4	1,2	3,2	5,1	4,9	17,3	9,0	13,6	17,4	8,1	14,8	1,8	6.9	8865
dem Leben[4])	1,1	0,5	1,3	1,8	2,4	11,3	8,1	16,1	25,4	12,4	19,2	0,4	7.8	8865

1) Frage: Wie zufrieden sind Sie heute mit den folgenden Bereichen Ihres Lebens? (Bitte kreuzen Sie für jeden Bereich auf der Skala einen Wert an: Wenn Sie ganz und gar zufrieden sind, den Wert '10'; wenn Sie ganz und gar unzufrieden sind, den Wert '0'; wenn Sie teils zufrieden/teils unzufrieden sind, einen Wert dazwischen.)

2) Nur Erwerbstätige.

3) Nur Personen, die angaben, im Haushalt tätig zu sein. Es handelt sich dabei nicht nur um Hausfrauen.

4) Frage: Zum Schluß möchten wir Sie noch nach Ihrer Zufriedenheit mit Ihrem Leben insgesamt fragen. (Antworten Sie bitte wieder anhand der folgenden Skala, bei der '0' ganz und gar unzufrieden, '10' ganz und gar zufrieden bedeutet.)

Quelle: Sozio-ökonomisches Panel, Welle 1, 1984

reiche ordnen sich in der Mitte zwischen diesen beiden Polen ein. Hochzufriedene, also Personen, die in ihrem Wohlbefinden keine Einschränkungen äußern und sich in der Kategorie "10" klassifizieren, gibt es am häufigsten bei der Wohnungsbewertung und am seltensten beim Haushaltseinkommen.

3.3 Sorgen

Neben den Zufriedenheiten wurden als zusätzliche Indikatoren zum subjektiven Wohlbefinden auch Sorgen der Bundesbürger erfragt. Themen waren dabei die allgemeine wirtschaftliche Entwicklung, die eigene wirtschaftliche Situation, der Schutz der Umwelt, die Sicherung des Friedens sowie die Sicherheit des eigenen Arbeitsplatzes. Im Querschnitt erhielten wir eine Antwortverteilung mit einer unterschiedlichen Akzentuierung von öffentlichen und privaten Bereichen (vgl. Tabelle 2): Von den angesproche-

Tabelle 2: Sorgen im privaten und öffentlichen Bereich

Es haben ... um	große Sorgen %	einige Sorgen %	keine Sorgen %	k.A. %	N
den Schutz der Umwelt	54,0	38,5	6,4	1,0	8865
die Erhaltung des Friedens	53,4	37,1	8,8	0,8	8865
die allgemeine wirtschaftliche Entwicklung	33,1	54,5	11,4	0,9	8865
die eigene wirtschaftliche Situation	17,2	42,9	38,5	1,3	8865
die Sicherheit des eigenen Arbeitsplatzes	14,6	29,0	50,5	5,9	4904

Frage: Wie ist es mit folgenden Gebieten? Machen Sie sich da (große, einige, keine) Sorgen?

Quelle: Sozio-ökonomisches Panel, Welle 1, 1984.

nen Bereichen stehen der Umweltschutz und die Friedenssicherung an der Spitze der Sorgenliste der deutschen Staatsbürger. Jeweils etwas mehr als die Hälfte der Befragten äußert hier große Sorgen. Die wirtschaftliche Entwicklung wird von einem Drittel mit Skepsis betrachtet. Im Vergleich dazu sieht es im privaten Bereich positiver aus: 17% haben große Sorgen im

Hinblick auf ihre eigene wirtschaftliche Situation, und rund 15% der erwerbstätigen Bevölkerung haben große Sorgen um die Sicherheit ihres Arbeitsplatzes. Vor dem Hintergrund anderer Umfrageresultate überrascht dieser relativ geringe Prozentsatz zunächst. Die "Gesellschaft für Konsumforschung" (GfK) fand beispielsweise heraus, daß die Arbeitslosigkeit das wichtigste gesellschaftspolitische Thema in der Bundesrepublik sei: 76% der Befragten (1984: 74%) sahen 1985 in der Arbeitslosigkeit das dringlichste Problem und die größte Sorge der Nation (Planung und Analyse 1986, S. 32). Ein Vergleich unserer Fragestellung mit derjenigen der GfK macht jedoch folgendes deutlich: Während wir bezüglich der Arbeitslosigkeit nach persönlichen Sorgen gefragt haben, bezog sich die GfK auf Arbeitslosigkeit als gesellschaftliches Problem. Die unterschiedlichen Prozentsätze kann man also dahingehend interpretieren, daß von einem Großteil der Bevölkerung Arbeitslosigkeit als gesellschaftliches Problem erkannt wird, diese jedoch nur von einem erheblich geringeren Teil als spezifische persönliche Betroffenheit interpretiert wird.

4 Determinanten der Lebenszufriedenheit in verschiedenen gesellschaftlichen Gruppen

In diesem Abschnitt soll die Lebenszufriedenheit im Hinblick auf mögliche Einflußgrößen analysiert werden. Basierend auf dem im theoretischen Teil erläuterten Gedanken der populationsspezifischen Determinanten subjektiven Wohlbefindens geschieht dies getrennt für die Subgruppen "alte Menschen über 64", "nichterwerbstätige Hausfrauen" und "ganztags Erwerbstätige". Die jeweils in die Analyse eingehenden potentiellen Determinanten sind in Abbildung 1 nach den Dimensionen Zufriedenheit, Sorgen und Lebensbedingungen dokumentiert.

Die Zufriedenheiten werden dabei in 4 Ausprägungen zusammengefaßt: Die erste Gruppe bilden die "Eher Unzufriedenen". Das sind Personen, die sich - entgegen einer im Querschnitt zu beobachtenden allgemeinen Zufriedenheitstendenz - im Unzufriedenheitsbereich der Skala (0-4) einordnen. Die zweite Gruppe sind die "Indifferenten", die die Mittelkategorie (5) bevorzugen. Weiterhin unterscheiden wir noch zwischen "Eher Zufriedenen" und "Hochzufriedenen". "Eher Zufriedene" haben sich für eine der Kategorien von 6 - 9 entschieden. "Hochzufriedene" sind Personen, die in ihrem subjektiven Wohlbefinden keinerlei Abstriche wahrnehmen und dies durch die Entscheidung für die 10 kundtun. Die wahrgenommenen Sorgen wurden folgendermaßen berücksichtigt: Bei der Bewertung der Arbeitsplatzsicherheit und der eigenen wirtschaftlichen Situation gibt es die Kategorien "große Sorgen", "einige Sorgen" und "keine Sorgen". Die wahrgenommene gesundheitliche Beeinträchtigung unterscheidet sich durch die Wertungen "erheblich", "ein wenig" und "überhaupt nicht".

Abbildung 1: Mögliche Erklärungsfaktoren der Lebenszufriedenheit

Dimension	Variable	alte Menschen	Hausfrauen	Erwerbstätige
Zufriedenheit	mit dem Haushaltseinkommen	x	x	x
	mit der Gesundheit	x	x	x
	mit der freien Zeit	x	x	x
	mit der Wohnung	x	x	x
	mit der Tätigkeit im Haushalt		x	
	mit der Arbeit			x
Sorgen	Sorgen um die eigene wirtschaftliche Situation	x	x	x
	Sorgen um die Erhaltung des Arbeitsplatzes			x
	Wahrgenommene gesundheitliche Beeinträchtigung	x	x	x
Lebensbedingungen	Haushaltseinkommen	x	x	x
	Wohnbedingungen	x	x	x
	Zeitaufwand für Beruf und Haushalt	x	x	x
	Berufliche Stellung			x

Das Haushaltseinkommen findet als bedarfsgewichtetes Haushaltseinkommen Berücksichtigung. Individuelle "Wohlstandspositionen" errechnen sich dabei als Quotient aus dem Haushaltseinkommen und einem bedarfsorientierten Haushaltsgewicht. Letzteres basiert auf den altersspezifischen Regelsätzen des Bundessozialhilfegesetzes (Hauser, Stubig 1985). Die einzelnen Wohlstandspositionen werden bei der Analyse zu Quintilen zusammengefaßt. Als Indikator für die Wohnbedingungen wurde die Wohnungsausstattung mit Bad, WC und Zentralheizung gewählt. Alle drei gehören mittlerweile zum sozialen Standard. Die Variable wird dichotomisiert betrachtet, wobei für die Zuordnung einer Person ausschlaggebend ist, ob Versorgungsdefizite hinsichtlich dieses Standards bestehen. Auch die relative zeitliche Arbeitsbelastung findet Berücksichtigung. Der Zeitaufwand für Beruf und Haushalt wird in Relation zur Freizeit gesetzt. Die drei Gruppen bilden sich dann durch die Charakteristika "mehr Arbeit als Freizeit", "gleichviel Arbeit und Freizeit", "mehr Freizeit als Arbeit". Letztendlich geht bei den Erwerbstätigen auch die berufliche Stellung mit in die Analyse ein. Unterschieden wird nach Arbeitern, Angestellten, Beamten und Selbständigen.

4.1 Alte Menschen

Die Lebenszufriedenheit der meisten alten Menschen ist, wenn man die Randverteilung betrachtet, recht hoch. Ein Viertel ist mit dem Leben hochzufrieden, rund die Hälfte äußert sich eher zufrieden; jeder achte hat ein indifferentes subjektives Wohlbefinden. Immerhin jeder zehnte ist eher unzufrieden. Bezüglich der bestimmenden Einflußgrößen der Lebenszufriedenheit ist zu erwarten, daß insbesondere der gesundheitliche Zustand eine dominierende Rolle spielt. Daß ein schlechtes gesundheitliches Befinden durch eine damit verbundene Einschränkung des individuellen Bewegungsspielraumes die Lebenszufriedenheit negativ beeinflußt, ist unmittelbar einleuchtend. Weiterhin ist zu vermuten, daß die finanzielle Situation - als Indikator für die materielle Absicherung im Alter - auf das subjektive Wohlbefinden einwirkt. Schließlich dürfte auch die Bewertung der freien Zeit in Verbindung mit dem Gesundheitszustand mit der Lebenszufriedenheit zusammenhängen. Freie Zeit ist ein Gut, das alten Menschen "im Übermaß" zur Verfügung steht und damit der dominierende Lebensbereich. Das angestrebte Ziel ist es nun, die erklärungskräftigsten Faktoren zu ermitteln. In Tabelle 3 sind die ausgewählten potentiellen Determinanten in ihrem Zusammenhang mit der Lebenszufriedenheit aufgelistet. Als Maß für die Überprüfung, ob die Lebenszufriedenheit sich hinsichtlich bestimmter Merkmale unterscheidet, wurde der chi^2-Wert gewählt. Da die einzelnen unabhängigen Variablen unterschiedliche Ausprägungen aufweisen, wurde das chi^2 zusätzlich durch die Anzahl der Freiheitsgrade dividiert. Die Lebenszufriedenheit variiert insbesondere in Abhängigkeit von einer wahrgenommenen gesundheitlichen Beeinträchtigung, der Gesundheitszufriedenheit und der Zufriedenheit mit der freien Zeit. Entgegen unserer Erwartung zeigt sich allerdings kein dominierender Einfluß von wirtschaftlichen Sorgen auf die Lebenszufriedenheit. Materielle Probleme haben zwar ebenso überdurchschnittlich häufig Unzufriedenheit zur Folge wie eine negative Bewertung von Gesundheit und freier Zeit. Das Fehlen wirtschaftlicher Sorgen bedeutet umgekehrt aber nicht in dem gleichen Maße eine hohe Lebenszufriedenheit, wie dies bei einer hohen Zufriedenheit mit der Gesundheit und - mit Abstrichen - bei der Zufriedenheit mit der freien Zeit der Fall ist. Genau dieser Unterschied erklärt die Differenzen der Koeffizienten.

Für den zweiten Analyseschritt wird nun die "beste" unabhängige Variable ausgewählt, in diesem Fall die wahrgenommene gesundheitliche Beeinträchtigung, mit den anderen unabhängigen Einflußgrößen jeweils einzeln kombiniert und mit der Lebenszufriedenheit korreliert (vgl. Tabelle 3). Hier zeigt sich scheinbar, daß die Kombination "wahrgenommene gesundheitliche Beeinträchtigung und objektive Wohnbedingungen" am einflußreichsten ist,

Tabelle 3: Determinanten der Lebenszufriedenheit von alten Menschen

	chi^2	FG	chi^2/FG	p
Wahrgenommene gesundheit-liche Beeinträchtigung	249,91	6	41,65	0.00001
Zufriedenheit mit der Gesundheit	366,72	9	40,75	0.00001
Zufriedenheit mit der freien Zeit	328,34	9	36,48	0.00001
Zufriedenheit mit dem Haushaltseinkommen	310,70	9	34,52	0.00001
Zufriedenheit mit der Wohnung	229,66	9	25,52	0.00001
Sorgen um die eigene wirtschaftliche Situation	75,30	6	12,55	0.00001
Wohlstandsposition	43,52	12	3,63	0.00001
Wohnindex	5,41	3	1,80	n.s.
Wahrgenommene gesundheitliche Beeinträchtigung kombiniert mit ...				
Zufriedenheit mit dem Haushaltseinkommen	524,47	33	15,89	0.00001
Wohnindex	257,87	15	17,19	0.00001
Zufriedenheit mit der freien Zeit	542,22	33	16,43	0.00001
Zufriedenheit mit der Wohnung	480,06	33	14,55	0.00001
Zufriedenheit mit der Gesundheit	463,12	33	14,03	0.00001
Sorgen um die eigene wirtschaftliche Situation	309,16	24	12,88	0.00001
Wohlstandsposition	272,90	42	6,50	0.00001

Quelle: Sozio-ökonomisches Panel, Welle 1, 1984.

wenn man den Quotienten von chi^2 und Freiheitsgraden betrachtet. Die Frage ist aber, ob der zusätzlich eingeführte Indikator "objektive Wohnbedingungen" absolut gesehen statistisch signifikant ist. Zu diesem Zweck wird eine Partialtafelanalyse durchgeführt: Unter Konstanthaltung der wahrgenommenen gesundheitlichen Beeinträchtigung wird die Lebenszufriedenheit mit den Wohnbedingungen korreliert. Das partielle chi^2 ist jedoch nicht signifikant, so daß letztere aus der Analyse ausscheiden. Diese Vorgehensweise wiederholt sich beim zweitbesten Indikator, der Zufriedenheit mit der freien Zeit. Auch bei ihr erhalten wir keine zusätzliche statistisch signifikante Erklärungskraft. Erst die Kombination aus wahrgenommener gesundheitlicher Beeinträchtigung und Zufriedenheit mit dem Haushaltseinkommen hält dem genannten Prüfkriterium stand und bringt ein signifikantes Resultat. Auf die Durchführung eines dritten Schrittes, die Auswahl eines weiteren Indikators muß wegen der Fallzahlrestriktion verzichtet werden. Einzelne Zellenbesetzungen würden so klein, daß das chi^2 nicht mehr sinnvoll interpretiert werden könnte.

In Tabelle 4 ist die Variation von Lebenszufriedenheit in Abhängigkeit von wahrgenommener gesundheitlicher Beeinträchtigung und Einkommenszufriedenheit detailliert dokumentiert. Der Koeffizient für das Gesamtmodell zeigt einen starken Zusammenhang zwischen beiden Ebenen: Cramer's V beträgt .37. Der Anteil mit dem Leben Hochzufriedener ist wie erwartet dann am höchsten, wenn weder gesundheitlich noch einkommensmäßig subjektive Defizite geäußert werden. Eine mittlere gesundheitliche Beeinträchtigung hat - wenn sie durch eine hohe Einkommenszufriedenheit kompensiert wird - weitgehend keinen großen Einfluß auf die Lebenszufriedenheit. Dies ändert sich allerdings bei erheblichen gesundheitlichen Problemen. In diesem Fall hat eine hohe Einkommenszufriedenheit einen weitaus geringeren kompensierenden Effekt. Der Anteil der mit dem Leben eher Unzufriedenen liegt dann über dem durchschnittlichen Wert der Gesamtbevölkerung. Er erreicht seinen höchsten Wert, wenn neben erheblichen gesundheitlichen Defiziten zusätzlich die eigene Einkommenslage als nicht zufriedenstellend bewertet wird.

4.2   Hausfrauen

Die Lebenszufriedenheit von Hausfrauen entspricht in ihrer Randverteilung weitgehend derjenigen der alten Menschen: 20% sind hochzufrieden, 61% eher zufrieden; eine indifferente Zufriedenheit haben 12%. Lediglich 7% sind mit ihrem Leben eher unzufrieden. Ausgehend von der These des Einflusses dominierender Lebensbereiche erwarten wir bei den Hausfrauen einen starken Zusammenhang zwischen der Lebenszufriedenheit und der Zufriedenheit mit der Tätigkeit im Haushalt. Von besonderer Relevanz dürften desweiteren die Wohnbedingungen und die Bewertung der Wohnung sein. Diese Auffassung basiert auf der Annahme, daß Hausfrauen einen Großteil ihrer Zeit "in den eigenen vier Wänden" verbringen und dieser "Arbeitsumwelt" von daher große Bedeutung zukommt.

In Tabelle 5 sind die vom Frageprogramm her verfügbaren potentiellen Determinanten der Lebenszufriedenheit von Hausfrauen aufgelistet. Es zeigt sich dabei, daß die oben genannten Hypothesen nur zum Teil bestätigt werden können. Die Wohnbedingungen haben nur eine untergeordnete Bedeutung für die Lebenszufriedenheit. Etwas stärker ist der Zusammenhang mit der Wohnzufriedenheit, ohne daß aber andere Indikatoren an Relevanz übertroffen werden. Dagegen diskriminiert die Zufriedenheit mit der Tätigkeit im Haushalt im erwarteten Maße. Die "Spitzenposition" der Zufriedenheit mit dem Haushaltseinkommen kann sie jedoch auch nicht

Tabelle 4: Lebenszufriedenheit von alten Menschen in Abhängigkeit von wahrgenommener gesundheitlicher Beeinträchtigung und Zufriedenheit mit dem Haushaltseinkommen

Wahrgenommene gesundheitliche Beeinträchtigung

Lebenszufriedenheit	überhaupt nicht				ein wenig				erheblich				Insgesamt
	Einkommenszufriedenheit				Einkommenszufriedenheit				Einkommenszufriedenheit				
	eher unzufr. %	indiff. %	eher zufr. %	hoch- zufr. %	eher unzufr. %	indiff. %	eher zufr. %	hoch- zufr. %	eher unzufr. %	indiff. %	eher zufr. %	hoch- zufr. %	%
eher unzufrieden (0-4)	/	1,6	2,4	2,5	9,2	4,5	0,9	1,3	43,2	19,0	16,9	13,2	9,5
indifferent (5)	/	15,6	6,6	1,6	18,5	22,7	7,7	3,8	18,9	35,4	14,6	11,8	12,5
eher zufrieden (6-9)	/	54,7	59,0	23,8	58,5	65,2	75,3	35,0	32,6	41,8	58,4	45,6	52,9
hochzufrieden (10)	/	28,1	31,9	72,1	13,8	7,6	16,2	60,0	5,3	3,8	10,1	29,4	25,1
	100	100	100	100	100	100	100	100	100	100	100	100	100
(N)	(28)	(64)	(166)	(122)	(65)	(66)	(235)	(80)	(95)	(79)	(178)	(68)	(1246)

Cramer's V = .37 (p = 0.00001); chi^2 = 524,47 bei 33 Freiheitsgraden; N = 1246

/ = Zellenbesetzungen zu gering

Quelle: Sozio-ökonomisches Panel, Welle 1, 1984

Tabelle 5: Determinanten der Lebenszufriedenheit von Hausfrauen

	chi^2	FG	chi^2/FG	p
Zufriedenheit mit dem Haushaltseinkommen	365,17	9	40,57	0.00001
Zufriedenheit mit der Tätigkeit im Haushalt	291,34	9	32,37	0.00001
Zufriedenheit mit der freien Zeit	248,93	9	27,66	0.00001
Zufriedenheit mit der Wohnung	245,15	9	27,24	0.00001
Zufriedenheit mit der Gesundheit	242,99	9	26,99	0.00001
Sorgen um die eigene wirtschaftliche Situation	201,21	6	22,36	0.00001
Wahrgenommene gesundheitliche Beeinträchtigung	112,00	6	18,67	0.00001
Wohnindex	36,56	3	12,19	0.00001
Wohlstandsposition	47,21	12	3,93	0.00001
Zeitaufwand Hausarbeit/ Freizeit	18,76	6	3,13	0.005
Zufriedenheit mit dem Haushaltseinkommen und ...				
Sorgen um die eigene wirtschaftliche Situation	445,12	33	13,49	0.00001
Wohnindex	377,18	21	17,96	0.00001
Wahrgenommene gesundheitliche Beeinträchtigung	495,76	33	15,02	0.00001
Zufriedenheit mit der Gesundheit	589,56	45	13,10	0.00001
Zufriedenheit mit der Tätigkeit im Haushalt	565,11	45	12,56	0.00001
Zufriedenheit mit der freien Zeit	536,48	45	11,92	0.00001
Zeitaufwand Hausarbeit/ Freizeit	388,77	33	11,78	0.00001
Zufriedenheit mit der Wohnung	483,42	45	10,74	0.00001
Wohlstandsposition	407,11	57	7,14	0.00001

Quelle: Sozio-ökonomisches Panel, Welle 1, 1984.

172

erreichen. Analog zu der bei den alten Menschen beschriebenen Vorgehensweise wird diese Variable nun ausgewählt und mit den anderen Prädiktoren einzeln kombiniert. Am erklärungskräftigsten erweist sich dabei die Kombination mit den Sorgen um die eigene wirtschaftliche Situation (3). Tabelle 6 gibt einen detaillierten Überblick über Zusammenhänge.

Der Koeffizient für das Gesamtmodell (Cramer's V = .32) weist auf einen mittelstarken Zusammenhang von Lebenszufriedenheit und Einkommenszufriedenheit sowie wirtschaftlichen Sorgen hin. Beide Prädiktoren üben einen eigenständigen Einfluß aus, der sich durch zusätzliche Interaktionswirkungen noch verstärkt. Den höchsten Anteil mit dem Leben Unzufriedener (30%), erhalten wir, wenn sowohl die Einkommenszufriedenheit als auch die Sorgen im negativen Bereich liegen. Ist nur eines von beiden negativ, liegt der entsprechende Anteil bei höchstens 9%. Überdurchschnittlich viel Hochzufriedene gibt es, wenn das eigene Einkommen uneingeschränkt positiv bewertet wird. Von relativ untergeordneter Bedeutung ist dabei, ob die eigene wirtschaftliche Situation keine oder einige Sorgen hervorruft. Treffen die Faktoren "einige/große Sorgen um die materielle Lage" und "eher zufrieden mit dem Einkommen" zusammen, äußert sich das nicht darin, daß die Lebenszufriedenheit negativ wird, sondern in einer gemäßigteren Relativierung: Die Anteile der Indifferenten bzw. eher Zufriedenen vergrößern sich.

Die bisherigen Ergebnisse bedürfen allerdings noch einer zusätzlichen Erläuterung. In einer früheren Untersuchung (Glatzer 1984) wurde festgestellt, daß neben der materiellen Dimension auch die Zufriedenheit mit der Ehe/Partnerschaft bei Frauen einen Einfluß auf das subjektive Wohlbefinden hat. Dieser Bereich konnte in der vergleichenden Analyse jedoch nicht berücksichtigt werden, da er im Frageprogramm des Sozio-ökonomischen Panels fehlt. Dies hat natürlich einen Einfluß auf das Modell, das in diesem Fall nur als suboptimal gewertet werden kann.

4.3 Erwerbstätige

Die Randverteilung der Lebenszufriedenheit von ganztags Erwerbstätigen weist einige geringfügige Unterschiede im Vergleich zur Gesamtbevölkerung (Deutsche ab 16 Jahren in Haushalten mit deutschem Haushaltsvorstand) auf. Die "größte" Differenz besteht mit 2,5 Prozentpunkten noch bei den Unzufriedenen. Hier liegt der Anteil bei den Erwerbstätigen mit insgesamt 4,6% relativ niedrig.

---

(3)   Der Vorzug dieser Kombination erklärt sich damit, daß eine Partialtafelanalyse das Ergebnis brachte, daß die Wohnbedingungen und die wahrgenommene gesundheitliche Beeinträchtigung, die ja einen höheren chi^2-Quotienten hatten als die Sorgen, keinen signifikanten eigenständigen Ertrag erbringen.

Tabelle 6: Lebenszufriedenheit von Hausfrauen in Abhängigkeit von der Zufriedenheit mit dem Haushaltseinkommen und den Sorgen um die eigene wirtschaftliche Situation

Lebenszufriedenheit	hochzufrieden			eher zufrieden			indifferent			eher unzufrieden			Insgesamt
	keine Sorgen %	einige Sorgen %	große Sorgen %	keine Sorgen %	einige Sorgen %	große Sorgen %	keine Sorgen %	einige Sorgen %	große Sorgen %	keine Sorgen %	einige Sorgen %	große Sorgen %	%
eher unzufrieden (0-4)	1,9	5,3	/	2,3	2,4	4,4	8,8	5,9	8,8	/	14,9	29.5	7,1
indifferent (5)	1,3	6,7	/	3,8	7,3	13,2	8,8	18,5	31,6	/	24,0	31,0	11,9
eher zufrieden (6-9)	46,5	46,7	/	68,4	76,1	71,4	57,4	66,7	49,1	/	57,9	37,2	61,4
hochzufrieden (10)	50,3	41,3	/	25,6	14,1	11,0	25,0	8,9	10,5	/	3,3	2,3	19,6
	100	100	100	100	100	100	100	100	100	100	100	100	100
(N)	(159)	(75)	(17)	(266)	(327)	(91)	(68)	(135)	(57)	(28)	(121)	(129)	(1473)

Cramer's V = .32 (p = 0.00001); chi^2 = 445,12 bei 33 Freiheitsgraden; N = 1473

/ = Zellenbesetzungen zu gering

Quelle: Sozio-ökonomisches Panel, Welle 1, 1984

Die These des dominierenden Einflusses der Arbeitswelt auf die Lebenszufriedenheit läßt sich mit den vorliegenden Daten nicht bestätigen. Wie
aus Tabelle 7 unmittelbar hervorgeht, haben die Indikatoren berufliche
Stellung und zeitlicher Aufwand für die Arbeit lediglich einen marginalen
bzw. keinen signifikanten Einfluß auf die Lebenszufriedenheit. Relativ
schwach ist auch der Zusammenhang von Lebenszufriedenheit und Sorgen
um den Arbeitsplatz. Die Zufriedenheit mit der Arbeit hat dagegen zwar
einen hohen chi^2-Wert, wird aber eindeutig von der Zufriedenheit mit dem
Haushaltseinkommen übertroffen. Für den zweiten Analyseschritt wird daher die letztgenannte Variable ausgewählt und mit den anderen unabhängigen Indikatoren kombiniert. Den besten standardisierten chi^2-Koeffizienten
erhalten wir dabei für die objektiven Wohnbedingungen. Da mit einer Partialtafelanalyse jedoch kein eigenständiger Einfluß dieser Variablen festgestellt werden kann, findet sie keine Berücksichtigung. Ein signifikantes
Resultat erbringt dagegen die Zufriedenheit mit der Gesundheit.

In Tabelle 8 ist die Lebenszufriedenheit daraufhin in Abhängigkeit von der
Zufriedenheit mit dem Haushaltseinkommen und der Gesundheit dargestellt. Der Koeffizient (Cramer's V = 0.32) läßt erkennen, daß es sich dabei
um einen mittelstarken Zusammenhang handelt. Sowohl der materielle als
auch der gesundheitliche Bereich haben einen eigenständigen Einfluß auf
die Lebenszufriedenheit, der zusätzlich noch durch interaktive Effekte ergänzt wird. Mit dem Leben Hochzufriedene gibt es natürlich dann am häufigsten, wenn sowohl die Gesundheit als auch das Einkommen absolut positiv bewertet werden. Der Anteil wird allerdings erheblich kleiner, sobald in
einem der beiden Bereiche die Zufriedenheit (auch nur kleine) Defizite
aufweist. Analog stellt sich der Zusammenhang bei den mit dem Leben
eher Unzufriedenen dar. Die Quote ist am höchsten, wenn Unzufriedenheit
mit der Gesundheit und dem Einkommen zusammentreffen; sie verringert
sich, sobald nur einer der beiden Bereiche negativ bewertet wird.

5   Zusammenfassung

Ausgehend von den im Sozio-ökonomischen Panel verfügbaren Indikatoren
kommen wir zu dem Ergebnis, daß die Mehrheit der Bundesbürger eine
positive wahrgenommene Lebensqualität hat. Lediglich eine Minderheit hat
große Sorgen um die eigene wirtschaftliche Situation. Gleiches gilt für die
Arbeitsplatzsicherheit. Hier fällt allerdings auf, daß die Mehrheit Arbeitslosigkeit als das zentrale Problem unserer Gesellschaft ansieht, jedoch eigene Betroffenheit momentan ausschließt.

Bei der Zufriedenheit läßt sich ein ähnliches Bild zeichnen wie bei den
Sorgen. Weder bei der Lebenszufriedenheit noch bei den thematisierten
Teilbereichen (Wohnung, Arbeit, freie Zeit, Gesundheit, Tätigkeit im
Haushalt und Haushaltseinkommen) erreicht die Quote der eher Unzufrie-
denen auch nur annähernd die der eher Zufriedenen und Hochzufriedenen.
Gerade diese Tendenz der Bundesbürger, sich bei privaten Angelegenheiten

Tabelle 7: Determinanten der Lebenszufriedenheit von Erwerbstätigen

	chi^2	FG	chi^2/FG	p
Zufriedenheit mit dem Haushaltseinkommen	712,81	9	79,20	0.00001
Zufriedenheit mit der Gesundheit	613,49	9	68,17	0.00001
Zufriedenheit mit der Arbeit	609,99	9	67,78	0.00001
Zufriedenheit mit der Wohnung	588,82	9	65,42	0.00001
Zufriedenheit mit der freien Zeit	452,10	9	50,23	0.00001
Sorgen um die eigene wirtschaftliche Situation	243,96	6	40,66	0.00001
Wahrgenommene gesundheitliche Beeinträchtigung	99,60	6	16,60	0.00001
Sorgen um die Erhaltung des Arbeitsplatzes	79,77	6	13,30	0.00001
Wohnindex	33,25	3	11,08	0.0001
Berufliche Stellung	32,66	9	3,62	0.0005
Wohlstandsposition	27,52	12	2,29	0.005
Zeitaufwand Arbeit/Freizeit	14,00	9	1,56	n.s.
Zufriedenheit mit dem Haushaltseinkommen und ...				
Zufriedenheit mit der Gesundheit	1135,30	45	25,23	0.00001
Wohnindex	726,56	21	34,60	0.00001
Sorgen um die eigene wirtschaftliche Situation	819,88	33	24,84	0.00001
Zufriedenheit mit der Arbeit	1107,09	45	24,60	0.00001
Zufriedenheit mit der Wohnung	1091,90	45	24,26	0.00001
Wahrgenommene gesundheitliche Beeinträchtigung	799,89	33	24,23	0.00001
Zufriedenheit mit der freien Zeit	1072,76	45	23,84	0.00001
Sorgen um die Erhaltung des Arbeitsplatzes	729,20	33	22,10	0.00001
Zeitaufwand Arbeit/Freizeit	747,56	45	16,61	0.00001
Berufliche Stellung	742,17	45	16,49	0.00001
Wohlstandsposition	743,25	57	13,04	0.00001

Quelle: Sozio-ökonomisches Panel, Welle 1, 1984.

Tabelle 8: Lebenszufriedenheit von Erwerbstätigen in Abhängigkeit von der Zufriedenheit mit dem Haushaltseinkommen und der Zufriedenheit mit der Gesundheit

Lebenszufriedenheit	hochzufrieden — Gesundheitszufriedenheit				eher zufrieden — Gesundheitszufriedenheit				indifferent — Gesundheitszufriedenheit				eher unzufrieden — Gesundheitszufriedenheit				Insges. %
	hoch-zufr. %	eher zufr. %	indiff. %	eher unzufr. %	hoch-zufr. %	eher zufr. %	indiff. %	eher unzufr. %	hoch-zufr. %	eher zufr. %	indiff. %	eher unzufr. %	hoch-zufr. %	eher zufr. %	indiff. %	eher unzufr. %	
eher unzufrieden (0-4)	0,4	0,6	/	/	1,6	1,5	3,3	10,9	0,7	2,4	5,5	15,3	13,7	7,8	20,2	31,0	4,6
indifferent (5)	2,9	2,4	/	/	5,2	4,6	9,4	11,7	11,2	12,6	26,7	31,8	12,3	13,3	33,9	29,5	9,9
eher zufrieden (6-9)	40,6	58,0	/	/	65,1	80,2	70,2	71,5	58,2	77,9	57,0	49,4	50,7	73,4	42,2	34,1	67,3
hochzufrieden (10)	56,1	39,1	/	/	28,2	13,7	17,1	5,8	29,9	7,1	10,9	3,5	23,3	5,5	3,7	5,4	18,1
	100	100	100	100	100	100	100	100	100	100	100	100	100	100	100	100	100
(N)	(239)	(169)	(38)	(25)	(387)	(1295)	(181)	(137)	(134)	(294)	(165)	(85)	(73)	(256)	(109)	(129)	(3716)

Cramer's V = .32 (p = 0.00001); chi^2 = 1135,30 bei 45 Freiheitsgraden; N = 3716

/ = Zellenbesetzungen zu gering

Quelle: Sozio-ökonomisches Panel, Welle 1, 1984

zufrieden zu äußern, darf nicht dazu führen, die Lage der Unzufriedenen zu übersehen.

Die Analysen zu den Determinanten der Lebenszufriedenheit haben bestätigt, daß es richtig war, sich auf Teilgruppen zu konzentrieren. Die Einkommenszufriedenheit gehört zwar sowohl bei den alten Menschen als auch bei den Hausfrauen und ganztags Erwerbstätigen zu den bestimmenden Einflußgrößen der Lebenszufriedenheit, sie hat jedoch für die einzelnen Gruppen eine unterschiedliche relative Bedeutung. Kontraste gibt es auch bezüglich weiterer Determinanten von Lebenszufriedenheit: Bei den alten Menschen ist dies vor allem die wahrgenommene gesundheitliche Beeinträchtigung, bei den Hausfrauen die Sorge um die wirtschaftliche Situation und bei den ganztags Erwerbstätigen die Gesundheitszufriedenheit.

Analysen unter Einbezug der zweiten Welle des Sozio-ökonomischen Panels werden zeigen, ob es sich dabei um stabile oder variable Grundmuster in den Zusammenhängen handelt.

Literaturverzeichnis

Andrews, Frank M. 1981: Subjective Social Indicators, Objective Social Indicators, and Social Accounting Systems, in: Juster, F. Thomas, Kenneth C. Land (Hrsg.): Social Accounting Systems, New York, S. 377-419.

Berger, Regina, Hans-Michael Mohr 1986: Lebensqualität in der Bundesrepublik 1978 und 1984, in: Soziale Welt, Jg. 37, S. 25-47.

Campbell, Angus u.a. 1976: The Quality of American Life, New York.

Glatzer, Wolfgang 1984: Determinanten subjektiven Wohlbefindens, in: Glatzer, Zapf 1984a, S. 234-245.

Glatzer, Wolfgang 1985: Komponenten des subjektiven Wohlbefindens, in: Statistisches Bundesamt (Hrsg.) in Zusammenarbeit mit dem Sonderforschungsbereich 3 der Universitäten Frankfurt und Mannheim: Datenreport 1985, Bonn, S. 370-376.

Glatzer, Wolfgang, Hermann Herget 1984: Ehe, Familie, Haushalt, in: Glatzer, Zapf 1984a, S. 124-140.

Glatzer, Wolfgang, Wolfgang Zapf 1984a (Hrsg.): Lebensqualität in der Bundesrepublik, Frankfurt-New York.

Glatzer, Wolfgang, Wolfgang Zapf 1984b: Die Lebensqualität der Bundesbürger, in: Aus Politik und Zeitgeschichte, B44, S. 3-25.

Habich, Roland 1984: Berufliche Wertorientierungen und Wohlfahrtserträge - Relevanz und Auswirkungen beruflicher Ansprüche an die Arbeit, in: Hoffmann-Nowotny, Hans-Joachim, Friedhelm Gehrmann (Hrsg.): Ansprüche an die Arbeit - Umfragedaten und Interpretationen, Frankfurt-New York, S. 45-73.

Hampel, Jürgen 1985: Lebenszufriedenheit und Bereichszufriedenheiten. Eine Anwendung der LISREL-Methode, Sfb 3-Arbeitspapier Nr. 178, Frankfurt-Mannheim.

Hauser, Richard, Hans-Jürgen Stubig 1985: Strukturen der personellen Verteilung von Nettoeinkommen und Wohlfahrtspositionen, in: Hauser, Richard, Bernhard Engel (Hrsg.): Soziale Sicherung und Einkommensverteilung - Empirische Analysen für die Bundesrepublik Deutschland, Frankfurt-New York, S. 41-97.

Inglehart, Ronald 1977: The Silent Revolution - Changing Values and Political Styles among Western Publics, Princeton.

Levy, Shlomit, Louis Guttman 1975: On The Multivariate Structure of Wellbeing, in: Social Indicators Research, Vol. 2, S. 361-388.

Michalos, Alex 1980: Satisfaction and Happiness, in: Social Indicators Research, Vol. 8, S. 385-422.

Planung und Analyse 1986: Heft 1.

Schwarz, Norbert, Fritz Strack 1984: Kognitive und affektive Prozesse bei der Beurteilung des subjektiven Wohlbefindens, Manuskript, Heidelberg-Mannheim.

Schwarz, Norbert, Fritz Strack 1985: Cognitive and Affective Processes in Judgements of Subjective Well-Being: A Preliminary Model, in: Brandstätter, Hermann, Fritz Kirchler (Hrsg.): Economic Psychology, Linz, S. 439-447.

Zapf, Wolfgang 1984: Individuelle Wohlfahrt: Lebensbedingungen und wahrgenommene Lebensqualität, in: Glatzer, Zapf 1984a, S. 13-26.

Zur Rolle des Staates in hochentwickelten westlichen Demokratien

Max Kaase, Gisela Maag, Edeltraud Roller,

Bettina Westle

1   Zielsetzung

Vor dem im folgenden Abschnitt knapp skizzierten theoretischen Hintergrund werden in diesem Beitrag die Ergebnisse einer Analyse von Einstellungen zum Staat unter Beschränkung auf die Frage nach "zu viel Staat" oder nach "zu wenig Staat" berichtet; Grundlage der Analysen sind überwiegend die Daten der 1. Welle des Sozio-ökonomischen Panels (künftig: Panel). Die Ergebnisse können, obgleich die Daten des Panels gelegentlich durch Befunde aus anderen Erhebungen, insbesondere aus der Repräsentativbefragung 1985/86 im Rahmen des Sfb 3-Teilprojektes "Wohlfahrtsansprüche", ergänzt werden, angesichts ihrer durch die vorgegebenen Beschränkungen des Panel-Fragenprogramms geringen thematischen Breite nicht allen Anforderungen an eine flächendeckende Behandlung des Themas genügen.

2   Der moderne Staat als Wohlfahrtsstaat

Der Begriff des Wohlfahrtsstaates weist eine schillernde Mehrdeutigkeit auf, die sowohl in der Unterschiedlichkeit seiner historischen Verwendung als auch in der Vielfältigkeit seiner ideologischen Einbindung begründet ist. Flora und Heidenheimer (1981, S. 23-28) betonen dabei den wichtigen Gesichtspunkt, daß der moderne Wohlfahrtsstaat nicht als ein integrales Element lediglich liberal-demokratisch verfaßter Gesellschaften begriffen werden kann. Sie heben vielmehr den allumfassenden Charakter des Wohlfahrtsstaates als ein Element im Prozeß gesellschaftlicher und politischer Modernisierung hervor. Kaum Zweifel können jedoch daran bestehen, daß liberal-demokratische Staaten mit ihrer Verfassungskonzeption der Institutionalisierung umfassender Freiheitsrechte für alle Bürger ohne die Fundierung breiter wohlfahrtsstaatlicher Regelungen im Sinne der Absicherung gegen zentrale Lebensrisiken keine Existenzfähigkeit besäßen, die auch gravierende Wirtschafts- und andere Krisen zu überdauern vermöchte.

In letzter Zeit mehren sich allerdings die Anzeichen, daß die demokratischen Wohlfahrtsstaaten an die Grenzen ihrer wirtschaftlichen und fiskal-politischen Möglichkeiten stoßen (Flora 1986, S. 34-36; Alber 1986). Es gibt aber wenig Grund zu der Annahme, daß damit in irgend-

einer Weise seitens der politischen Eliten wie der Bevölkerung eine grundsätzliche Abkehr von wohlfahrtsstaatlichen Konzeptionen verbunden sein
wird. Daß dennoch ein solcher Eindruck in der Öffentlichkeit gelegentlich
entstanden ist und noch entsteht, hängt nicht zuletzt mit einer Problema-
tisierung in den Massenmedien zusammen, die auf den Mißbrauch
wohlfahrtsstaatlicher Leistungen verweist (Taylor-Gooby 1985, S. 33).
Darüber hinaus wurden jedoch auch strukturelle Entwicklungen benannt,
die mit einer gewissen Wahrscheinlichkeit eine grundlegende Veränderung
der Einstellungen zum Wohlfahrtsstaat nach sich ziehen würden. In diesem
Zusammenhang hat insbesondere die These von Harold Wilensky (1975)
vom "welfare backlash" eine gewisse Bedeutung gewonnen. Wilensky
beschäftigt sich mit sozio-politischen Systemen, die durch eine große
"mittlere Masse" (middle mass = obere Arbeiterklasse und untere Mittel-
klasse), hohe soziale Mobilitätschancen, privatwirtschaftlich organisierte
Sicherungssysteme, Chancen für selbständige Beschäftigung und einige
sozial sichtbare Gruppen von unterprivilegierten Nutznießern egalitärer,
wohlfahrtsstaatlicher Politik sowie durch ein ausgeprägtes Gefühl einer hohen Steuerbelastung gekennzeichnet sind. Er argumentiert nun, daß in
solchen Systemen eine Bewegung dieser "mittleren Masse" gegen
wohlfahrtsstaatliche Leistungen für Unterprivilegierte wahrscheinlich ist,
wobei diese Bewegung allerdings, so Wilensky, durch eine wohlorganisierte
Arbeiterklasse behindert wird (Wilensky 1975, S. 50-69).

Eine empirische Überprüfung dieser Thesen ist bisher nicht bekannt
geworden. Die wenigen vorliegenden Untersuchungen im Einstellungs-
bereich, die allerdings sämtlich unter höchst problematischen Operationali-
sierungen leiden, haben insgesamt kaum Zweifel an einer nach wie vor
umfassenden Akzeptanz des Wohlfahrtsstaates durch die Bevölkerung
geweckt (Pappi 1977; Infratest Sozialforschung 1980, S. 40-43; Taylor-
Gooby 1985; Alber 1986, S. 49-56). Dennoch können diese Befunde nicht
befriedigen. Neben der schon in statischer Perspektive unzureichenden
Datenlage ist insbesondere die zeitliche Dimensionierung eines möglichen
Prozesses der einstellungsmäßigen Umorientierung der Bürger gegenüber
dem Wohlfahrtsstaat in der Forschung bisher weitgehend unberücksichtigt
geblieben. Da in diesem Bereich wegen der breiten Leistungspalette zugunsten der Bürger nicht mit abrupten Veränderungen zu rechnen ist, erscheint diese langfristig ausgerichtete Forschungsperspektive unabdingbar.
Diese Aufgabe hat sich das Teilprojekt A-7 "Wohlfahrtsansprüche" des Sonderforschungsbereichs 3 gestellt. Angesichts der zunächst nur aus Quer-
schnittbefragungen verfügbaren Daten wird dabei in der ersten
Forschungsphase ein Schwergewicht auf Deskription und Strukturanalysen
gelegt. Erst mit der zunehmenden Verfügbarkeit auch längsschnittlicher
Informationen wird der an sich zentrale Prozeßaspekt in der Entwicklung
der Einstellungen zum Wohlfahrtsstaat angemessen berücksichtigt werden
können.

3   "Weniger oder mehr Staat" - die Datengrundlage

Im Jahre 1982 hatte sich die Möglichkeit ergeben, im Rahmen der wahlsoziologischen Untersuchungen der Mannheimer Forschungsgruppe Wahlen e.V. im Auftrag des Zweiten Deutschen Fernsehens (ZDF) in die monatliche Bevölkerungsumfrage "Politbarometer" im November 1982 (gleichzeitig 1. Welle der Mannheimer Wahlstudie 1983, eines 3-Wellen-Panels) eine Frage zur Problematik eines in der Wahrnehmung seiner Bürger eher zu aktiven oder aber zu passiven Staates einzuschalten. Diese Frage war eine erste Annäherung an die Problematik; mehr war angesichts des damals bestehenden Zeitdrucks und damit der fehlenden Möglichkeit, die Frage in einem Pretest auf ihre Validität zu überprüfen, auch nicht möglich.

Sehr wohl geplant war 1982 jedoch schon, im Falle der Verwirklichung des Forschungsvorhabens "Wohlfahrtsansprüche", die Daten aus dem November 1982 als base-line Information für eine Reihe weiterer Messungen mit längsschnittlicher Zielsetzung zu verwenden. Der Zeitpunkt schien dafür insofern günstig gewählt zu sein, als nach der Bundestagswahl am 6. März 1983 und dem Wahlsieg der CDU/CSU-F.D.P.-Koalition programmatisch und faktisch eine Zurücknahme wohlfahrtsstaatlicher Leistungen zu erwarten war (für eine Analyse der tatsächlich eingetretenen Entwicklung siehe Alber 1986; Zapf 1986).

Dieser politische Hintergrund ist eine wichtige Voraussetzung für das Verständnis der im folgenden dargestellten Frageformulierung. Es ging uns damals insbesondere darum, die Wahrnehmung der Befragten nicht auf wohlfahrtsstaatliche Leistungen einzuengen, sondern zu versuchen, eine Einstellungsdimension - oder, genauer gesagt, einen Teil einer Einstellungsdimension - zu erfassen, die ganz allgemein die Kognitionen der Bürger in bezug auf eine zu ausgedehnte, eine gerade richtige oder aber eine zu geringe Rolle des Staates zum Inhalt hat. In der Retrospektive wird man angesichts der im weiteren Verlauf präsentierten Analyseergebnisse wohl zumindest fragen müssen, ob die operationale Umsetzung zur Messung dieser Einstellungsdimension mit den Begriffen der "Staatseinmischung" für den Aspekt des "weniger Staat" und des "Kümmerns des Staates" für den Aspekt des "mehr Staat" diese Dimension neutral und gleichgewichtig genug erfaßt hat.

In der folgenden Tabelle 1 werden zunächst die Frage und die bis zum März 1986 vorliegenden Erhebungsergebnisse dokumentiert. Zu diesen Ergebnissen sind einige Anmerkungen am Platze. Zunächst einmal muß darauf hingewiesen werden, daß angesichts der in den drei Befragungen höchst unterschiedlichen Erhebungsthematik diese Daten keinesfalls in bezug auf die Veränderungen über die Zeit als strikte Verlaufsstudie im Sinne einer Dauerbeobachtung behandelt werden können. So dürfte z.B. die gegenüber den beiden anderen Untersuchungen im Panel deutlich erhöhte Kategorie "der Staat kümmert sich zu wenig" wesentlich auf die intensive

Thematisierung sozialpolitischer und wirtschaftlicher Befindlichkeiten der Befragten zurückzuführen sein. Ferner belegt die Tatsache, daß in der Repräsentativstudie "Wohlfahrtsansprüche" rund ein Zehntel der Befragten keine Antwort auf die Frage zu geben vermochte (man bedenke dabei: die Kategorie "weiß nicht" war nicht im Fragetext enthalten), daß man es hier mit einer Problematik zu tun hat, die einem durchaus nennenswerten Teil der Interviewten fernsteht.

Tabelle 1: Einstellungen zur Rolle des Staates (1)

Frage: Manche sagen, daß der Staat sich zu stark in das Leben der Bürger einmischt und damit ihre Bereitschaft schwächt, selber einen Beitrag zur Lösung der eigenen Probleme zu leisten. Andere sagen, der Staat kümmert sich zu wenig um den Bürger. Was meinen Sie: Mischt sich der Staat zu stark in das Leben der Bürger ein, kümmert er sich zu wenig um die Bürger, oder sind Sie mit dem bestehenden Zustand zufrieden?

Antwort-kategorien	Wahlstudie Nov. 1982 n = 1581		Panel 1. Welle März bis Sept. 1984 n = 8670		Wohlfahrts-ansprüche Nov. 1985 bis Febr. 1986 n = 1843	
	%(2)		%		%	
Mischt sich zu stark ein	18,5	(18,8)	19,2	(19,5)	20,5	(22,8)
Zufrieden	60,7	(61,8)	48,2	(49,1)	47,9	(53,3)
Kümmert sich zu wenig	19,2	(19,4)	30,9	(31,4)	21,5	(23,9)
Keine Angabe/ Weiß nicht	1,6	–	1,7	–	10,1(3)	–
Insgesamt	100	(100)	100	(100)	100	(100)

Anmerkungen: (1) Befragt bzw. in die Analyse einbezogen wurden jeweils alle Wahlberechtigten, d.h. deutsche Staatsbürger im Alter von 18 Jahren. Ausnahmen sind jeweils vermerkt. Wegen der anderen Altersabgrenzung der Panel-Stichprobe (ab 16 Jahren) wurde die Alterszusammensetzung für die hier vorgelegten Panel-Analysen mechanisch durch Differenzbildung des Geburtsjahres der Befragten vom Befragungsjahr vorgenommen. Dabei entstehende leichte Unschärfen in der Stichprobenzusammensetzung der verglichenen Untersuchungen wurden wegen ihrer geringen Größenordnung in Kauf genommen. Die Berechnungen erfolgten mit den ungewichteten Daten. (2) In Klammern Prozentuierung ohne fehlende Angaben. (3) Aus methodischen Gründen enthält der Fragebogen im inhaltlichen Teil der Studie jeweils im Fragebogen ausgedruckt, aber nur für den Interviewer erkennbar, die Kategorie "weiß nicht", um den Interviewern bei "schweren" Fragen die Möglichkeit zu geben, den Befragten aus der Frage "aussteigen" zu lassen.

Neben diesen methodischen Aspekten ist im Vorfeld auch auf die Gefahr einer inhaltlichen Konfundierung der Ergebnisse hinzuweisen, ohne daß dazu allerdings derzeit konkrete Abschätzungen möglich sind. Gemeint ist die Tatsache, daß aus politisch-soziologischen Studien bekannt ist, daß manche Bürger zwischen den Kategorien des Staates als Summe aller politischen Akteure, Institutionen sowie der Selbstideologie der Politik einerseits und deren Verkörperung durch eine natürlich parteipolitisch gefärbte Bundesregierung und deren Repräsentanten andererseits nicht hinreichend zu unterscheiden wissen (dies ist ein die empirische Erforschung von Legitimitätsüberzeugungen ganz besonders plagendes Problem; siehe dazu Westle 1984). Ausdrücken würde sich eine solche Konfundierung darin, daß die Anhänger der politischen Parteien die obige Frage verändert je nachdem beantworten würden, ob ihre Partei an der Regierung beteiligt oder in der Opposition ist.

Da durch den Beginn der Verwendung dieser Frage erstmals im November 1982 die Makrovariable "Regierungszusammensetzung" bislang nicht variierte, ist dieses Problem zur Zeit empirisch nicht zu lösen. Immerhin erscheint es aber auch von grundsätzlichem Interesse, die Verteilung der Antworten auf die Frage nach der Rolle des Staates in der Tabellierung nach Parteipräferenz - operationalisiert über das Konzept der Parteiidentifikation als mittel- bis langfristiger Parteibindung - darzustellen (vgl. Tabelle 2).

Bei der Betrachtung dieser Befunde sollte man sich zunächst noch einmal daran erinnern, daß 1982 wie 1986 - das Panel weicht von diesem Bild aus dem bereits genannten Grund etwas ab - sich je rund ein Fünftel der Befragten für eine reduzierte bzw. größere Rolle des Staates ausgesprochen hatte und der Rest mit dem Status quo zufrieden war. In der Aufgliederung nach Parteiidentifikation erfahren diese Verteilungen in mehrfacher Hinsicht eine Differenzierung. Sieht man zunächst einmal von den Grünen und auch von der F.D.P. ab, so weisen die beiden großen Parteien jeweils sowohl Anhänger des einen ("Staat mischt sich zu sehr ein") als auch des anderen ("Staat kümmert sich zu wenig") Pols der Einstellungsdimension auf. Während jedoch für die CDU/CSU-Anhänger zwischen 1982 und 1986 praktisch keine Veränderung bezüglich der Anteile der Pole zu verzeichnen ist, erhöht sich bei den SPD-Anhängern nach 1982 der Anteil derjenigen, die mehr Staatsinterventionen wünschen, ganz deutlich, und zwar auf Kosten der mit dem Status quo Zufriedenen. Diese besonders im Panel erkennbare Tendenz läßt vermuten, daß die "mehr Staat" formulierende Antwortkategorie von den Befragten im Sinne von wirtschafts- und wohlfahrtsfördernden Interventionen, also klassisch wohlfahrtsstaatlich, gedeutet wird. Demgegenüber legt die weit überdurchschnittliche Präferenz (von rund 50% für die Kategorie "Staat mischt sich zu sehr ein") der Anhänger der Grünen die Frage nahe, ob die "weniger Staat"-Kategorie inhaltlich für alle Befragten gleich oder zumindest ähnlich gedeutet werden kann. Diesen Problemen soll im folgenden nachgegangen werden.

Tabelle 2: Einstellungen zur Rolle des Staates nach Parteiidentifikation

Partei-identifikation	Rolle des Staates			
	mischt sich zu stark ein	zufrieden	kümmert sich zu wenig	Summe n=100%
CDU/CSU				
Wahlstudie 1982	16,8	66,7	16,5	488
Panel	13,8	62,7	23,5	2402
Wohlfahrts-ansprüche	16,0	65,7	18,3	568
SPD				
Wahlstudie 1982	18,7	59,3	22,0	546
Panel	20,9	40,6	38,5	2330
Wohlfahrts-ansprüche	24,4	42,6	33,0	488
F.D.P.				
Wahlstudie 1982	18,8	75,0	6,2	32
Panel	23,3	58,7	18,0	167
Wohlfahrts-ansprüche	27,9	55,8	16,3	43
Grüne				
Wahlstudie 1982	41,9	20,9	37,2	44
Panel	47,4	22,0	30,6	314
Wohlfahrts-ansprüche	50,5	27,0	22,5	89

Quelle: Das Sozio-ökonomische Panel, Welle 1, 1984.

4 Die sozialstrukturellen Korrelate und die Wertkorrelate der Einstellungen zur Rolle des Staates

Nach den gerade präsentierten Daten und den in der Wahlsoziologie umfassend erarbeiteten Informationen über die Klientelschwerpunkte der politischen Parteien kann es kaum überraschen, daß die Frage nach der Rolle des Staates in unterschiedlichen sozialstrukturellen Lagern nicht gleich beantwortet wird. Vier dieser sozialstrukturellen Variablen aus dem Panel sollen kurz behandelt werden (Daten nicht ausgewiesen).

Die geringe Korrelation zwischen Staatsrolle und Alter (tau b = .05 bei sechs Alterskategorien) könnte darauf hindeuten, daß Alter in bezug auf diese Einstellungen nur wenig diskriminiert. Tatsächlich ergibt sich die numerisch so niedrige Beziehung jedoch aus einer besonderen Charakteristik der Antwortverteilungen. Während der Anteil derjenigen, die dem Staat eine größere Rolle zubilligen, nach Alter kaum variiert (im Durchschnitt 31 %), ergibt sich eine gegenläufige Beziehung zwischen den beiden anderen Antwortkategorien dahingehend, daß die Jungen deutlich geringere Staatseingriffe wünschen als die Alten, die Älteren hingegen kompensierend deutlich zufriedener mit dem Status quo als die Jüngeren sind. Hier schlägt offenbar ein bereits aus den Forschungen zur Lebensqualität bekannter Sachverhalt durch, nämlich die größere allgemeine Lebenszufriedenheit der Älteren, und zwar wegen deren verringerter Ansprüche. Verbindet man diesen Befund mit der Analyse der Staatsrolle nach Schulbildung der Befragten, ergibt sich eine weitere Akzentuierung des Bildes. Hier zeigt sich nun, daß zwar nicht das Ausmaß an Status quo-Zufriedenheit, aber die gewünschte Rolle des Staates invers variieren: Je höher die formale Bildung, desto größer ist die Neigung, dem Staat eine verminderte Rolle beizumessen. Am ausgeprägtesten wird diese Position von Studenten, danach von Schülern vertreten. Daß Jugendlichkeit hier übrigens nicht die kausal zentrale Variable ist, sondern vielmehr der Status im Bildungs- und Beschäftigungssystem, belegt die Tatsache, daß Auszubildende und junge Hausfrauen (bis 30 Jahre) den Wunsch nach einer verringerten Staatsrolle nur halb so häufig wie Studenten und Schüler vertreten. Die Prägung des Bewußtseins durch die existentielle Befindlichkeit zeigt sich schließlich auch daran, daß die jungen Hausfrauen und die jungen Arbeitslosen (bis 30 Jahre) doppelt so häufig wie Schüler und Studenten eine intensivere Staatsrolle wünschen; hier liegt eine erneute Bestätigung für die weiter vorne formulierte These, daß die Antwortkategorie einer größeren Staatsrolle im traditionellen wohlfahrtsstaatlichen Sinne zu interpretieren ist.

Eine der zu überprüfenden Hypothesen, so war zu Beginn ausgeführt worden, ist die vom "welfare backlash" nach Wilensky (1975). Wenngleich es hier angesichts der unzureichenden Datenbasis zu einem echten Test dieser Hypothese nicht kommen kann, erschien es dennoch von Interesse festzustellen, ob die Art der beruflichen Stellung eines Befragten seine Einstellung zur Rolle des Staates beeinflußt. Von einem "backlash" der "mittleren Masse" kann demnach auf keinen Fall gesprochen werden (siehe dazu auch Alber 1986, S. 53). Erwartungsgemäß - bezogen auf ihre Selbstideologie - sind es hingegen die Selbständigen, und zwar in erster Linie und ganz überwiegend lediglich die Angehörigen der Freien Berufe, die relativ deutlich einer zurückgenommenen Rolle des Staates das Wort reden.

Die bisherigen Ergebnisse der politikstrukturellen und sozialstrukturellen Analyse gestatten es nun auch, die Bedeutung der Antwortkategorie "der Staat mischt sich zu stark ein" etwas genauer zu fassen. Es sieht nämlich so aus, als ob sich hinter dieser Antwortpräferenz zwei unterschiedliche Bedeutungszusammenhänge verbergen würden: zum einen eine "klassische" liberale Position für einen begrenzten Interventionsstaat, zum anderen die Position einer Skepsis - in einem ganz grundlegenden Sinne - gegenüber der Art von demokratischem Staat, wie er in der Bundesrepublik existiert.

Eine der Einstellungsvariablen, die im Panel für diese Analysen zur Verfügung steht, ist der Materialismus-Postmaterialismus-Index nach Inglehart (1977). Im Kern der inzwischen wissenschaftlich wie öffentlich intensiv diskutierten These Ingleharts vom Wertwandel in den industriell hochentwickelten westlichen Ländern steht die Annahme, daß über Sozialisationsprozesse auf der Grundlage einer positiven Wirtschaftsentwicklung in den letzten zwanzig Jahren altersspezifisch Veränderungen in den Wertpräferenzen der Bevölkerung stattgefunden haben: Laut Inglehart gibt es eine systematische Verschiebung weg von auf Lebenssicherung bezogenen Bedürfnissen (= Werten?) hin zu auf Selbstverwirklichung gerichteten Bedürfnissen. Für die Fragestellung dieses Beitrages ist der Inglehart-Index von zweifacher Bedeutung. Zum einen läßt sich die These formulieren, daß in demokratischen Politien Selbstverwirklichung anstrebende Bürger eher einer zurückgenommenen Staatsrolle das Wort reden werden. Dabei ist zu beachten, daß eine im Rangordnungsverfahren ermittelte höchste Präferenz von Befragten für postmaterialistische Werte keinesfalls impliziert, daß Werten der Lebenssicherung eine geringe Bedeutung beigemessen wird (siehe dazu auch Marsh 1975). Daraus läßt sich die These einer bereichsspezifisch und zeitlich differenzierten Rollenzuweisung an den Staat ableiten. Die Vermutung einer Präferenz für "weniger Staatseinmischung" bei den Postmaterialisten entspricht dieser Differenzierung. Zum zweiten ist aus der bisherigen Forschung vielfältig belegt, daß zu den Grünen tendierende Wähler in weit überdurchschnittlichem Maße postmaterialistische Wertorientierungen besitzen.

Die Daten (vgl. Tabelle 3) geben zu mehreren Bemerkungen Anlaß. Sieht man einmal von der bereits berichteten Tendenz im Panel ab, im Vergleich zu den anderen Befragungen die Kategorie "der Staat kümmert sich zu wenig" stärker zu betonen - diese Betonung im Panel geht übrigens fast ausschließlich zu Lasten der Kategorie "Zufriedenheit mit dem Status quo", eine weitere Bestätigung des Einflusses des Studienkontextes auf die Beantwortung der Einstellungsfragen -, ist die Struktur der Beziehung zwischen den beiden Variablen in den drei Untersuchungen doch bemerkenswert ähnlich. Inhaltlich bestätigt sich die Erwartung, daß Postmaterialisten deutlich häufiger für weniger Staatseinmischung plädieren. Bemerkenswert ist schließlich, daß diese Präferenz nicht etwa auf Kosten der Kategorie "der Staat kümmert sich zu wenig", sondern fast ausschließlich auf Kosten der "Zufriedenheit"-Kategorie geht. Darauf wird später noch einmal zurückzukommen sein.

Insgesamt verstärkt sich der Eindruck, daß die Frage nach der Rolle des Staates in der Kategorie "der Staat kümmert sich zu wenig" den Befragten eine Ausdrucksmöglichkeit bietet, vom Staat eine noch stärkere Absicherung ihrer wirtschaftlichen und sozialen Existenz zu fordern. Die folgende Tabelle 4 gestattet eine annähernde Überprüfung dieser These. Gefragt wurde nämlich im Panel unter anderem, ob man sich Sorgen um die eigene wirtschaftliche Situation und um die Sicherheit des eigenen Arbeitsplatzes (nur an Erwerbstätige) mache.

Tabelle 3: Einstellungen zur Rolle des Staates nach Position auf dem Materialismus-Postmaterialismus-Index (1)

Materialismus-Postmaterialismus-Index nach Inglehart	Rolle des Staates			
	mischt sich zu stark ein	zufrieden	kümmert sich zu wenig	Summe n=100%
Materialisten				
Wahlstudie 1982	11,0	69,9	19,1	700
Panel (2)	11,0	57,4	31,6	2815
Wohlfahrts-ansprüche	11,0	62,0	27,0	426
Eher Materialisten				
Wahlstudie 1982	19,1	61,2	19,6	427
Panel (2)	16,5	51,6	31,9	2556
Wohlfahrts-ansprüche	17,9	57,3	24,8	468
Eher Postmateria-listen				
Wahlstudie	26,4	54,4	19,2	257
Panel (2)	24,2	43,1	32,7	1576
Wohlfahrts-ansprüche	27,9	49,7	22,4	330
Postmaterialisten				
Wahlstudie 1982	38,2	39,5	22,3	160
Panel (2)	39,7	34,0	26,3	1271
Wohlfahrts-ansprüche	37,5	41,3	21,2	397

Anmerkungen: (1) Der Index geht auf eine Frage zurück, bei der die folgenden vier Einzelitems in eine Rangreihe von eins bis vier gebracht werden mußten (M=Materialistisch; P=Postmaterialistisch): Aufrechterhaltung von Ruhe und Ordnung in diesem Lande (M); Kampf gegen die steigenden Preise (M); mehr Einfluß der Bürger auf die Entscheidungen der Regierung (P); Schutz des Rechts auf freie Meinungsäußerung (P). Die Klassifikation der Befragten erfolgte nach der Besetzung der beiden ersten Ränge: MM=Materialist; MP=eher Materialist; PM=eher Postmaterialist; PP=Postmaterialist. (2) Bei der Datenanalyse stellte sich heraus, daß eine Reihe von Befragten die Frage insofern nicht korrekt beantwortet hat, als Rangplätze mehrfach vergeben wurden. Diese Befragten sind, sofern sie nicht einer der vier Indexkategorien eindeutig zugeordnet werden konnten, von der hier vorgelegten Analyse ausgeschlossen worden.

Quelle: Das Sozio-ökonomische Panel, Welle 1, 1984.

Tabelle 4: Einstellungen zur Rolle des Staates und Ausmaß der Sorgen um die eigene wirtschaftliche Situation und um den eigenen Arbeitsplatz

Ausmaß der Sorgen um ...	Rolle des Staates			
	mischt sich zu stark ein	zufrieden	kümmert sich zu wenig	Summe n=100%
Eigene wirtschaftliche Situation				
Große Sorgen	23,2	28,8	48,0	1467
Einige Sorgen	20,2	45,3	34,5	3657
Keine Sorgen	17,2	62,4	20,4	3314
Sicherheit des eigenen Arbeitsplatzes (1)				
Große Sorgen	21,9	31,8	46,3	693
Einige Sorgen	22,4	46,1	31,5	1396
Keine Sorgen	22,9	52,6	24,5	2421

Anmerkungen: (1) Nur an Erwerbstätige.

Quelle: Das Sozio-ökonomische Panel, Welle 1, 1984.

Diese Analyse belegt erneut, daß in großem Maße die eigene wirtschaftliche (und soziale) Befindlichkeit bestimmt, inwieweit man "mehr Staat" wünscht oder - umgekehrt - mit der bestehenden Rolle des Staates zufrieden ist. Bemerkenswert ist, daß im Aggregat aller Befragten das gewünschte Ausmaß an "weniger Staat" praktisch unabhängig von der Intensität der Sorgen über die wirtschaftliche und Arbeitsplatzsituation ist. Interessant ist nun die Frage, ob auch Postmaterialisten bei großen wirtschaftlichen Sorgen eine verstärkte Staatstätigkeit wünschen. Dabei zeigt sich, daß in allen Kategorien des Materialismus-Postmaterialismus-Index (Daten nicht ausgewiesen) die Grundstruktur der Beziehung zwischen den Einstellungen zur Staatsrolle und dem Ausmaß an wirtschaftlichen Sorgen (siehe dazu Tabelle 4) erhalten bleibt, jedoch jeweils auf unterschiedlichem Niveau (siehe dazu Tabelle 3). Für die Postmaterialisten ergibt sich daraus, daß selbst bei ihrer grundsätzlichen Tendenz zugunsten der Kategorie "der Staat mischt sich zu stark ein" doch eine Ambivalenz insofern erkennbar wird, als bei großen wirtschaftlichen Sorgen bei einem Teil dann eine erhöhte Staatstätigkeit gefordert wird.

In einem weiteren Schritt der Analyse auf dem Hintergrund der bisherigen Überlegungen liegt es nun nahe, zu überprüfen, ob sich die in Tabelle 4 dargestellte Globalbeziehung zwischen dem Ausmaß an wirtschaftlichen Sorgen und den Einstellungen zur Rolle des Staates je nach Richtung der Parteiidentifikation verändert oder ob sie gleich bleibt.

Tabelle 5: Einstellungen zur Rolle des Staates und Ausmaß der Sorgen um die eigene wirtschaftliche Situation nach Parteiidentifikation

Ausmaß der Sorgen um eigene wirtschaftliche Situation und Parteiidentifikation	Rolle des Staates			
	mischt sich zu stark ein	zufrieden	kümmert sich zu wenig	Summe n=100%
Große Sorgen				
CDU/CSU	15,8	46,7	37,5	323
SPD	20,4	19,0	60,6	436
F.D.P.	33,3	38,1	28,6	21
Grüne	57,6	13,6	28,8	66
Einige Sorgen				
CDU/CSU	13,9	57,7	28,3	1005
SPD	21,7	38,3	40,0	1026
F.D.P.	23,1	53,8	23,1	65
Grüne	45,5	19,4	35,1	134
Keine Sorgen				
CDU/CSU	13,0	72,6	14,4	1049
SPD	20,1	55,1	24,8	850
F.D.P.	22,1	67,5	10,4	77
Grüne	44,6	30,4	25,0	112

Quelle: Das Sozio-ökonomische Panel, Welle 1, 1984.

Die Ergebnisse in Tabelle 5 weisen insgesamt eine Reihe von interessanten Differenzierungen der Globalbefunde und klare Akzentsetzungen auf. Erstens sinkt in allen Parteilagern die Zufriedenheit mit der Staatsrolle mit der Zunahme an wirtschaftlichen Sorgen. Dabei wird insofern doch eine Kontaminierung der Antworten durch die Makrovariable "Regierungszusammensetzung" erkennbar, als diese Beziehung bei Anhängern der SPD prägnanter auftritt (Differenz der Prozentanteile zwischen "Große Sorgen" und "Keine Sorgen" 36 Prozentpunkte) als bei Anhängern der CDU/CSU (Differenz 26 Prozentpunkte) und F.D.P. (29 Prozentpunkte). Ferner sind erhebliche Unterschiede im Plateau der Zufriedenheit zwischen den Parteianhängern besonders bei den Befragten, die sich große wirtschaftliche Sorgen machen, festzustellen. Zweitens beeinflußt das Ausmaß der Sorgen um die eigene wirtschaftliche Lage auch in der Aufgliederung nach Parteiidentifikation den Wunsch nach "weniger Staat" kaum. Und drittens schließlich hat die Intensität der wirtschaftlichen Sorgen bei den Anhängern der Grünen - angesichts deren hohen Anteils an noch nicht Berufstätigen (Alber 1985) nicht weiter verwunderlich - noch eher einen akzentuierenden, auf jeden Fall jedoch keinen unterdrückenden Effekt. Damit stellt sich erneut die Frage, wie denn nun die in diesem Beitrag diskutierte Präferenz für eine zurückgenommene Staatsrolle zu interpretieren ist. Bei dem Versuch, darauf eine Antwort zu finden, sind allerdings die Informationsgrenzen des Panel endgültig erreicht. Deshalb wird im folgenden auf Analysen der bereits mehrfach angesprochenen Repräsentativumfrage "Wohlfahrtsansprüche" bei den wahlberechtigten Bürgern der Bundesrepublik zurückgegriffen werden; dies kann allerdings aus zeitlichen und aus Platzgründen nur in knapper Form geschehen.

Angesichts der starken Verbindung der Präferenzen für "weniger Staatseinmischung" mit "grünen" Positionen und postmaterialistischen Wertüberzeugungen liegt die Vermutung auf der Hand, daß sich in dieser Position eine (mehr oder weniger) grundsätzliche Kritik an der Demokratie und ihren staatlichen Institutionalisierungsformen verbindet. Diese Spekulation soll im folgenden in Tabelle 6 überprüft werden, die die unterschiedlichen Positionen zur Rolle des Staates nach Einstellungen zur Idee der Demokratie sowie

Tabelle 6: Einstellungen zur Rolle des Staates und Einstellungen zur Idee der Demokratie bzw. Zufriedenheit mit der Demokratie in der Bundesrepublik Deutschland

Einstellungen zur Demokratie	Rolle des Staates			
	mischt sich zu stark ein	zufrieden	kümmert sich zu wenig	Summe n=100%
Einstellungen zur Idee der Demokratie				
Sehr für die Idee	23,6	56,9	19,5	960
Ziemlich für die Idee	21,9	51,4	26,8	471
Etwas für die Idee	20,5	41,0	38,5	156
Etwas/ziemlich/ sehr gegen die Idee	24,2	30,3	45,5	33
Zufriedenheit mit der Demokratie in der Bundesrepublik Deutschland				
Sehr zufrieden	12,8	78,4	8,7	218
Ziemlich zufrieden	16,6	63,3	20,1	790
Etwas zufrieden	29,0	39,0	32,0	372
Etwas unzufrieden	37,9	26,0	36,1	169
Ziemlich/sehr unzufrieden	46,7	16,3	37,0	92

Quelle: Repräsentativbefragung 1985/86 "Wohlfahrtsansprüche".

nach Zufriedenheit mit der konkreten Demokratie in der Bundesrepublik darstellt.

Bemerkenswerterweise weist das Ausmaß an Zustimmung zur Idee der Demokratie keinen Bezug zu einer unterschiedlichen Bevorzugung von "weniger Staat", wohl aber - in bekannter inverser Form - zur Zufriedenheit mit dem Status quo bzw. zum Wunsch nach "mehr Staat" auf. Es läßt sich, vielleicht etwas riskant wegen der Unterstellung einer gerichteten Kausalität, formulieren, daß ein Staat, der in den Augen seiner Bürger im wohlfahrtsstaatlichen Sinne zu wenig für seine Bürger tut, damit die grundsätzliche Legitimitätsgeltung der demokratischen politischen Ordnung gefährdet. Dieses Ergebnis ließe sich sehr wohl als Bestätigung der eingangs getroffenen Feststellung deuten, daß die Stabilität demokratischer Politien zentral von der wohlfahrtsstaatlichen Leistungsfähigkeit dieser Gesellschaften abhängt.

Weiterhin sehr interessant ist die Eindeutigkeit, mit der die Zufriedenheit mit der bundesdeutschen Demokratie und die Zufriedenheit mit der Staatsrolle kovariieren. Aus der Tabelle geht aber auch hervor, daß die Unzufriedenheit mit der Staatsrolle zwei ganz unterschiedliche Quellen hat: zum einen eine wohlfahrtsstaatliche, die sich insbesondere in Krisenzeiten in der Kritik an einem Staat, der sich zu wenig kümmert, kristallisiert, und zum anderen eine genuin politische, die sich auf der Grundlage postmaterialistischer Wertüberzeugungen (siehe dazu noch einmal Tabelle 3) aus dem Mißtrauen in einen zu aktiven, zu kontrollierenden und sich in die Belange der Bürger zu umfassend einmischenden Staat speist.

Tabelle 7 zeigt, daß diese Positionen im deutschen Parteiensystem zumindest schwerpunktmäßig, und zwar auf zwei Dimensionen, verankert sind. In der Zustimmung zur Idee der Demokratie gibt es dabei keine grundlegenden Unterschiede zwischen den Anhängern der verschiedenen Parteien; das hohe Maß an Zustimmung, auch unter den Anhängern der Grünen, ist an sich schon ein berichtenswertes Ergebnis. Die Unterschiede ergeben sich vielmehr in der Wahrnehmung des konkreten politischen Prozesses in der Bundesrepublik. In der Kritik daran stehen sich einmal die Anhänger der Grünen sowie kleine Teile der SPD-Anhänger mit grüner Wertaffinität und zum anderen die überwiegend positiv gesonnenen Anhänger der beiden Regierungsparteien und der Mehrheit der SPD-Anhänger gegenüber; diese Kritik ist durch Mißtrauen gegenüber einer zu starken Einmischung des Staates in die Angelegenheiten seiner Bürger gekennzeichnet. Auf der zweiten Dimension operiert eine Makrovariable; hier stehen sich die Anhänger der Regierungsparteien einerseits und der Oppositionsparteien andererseits in einer institutionell vorgesehenen Gegenrolle gegenüber. Ob diese institutionalisierte Skepsis sich mittelfristig bis langfristig in der Hervorbringung einer das Gesamtsystem der Demokratie berührenden Kritik niederschlägt, dürfte nach dem bisher Gesagten entscheidend von der Regelmäßigkeit durch Wahlen hervorgebrachter Regierungswechsel sowie der Fähigkeit des Wohlfahrtsstaates abhängen, wirtschaftliche und sozialpolitische Krisen mit überzeugenden Mitteln zu bekämpfen. Daß hier im übrigen die Bürger durchaus zu eigenen Opfern bereit sind, die darüber hinaus die Identifikation mit dem Wohlfahrtsstaat nicht unterminieren müssen, hat Alber (1986) in einer interessanten Analyse belegt.

Tabelle 7: Einstellungen zur Demokratie nach Parteiidentifikation

Einstellungen zur Demokratie	Parteiidentifikation			
	CDU/CSU n=599 %	SPD n=527 %	F.D.P. n=50 %	Grüne n=98 %
Einstellungen zur Idee der Demokratie				
Sehr für die Idee	61,1	59,2	68,0	57,1
Ziemlich für die Idee	29,2	27,5	28,0	35,7
Etwas für die Idee	8,0	11,6	2,0	4,1
Etwas/ziemlich/ sehr gegen die Idee der Demokratie	1,7	1,7	2,0	3,1
Summe	100	100	100	100
Zufriedenheit mit der Demokratie in der Bundesrepublik Deutschland				
Sehr zufrieden	20,0	8,9	14,0	3,1
Ziemlich zufrieden	59,5	42,9	60,0	26,5
Etwas zufrieden	13,7	28,2	20,0	26,5
Etwas unzufrieden	5,0	13,6	4,0	28,6
Ziemlich/sehr unzufrieden	1,8	6,4	2,0	15,3
Summe	100	100	100	100

Quelle: Repräsentativbefragung 1985/86 "Wohlfahrtsansprüche".

5 Zusammenfassung

Die in diesem Aufsatz aufgenommene Fragestellung nach der gewünschten Rolle des Staates hat trotz ihrer im Grunde indikatorenmäßig unbefriedigenden Verankerung interessante Analyseergebnisse erbracht. Mit der hier verwendeten konkreten Operationalisierung ließ sich zwischen 1982 und 1986 je rund ein Fünftel der Wahlberechtigten ausmachen, die entweder beklagten, daß sich der Staat zu wenig um die Bürger kümmere, oder die befürchteten, daß der Staat sich zu stark in das Leben der Bürger einmische. Es wurde versucht, die hinter diesen beiden Präferenzen stehenden

Vorstellungen genauer herauszuarbeiten. Dabei legt die Analyse methodisch den Schluß nahe, daß die bisher verwendete Frage der Komplexität der zugrundeliegenden Sachverhalte nicht hinreichend Rechnung tragen kann. Inhaltlich wurde deutlich, daß die Positionen "mehr" und "weniger" Staat nicht derselben Dimension angehören. Die "mehr Staat"-Kategorie konnte dabei klar einer wohlfahrtsstaatlich orientierten Perspektive zugeordnet werden, während die Vermutung einer Zweideutigkeit der "weniger Staat"-Kategorie im Sinne einmal einer umfassenden klassisch-liberalen Position, zum anderen einer politisch engeren kritischeren Position gegenüber einem "Überwachungsstaat", erhärtet werden konnte. Diese beiden Positionen sind im bundesrepublikanischen Parteiensystem in unterschiedlicher Schärfe ausgeprägt; die erste eher verwischt bei der F.D.P. und bei Teilen der CDU/CSU, die zweite ganz klar bei den Grünen und teilweise auch bei aus der neuen "Versorgungsklasse" (Lepsius) stammenden Anhängern der SPD. Hier muß die Forschung zu einer weiteren Klärung führen.

Bei aller Skepsis gegenüber der politischen Seite des Staates (im prozessual-institutionellen Sinne), wie sie vor allem die Anhänger der Grünen vertreten und die sie deshalb auch zurückgenommen sehen wollen, kann jedoch kein Zweifel daran bestehen, daß nur ein in den Augen seiner Bürger umfassend wohlfahrtsbezogen tätiger Staat auf längere Sicht die Grundlagen einer demokratischen Politie zu sichern vermag. Daß diese Position nicht einem rigiden Festhalten an allen wohlfahrtsstaatlichen Leistungen gleichkommt, sondern durchaus Flexibilität für begründetes staatliches Handeln auch im Sinne einer Zurücknahme bestimmter wohlfahrts-staatlicher Leistungen eröffnet, soll am Ende dieses Beitrages noch einmal ausdrücklich festgestellt werden. Die vermutete Mobilisierung der "mittleren Masse" gegen den Wohlfahrtsstaat steht allerdings mit Sicherheit nicht bevor.

Literaturverzeichnis

Alber, Jens 1985: Modernisierung, neue Spannungslinien und die politischen Chancen der Grünen, Politische Vierteljahresschrift, 26, S. 211-226.

Alber, Jens 1986: Der Wohlfahrtsstaat in der Wirtschaftskrise - Eine Bilanz der Sozialpolitik in der Bundesrepublik seit den frühen siebziger Jahren, Politische Vierteljahresschrift, 27, S. 28-60.

Flora, Peter 1986: Wachstum zu Grenzenstabilisierung durch Wandel. Zur historischen Lage der entwickelten Wohlfahrtsstaaten Westeuropas, in: Kaase, Max (Hrsg.): Politische Wissenschaft und politische Ordnung. Analysen zu Theorie und Empirie demokratischer Regierungsweise, Opladen, S. 27-39.

Flora, Peter, Arnold J. Heidenheimer (Hrsg.) 1981: The Development of Welfare States in Europe and America, New Brunswick-London.

Infratest Sozialforschung 1980: Bürger und Sozialstaat, Forschungsbericht Nr. 22, herausgegeben vom Bundesminister für Arbeit und Sozialordnung, Bonn.

Inglehart, Ronald 1977: The Silent Revolution, Princeton.

Marsh, Alan 1975: The Silent Revolution, Value Priorities and the Quality of Life in Britain, American Political Science Review, 69, S. 21-30.

Pappi, Franz Urban 1977: Einstellungen zum Wohlfahrtsstaat, in: Zapf, Wolfgang (Hrsg.): Probleme der Modernisierungspolitik, Meisenheim am Glan, S. 221-226.

Taylor-Gooby, Peter 1985: Public Opinion, Ideology and State Welfare, London.

Westle, Bettina 1984: Zur Theorie und Messung politischer Legitimität, unveröffentlichtes Manuskript, Mannheim.

Wilensky, Harald L. 1975: The Welfare State and Equality - Structural and Ideological Roots of Public Expenditures, Berkeley.

Zapf, Wolfgang 1986: Die deutsche Version des Wohlfahrtsstaates, in: Hanau, Klaus, Reinhard Hujer, Werner Neubauer (Hrsg.): Wirtschafts- und Sozialstatistik - Empirische Grundlagen politischer Entscheidungen, Göttingen, S. 379-403.

Sprachkenntnisse von Ausländern

Erich Wiegand

1 Zielsetzung und theoretische Grundlagen

Gegenstand des vorliegenden Beitrags sind die Sprachkenntnisse der in der Bundesrepublik lebenden Ausländer aus den fünf wichtigsten ehemaligen Anwerbeländern: Griechenland, Italien, Jugoslawien, Spanien und Türkei. Dabei ist das Interesse nicht ausschließlich auf die erworbenen Deutschkenntnisse, sondern auch auf die noch vorhandenen heimatsprachlichen Kenntnisse gerichtet. Mit dieser Zielsetzung wird sicher kein wissenschaftliches Neuland betreten. Der den empirischen Analysen zugrundeliegende Datensatz - die 1984 erhobene erste Welle des Sozio-ökonomischen Panels - weist jedoch einige Vorteile auf, die es erlauben, bestimmte Fragestellungen stärker als es bisher möglich war zu akzentuieren. Neben dem großen Stichprobenumfang stellt für den vorliegenden Beitrag die explizite Berücksichtigung des Haushaltskontextes - befragt wurden alle im Haushalt lebenden Personen ab 16 Jahren - einen spezifischen Vorteil gegenüber den meisten anderen Umfragen dar.

Die empirischen Analysen werden vor dem Hintergrund eines allgemeinen handlungstheoretischen Modells der Eingliederung von Migranten durchgeführt (Esser u.a. 1979; Esser 1980). Assimilation bezeichnet danach den Zustand der Ähnlichkeit von Ausländern zur Gesellschaft des Aufnahmelandes. "Mit dieser Konzeption können vier Dimensionen der Angleichung unterschieden werden: eine kognitive, eine identifikative, eine soziale und eine strukturelle Dimension " (Esser 1980, S. 23). Die kognitive Assimilation ist definiert als Verfügbarkeit von Wissensbeständen und Fertigkeiten, die zur Bewältigung der vielfältigen Interaktionen mit dem Aufnahmesystem notwendig sind. Die sprachliche Assimilation, der Grad der erworbenen Deutschkenntnisse, ist dabei eine der wichtigsten Subdimensionen. Unter identifikativer Assimilation wird die Übernahme der kulturellen Wertmuster der Aufnahmegesellschaft verstanden. Soziale Assimilation liegt dann vor, wenn die zugewanderten Ausländer Kontakte zu Deutschen aufnehmen können, ohne dabei diskriminiert zu werden. Und strukturelle Assimilation ist die Chance, bestimmte Statuspositionen in der deutschen Gesellschaft gleichberechtigt einnehmen zu können (Kremer, Spangenberg 1980, S. 37).

Aufgrund lern- und handlungstheoretischer Annahmen wird davon ausgegangen, daß die kognitive und damit auch die sprachliche Assimilation den anderen Dimensionen kausal vorausgeht. Damit wird allerdings dem komplexen Prozeß der Angleichung nur unzureichend Rechnung getragen. "Das Modell der Beziehungen zwischen den verschiedenen Typen der Assimilation müßte im Grunde als nicht-rekursives Modell spezifiziert werden, da 'Rückwirkungen' der Variablen auf kausal vorangehende Variablen wahrscheinlich sind, ..." (Esser 1980, S. 23). Hierauf muß auf der empirischen Grundlage der ersten Welle des Sozio-ökonomischen Panels - noch - verzichtet werden.

Nach dem allgemeinen handlungstheoretischen Modell wirken zwei Gruppen unabhängiger Variablen auf die verschiedenen Dimensionen der Assimilation ein: die eine Gruppe enthält persönliche Merkmale und die andere Umgebungsbedingungen der zugewanderten Ausländer. Bei den persönlichen Merkmalen kann differenziert werden zwischen Fähigkeiten und Motivationen sowie subjektiven Erwartungen und wahrgenommenen Folgen assimilativer Handlungen. Die Umgebungsbedingungen werden unterteilt in assimilative Handlungsopportunitäten, rechtliche und soziale Barrieren assimilativer Handlungen sowie nicht-assimilative Handlungsalternativen.

Im Gegensatz zu dem strukturtheoretischen Integrationsbegriff (vgl. z.B. Hoffmann-Nowotny 1973) versteht der handlungstheoretische Ansatz Integration nicht als Teilhabe an der institutionalisierten Positionsstruktur des Aufnahmesystems, sondern als einen Gleichgewichtszustand, der ebenso wie die Assimilation verschiedene Dimensionen umfaßt. Auf der personalen Ebene kennzeichnet Integration das Verhältnis zwischen Ansprüchen, Bedürfnissen und Zielen einerseits und den wahrgenommenen Möglichkeiten ihrer Realisierung andererseits. Gemessen wird dieser Zustand psychischer Stabilität in erster Linie als geäußerte Lebenszufriedenheit.

Im folgenden werden zunächst drei Typologien entwickelt, die jeweils verschiedene Aspekte der Sprachkenntnisse hier lebender Ausländer berücksichtigen. Anschließend wird auf dieser Grundlage eine nach verschiedenen theoretisch relevanten Variablen differenzierte Beschreibung der Deutschkenntnisse vorgenommen. Mit Hilfe von Logit-Modellen wird dann die Erklärungskraft dieser Variablen für den Grad der sprachlichen Assimilation von Ausländern untersucht. Schließlich wird der Haushaltskontext in die Auswertungen einbezogen und der Zusammenhang zwischen den Deutschkenntnissen ausländischer (Ehe-)Partner dargestellt.

2   Typologien der sprachlichen Kenntnisse von Ausländern

Im Sozio-ökonomischen Panel wurden sowohl die Deutschkenntnisse als auch die heimatsprachlichen Kenntnisse von Ausländern in Wort und Schrift erhoben. Dazu wurden vier Fragen mit jeweils fünfstufig vorgegebener Antwortmöglichkeit gestellt (1): "Wenn man als Ausländer nach Deutschland kommt, hat man es nicht leicht, die deutsche Sprache zu lernen. Wer als Ausländer hier geboren ist oder lange hier lebt, kann vielleicht nicht mehr so gut die Sprache seines Heimatlandes. Wie ist das bei Ihnen? Wie gut können Sie nach Ihrer eigenen Einschätzung deutsch sprechen? Und schreiben? Wie gut können Sie nach Ihrer eigenen Einschätzung (griechisch/italienisch/jugoslawisch/spanisch/türkisch) sprechen? Und schreiben?"

Wie zu erwarten war, korrelieren sowohl bei der deutschen Sprache als auch der Sprache des Heimatlandes Sprech- und Schriftkenntnisse sehr hoch. Die entsprechenden Koeffizienten - gemessen als Kendall's tau b - betragen .65 (Deutsch) und .73 (Heimatsprache). Durch Kombination der jeweiligen Kenntnisse in Wort und Schrift entsteht eine Typologie der sprachlichen Assimilation bzw. der noch vorhandenen heimatsprachlichen Kenntnisse. Dabei werden die Schriftkenntnisse den Sprechkenntnissen gewissermaßen nachgeordnet, da die Fähigkeit, eine Sprache zu sprechen, in vielen Interaktionen von größerer Bedeutung ist. Insbesondere gilt dies für die meisten Alltagssituationen. Schriftkenntnisse einer Sprache werden erst aufbauend auf den Sprechkenntnissen in spezifischen Kontexten relevant, beispielsweise für kompetentes Handeln in nicht-manuellen Berufen oder im Kontakt mit Behörden.

Nach der hier vertretenen Auffassung ist ein Ausländer sprachlich vollständig assimiliert (Typ A), wenn er sowohl beim Sprechen als auch beim Schreiben über sehr gute oder mindestens gute Deutschkenntnisse verfügt. Er kann auch dann noch als sprachlich gut assimiliert gelten (Typ B), wenn er zwar sehr gut oder gut deutsch sprechen, aber höchstens mittelmäßig (Zusammenfassung der Kategorien "Es geht", "Eher schlecht" und "Gar nicht") schreiben kann. Seine sprachliche Kompetenz ist dann allerdings auf Alltagssituationen und vorwiegend manuelle Berufspositionen konzentriert. Dagegen ist ein Ausländer sprachlich nur bedingt assimiliert (Typ C), wenn er auf die Frage nach seiner Fähigkeit, deutsch sprechen zu können, die Mittelkategorie "Es geht" angibt. Als sprachlich nicht assimiliert (Typ D) muß er angesehen werden, wenn er "Eher schlecht" oder "Gar nicht" antwortet. In beiden Fällen wiegen die Defizite der Sprechkenntnisse so schwer, daß die deutschen Schriftkenntnisse kaum mehr eine Rolle spielen. Insgesamt sind nach dieser Typologie jeweils zwanzig Prozent der befragten Ausländer sprachlich vollständig bzw. gut assimiliert. Dagegen ist mehr als ein Drittel sprachlich nur bedingt assimiliert. Ein Viertel ist sprachlich nicht assimiliert (vgl. Übersicht 1).

Die Typologie der heimatsprachlichen Kenntnisse wurde abweichend von der Typologie der sprachlichen Assimilation konstruiert. Dies ist durch die Annahme begründet, daß gleich gute Kenntnisse der deutschen Sprache

---

(1)   Die Antwortvorgaben reichten von "Sehr gut" über "Gut", "Es geht", "Eher schlecht" bis "Gar nicht".

bzw. der Heimatsprache unterschiedliche Bedeutungen haben. Deutschkenntnisse von Ausländern, selbst wenn sie nur mittleres Niveau erreichen, werden von der deutschen Bevölkerung als Bereitschaft zur kulturellen Anpassung interpretiert und trotz vorhandener Mängel positiv bewertet. Dagegen orientieren sich die ethnische Kolonie und vor allem die Gesellschaft des Heimatlandes bei der Bewertung der heimatsprachlichen Kenntnisse eher an vorhandenen Defiziten und interpretieren sie als Abkehr von der Ursprungskultur.

Übersicht 1: Typologie der sprachlichen Assimilation

(N=2944)	deutsche Sprechkenntnisse sind...	deutsche Schriftkenntnisse sind...
Typ A sprachlich vollständig assimiliert 20 %	'Sehr gut' oder 'Gut'	'Sehr gut' oder 'Gut'
Typ B sprachlich gut assimiliert 20 %	'Sehr gut' oder 'Gut'	'Es geht', 'Eher schlecht' oder 'Gar nicht'
Typ C sprachlich nur bedingt assimiliert 35 %	'Es geht'	
Typ D sprachlich nicht assimiliert 25 %	'Eher schlecht' oder 'Gar nicht'	

Quelle: Das Sozio-ökonomische Panel, Welle 1, 1984.

Nach der hier vorgelegten Typologie der heimatsprachlichen Kenntnisse weist ein Ausländer keine sprachlichen Defizite auf, wenn er die Sprache seines Heimatlandes sehr gut sprechen und schreiben kann (Typ I). Dies trifft nur noch für weniger als die Hälfte der Befragten zu (vgl. dazu und zum folgenden Übersicht 2). Ein knappes Drittel hat bei der Frage nach den Sprechkenntnissen und/oder den Schreibkenntnissen nicht "Sehr gut" sondern nur "Gut" angegeben (Typ II). Diese Befragten verfügen zwar über weitreichende Kenntnisse der Heimatsprache, empfinden aber gleichwohl geringfügige sprachliche Defizite, die - so die Annahme - auch von ihrer Umgebung als solche wahrgenommen werden. Zwölf Prozent der befragten Ausländer sprechen ihre Heimatsprache gut oder sogar sehr gut, besitzen aber höchstens mittelmäßige Schreibkenntnisse (Typ III) und weisen damit schon deutliche heimatsprachliche Defizite auf. Und schließlich können zehn Prozent ihre Heimatsprache höchstens mittelmäßig sprechen (Typ IV). Dadurch sind die heimatsprachlichen Defizite bereits so erheblich, daß die vorhandenen Schreibkenntnisse ohne Bedeutung sind.

Übersicht 2: Typologie der heimatsprachlichen Kenntnisse

(N=2946)	Sprechkenntnisse der Heimatsprache sind ...	Schriftkenntnisse der Heimatsprache sind ...
Typ I keine heimatsprach- lichen Defizite 46 %	'Sehr gut'	'Sehr gut'
Typ II geringfügige heimat- sprachliche Defizite 32 %	'Sehr gut' 'Gut' 'Gut'	'Gut' 'Sehr gut' 'Gut'
Typ III deutliche heimat- sprachliche Defizite 12 %	'Sehr gut' oder 'Gut'	'Es geht', 'Eher schlecht' oder 'Gar nicht'
Typ IV erhebliche heimat- sprachliche Defizite 10 %	'Es geht','Eher schlecht' oder 'Gar nicht'	

Quelle: Das Sozio-ökonomische Panel, Welle 1, 1984.

Im nächsten Schritt werden die beiden Typologien der sprachlichen Assimilation und der heimatsprachlichen Position von Ausländern kombiniert. Die einzelnen Positionen in dieser Typologie kennzeichnen einerseits die Möglichkeiten assimilativer Handlungen in der Bundesrepublik. Sie indizieren andererseits auch die sprachlichen Voraussetzungen für nicht-assimilative Handlungsalternativen, d.h. Rückzug in die ethnische Kolonie oder Rückkehr in das Heimatland.

Nur zehn Prozent der befragten Ausländer (Typ 1) haben die notwendigen zweisprachigen Kenntnisse, um weitreichende assimilative Handlungen vornehmen oder aber nicht-assimilative Handlungsalternativen in vollem Umfang nutzen zu können (vgl. dazu und zum folgenden Übersicht 3). Insgesamt sind zwanzig Prozent sprachlich vollständig assimiliert (Typ 1,2,3), so daß von daher auch ihre soziale und strukturelle Assimilation möglich erscheint.

Ein Viertel der Befragten ist sprachlich nicht assimiliert (Typ 7,8,9). Darunter verfügt nur der kleinere Teil (Typ 7) über sehr gute heimatsprachliche Kenntnisse, um wenigstens für nicht-assimilative Handlungsopportunitäten uneingeschränkt sprachlich kompetent zu sein. Insgesamt haben 46 Prozent (Typ 1,4,7) sehr gute heimatsprachliche Kenntnisse. Dagegen weisen - unabhängig von ihren Deutschkenntnissen - zehn Prozent (Typ 3,6,9) erhebliche Defizite bei den Kenntnissen ihrer Heimatsprache auf.

Übersicht 3: Typologie der intersprachlichen Position

Kenntnisse der deutschen Sprache	Kenntnisse der Heimatsprache		
	keine heimatsprachlichen Defizite	geringfügige oder deutliche heimatsprachliche Defizite	erhebliche heimatsprachliche Defizite
(N=2939)	46 %	44 %	10 %
sprachlich vollständig assimiliert 20 %	Typ 1 10 %	Typ 2 7 %	Typ 3 3 %
sprachlich gut oder bedingt assimiliert 55 %	Typ 4 28 %	Typ 5 24 %	Typ 6 3 %
sprachlich nicht assimiliert 25 %	Typ 7 8 %	Typ 8 13 %	Typ 9 4 %

Quelle: Das Sozio-ökonomische Panel, Welle 1, 1984.

Vier Prozent der befragten Ausländer (Typ 9) sind sprachlich nicht assimiliert und haben gleichzeitig höchstens mittelmäßige heimatsprachliche Kenntnisse. Insgesamt befinden sich 44 Prozent der Befragten (Typ 5,6,8,9) weder bei den Kenntnissen der deutschen Sprache noch bei denen ihrer Heimatsprache in der höchsten Position und haben deshalb sowohl bei den assimilativen als auch den nicht-assimilativen Handlungsopportunitäten bereits durch sprachliche Defizite nur eingeschränkte Möglichkeiten.

3 Zusammenhänge zwischen handlungstheoretisch relevanten Variablen und den Deutschkenntnissen von Ausländern

"In vielen soziologischen Untersuchungen ... werden eine Reihe von meist unabhängigen Variablen verwendet, die eigentlich nur eine Oberflächendimension berühren, unter der die soziologische Dimension erst aufgespürt werden muß. Solche Variablen sind etwa: Geschlecht, Alter, Zivilstand, Einkommen, Schulbildung usw." (Hoffmann-Nowotny 1970, S. 28). Diese Vorgehensweise führt in der Regel zwar zu deskriptiv interessanten Ergebnissen, ist aber häufig explanatorisch nur von begrenztem Wert. Denn "... die angesprochenen sozialen und demographischen Merkmale können nur dann mit der Wanderungshandlung (bzw. mit dem Explanandum - Einfügung d. Verf.) erkennbar kovariieren, wenn Personen mit diesen Eigenschaften gleichförmig den allgemeinen (handlungstheoretischen !) Determinanten für eine Wanderungsentscheidung (bzw. das Explanandum - Einfügung d. Verf.) unterliegen, ..." (Esser 1980, S. 28).

Im folgenden werden deshalb lediglich die bivariaten Zusammenhänge zwischen der sprachlichen Assimilation von Ausländern und verschiedenen Variablen beschrieben, deren Bezug zu dem allgemeinen handlungstheoretischen Konzept der Eingliederung von Migranten geklärt ist. Es handelt sich dabei im ersten Schritt um drei Variable, die zu der Gruppe der persönlichen Merkmale gehören: Schulbesuch, Rückkehrabsichten und Aufenthaltsdauer.

Im Hinblick auf die Deutschkenntnisse von Ausländern ist der Schulbesuch im Heimatland ein Indikator für die allgemeine (Sprach-)Lernfähigkeit; dagegen zeigt der Schulbesuch in Deutschland institutionalisiertes (Sprach-) Lernen an. Die Rückkehrabsichten von Ausländern geben Aufschlüsse über ihre Motivation zum Erwerb der deutschen Sprache. "Eine zusätzliche Rolle spielt bei den Ausländern die Dauer ihrer Anwesenheit in der Bundesrepublik als zeitlicher "Rahmen", in dem sich der Lernprozeß vollziehen konnte" (Kremer, Spangenberg 1980, S. 128).

Anders als beim Schulbesuch und den Rückkehrabsichten läßt der Zusammenhang zwischen Aufenthaltsdauer und der sprachlichen Assimilation keine eindeutige kausale Interpretation zu (vgl. Esser 1981, S. 90). Die Aufenthaltsdauer kann erstens ein Indikator erfolgter assimilativer Lernprozesse sein. Sie kann zweitens Änderungen der Handlungssituation anzeigen. Und drittens kann die Aufenthaltsdauer ein Indikator für sich im Zeitablauf vollziehende Selektionsprozesse sein.

Die Anteile der sprachlich vollständig assimilierten Ausländer sind bei denjenigen, die in Deutschland und im Heimatland oder nur in Deutschland eine Schule besucht haben, wesentlich höher als bei denen, deren schulische Ausbildung nur im Heimatland erfolgte bzw. die weder in Deutschland noch im Heimatland eine Schule besucht haben (vgl. dazu und zum folgenden Tabelle 1). Dieses Ergebnis zeigt in erster Linie den Einfluß des

Tabelle 1: Deutschkenntnisse von Ausländern nach Schulbesuch, Rückkehrabsichten und Aufenthaltsdauer

Schulbesuch:

	in Deutschland und im Heimatland (N=359) %	nur in Deutschland (N=198) %	nur im Heimatland mit Pflichtschulabschluß (N=1366) %	nur im Heimatland ohne Pflichtschulabschluß (N=732) %	weder in Deutschland noch im Heimatland (N=218) %
Typ A	48,8	77,2	14,9	4,5	2,3
Typ B	19,8	12,7	22,0	20,0	10,3
Typ C	26,9	8,7	39,4	41,5	31,9
Typ D	4,5	1,4	23,6	34,0	55,5

Rückkehrabsichten:

	möchte innerhalb der nächsten 12 Monate zurückgehen (N=196) %	möchte noch einige Jahre in Deutschland bleiben (N=1903) %	möchte für immer in Deutschland bleiben (N=808) %
Typ A	10,2	17,0	29,5
Typ B	11,3	19,6	23,0
Typ C	37,0	38,1	28,4
Typ D	41,5	25,3	19,1

Aufenthaltsdauer:

	1 bis 5 Jahre (N=303) %	6 bis 10 Jahre (N=392) %	11 bis 15 Jahre (N=1333) %	16 bis 20 Jahre (N=494) %	21 u. mehr Jahre (N=272) %
Typ A	11,3	18,2	18,2	21,2	20,5
Typ B	12,0	16,2	21,5	22,9	21,6
Typ C	33,1	34,4	35,5	38,2	42,7
Typ D	43,7	31,2	24,8	17,7	15,1

Typ A: sprachlich vollständig assimiliert
Typ B: sprachlich gut assimiliert
Typ C: sprachlich nur bedingt assimiliert
Typ D: sprachlich nicht assimiliert

Quelle: Das Sozio-ökonomische Panel, Welle 1, 1984.

Sprachlernens im Rahmen der schulischen Ausbildung in Deutschland. Der Zusammenhang zwischen der allgemeinen Lernfähigkeit und der sprachlichen Assimilation bestätigt sich dagegen durch die Unterschiede zwischen denjenigen, die nur im Heimatland einen Pflichtschulabschluß erworben haben und denen ohne Pflichtschulabschluß bei der nur im Heimatland erfolgten Schulausbildung.

Die Entscheidung von Ausländern für einen langjährigen bzw. dauerhaften Aufenthalt in Deutschland steht in einem deutlichen Zusammenhang mit ihrer sprachlichen Assimilation. Der Anteil der sprachlich vollständig Assimilierten erreicht bei denen, die für immer in Deutschland bleiben möchten, fast den dreifachen Wert gegenüber den Ausländern, die die Rückkehr in ihre Heimat innerhalb der nächsten zwölf Monate planen. Bei den sprachlich nicht assimilierten Ausländern zeigt sich das umgekehrte Bild: Mehr als vierzig Prozent der Ausländer mit kurzfristigen Rückkehrabsichten sind sprachlich nicht assimiliert; dieser Anteil liegt bei denen mit dauerhaften Bleibeabsichten unter zwanzig Prozent.

Der Zusammenhang zwischen der Aufenthaltsdauer in Deutschland und der sprachlichen Assimilation zeigt sich am deutlichsten bei den sprachlich nicht assimilierten Ausländern (2). Dieser Anteil beträgt bei den Ausländern mit 1 bis 5jähriger Aufenthaltsdauer fast 44 Prozent. Er nimmt mit steigender Aufenthaltsdauer kontinuierlich ab und liegt bei mehr als 20jähriger Aufenthaltsdauer nur noch bei rund 15 Prozent.

Im zweiten Schritt werden die Zusammenhänge zwischen der Nationalität von Ausländern und ihren Deutschkenntnissen dargestellt. Ebenso wie bei der Aufenthaltsdauer kann auch der Einfluß der nationalen Herkunft auf die sprachliche Assimilation nicht eindeutig kausal interpretiert werden:

Erstens zeigt die Nationalität die "kulturelle Distanz" der zugewanderten Ausländer zum Aufnahmeland an. Daraus folgt, "... daß bei Kulturähnlichkeit die (sprachliche - Einfügung d. Verf.) Assimilation rascher vonstatten geht, da der erforderliche Lernaufwand verringert ist" (Esser 1980, S. 89). Insofern ist die nationale Herkunft ein die sprachliche Assimilation erleichterndes bzw. erschwerendes persönliches Merkmal. Schon dieser Tatbestand trägt dazu bei, die im Vergleich zu den anderen untersuchten Nationalitäten schlechten Deutschkenntnisse der Türken zu erklären (vgl. dazu und zum folgenden Tabelle 2), da "... sie die größten Schwierigkeiten haben, die deutsche Sprache zu erlernen, weil ihre Landessprache die einzige ist, die keinen indogermanischen Sprachstamm hat" (Schöneberg 1981, S. 467).

---

(2)   Wegen der geringen Fallzahl (n = 33) wurden die in Deutschland geborenen Ausländer nicht als gesonderte Kategorie berücksichtigt, sondern aus der Analyse ausgeschlossen.

Ein Erklärungsansatz dieser Art ist aber allein nicht ausreichend. Die Nationalität ist zweitens auch ein Indikator für bestehende soziale Barrieren der Assimilation. Solche Barrieren manifestieren sich insbesondere in der Einstellung der deutschen Bevölkerung gegenüber Ausländern, die bezüglich der einzelnen Nationalitäten sehr unterschiedlich ist. Nach einer vom EMNID-Institut (EMNID-Institut 1983, S. 14-16) durchgeführten Erhebung "... zogen Türken ... in exorbitanter Weise die Antipathien auf sich: 46% gaben an, daß diese Gruppe "nicht sympathisch" sei" (Gehring, Böltken 1985, S. 31).

Tabelle 2: Deutschkenntnisse von Ausländern nach der Nationalität

	Griechen	Italiener	Jugoslawen	Spanier	Türken
	(N=323)	(N=522)	(N=624)	(N=175)	(N=1308)
	%	%	%	%	%
Typ A	25,8	19,2	24,7	19,4	17,1
Typ B	16,8	25,5	29,7	20,4	13,4
Typ C	41,1	37,6	32,9	40,1	33,7
Typ D	16,3	17,7	12,7	20,2	35,8

Typ A: sprachlich vollständig assimiliert
Typ B: sprachlich gut assimiliert
Typ C: sprachlich nur bedingt assimiliert
Typ D: sprachlich nicht assimiliert

Quelle: Das Sozio-ökonomische Panel, Welle 1, 1984.

Schließlich ist drittens die Nationalität auch ein Indikator für nicht-assimilative Handlungsalternativen, soweit die zahlenmäßige Stärke der in die Bundesrepublik zugewanderten nationalen Gruppe mit dem Ausmaß ethnisch segregierten Wohnens und der Vollständigkeit ethnischer Infrastruktureinrichtungen kovariiert. Auch in diesem Aspekt unterscheiden sich die Türken deutlich von den anderen vier Nationalitäten (3). Die von der nationalen Herkunft indizierten verschiedenartigen Einflüsse auf die sprachliche Assimilation von Ausländern wirken in die gleiche Richtung und tragen damit zusammen - so die Annahme - zu der bereits erwähnten vergleichsweise schlechten sprachlichen Assimilation der Türken bei.

---

(3)   Im Sozio-ökonomischen Panel wurde bei den Ausländern ein disproportionaler Stichprobenansatz gewählt, der durch entsprechende Designgewichtungen korrigiert wird. Deshalb kann aus den in Tabelle 2 angegebenen Absolutzahlen das numerische Verhältnis der in Deutschland lebenden verschiedenen nationalen Gruppen errechnet werden.

Weniger als ein Drittel der befragten Türken ist sprachlich vollständig oder gut assimiliert; dementsprechend sind über zwei Drittel nur bedingt bzw. nicht assimiliert. Am besten sprachlich assimiliert sind die Jugoslawen: rund ein Viertel vollständig, weitere dreißig Prozent gut. Dazwischen liegen die Griechen, Italiener und Spanier, wobei sich keine klare Reihenfolge abzeichnet.

Wie stark die Einflüsse von Schulbesuch, Rückkehrabsichten, Aufenthaltsdauer und Nationalität der befragten Ausländer auf ihre sprachliche Assimilation tatsächlich sind oder inwieweit es sich bei den beschriebenen Zusammenhängen um Scheinkorrelationen handelt, kann durch bivariate Analysen nicht entschieden werden. Dazu sind multivariate Analyseverfahren notwendig. Diesen Fragestellungen wird deshalb im folgenden auf der Grundlage verschiedener Logit-Modelle (4) nachgegangen. Die Entscheidung für diese Methode basiert insbesondere auf der Skalierung der in die Analysen einbezogenen Variablen, die höchstens ordinales Niveau erreicht.

4 Determinanten der sprachlichen Assimilation von Ausländern

Ziel dieses Abschnitts ist nicht die empirische Überprüfung eines vollständigen handlungstheoretischen Modells der sprachlichen Assimilation von Ausländern mit allen relevanten personen- und umgebungsbezogenen Variablen. Das kann im vorliegenden Beitrag nicht geleistet werden; dazu wurde auch der zugrundeliegende Datensatz nicht konzipiert.

Im folgenden werden zunächst die Einflüsse der drei persönlichen Merkmale Schulbesuch, Rückkehrabsichten und Aufenthaltsdauer auf die sprachliche Assimilation simultan getestet. Anschließend wird dann die Nationalität der zugewanderten Ausländer in die Analysen einbezogen. Im Hinblick auf das handlungstheoretische Konzept der sprachlichen Eingliederung stellt diese Vorgehensweise eine Partialüberprüfung an einem repräsentativen, sehr umfangreichen und aktuellen Datensatz dar, bei der insbesondere die Wirkungen personenbezogener Variablen quantifiziert werden. Mit der Nationalität werden aber ansatzweise auch Umgebungsbedingungen berücksichtigt.

Um das methodische Problem "leerer Zellen" zu vermeiden und die genannten Variablen damit leichter in Logit-Modelle einführen zu können, waren verschiedene Transformationen notwendig: Die abhängige Variable sprachliche Assimilation wurde durch Zusammenfassen der Kategorien "sprachlich

---

(4)   Logit-Modelle sind der asymmetrische Spezialfall der allgemeinen loglinearen Modelle zur Analyse kategorialer Variablen: Eine Variable wird als abhängig von den anderen Variablen angesehen. Logit-Modelle sind damit ein Analogon zur Varianz- und Regressionsanalyse bei metrischen Variablen.

nur bedingt assimiliert" und "sprachlich nicht assimiliert" trichotomisiert. Die Variable Schulbesuch, mit fünf in der Deskription verwendeten Ausprägungen, wurde ebenfalls trichotomisiert. Die einzelnen Kategorien sind nun folgendermaßen definiert: "in Deutschland und im Heimatland bzw. nur in Deutschland"; "nur im Heimatland mit Pflichtschulabschluß"; "nur im Heimatland ohne Pflichtschulabschluß bzw. weder in Deutschland noch im Heimatland".

Die Variable Rückkehrabsichten wurde in der ursprünglichen Form mit drei Ausprägungen beibehalten. Die Aufenthaltsdauer ging median-dichotomisiert in die Logit-Modelle ein. Auch die Variable Nationalität wurde dichotomisiert. Da sich die Türken hinsichtlich ihrer sprachlichen Assimilation deutlicher als jede andere nationale Gruppe von den übrigen erfaßten Nationalitäten unterscheiden, wurden Griechen, Italiener, Jugoslawen und Spanier zu einer Kategorie zusammengefaßt.

Im vorliegenden Beitrag werden - wie bereits erwähnt - bestimmte Teile eines handlungstheoretisch orientierten Ansatzes zur Erklärung der sprachlichen Assimilation zugewanderter Ausländer empirisch überprüft. Deshalb ist die Frage nach dem insgesamt erklärten Varianzanteil - wie häufig in der empirischen Sozialforschung - nur von nachrangiger Bedeutung. Im Vordergrund des Interesses stehen vielmehr Signifikanz und relative Stärke des Einflusses der einzelnen unabhängigen Variablen (vgl. zur methodischen Vorgehensweise Langeheine 1980).

Alle drei in die Logit-Modelle einbezogenen persönlichen Merkmale haben einen statistisch signifikanten Einfluß auf den Grad der sprachlichen Assimilation (vgl. dazu und zum folgenden Übersicht 4). Die Art des Schulbesuchs von Ausländern beeinflußt ihre sprachliche Assimilation in wesentlich stärkerem Maße als die verschiedenartigen Rückkehrabsichten und die Dauer des Aufenthaltes in der Bundesrepublik. Fast 78 Prozent der im Unabhängigkeitsmodell enthaltenen Variation in den Typen sprachlicher Assimilation werden durch den Schulbesuch erklärt. Auf Rückkehrabsichten und Aufenthaltsdauer von Ausländern sind rund elf bzw. sechs Prozent der Variation zurückzuführen.

Zusammen entfallen über 94 Prozent der Variation in den Typen sprachlicher Assimilation auf die Haupteffekte der drei unabhängigen Variablen. Trotzdem ist dieses Modell noch ungenügend angepaßt, d.h. zwischen den erwarteten Häufigkeiten des Haupteffektmodells und den empirischen Daten besteht ein statistisch signifikanter Unterschied. Dieser Unterschied verschwindet, wenn neben den drei Haupteffekten noch der stärkste und einzig signifikante Interaktionseffekt, der zwischen Schulbesuch und Aufenthaltsdauer, in der Modellspezifikation berücksichtigt wird. Auf den verschiedenartigen Schulbesuch bei unterschiedlicher Aufenthaltsdauer sind etwas über drei Prozent der Variation in den Typen sprachlicher Assimilation zurückzuführen.

Übersicht 4: Zerlegung der Variation in den Typen sprachlicher Assimilation nach Schulbesuch, Rückkehrabsichten und Aufenthaltsdauer

	Prozent erklärter Variation
durch das Haupteffektmodell	94,5
a) aufgrund des Schulbesuchs	77,9
b) aufgrund der Rückkehrabsichten	10,8
c) aufgrund der Aufenthaltsdauer	5,8
durch den Interaktionseffekt zwischen Schulbesuch und Aufenthaltsdauer	3,2

Modellanpassung (likelihood ratio chi^2) des ...	
Haupteffektmodells	p = .043
Modells mit allen signifikanten Effekten	p = .689

Quelle: Das Sozio-ökonomische Panel, Welle 1, 1984.

Da man geschlechtsspezifische Unterschiede bei der (sprachlichen) Eingliederung von Ausländern vermuten kann (Esser 1981, S. 77), werden im folgenden die Einflüsse von Schulbesuch, Rückkehrabsichten und Aufenthaltsdauer auf den Grad der sprachlichen Assimilation bei Männern und Frauen getrennt untersucht (vgl. zum folgenden die Übersichten 5a und 5b). Dabei wird zunächst deutlich, daß diese drei persönlichen Merkmale als Prädiktoren der sprachlichen Assimilation insgesamt bei Frauen eine wesentlich größere Erklärungskraft besitzen als bei Männern (5).

Weiterhin wird deutlich, daß der Erwerb deutscher Sprachkenntnisse tatsächlich geschlechtsspezifisch differenziert verläuft. Sowohl bei Männern als auch bei Frauen wird durch die Art des Schulbesuchs mit rund 70 bzw.

---

(5)   Dies zeigen die beiden Assoziationsmaße, die in der Statistikprozedur "Loglinear" im Programm SPSS-X für die Stärke des Zusammenhangs zwischen der abhängigen Variablen und den Prädiktorvariablen zur Verfügung stehen. "Both are proportional reduction in error measures. The entropy statistic is analogous to Theil's entropy measure while the concentration statistic is analogous to Goodman and Kruskal's tau-b" (SPSS Inc. 1983, S. 544). Sie betragen für die jeweiligen Modelle mit allen signifikanten Effekten bei den ausländischen Männern .102 (entropy) bzw. .106 (concentration); bei den ausländischen Frauen dagegen .198 (entropy) bzw. .201 (concentration).

Übersicht 5a: Zerlegung der Variation in den Typen sprachlicher Assimilation bei ausländischen Männern nach Schulbesuch, Rückkehrabsichten und Aufenthaltsdauer

	Prozent erklärter Variation
durch das Haupteffektmodell	85,7
a) aufgrund des Schulbesuchs	69,8
b) aufgrund der Rückkehrabsichten	13,3
c) aufgrund der Aufenthaltsdauer	2,6
durch den Interaktionseffekt zwischen Schulbesuch und Aufenthaltsdauer	9,6

Modellanpassung (likelihood ratio chi^2) des...	
Haupteffektmodells	p = .006
Modells mit allen signifikanten Effekten	p = .779

Quelle: Das Sozio-ökonomische Panel, Welle 1, 1984.

Übersicht 5b: Zerlegung der Variation in den Typen sprachlicher Assimilation bei ausländischen Frauen nach Schulbesuch, Rückkehrabsichten und Aufenthaltsdauer

	Prozent erklärter Variation
durch das Haupteffektmodell	92,8
a) aufgrund des Schulbesuchs	74,2
b) aufgrund der Rückkehrabsichten	7,4
c) aufgrund der Aufenthaltsdauer	11,3

Modellanpassung (LR chi^2) des Haupteffektmodells	p = .189

Quelle: Das Sozio-ökonomische Panel, Welle 1, 1984.

74 Prozent ein jeweils wesentlich größerer Anteil der Variation in den Typen der sprachlichen Assimilation erklärt als durch die Rückkehrabsichten und die Aufenthaltsdauer. Bei den Männern entfallen über dreizehn Prozent der Variation auf die verschiedenen Rückkehrabsichten, dagegen weniger als drei Prozent auf die unterschiedliche Aufenthaltsdauer. Bei den Frauen ist es umgekehrt; hier übt die Aufenthaltsdauer mit mehr als elf Prozent einen stärkeren Einfluß aus als die Rückkehrabsichten mit ungefähr siebeneinhalb Prozent.

Bei den ausländischen Frauen ist bereits das Haupteffektmodell gut an die empirischen Daten angepaßt. Die direkten Einflüsse von Schulbesuch, Rückkehrabsichten und Aufenthaltsdauer erklären zusammen fast 93 Prozent der Variation in den Typen sprachlicher Assimilation. Auf die Berücksichtigung von Interaktionseffekten kann deshalb verzichtet werden. Dagegen ist bei den Männern das Haupteffektmodell nicht genügend angepaßt. Hier muß zusätzlich noch - wie bei dem geschlechtsspezifisch undifferenzierten Modell - der Interaktionseffekt zwischen Schulbesuch und Aufenthaltsdauer spezifiziert werden. Dieser Interaktionseffekt erklärt fast zehn Prozent der Variation und ist damit wesentlich stärker als der Haupteffekt der Aufenthaltsdauer.

Die Aufenthaltsdauer in Deutschland hat bei der sprachlichen Assimilation ausländischer Männer und Frauen verschiedene Bedeutungen. Bei den ausländischen Frauen ist die Aufenthaltsdauer in erster Linie ein Indikator für assimilative Lernprozesse allgemeiner Art. Das belegen die fehlenden Zusammenhänge zwischen Schulbesuch und Aufenthaltsdauer einerseits sowie der Aufenthaltsdauer und dem Einreisealter andererseits. Dagegen sind bei den Männern die Zusammenhänge zwischen Schulbesuch und Aufenthaltsdauer (tau c = .16) sowie Aufenthaltsdauer und Einreisealter (r = .15) hochsignifikant. Die Aufenthaltsdauer ausländischer Männer zeigt also auch die Einflüsse von Änderungen der Handlungssituation und von Selektionsprozessen, die im Zeitablauf stattgefunden haben. Sie stehen im Zusammenhang mit dem verstärkten Familiennachzug, der bei den Ausländern männlichen Geschlechts vorwiegend Kindernachzug, bei den weiblichen Ausländern dagegen in größerem Umfang auch Nachzug der Ehegatten bedeutete.

Um zumindest ansatzweise Umgebungsbedingungen der sprachlichen Assimilation in die Logit-Modelle einzuführen, wurde jeweils die Variable mit der geringsten Erklärungskraft - bei den Männern die Aufenthaltsdauer, bei den Frauen die Rückkehrabsichten - aus den Modellen entfernt und durch die Nationalität ersetzt. Die nationale Herkunft erklärt bei den Männern zwölf Prozent und bei den Frauen sogar fünfzehn Prozent der Variation in den Typen sprachlicher Assimilation (vgl. dazu die Übersichten 6 und 6b). Damit beeinflußt die Nationalität der zugewanderten Ausländer den Grad ihrer sprachlichen Assimilation in stärkerem Maße als die Rückkehrabsichten (Männer) bzw. die Aufenthaltsdauer (Frauen).

Übersicht 6a: Zerlegung der Variation in den Typen sprachlicher Assimilation bei ausländischen Männern nach Schulbesuch, Rückkehrabsichten und Nationalität

	Prozent erklärter Variation
durch das Haupteffektmodell	89,0
a) aufgrund des Schulbesuchs	65,9
b) aufgrund der Rückkehrabsichten	11,0
c) aufgrund der Nationalität	12,1
durch den Interaktionseffekt zwischen Schulbesuch und Nationalität	4,1

Modellanpassung (likelihood ratio chi^2) des...	
Haupteffektmodells	$p = .004$
Modells mit allen signifikanten Effekten	$p = .085$

Quelle: Das Sozio-ökonomische Panel, Welle 1, 1984.

Übersicht 6b: Zerlegung der Variation in den Typen sprachlicher Assimilation bei ausländischen Frauen nach Schulbesuch, Aufenthaltsdauer und Nationalität

	Prozent erklärter Variation
durch das Haupteffektmodell	94,5
a) aufgrund des Schulbesuchs	71,7
b) aufgrund der Aufenthaltsdauer	7,6
c) aufgrund der Nationalität	15,2
durch den Interaktionseffekt zwischen Aufenthaltsdauer und Nationalität	1,7

Modellanpassung (likelihood ratio chi^2) des...	
Haupteffektmodells	$p = .033$
Modells mit allen signifikanten Effekten	$p = .185$

Quelle: Das Sozio-ökonomische Panel, Welle 1, 1984.

Beide Haupteffektmodelle erklären einen hohen Anteil der Variation in den Typen sprachlicher Assimilation. Die erwarteten Häufigkeiten weichen aber jeweils signifikant von den empirischen Daten ab. Deshalb muß bei den Männern der Interaktionseffekt zwischen Schulbesuch und Nationalität und bei den Frauen der zwischen Aufenthaltsdauer und Nationalität in der Modellspezifikation berücksichtigt werden. Beide Interaktionseffekte erklären mit rund vier bzw. zwei Prozent aber nur einen geringen Anteil der Variation in den Typen sprachlicher Assimilation.

Analog zur Aufenthaltsdauer kann auch der Einfluß der Nationalität - wie bereits erwähnt - nicht kausal eindeutig interpretiert werden. Mehr als ein Viertel der befragten männlichen Türken ist in beiden Ländern oder nur in Deutschland zur Schule gegangen. Dieser Anteil liegt über dem der anderen vier Nationalitäten. Trotz einer stärkeren Beteiligung am deutschen Schulsystem sind die Türken aber deutlich schlechter sprachlich assimiliert als Griechen, Italiener, Jugoslawen oder Spanier. Deshalb ist der Interaktionseffekt zwischen Schulbesuch und Nationalität ein Beleg für den Einfluß sozialer Barrieren und nicht-assimilativer Handlungsopportunitäten auf den Grad der sprachlichen Assimilation.

5   Die sprachliche Assimilation ausländischer (Ehe-)Partner

"Ähnlichkeiten (zwischen Ehepartnern - Einfügung d. Verf.) können sich aus der gemeinsamen Lebenssituation ergeben, sie können bereits vor der Eheschließung bestanden und die Partnerwahl mitbestimmt haben, und sie können ebenfalls das Resultat wechselseitiger Anpassungsprozesse sein" (Berger 1984, S. 307). Deshalb sind die Übereinstimmungen und Unterschiede zwischen (Ehe-)Partnern im Rahmen einer handlungstheoretisch orientierten Untersuchung der sprachlichen Assimilation von Ausländern eine wichtige Ergänzung der individuumzentrierten Auswertungen (6).

Wenn man die Deutschkenntnisse männlicher Haushaltsvorstände mit denen ihrer Ehe- oder Lebenspartner vergleicht, so zeigt sich mit tau b = .29 ein deutlicher Zusammenhang. Bei 52 Prozent der in der ersten Welle des Sozio-ökonomischen Panels befragten ausländischen (Ehe-)Paare sind beide Partner sprachlich nur bedingt oder nicht assimiliert (vgl. Übersicht 7). Dagegen sind bei siebzehn Prozent beide Partner sprachlich vollständig oder gut assimiliert. In 21 Prozent der Fälle ist nur der Haushaltsvorstand, in zehn Prozent nur sein (Ehe-)Partner sprachlich vollständig oder gut assimiliert.

---

(6)   Die empirischen Analysen sind im vorliegenden Beitrag auf männliche Haushaltsvorstände und ihre Ehe- oder Lebenspartner konzentriert. Beide müssen zudem die griechische, italienische, jugoslawische, spanische oder türkische Staatsangehörigkeit besitzen.

Übersicht 7: Sprachliche Assimilation von ausländischen (Ehe-)Partnern[1]

weibliche Ehe- oder Lebenspartner

männliche Haushalts- vorstände (N = 840)	vollständig oder gut sprachlich assimiliert (27%)	bedingt oder nicht sprachlich assimiliert (73%)
vollständig oder gut sprachlich assimiliert (38%)	17 %	21%
bedingt oder nicht sprachlich assimiliert (62 %)	10 %	52 %

Anmerkungen: 1) Die genaue Definition der verschiedenen Grade sprachlicher Assimilation kann Übersicht 1 entnommen werden.

Quelle: Das Sozio-ökonomische Panel, Welle 1, 1984.

Die relativ große Homogenität der sprachlichen Assimilation ausländischer Ehepaare ist in besonderem Maße auf die wechselseitigen Anpassungsprozesse der beiden Partner zurückzuführen. Ein wichtiges Resultat dieser Prozesse ist die hohe Übereinstimmung bei den Rückkehrabsichten, die - wie bereits erwähnt - ein Indikator für die Motivation zum Erwerb der deutschen Sprache sind. Die Rückkehrabsichten männlicher Haushaltsvorstände der fünf befragten Nationalitäten und ihrer (Ehe-)Partner sind mit .76 (Kendall's tau b) korreliert.

Insgesamt sind die ausländischen Haushaltsvorstände besser sprachlich assimiliert als ihre (Ehe-)Partner. Dies ist neben anderen Ursachen eine Folge des verschiedenartigen Schulbesuchs. Dabei liegen die Unterschiede aber weniger bei der in Deutschland erfolgten schulischen Ausbildung - hier weisen die (Ehe-)Partner sogar einen geringfügig höheren Anteil auf als die Haushaltsvorstände - sondern vor allem bei der Art des Schulbesuchs im Heimatland. Ausschließlich über einen Pflichtschulabschluß im Heimatland verfügen 61 Prozent der untersuchten männlichen Haushaltsvorstände. Ein knappes Drittel hat keinen Pflichtschulabschluß bei der nur im Heimatland erfolgten schulischen Ausbildung erworben. Dagegen betragen diese Anteile bei ihren (Ehe-)Partnern jeweils rund 45 Prozent. Dieses Ergebnis belegt nochmals die Bedeutung der unter anderem durch den Schulbesuch im Heimatland erworbenen allgemeinen (Sprach-)Lernfähigkeit für die sprachliche Assimilation der zugewanderten Ausländer.

6   Zusammenfassung der Ergebnisse

In der vorliegenden Arbeit wurden die Sprachkenntnisse der in die Bundesrepublik zugewanderten Ausländer systematisch untersucht. Dazu wurden zunächst je eine Typologie der Deutschkenntnisse, der heimatsprachlichen Kenntnisse und der intersprachlichen Position entwickelt. Dabei hat sich gezeigt, daß vierzig Prozent der befragten Ausländer sprachlich vollständig oder gut assimiliert sind. Weniger als die Hälfte der Befragten gaben sehr gute Sprech- und Schreibkenntnisse ihrer Heimatsprache an. Und zehn Prozent befinden sich in einer intersprachlichen Position, aus der sich keine Einschränkungen sowohl für die assimilativen als auch die nicht-assimilativen Handlungsopportunitäten ergeben.

Im folgenden wurde dann eine Beschreibung der Deutschkenntnisse von Ausländern nach den handlungstheoretisch relevanten Variablen Schulbesuch, Rückkehrabsichten, Aufenthaltsdauer und Nationalität vorgenommen. Vor allem der Schulbesuch in Deutschland als Indikator für institutionalisiertes Sprachlernen sowie die abgeschlossene schulische Ausbildung in der Heimat als Indikator für die allgemeine Lernfähigkeit haben einen günstigen Einfluß auf den Grad der sprachlichen Assimilation. Darüber hinaus ist die sprachliche Assimilation von Ausländern umso besser, je langfristiger ihre Rückkehrabsichten sind und je länger sie sich bereits in der Bundesrepublik aufhalten. Von den fünf in die Untersuchung einbezogenen Nationalitäten sind die Jugoslawen am besten und die Türken am schlechtesten sprachlich assimiliert.

Im Anschluß an die Beschreibung der bivariaten Zusammenhänge wurde die relative Stärke des Einflusses der genannten Variablen auf den Grad der sprachlichen Assimilation in verschiedenen Logit-Modellen untersucht. Dabei wurde nach Geschlechtern differenziert, da die Eingliederung ausländischer Männer nach einem anderen Muster verläuft als die von Frauen. Sowohl bei den Männern als auch bei den Frauen erklärt die Art des Schulbesuchs den größten Anteil der Variation in den Typen der sprachlichen Assimilation. Den geringsten Beitrag zur Erklärung leisten bei den ausländischen Männern die Aufenthaltsdauer und bei den Frauen die Rückkehrabsichten. Deshalb wurden im nächsten Schritt der Modellbildung diese beiden Variablen jeweils gegen die Nationalität ausgetauscht. Damit konnte die Erklärungskraft der Logit-Modelle insgesamt gesteigert werden. Darüber hinaus wurde deutlich, daß die Nationalität den Grad der sprachlichen Assimilation in stärkerem Maße beeinflußt als die Rückkehrabsichten (Männer) bzw. die Aufenthaltsdauer (Frauen).

Schließlich wurde der Zusammenhang der sprachlichen Assimilation ausländischer (Ehe-)Partner untersucht. Hierbei konnte eine relativ große Homogenität festgestellt werden. Sie ist in besonderem Maße das Resultat wechselseitiger Anpassungsprozesse, die sich beispielsweise in der hohen Übereinstimmung bei den Rückkehrabsichten zeigen.

Literaturverzeichnis

Berger, Regina 1984: Übereinstimmungen und Unterschiede zwischen Ehepartnern, in: Glatzer, Wolfgang, Wolfgang Zapf (Hrsg.): Lebensqualität in der Bundesrepublik, Frankfurt-New York, S. 307-322.

EMNID-Institut 1983: Ausländische Arbeitnehmer: Sympathien, Antipathien und Integrationsbereitschaft der Deutschen, in: EMNID Information Nr. 5/6, S. 14-16.

Esser, Hartmut, Eduard Gaugler, Karl-Heinz Neumann u.a. 1979: Arbeitsmigration und Integration, Königstein/Ts.

Esser, Hartmut 1980: Aspekte der Wanderungssoziologie, Darmstadt-Neuwied.

Esser, Hartmut 1981: Aufenthaltsdauer und die Eingliederung von Wanderern - Zur theoretischen Interpretation soziologischer "Variablen", in: Zeitschrift für Soziologie, Jg. 10, Heft 1, S. 76-97.

Gehring, Annekatrin, Ferdinand Böltken 1985: Einstellungen zu Gastarbeitern 1980 und 1984: Ein Vergleich, in: Zentralarchiv-Information 17, S. 23-33.

Hoffmann-Nowotny, Hans-Joachim 1970: Migration - Ein Beitrag zu einer soziologischen Erklärung, Stuttgart.

Hoffmann-Nowotny, Hans-Joachim 1973: Soziologie des Fremdarbeiterproblems, Stuttgart.

Kremer, Manfred, Helga Spangenberg 1980: Assimilation ausländischer Arbeitnehmer in der Bundesrepublik Deutschland, Königstein/Ts.

Langeheine, Rolf 1980: Log-lineare Modelle zur multivariaten Analyse qualitativer Daten, München-Wien.

Schöneberg, Ulrike 1982: Bestimmungsgründe der Integration und Assimilation ausländischer Arbeitnehmer in der Bundesrepublik Deutschland und der Schweiz, in: Hoffmann-Nowotny, Hans-Joachim, Karl-Otto Hondrich (Hrsg.): Ausländer in der Bundesrepublik Deutschland und in der Schweiz, Frankfurt-New York, S. 449-568.

SPSS Inc. 1983: SPSS-X User's Guide, Chicago.

METHODEN DER PANELANALYSE

Ökonometrische Ansätze zur Analyse von Paneldaten: Schätzung und Vergleich von Übergangsratenmodellen

Reinhard Hujer und Hilmar Schneider

1 Inhaltliche Problemstellungen und methodische Ansätze von Panelanalysen

Der Strukturwandel in unserer Gesellschaft, die Tendenz zu raschen Verhaltensänderungen der Wirtschaftssubjekte und der verstärkte politische Handlungsbedarf in der Arbeitsmarkt-, Bildungs- und Sozialpolitik erfordern einerseits Strukturinformationen im Hinblick auf eine Analyse von Verteilungseffekten, andererseits Verlaufs- bzw. Prozeßinformationen, um Verhaltensänderungen untersuchen zu können. Ein diesem Anspruch genügender Datensatz muß dementsprechend sowohl Querschnitt- als auch Längsschnittinformationen enthalten. Eine Reihe von aufeinanderfolgenden Querschnitterhebungen erfüllt diese Forderung nur sehr unvollständig, da die Beobachtungseinheiten von Erhebung zu Erhebung wechseln. Paneldaten zeichnen sich dagegen dadurch aus, daß die Beobachtungseinheiten, Personen, Haushalte, Betriebe und dgl., über den gesamten Befragungszeitraum identisch sind. Auf dieser Grundlage ist es möglich, die Wirkungen von gezielten sozialpolitischen Maßnahmen auf der Mikroebene fundiert abzuschätzen.

Bei Paneldaten ist zu beachten, daß durch den festgelegten Befragungsrhythmus Informationen über den genauen Ereigniszeitpunkt oft nicht enthalten sind, d.h. es liegt keine Angabe darüber vor, in welchem Monat beispielsweise eine Person arbeitslos geworden ist. Um diesen Informationsverlust zu vermeiden, werden in einigen Panelbefragungen Retrospektivdaten erhoben, um Ereignisgeschichten möglichst genau zu erfassen.

Eine Modellierung dynamischer Prozesse auf der Grundlage von Paneldaten aus mehreren Wellen erfordert eine Modifikation und einen Ausbau traditioneller ökonometrischer Methoden, einerseits im Hinblick auf eine Analyse individualspezifischer Verhaltensmuster und andererseits in bezug auf die zeitliche Entwicklung. Zur Analyse nominalskalierter Paneldaten werden einerseits Probit- bzw. Logit-Modelle bei diskreter Zeitbetrachtung, andererseits Übergangsratenmodelle bei stetiger Zeitbetrachtung verwendet (Chamberlain 1984, 1985; Heckman, Singer 1985; Hsiao 1985). Diese nichtlinearen Modellstrukturen dienen beispielsweise zur Analyse von Arbeitsangebotsentscheidungen (Chamberlain 1985; Heckman, Singer 1985) und zur Untersuchung von Mobilitätsprozessen auf dem Arbeitsmarkt (Tuma 1985;

Diekmann, Mitter 1984; Heckman, Singer 1984). Lineare Regressionsmodelle als kombinierte Zeitreihen-Querschnittmodelle werden im allgemeinen als Schätzansätze zur Analyse metrisch skalierter Daten gewählt und zur empirischen Untersuchung beispielsweise der individuellen Lohnentwicklung verwendet (Judge u.a. 1980; Chamberlain 1984; Hsiao 1985). Diese methodischen Ansätze sind durch die Entwicklung von Modellen mit latenten Variablen zu verallgemeinern, die dazu dienen, die Zusammenhänge zwischen komplexen, unbeobachtbaren Indikatoren, beispielsweise Einstellungsvariablen wie Arbeitszufriedenheit, zu erfassen (Hujer, Knepel 1982; Arminger 1986). Als Schätzmethoden wurden dazu LISREL (Linear Structural Relation Models) bzw. EQS (Equations Based Language) entwickelt (Jöreskog, Sörbom 1983; Bentler 1983, 1984). Die folgenden Ausführungen beschränken sich jedoch allein auf die Diskussion von Übergangsratenmodellen.

2 Methodische Grundlagen und Schätzansätze

Übergangsratenmodelle dienen dazu, Ereignissequenzen, d.h. Zustandswechsel von qualitativen Variablen im Zeitablauf zu erfassen. Diese Ansätze werden beispielsweise in der Biometrie (Kalbfleisch, Prentice 1980) und in der Soziologie (Tuma, Hannan 1984, 1985), hier vor allem für Arbeitsmarktanalysen, verwendet. Das Ziel besteht darin, den Einfluß von exogenen Variablen (Kovariaten) auf die Dauer bis zu einem Zustandswechsel zu modellieren. In der explorativen Phase der Modellentwicklung eignen sich dazu Verfahren wie der Sterbetafelansatz oder der Product-Limit-Schätzer (Andreß 1985; Lawless 1982; Diekmann, Mitter 1984; Tuma, Hannan 1984). Die eigentliche Modellbildung erfolgt dann durch einen der im folgenden besprochenen parametrischen oder semi-parametrischen Ansätze.

2.1 Modellansatz

Methodische Grundlage der Übergangsratenmodelle ist die Formulierung eines Markov- oder Semi-Markov-Prozesses mit diskreten Zuständen und stetiger Zeit, d.h. Zustandswechsel sind zu jeder Zeit möglich. Bezeichnet man mit $\underline{q}(t_o,t) = (q_{jk}(t_o,t))$ die Matrix der Übergangswahrscheinlichkeiten, zwischen t_o und t vom Zustand j in den Zustand k zu wechseln, so werden die Übergangsraten $r_{jk}(t)$ wie folgt definiert:

$$(1) \quad r_{jk}(t) = \lim_{\Delta t \to 0} \frac{q_{jk}(t, t+\Delta t)}{\Delta t} \geq 0, \quad j \neq k$$

Für die Modellformulierung ist die Hazardrate $r_j(t)$ besonders bedeutsam, da sie die Intensität erfaßt, mit der der Zustand j zum Zeitpunkt t verlassen wird:

220

(2) $\quad r_j(t) = \sum_{k \neq j} r_{jk}(t)$

$r_j(t)$ gibt den Grenzwert der Wahrscheinlichkeit an, den Zustand j in einem beliebig kleinen Zeitintervall zu verlassen und zwar unter der Bedingung, daß sich bis zum Zeitpunkt t noch kein Wechsel ereignet hat. Bezeichnet man $F_j(t \mid t_o)$ als bedingte Wahrscheinlichkeit, den Zustand j vor oder zum Zeitpunkt t zu verlassen, so ergibt sich:

(3) $\quad r_j(t) = \lim_{\Delta t \to 0} \dfrac{F_j(t+\Delta t \mid t_o) - F_j(t \mid t_o)}{\Delta t \, (1 - F_j(t \mid t_o))}$

Damit lassen sich folgende Beziehungen im Rahmen der Modellanalyse ableiten:

(4) $\quad F_j(t \mid t_o) = 1 - \exp\left[-\int_{t_o}^{t} r_j(\tau) \, d\tau \right]$

bezeichnet die Verteilungsfunktion der bedingten Verweildauer im Zustand j.

(5) $\quad G_j(t \mid t_o) = 1 - F_j(t \mid t_o)$

ist die Überlebensfunktion.

(6) $\quad f_j(t \mid t_o) = \dfrac{\delta F_j(t \mid t_o)}{\delta t} = r_j(t) \, G_j(t \mid t_o)$

stellt die bedingte Dichte der Verweildauer dar. Schließlich sind die Momente der Verweildauer T gegeben durch:

(7) $\quad E(T_j^m) = \int_0^{\infty} \tau^m f_j(\tau) \, d\tau$

Die Modellierung im Übergangsratenansatz geht von der Erklärung der individuellen Hazardfunktion aus. So wird einerseits die Abhängigkeit von der Zeit (Semi-Markov-Prozeß), andererseits die Bestimmung durch Kovariaten modelliert:

(8) $\quad r_{ijk}(t) = r_{jk}(t, \underline{x}_{it}, \underline{\beta}_{jkt})$

In dieser Formulierung bezeichnet $\underline{x}_{it}$ den Vektor mit den Ausprägungen der Kovariaten zum Zeitpunkt t und $\underline{\beta}_{jkt}$ einen Parametervektor.

Bei der Analyse von Paneldaten mit diesen Modellansätzen ist jedoch zu berücksichtigen, daß die Annahme vollständiger Information über den Verlauf des beobachteten Prozesses unrealistisch ist. Im allgemeinen liegen nur für einen festen Zeitabschnitt ("Beobachtungsfenster") entsprechende Daten vor. Üblicherweise bezeichnet man die Phase des ununterbrochenen Verweilens in einem Merkmalszustand als Spell. Es wird zwischen kompletten und zensierten Spells unterschieden. Während sich komplette Spells vollständig innerhalb des Beobachtungszeitraums befinden, handelt es sich bei zensierten Spells um Fälle, bei denen entweder der Anfangszeitpunkt (Linkszensur) oder der Ereigniszeitpunkt (Rechtszensur) unbekannt ist. Hier wiederum lassen sich geplante von ungeplanten Zensuren unterscheiden. Eine geplante Linkszensur tritt dadurch auf, daß der zugehörige Spell bereits zum Beobachtungsbeginn vorlag, ohne daß bekannt ist, wann der Spell tatsächlich eingesetzt hat. Eine geplante Rechtszensur liegt dementsprechend dann vor, wenn ein Spell zum Beobachtungsende noch nicht abgeschlossen war. Ungeplante Zensuren können dagegen zu jedem beliebigen Zeitpunkt innerhalb der Beobachtungsperiode auftreten. Als Ursache kommt beispielsweise in Betracht, daß Fragebögen unvollständig ausgefüllt wurden oder daß Befragte innerhalb der Beobachtungsperiode aus dem Sample ausscheiden bzw. neu hinzukommen. Unter der Annahme eines stationären Prozesses können linkszensierte Spells bei der Schätzung vernachlässigt werden, während die korrekte Behandlung rechtszensierter Beobachtungen einen entscheidenden Einfluß auf die Schätzung von Übergangsratenmodellen ausübt; deshalb kommt diesem Problem besondere Bedeutung zu (Tuma, Hannan 1984). Im Zusammenhang mit der Schätzung der im folgenden vorgestellten Modellstrukturen wird darauf jeweils näher eingegangen werden.

2.2 Semi-parametrischer Ansatz: Das Proportional-Hazards-Modell

Eine Möglichkeit der Modellformulierung stellt das Proportional-Hazards-Modell von Cox (1972) dar. Es geht - vereinfacht für ein Zwei-Zustands-Modell (z.B. arbeitslos - erwerbstätig) - von folgender individualspezifischen Hazardfunktion aus:

(9) $\quad r_i(t) = r_o(t) \exp(\underline{x}_i \, '\underline{\beta})$

wobei $r_o(t)$ = Baseline-Hazard-Funktion
$\quad \underline{x}_i$ = Vektor der Kovariaten des Individuums i
$\quad \underline{\beta}$ = Parametervektor

Es wird angenommen, daß die Baseline-Hazard-Funktion nur von t abhängt, pro Zeitpunkt t jedoch für alle Untersuchungseinheiten konstant ist, und somit der Quotient aus zwei individualspezifischen Hazardraten nur von den entsprechenden Kovariateneinflüssen abhängig ist. Es können also die Parameter $\underline{\beta}$ geschätzt werden, ohne Annahmen über $r_o(t)$ zu treffen (Semi-parametrischer Ansatz). Infolgedessen liegt der Schwerpunkt dieses Ansatzes eher in der Analyse von Kovariateneffekten, weniger dagegen in Aussagen über den zeitlichen Verlauf der Hazardrate.

Die Schätzung dieses Modells erfolgt mit Hilfe der Partial-Likelihood-Methode, die von folgendem Ansatz ausgeht: Tritt zu einem bestimmten Zeitpunkt t ein Ereignis in der Risikomenge M(t) ein, so ist die bedingte Wahrscheinlichkeit, daß ein bestimmtes Individuum i ε M(t) betroffen ist:

$$(10) \quad \frac{r_i(t,\underline{x}_i)}{\displaystyle\sum_{j\varepsilon M(t_i)} r_j(t,\underline{x}_j)} = \frac{\exp(\underline{x}_i{}'\beta)}{\displaystyle\sum_{j\varepsilon M(t_i)} \exp(\underline{x}_j{}'\beta)}$$

Bei der Schätzung wird angenommen, daß die Ereigniszeiten $t_1, t_2, ..., t_m$ verschieden sind ($t_1 < t_2 < ... < t_m$). Werden n Individuen einbezogen, so sind n-m Beobachtungen rechtszensiert. Cox (1972, 1975) schlägt zur Schätzung den folgenden Maximum-Likelihood-Ansatz vor:

$$(11) \quad L(\beta) = \prod_{i=1}^{m} \frac{\exp(\underline{x}_i{}'\underline{\beta})}{\displaystyle\sum_{j\varepsilon M(t_i)} \exp(\underline{x}_j{}'\underline{\beta})}$$

mit $t_1, t_2, ..., t_m$ Ereigniszeiten

Dies bedeutet, daß nur ein Teil der verfügbaren Information aus der vollständigen Likelihood-Funktion verwendet wird (Lawless 1982). Informationen über den Zeitpunkt von Rechtszensuren werden nicht zur Schätzung herangezogen. Rechtszensuren beeinflussen die Likelihood-Funktion hier nur indirekt, indem die Risikomenge zwischen zwei aufeinanderfolgenden Ereigniszeitpunkten jeweils um die Zahl der dazwischen liegenden Rechtszensuren vermindert wird.

Der Ansatz (11) besitzt allerdings nur Gültigkeit, wenn zu jedem möglichen Ereigniszeitpunkt höchstens ein Ereignis eingetreten ist. Diese Bedingung ist häufig nicht erfüllt. Gleichzeitig eintretende Ereignisse, sogenannte Bindungen (ties), werden daher in der Regel durch eine von Breslow (1974) vorgeschlagene Modifikation der obigen Formel berücksichtigt (vgl. auch Lawless 1982):

$$(12) \quad L(\underline{\beta}) = \prod_{i=1}^{m} \frac{\exp(\underline{s}_i{}'\underline{\beta})}{\left[\displaystyle\sum_{j\varepsilon M(t_i)} \exp(\underline{x}_j{}'\underline{\beta})\right]^{d_i}}$$

Hierin steht d_i für die Zahl der Bindungen zum Zeitpunkt i und $\underline{s}_i$ für die Vektorsumme der Kovariaten der d_i Bindungen.

Bei der Anwendung des Proportional-Hazards-Modells muß insbesondere die Proportionalitätsannahme in bezug auf die Baseline-Hazard-Funktion getestet werden. Ein Überblick der dazu vorgeschlagenen formalen bzw. graphischen Tests findet sich beispielsweise bei Andreß (1985) oder Diekmann und Mitter (1984). Bei Verletzung der Proportionalitätsannahme ist es ratsam, subgruppenspezifische Modellstrukturen - sogenannte geschichtete Modelle - zu schätzen. Zur Modellbeurteilung werden Signifikanztests für einzelne Parameter, Likelihood-Ratio-Statistiken oder die Score-Statistiken verwendet.

2.3   Parametrischer Ansatz: Modellierung der Übergangsrate

Im Unterschied zum Cox-Modell erfordern parametrische Ratenmodelle eine explizite Modellierung des Verlaufs der Hazardfunktion. Der einfachste Ansatz dazu besteht in der Annahme einer im Zeitlauf konstanten Rate:

(13) $r(t) = \text{const.}$

Dies führt gemäß der Gleichungen (4), (5) und (6) zum Modell der <u>Exponentialverteilung</u> für die Zufallsvariable "Verweildauer". Eine Verallgemeinerung stellt das <u>Weibull-Modell</u> mit den Parametern $\lambda>0$, $p>0$ dar, das auch einen zeitabhängigen Ratenverlauf zuläßt:

(14) $r(t) = \lambda p \, (\lambda t)^{p-1}$

Die Zeitabhängigkeit des Ratenverlaufs wird im <u>Gompertz-Modell</u> durch

(15) $r(t) = B \exp(Ct)$

und im <u>log-logistischen</u> Modell durch

(16) $r(t) = \dfrac{\lambda p \, (\lambda t)^{p-1}}{1 + (\lambda t)^{p}}$

berücksichtigt. Übersicht 1 enthält eine grafische Veranschaulichung der genannten Modelle (vgl. zu weiteren Modellen Andreß 1985; Tuma, Hannan 1984).

Kovariateneffekte und zeitabhängiger Ratenverlauf lassen sich nunmehr in einem zu schätzenden Modell integrieren:

224

(17)   Exponential-Modell: $r(t) = \exp(\beta_o + \beta_1 x_1 + \beta_2 x_2 + \dots)$

Gompertz-Modell: $r(t) = B \exp(Ct)$
              mit $B = \exp(\beta_o + \beta_1 x_1 + \beta_2 x_2 + \dots)$
              und $C = \gamma_o + \gamma_1 x_1 + \gamma_2 x_2 + \dots$

Log-logistisches
Modell: $r(t) = \dfrac{\lambda p \,(\lambda t)^{p-1}}{1 + (\lambda t)^{p}}$

              mit $\lambda = \exp(\lambda_o + \lambda_1 x_1 + \lambda_2 x_2 + \dots)$
              und $p = \exp(p_o + p_1 x_1 + p_2 x_2 + \dots)$

Übersicht 1: Parametrische Ratenverläufe*)

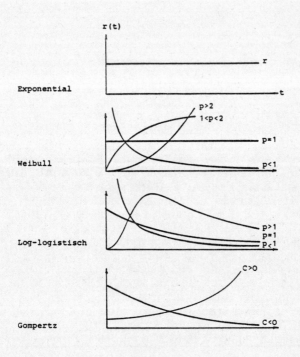

*) entnommen bei: Diekmann/Mitter 1984, S. 150.

225

Verwenden wir ein Zwei-Zustandsmodell mit i=1,...,n unabhängigen Beobachtungen, die entweder eine Zustandsänderung anzeigen oder rechtszensiert sind, so läßt sich die Likelihood-Funktion wie folgt formulieren:

$$(18) \quad L = \prod_{i=1}^{n} f_i(t_i)^{c_i} \; G_i(t_i)^{1-c_i} = \prod_{i=1}^{n} r_i(t_i)^{c_i} \; G_i(t_i)$$

$$\text{mit } c_i = \begin{cases} 1, \text{ wenn ein Zustandswechsel in } t_i \text{ zu beobachten ist} \\ 0 \text{ sonst} \end{cases}$$

Ist der zweite Zustand nicht "absorbierend", so können mehrere Zustandswechsel h=1, ... beobachtet werden (arbeitslos - erwerbstätig - arbeitslos - usw.). Dann wird die Likelihood-Funktion modifiziert:

$$(19) \quad L = \prod_{h=1}^{\infty} \prod_{i=1}^{n} r_i(t_{ih} \mid t_{i(h-1)})^{c_{ih}} \; G_i(t_{ih} \mid t_{i(h-1)})$$

mit $h = 1, \ldots$ Anzahl der Zustandswechsel

2.4 Modellierung zeitabhängiger Kovariaten

Bei der semi-parametrischen Modellierung und bei der Verwendung parametrischer Ansätze kommt der Berücksichtigung von zeitabhängigen Kovariaten besondere Bedeutung zu, denn es stellt sich die Frage, ob die Veränderung der Kovariaten nur von exogenen, d.h. vom untersuchten Prozeß und den Untersuchungseinheiten unabhängigen Faktoren bestimmt wird, oder ob die Kovariaten von den Untersuchungseinheiten und dem Prozeßverlauf beeinflußt werden (Kalbfleisch, Prentice 1980). Als "externe" Kovariaten können bei der Analyse der Arbeitslosigkeitsdauer beispielsweise Unterstützungsleistungen oder geeignete Arbeitsmarktindikatoren genannt werden. Beispiele für "interne" Kovariaten sind Einstellungsvariablen, denn sie spiegeln individuelle Verhaltensmuster in Abhängigkeit von externen Einflüssen wider, sind also von der Untersuchungseinheit und vom Prozeßverlauf selbst abhängig. Im Rahmen von empirischen Analysen ist es freilich oft nicht möglich, eindeutig zwischen "internen" und "externen" Kovariateneffekten zu trennen. Zur Modellierung zeitabhängiger Kovariateneffekte wurden bereits einige Ansätze entwickelt. Ein einfaches Modell beinhaltet die Verwendung einer expliziten Funktion der Zeit: x(t)=f(t). Ein solches Schätzmodell ist dann im Regressionsmodell zu berücksichtigen. In einem einfachen Beispiel mit x(t)=t ergibt sich aus einem Exponential-Modell mit

$$(20) \quad r(t) = \exp(\beta_o + \beta_1 t) = \exp(\beta_o) \; \exp(\beta_1 t)$$

ein Gompertz-Modell mit den Parametern $B = \exp(\beta_o)$ und $C = \beta_1$.

226

Ein zweiter Ansatz geht von einem Periodenmodell aus (Tuma, Hannan 1984; Andreß 1985), das sich zur Modellierung zeitabhängiger Kovariaten eignet, die sich zu diskreten Zeitpunkten ändern. In diesem Modellansatz wird der Beobachtungszeitraum in p Perioden aufgeteilt. Wird mit τ_{p-1} der Beginn, mit τ_p das Ende der Beobachtungsperiode p bezeichnet, so läßt sich die periodenspezifische Übergangsrate $r_{ijkp}(t)$ im Falle eines Exponential-modells formulieren als:

(21) $r_{ijkp}(t) = \exp(\underline{x}'_{ip}\, \underline{\beta}_{jkp})$

für alle t mit $\tau_{p-1} \leq t \leq \tau_p$

Die Überlebensfunktion $G_{ijk}(t)$ über die Beobachtungsperiode p = 1,...,P lautet dann:

$$(22) \quad G_{ijk}(t) = \exp\left[-\sum_{p=1}^{P} \int_{\tau_{p-1}}^{\tau_p} r_{ijkp}(t)\, dt\right]$$

Die Einteilung der Perioden erfolgt je nach Untersuchungsgegenstand periodenspezifisch (beispielsweise bei individuellen Einkommensverläufen aus Ereignisdaten) oder nach Wahl der Erhebungszeitpunkte (bei Paneldaten).

3 Vergleich alternativer Übergangsratenmodelle: Empirische Analysen zur Arbeitslosigkeitsdauer mit Retrospektivdaten des Sozio-ökonomischen Panels für 1983

Das Ziel der Analyse alternativer Übergangsratenmodelle besteht in einem Vergleich der Leistungsfähigkeit dieser verschiedenen Modelle im Hinblick auf Zeitabhängigkeit der Ratenverläufe und unterschiedliche Kovarianteneffekte. Zunächst werden lediglich die beiden Einflußgrößen Geschlecht und Alter berücksichtigt, um eine anschauliche Darstellung zu ermöglichen. Im darauf folgenden Schritt werden Modelle vorgestellt, die sich unter den verfügbaren Variablen nach eingehenderen Untersuchungen als bedeutsam für die zugrundeliegende Fragestellung erwiesen haben.

3.1 Datengrundlage

Die folgenden Ausführungen befassen sich mit Fragen zum Prozeß des Ausscheidens aus der Arbeitslosigkeit. Als Datengrundlage für die Schätzung der entsprechenden Ratenmodelle dient das Erwerbsstatus-Kalendarium der 1. Welle des Sozio-ökonomischen Panels, das monatliche Angaben über die individuelle Arbeitslosigkeit für das Jahr 1983 enthält (Übersicht 2). Eine umfassende Analyse kann auf dieser Basis aufgrund der Kürze des Beobachtungszeitraums nicht erwartet werden. Im Vordergrund steht deshalb zunächst der methodische Aspekt der Anwendung von Modellen, um vorliegende Ansätze zu testen und die auftretenden Schätzprobleme lösen zu können.

Übersicht 2: Erwerbsstatus-Kalendarium aus dem Sozio-ökonomischen Panel für 1983

36. Und nun denken Sie bitte an das letzte Jahr, also 1983:

Wir haben hier eine Art Kalender abgebildet.
Links steht, was Sie im letzten Jahr gewesen sein können.

Bitte gehen Sie die Punkte durch und kreuzen Sie alle Monate an, in denen Sie z.B. erwerbstätig waren, arbeitslos waren usw.

> Bitte achten Sie darauf, daß für jeden Monat ein Kästchen angekreuzt sein muß!

	1983											
	Jan.	Febr.	März	April	Mai	Juni	Juli	Aug.	Sept.	Okt.	Nov.	Dez.
Voll erwerbstätig	☐	☐	☐	☐	☐	☐	☐	☐	☐	☐	☐	☐
Teilzeitbeschäftigt oder geringfügig erwerbstätig	☐	☐	☐	☐	☐	☐	☐	☐	☐	☐	☐	☐
In betrieblicher Ausbildung/ Fortbildung/Umschulung	☐	☐	☐	☐	☐	☐	☐	☐	☐	☐	☐	☐
Arbeitslos gemeldet	☐	☐	☐	☐	☐	☐	☐	☐	☐	☐	☐	☐
In Rente/Ruhestand	☐	☐	☐	☐	☐	☐	☐	☐	☐	☐	☐	☐
Auf der Schule/Hochschule	☐	☐	☐	☐	☐	☐	☐	☐	☐	☐	☐	☐
Als Wehrpflichtiger beim Wehrdienst/Zivildienst	☐	☐	☐	☐	☐	☐	☐	☐	☐	☐	☐	☐
Hausfrau/Hausmann	☐	☐	☐	☐	☐	☐	☐	☐	☐	☐	☐	☐
Sonstiges und zwar:	☐	☐	☐	☐	☐	☐	☐	☐	☐	☐	☐	☐

Bei einem Vergleich mit amtlichen Daten läßt sich eine deutliche Unterschätzung der retrospektiv erhobenen Arbeitslosenquoten im Sozio-ökonomischen Panel feststellen. Eine Ursache könnte darin liegen, daß kurzzeitige Arbeitslosigkeit durch das gewählte Erhebungsinstrument nicht erfaßt wird. Diese Vermutung steht im Einklang mit der Hypothese, daß in Retrospektiverhebungen die Erfassungsqualität mit der Bedeutung des Befragungsgegenstandes für den Befragten variiert (Akerlof, Yellen 1985; Küchler 1984). Eine vorübergehende Arbeitslosigkeit wird demnach von den Betroffenen nicht als problematisch empfunden und daher auch leichter wieder vergessen. Eine andere Ursache könnte darin liegen, daß Bestandsgrößen zur Berechnung der Arbeitslosenquote im Sozio-ökonomischen Panel verzerrt abgebildet sind.

Im Erwerbsstatus-Kalendarium wurden bei den Männern 542, bei den Frauen 370 Spells beobachtet und nach Dauer der Arbeitslosigkeit bzw. der Zensierungsart klassifiziert. Dabei wurden die Spells dann als zensiert betrachtet, wenn im Fragebogen keine vollständige Ereignissequenz im Jahresablauf angekreuzt bzw. der Zustand der Arbeitslosigkeit im Januar oder im Dezember notiert wurde (Übersicht 3).

Übersicht 3: Spelldauer nach Zensurstatus

Spelldauer in Monaten	unzensiert	rechts- zensiert	links- zensiert	beidseitig zensiert	Summe	%
1	40	58	22	1	121	(13,3)
2	26	41	44	1	112	(12,3)
3	24	38	53	2	117	(12,8)
4	7	31	32	0	70	(7,7)
5	15	25	24	0	64	(7,0)
6	4	26	18	1	49	(5,4)
7	3	14	16	2	35	(3,8)
8	3	13	17	1	34	(3,7)
9	1	14	14	4	33	(3,6)
10	0	7	9	0	16	(1,8)
11	0	10	6	0	16	(1,8)
12	0	0	0	245	245	(26,9)
Summe	123	277	255	257	912	
(%)	(13,5)	(30,4)	(28,0)	(28,2)		

In der empirischen Analyse wurden lediglich die unzensierten bzw. rechtszensierten Fälle berücksichtigt, da über die Ereignisgeschichten vor dem Erhebungsbeginn jegliche Informationen fehlen. Die Übersicht 3 weist auf zwei Probleme bei der Auswertung hin. Zum einen konnten lange Spells durch die Kürze der Beobachtungsperiode nicht erfaßt werden, zum anderen ist ein hoher Anteil rechtszensierter Fälle zu beobachten. Eine Erfassung der Spelldauer von 12 oder mehr Monaten ist beispielsweise erforderlich, um den Einfluß der Höhe der Arbeitslosenunterstützung auf die Arbeitslosigkeitsdauer angemessen analysieren zu können. Darüber hinaus wird die saisonale Arbeitslosigkeit in den Wintermonaten aufgrund der Daten der 1. Welle nur unzureichend erfaßt. Bei dem hohen Anteil rechtszensierter

Fälle handelt es sich fast ausschließlich um geplante Rechtszensuren. Im vorliegenden Fall betrifft das alle Spells, die im letzten Beobachtungsmonat, dem Dezember 1983, noch nicht abgeschlossen waren.

3.2 Empirische Analyse alternativer Modellansätze

Als Kovariateneinflüsse wurden zunächst die beiden Variablen Geschlecht und Alter berücksichtigt und unter diesen beiden Kriterien die Ratenverläufe von drei unterschiedlichen Modellansätzen dargestellt. Im allgemeinen geht man von der Erwartung aus, daß Männer und jüngere Erwerbstätige einen relativen Vorteil im Hinblick auf Wiederbeschäftigungschancen besitzen. Die empirische Überprüfung bestätigt diese Vermutung weitgehend. Um die Modellinterpretation zu erleichtern, ist jede Ereignistabelle mit den geschätzten Koeffizienten um zwei zusätzliche Graphiken ergänzt, die - getrennt nach Geschlecht - für drei exemplarische Altersgruppen den jeweils geschätzten Ratenverlauf darstellen. Die Berechnungen wurden mit Hilfe der Programme BMDP2L, BMDP3R, und RATE durchgeführt.

Bei Verwendung des <u>Proportional-Hazards-Modells</u> (Übersicht 4) wird die Hypothese im Hinblick auf die beiden Kovariateneinflüsse durch das Modell bestätigt. Im log-linearen Modellansatz gibt $(\exp(\beta_i)-1)$ an, um welchen Faktor sich die Übergangsrate ändert, wenn sich die Variable x_i um eine Einheit ändert. Die Wiederbeschäftigungschancen von Männern sind demnach um 77,5 % höher als die der Frauen, und jedes zusätzliche Lebensjahr reduziert die Wiederbeschäftigungschancen um ca. 1,7 %. Beide Parameter sind statistisch signifikant. Eine eindeutige Richtung des Ratenverlaufs in Abhängigkeit von der Spelldauer läßt sich den Grafiken nicht entnehmen.

Bei Anwendung des <u>Exponential-Modells</u> (Übersicht 5) lassen sich in bezug auf die Interpretation der Koeffizienten ähnliche Aussagen ableiten wie im vorangegangenen Modell, so daß die geschlechts- und altersspezifischen Unterschiede im Hinblick auf das Ausscheiden aus der Arbeitslosigkeit bestätigt werden. Die zahlenmäßigen Beträge der entsprechenden Effekte sind sogar nahezu gleich. Eine zeitabhängige Richtung des Ratenverlaufs läßt sich dem Modell nicht entnehmen, da eine solche bereits durch die Modellannahmen ausgeschlossen wird.

Unterstellt man, daß sich der Ratenverlauf in Abhängigkeit von der Spelldauer verändern kann, dann läßt sich im vorliegenden Fall die Modellanpassung, gemessen an der jeweiligen Log-Likelihood, weiter verbessern. Es ist also gerechtfertigt, wenn man annimmt, daß eine Zeitabhängigkeit vorliegt. Dabei läßt sich ein tendenziell sinkender Ratenverlauf nachweisen, d.h., daß Wiederbeschäftigungschancen mit zunehmender Arbeitslosigkeitsdauer immer geringer werden.

Mit dem <u>log-logistischen Modell</u> (Übersicht 6) wird die beste Anpassung im Vergleich zu anderen Modellen mit zeitabhängigen Ratenverläufen erreicht.

230

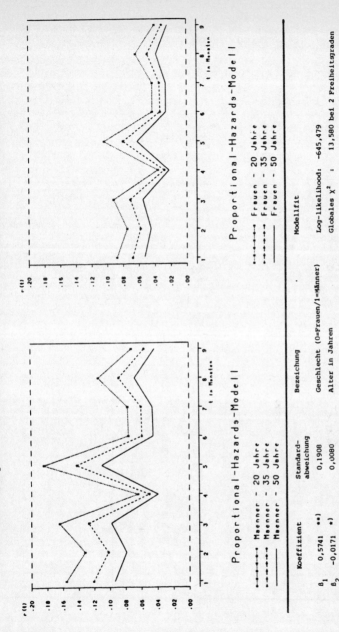

Übersicht 4: Proportional-Hazards-Modell für das Ausscheiden aus der Arbeitslosigkeit

Proportional-Hazards-Modell

- Maenner - 20 Jahre
- Maenner - 35 Jahre
- Maenner - 50 Jahre

Proportional-Hazards-Modell

- Frauen - 20 Jahre
- Frauen - 35 Jahre
- Frauen - 50 Jahre

	Koeffizient		Standard-abweichung	Bezeichnung
β_1	0,5741	**)	0,1908	Geschlecht (0=Frauen/1=Männer)
β_2	-0,0171	*)	0,0080	Alter in Jahren

**) Signifikanzniveau 1%

*) Signifikanzniveau 5%

Modellfit

Log-likelihood: -645,479

Globales χ^2 : 13,580 bei 2 Freiheitsgraden

Quelle: Das Sozio-ökonomische Panel 1984; eigene Berechnungen auf der Grundlage des Erwerbsstatus-Kalendariums für 1983

231

Übersicht 5: Exponential-Modell für das Ausscheiden aus der Arbeitslosigkeit

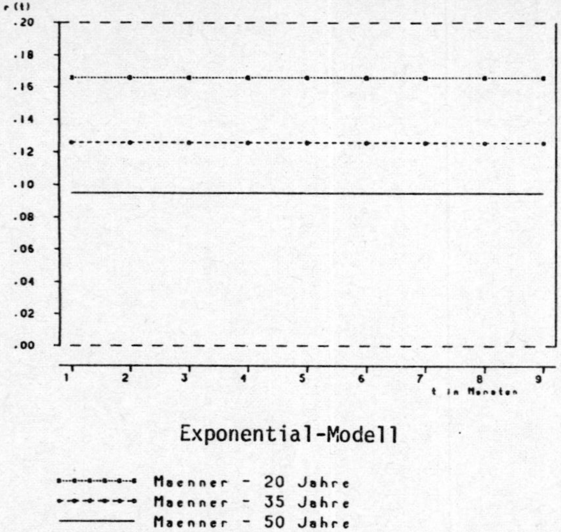

Exponential-Modell

	Maenner – 20 Jahre
	Maenner – 35 Jahre
	Maenner – 50 Jahre

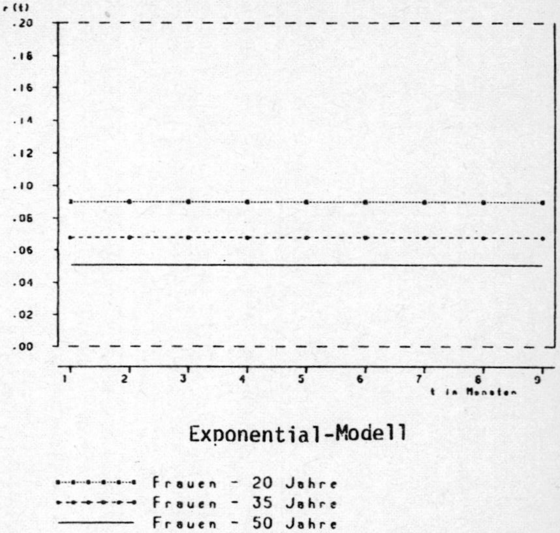

Exponential-Modell

	Frauen – 20 Jahre
	Frauen – 35 Jahre
	Frauen – 50 Jahre

	Koeffizient	Standard-abweichung	Bezeichnung
B_0	-2,0414 **	0,2758	Konstante
B_1	0,6206 **	0,1878	Geschlecht (0=Frauen/1=Männer)
B_2	-0,0186 *	0,0075	Alter in Jahren

Modellfit

Log-likelihood: -392,144
Globales χ^2 : 16,580 bei 2 Freiheitsgraden

Quelle: Das Sozio-ökonomische Panel 1984; eigene Berechnungen auf der Grundlage des Erwerbsstatus-Kalendariums für 1983

Übersicht 6: Log-logistisches Modell für das Ausscheiden aus der Arbeitslosigkeit

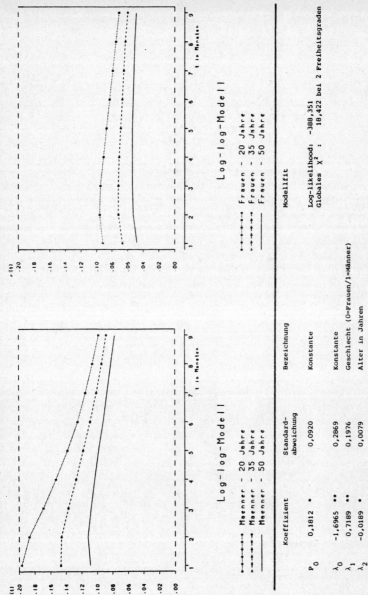

Log-log-Modell

● ● ● ● Maenner - 20 Jahre
▲ ▲ ▲ ▲ Maenner - 35 Jahre
───── Maenner - 50 Jahre

● ● ● ● Frauen - 20 Jahre
▲ ▲ ▲ ▲ Frauen - 35 Jahre
───── Frauen - 50 Jahre

	Koeffizient	Standard-abweichung	Bezeichnung
P_0	0,1812 *	0,0920	Konstante
λ_0	-1,6965 **	0,2869	Konstante
λ_1	0,7189 **	0,1976	Geschlecht (0=Frauen/1=Männer)
λ_2	-0,0189 *	0,0079	Alter in Jahren

Modellfit

Log-likelihood: -388,351
Globales χ^2 :   18,422 bei 2 Freiheitsgraden

Quelle: Das Sozio-ökonomische Panel 1984; eigene Berechnungen auf der Grundlage des Erwerbsstatus-Kalendariums für 1983

Zwar steigen die Wiederbeschäftigungschancen von Frauen aufgrund dieses Modells unmittelbar nach Eintritt der Arbeitslosigkeit noch leicht an, doch bereits nach zwei bis drei Monaten zeigt sich auch hier ein tendenziell fallender Ratenverlauf, wenn auch nicht so ausgeprägt wie für Männer, deren Wiederbeschäftigungschancen praktisch von Beginn an sinken. Letzteres wird allerdings dadurch relativiert, daß die männerspezifische Rate absolut gesehen während des gesamten Beobachtungszeitraums deutlich über der von Frauen liegt. Typisch für ein log-logistisches Modell ist der Effekt, daß die kovariatenspezifischen Unterschiede im Ratenverlauf mit zunehmender Spelldauer zurückgehen. Ob diese implizit mit der Modellauswahl getroffene Annahme gerechtfertigt ist, kann erst durch weitere Untersuchungen geklärt werden, da insbesondere erst von einer Ausweitung der Beobachtungsperiode zuverlässigere Ergebnisse erwartet werden können.

Wurden bislang die Kovariateneffekte von lediglich zwei Variablen im Hinblick auf den zeitlichen Verlauf der Hazardrate bei Annahme unterschiedlicher Hypothesen überprüft, um auch graphische Darstellungen einfacher Art zu ermöglichen, so soll nunmehr versucht werden, "vollständige" Modelle unter Berücksichtigung aller zur Verfügung stehenden Erklärungsfaktoren zu schätzen.

Übersicht 7 enthält eine Aufstellung der Variablen, die als Informationen aus dem Sozio-ökonomischen Panel zur Verfügung standen. Neben individualspezifischen Merkmalen wurden auch drei Arbeitsmarktvariablen als Indikatoren für die gesamtwirtschaftlichen Rahmenbedingungen verwendet. Diese Größen wurden als extern zeitabhängige Kovariaten in die Schätzungen aufgenommen. Dadurch läßt sich für die Dauer von Arbeitslosigkeit ein Erklärungsmodell entwickeln, daß sowohl gesamtwirtschaftliche Entwicklungsprozesse als auch individuelle Faktoren einbezieht.

Die Modellierung erfolgte schrittweise, indem ausgehend von einem Modell ohne Kovariaten in jedem Schritt die Variable zusätzlich aufgenommen wurde, die - gemessen am Chi^2-Wert - den stärksten Erklärungszuwachs für das Gesamtmodell lieferte. Dieses Verfahren wurde solange fortgesetzt, bis keine Variable mehr einen signifikanten Erklärungsbeitrag leisten konnte. Zur Erklärung der Dauer der Arbeitslosigkeit erwiesen sich die vier Faktoren Geschlecht, Körperbehinderung, Erwerbsstatus vor der Arbeitslosigkeit und Anzahl der offenen Stellen als die wichtigsten Merkmale. Ein Einfluß weiterer Merkmale - hier sind vor allem Alter, Bildung und Staatsangehörigkeit zu nennen - ist zwar zu vermuten, kann aber auf der Grundlage des vorliegenden beschränkten Datensatzes statistisch nicht als hinreichend gesichert gelten.

Übersicht 8 enthält ein Proportional-Hazards-Modell. Die Effekte bestätigen im allgemeinen die Erwartungen. So kann aus diesem Modell abgeleitet werden, daß die Wiederbeschäftigungschancen von Männern etwa doppelt so hoch sind wie die von Frauen; die Chancen zur Beendigung der Arbeitslosigkeit sind für in der Erwerbsfähigkeit eingeschränkte Personen um zwei

Übersicht 7: Für die "vollständige" Modellierung zur Verfügung stehende Variablen

Alter	in Jahren
Arbeitslosenquote	pro Monat; extern zeitabhängig
Höhe der Arbeitslosenunterstützung	in DM
Anzahl der Beschäftigten	pro Quartal in Mio; extern zeitabhängig
Erwerbsstatus vor Spell 1	(0=sonst./1=Arbeiter)
Erwerbsstatus vor Spell 2	(0=sonst./1=Angestellte)
Erwerbsstatus vor Spell 3	(0=sonst./1=Selbständige)
Geschlecht	(0=Männer/1=Frauen)
amtlich festgestellte Körperbehinderung	(0=nein/1=ja)
Anzahl der offenen Stellen	pro Monat in 1.000; extern zeitabhängig
Saisoneffekt 1	(0=sonst./1=Spellbeginn im ersten Quartal)
Saisoneffekt 2	(0=sonst./1=Spellbeginn im zweiten Quartal)
Saisoneffekt 3	(0=sonst./1=Spellbeginn im dritten Quartal)
Schulbildung 1	(0=sonst./1=Volksschulabschluß)
Schulbildung 2	(0=sonst./1=Realschulabschluß)
Schulbildung 3	(0=sonst./1=mindestens Fachhochschulreife)
Staatsangehörigkeit	(0=Deutsch/1=Ausländer)

Drittel geringer als die Chancen der Restpopulation. Personen, die vor der Arbeitslosigkeit selbständig waren, besitzen um ca. 60% höhere Wiederbeschäftigungschancen als andere. Schließlich ergibt sich aus der Modellanalyse, daß pro 1.000 zusätzlicher offener Stellen die Wiederbeschäftigungschancen generell um ca. 4 % ansteigen.

Übersicht 9 enthält die entsprechenden Schätzergebnisse für ein Exponential-Modell. Sowohl inhaltlich als auch zahlenmäßig stimmen die Ergebnisse dieses Modells fast völlig mit denen des Proportional-Hazards-Modells überein.

Wie bereits angedeutet, spricht im Zusammenhang mit Arbeitslosigkeitsdauer vieles dafür, von einem zeitabhängigen Ratenverlauf auszugehen. Im folgenden wurden daher in Form eines Gompertz-Modells und eines log-

Übersicht 8: Proportional-Hazards-Modell für das Ausscheiden aus der Arbeitslosigkeit

	Koeffizient		Standard-abweichung	Bezeichnung
β_1	0,747	**	0,199	Geschlecht (0=Frauen/1=Männer)
β_2	-1,127	*	0,510	amtlich festgestellte Körperbehinderung (0=nein/1=ja)
β_3	0,477	*	0,196	Erwerbsstatus vor Spell (0=sonst./1=selbständig)
β_4	0,036	*	0,015	Anzahl der offenen Stellen in 1.000 als extern zeitabhängige Kovariate

Modellfit

Log-likelihood: -638,886

Globales χ^2 : 25,69 bei 4 Freiheitsgraden

Quelle: Das Sozio-ökonomische Panel 1984; eigene Berechnungen auf der Grundlage des Erwerbsstatus-Kalendariums für 1983

Übersicht 9: Exponential-Modell für das Ausscheiden aus der Arbeitslosigkeit

	Koeffizient		Standard-abweichung	Bezeichnung
β_0	-6,032	**	1,174	Konstante
β_1	0,805	**	0,199	Geschlecht (0=Frauen/1=Männer)
β_2	-1,191	*	0,510	amtlich festgestellte Körperbehinderung (0=nein/1=ja)
β_3	0,511	**	0,196	Erwerbsstatus vor Spell (0=sonst./1=selbständig)
β_4	0,041	**	0,015	Anzahl der offenen Stellen in 1.000 als extern zeitabhängige Kovariate

Modellfit

Log-likelihood: -383,809

Globales χ^2 : 33,250 bei 4 Freiheitsgraden

Quelle: Das Sozio-ökonomische Panel 1984; eigene Berechnungen auf der Grundlage des Erwerbsstatus-Kalendariums für 1983

logistischen Modells zwei alternative Ansätze formuliert, um diese Hypothese näher untersuchen zu können.

Bei dem hier verwendeten Gompertz-Modell handelt es sich im Prinzip um ein erweitertes Exponential-Modell. Die Zeitabhängigkeit des Ratenverlaufes wird gemäß Gleichung (17) durch die Multiplikation des zeitkonstanten Terms $e^{x'\beta}$ mit dem Faktor $e^{x'\gamma t}$ berücksichtigt. Daraus ist unmittelbar ersichtlich, daß ein über die Zeit ansteigender Ratenverlauf nur dann beobachtet werden kann, wenn $e^{x'\gamma}$ größer als Eins ist. Ist $\gamma = \underline{0}$, dann folgt daraus, daß $e^{x'\gamma t} = 1$ und somit das Exponential-Modell exakt wiedergegeben ist. Ein über die Zeit fallender Ratenverlauf ist dann gegeben, wenn $e^{x'\gamma}$ kleiner als Eins ist. Auf diese Weise erlaubt das Gompertz-Modell eine analytische Unterscheidung von zeitkonstant und zeitvariabel wirkenden Kovariaten. Bei der Auswahl des Gompertz-Modells ist allerdings zu beachten, daß die Kovariateneinflüsse bei ansteigenden Raten divergieren, während sie bei fallenden Ratenverläufen konvergieren. Dies bedeutet, daß für Subpopulationen mit steigendem Ratenverlauf die merkmalsspezifischen Unterschiede mit zunehmender Dauer immer bedeutsamer werden, während kovariatenspezifische Einflüsse für Subpopulationen mit fallendem Ratenverlauf allmählich an Bedeutung verlieren. Daß das Exponential-Modell als Spezialfall in das Gompertz-Modell einbettbar ist, hat vor allem den Vorteil, daß der Likelihood-Ratio-Test als Prüfstatistik beim Vergleich der beiden Modelle herangezogen werden kann.

Im vorliegenden Fall interessiert primär die Frage, ob die Spezifikation eines zeitabhängigen Ratenverlaufs zu einer nennenswerten Modellverbesserung führt. Die endgültigen Schätzergebnisse für das Gompertz-Modell sind in Übersicht 10 wiedergegeben. Wie daraus hervorgeht, läßt sich die Anpassung dadurch tatsächlich noch verbessern. Der Chi^2-Zuwachs beträgt hier 8,010 bei einem Freiheitsgrad gemessen an dem Alternativmodell aus Übersicht 9. Das Gompertz-Modell unterscheidet sich vom Exponential-Modell dadurch, daß nun dem Effekt aus der Selbständigkeit vor Arbeitslosigkeit ein entscheidender Einfluß auf die Modellinterpretation zukommt. Von einer vorhergehenden Selbständigkeit hängt nämlich ab, ob die Wiederbeschäftigungschancen über die Zeit hinweg steigen oder sinken. Der Wert von $e^{x'\gamma}$ beträgt für vor der Arbeitslosigkeit Selbständige 1,125, was steigenden Wiederbeschäftigungschancen entspricht. Für die Restpopulation beträgt dieser Wert dagegen nur 0,887. Somit ist für diesen Teil der Befragten von einem vergleichsweise stark fallenden Ratenverlauf auszugehen. Die Effekte der zeitkonstant wirkenden Kovariaten unterscheiden sich zahlenmäßig nur unwesentlich von den korrespondierenden Effekten aus dem Exponential-Modell.

Übersicht 10: Gompertz-Modell für das Ausscheiden aus der Arbeitslosigkeit

	Koeffizient	Standard-abweichung	Bezeichnung
β_0	-5,753 **	1,232	Konstante
β_1	0,837 **	0,199	Geschlecht (0=Frauen/1=Männer)
β_2	-1,226 *	0,510	amtlich festgestellte Körperbehinderung (0=nein/1=ja)
β_3	0,040 **	0,015	Anzahl der offenen Stellen in 1.000 als extern zeitabhängige Kovariate
γ_0	-0,120 *	0,057	Konstante
γ_1	0,238 **	0,062	Erwerbsstatus vor Spell (0=sonst./1=selbständig)

Modellfit

Log-Likelihood: -379,804

Globales χ^2 : 41,26 bei 5 Freiheitsgraden

Quelle: Das Sozio-ökonomische Panel 1984; eigene Berechnungen auf der Grundlage des Erwerbsstatus-Kalendariums für 1983

Interessant ist nun die Frage, wie sich dieser Zusammenhang darstellt, wenn man statt des Gompertz-Modells ein log-logistisches Modell für den Ratenverlauf unterstellt. Prinzipiell impliziert die Auswahl eines log-logistischen Modells die Annahme von fallenden Ratenverläufen, zumindestens 'auf lange Sicht' gesehen. Lediglich in Modellen mit $e^{x'\underline{b}} < 0$ kann von einem zunächst ansteigenden und danach erst fallenden Ratenverlauf ausgegangen werden. Langfristig unterstellt ein log-logistisches Modell daher immer eine tendenzielle Egalisierung kovariatenspezifischer Unterschiede. Im geschätzten Modell aus Übersicht 11 ist $e^{x'\underline{b}} > 0$, so daß generell von einem zweiphasigen Verlauf der Wiederbeschäftigungschancen gesprochen werden kann. Zur Modellinterpretation ist es daher recht hilfreich, unter Verwendung des Shape-Parameters $((p-1)^{1/p}/\lambda)$ zunächst die Lage der kovariatenspezifischen Maxima der Ratenverläufe zu bestimmen. Von der Zahl der offenen Stellen wird im folgenden der Einfachheit halber angenommen, sie habe konstant 80.000 betragen. Die günstigste Kovariatenkonstellation im Sinne einer möglichst hohen Abgangsrate ergibt sich in diesem Modell für nichtbehinderte Männer, die vor der Arbeitslosigkeit selbständig waren. Für sie liegt das errechnete Maximum des Ratenverlaufs mit 0,272 bei 0,870 Monaten. Die ungünstigste Kovariatenkonstellation besteht bei behinderten

Frauen, die vor der Arbeitslosigkeit nicht selbständig waren. Für sie liegt das errechnete Maximum des Ratenverlaufs mit 0,020 bei 11,330 Monaten.

Übersicht 11: Log-logistisches Modell für das Ausscheiden aus der Arbeitslosigkeit

	Koeffizient	Standard-abweichung	Bezeichnung
P_0	0,212 *	0,091	Konstante
λ_0	-5,720 **	1,322	Konstante
λ_1	0,887 **	0,212	Geschlecht (0=Frauen/1=Männer)
λ_2	-1,235 *	0,494	amtlich festgestellte Körperbehinderung (0=nein/1=ja)
λ_3	0,445 *	0,217	Erwerbsstatus vor Spell (0=sonst./1=selbständig)
λ_4	0,042 *	0,017	Anzahl der offenen Stellen in 1.000 als extern zeitabhängige Kovariate

Modellfit

Log-Likelihood: -380,732

Globales χ^2 : 33,660 bei 4 Freiheitsgraden

Quelle: Das Sozio-ökonomische Panel 1984; eigene Berechnungen auf der Grundlage des Erwerbsstatus-Kalendariums für 1983

Bei einem Vergleich der beiden Modelle wird die Bedeutung der ausgewählten Kovariaten bestätigt. Ein Widerspruch ergibt sich hinsichtlich des Effektes der Selbständigkeit vor der Arbeitslosigkeit. Während im Gompertz-Modell für diese Merkmalsgruppe über die Zeit ansteigende Abgangschancen aus der Arbeitslosigkeit geschätzt werden, ergeben sich aus dem log-logistischen Modell praktisch nur fallende Abgangsraten. Eine Aussage darüber, welches Modell zutreffender ist, läßt sich aus dem vorliegenden Material nicht ausreichend begründen. Diese Frage sollte daher offen gelassen werden.

4 Zusammenfassung

Als die 4 wichtigsten Erklärungsfaktoren für das Abgangsverhalten aus der Arbeitslosigkeit haben sich im vorliegenden Fall das Geschlecht, eingeschränkte Erwerbsfähigkeit, frühere Selbständigkeit und die Zahl der offenen Stellen erwiesen. Unabhängig von der jeweiligen Spezifikation der Zeitabhängigkeit des Ratenverlaufs zeigt sich, daß Frauen und Personen mit eingeschränkter Erwerbsfähigkeit im Durchschnitt eine deutlich erhöhte Arbeitslosigkeitsdauer besitzen. Personen, die vor der Arbeitslosigkeit selbständig waren, scheiden dagegen relativ schnell aus der Arbeitslosigkeit aus. Erwartungsgemäß läßt sich außerdem ein negativer Zusammenhang zwischen Arbeitsnachfrage und Arbeitslosigkeitsdauer feststellen. Mit einem Anstieg der Zahl der offenen Stellen verkürzt sich auch die durchschnittliche Arbeitslosigkeitsdauer.

Die vorliegenden Modelle lassen keinen eindeutigen Schluß darüber zu, wie sich die Abgangschancen aus der Arbeitslosigkeit in Abhängigkeit von der Arbeitslosigkeitsdauer tatsächlich entwickeln. Dies hängt zum Teil mit der derzeit noch zu kurzen Beobachtungsperiode zusammen. Im Hinblick auf die Analyse von Kovariateneffekten scheinen die Annahmen über die Zeitabhängigkeit des Ratenverlaufs eher zweitrangig zu sein. Zumindestens unter diesem Aspekt dürften bereits einfache Modellstrukturen - wie etwa das Proportional-Hazards-Modell oder das Exponential-Modell - hinreichende Erklärungsinstrumente darstellen.

Literaturverzeichnis

Akerlof, George A., Janet L. Yellen 1985: Unemployment through the Filter of Memory, in: Quarterly Journal of Economics, Vol. C, Heft 3, S. 747-773.

Andreß, Hans-Jürgen 1985: Multivariate Analyse von Verlaufsdaten, Mannheim.

Arminger, Gerhard 1984: Modelltheoretische und methodische Probleme bei der Analyse von Paneldaten mit qualitativen Variablen, in: Vierteljahrshefte zur Wirtschaftsforschung, S. 470-480.

Arminger, Gerhard 1986: Linear Stochastic Differential Equation Models for Panel Data with Unobserved Variables, Manuskript, Universität Wuppertal.

Bentler, P. M. 1983: Simultaneous Equation Systems as Moment Structure Models, in: Journal of Econometrics, Vol. 22, S. 13-42.

Bentler, P. M. 1984: The EQS Approach to Structural Equation Models for Normal and Nonnormal Continous Variables, in: Möbus, C., W. Schneider (Hrsg.): Structural Models in Time Related Sets, Bern.

Breslow, N. E. 1974: Covariance Analysis of Censored Data, in: Biometrika, Vol. 30, S. 89-99.

Chamberlain, Garry 1984: Panel Data, in: Griliches, Z., M. D. Intriligator (Hrsg.): Handbook of Econometrics, Vol. II, Amsterdam.

Chamberlain, Garry 1985: Heterogeneity, Omitted Variable Bias and Duration Dependence, in: Heckman, J., B. Singer (Hrsg.): Longitudinal Analysis of Labor Market Data, Cambridge, S. 3-38.

Cox, D. R. 1972: Regression Models and Life Tables, in: Journal of the Royal Statistical Society, Vol. 34, S. 187-220.

Cox, D. R. 1975: Partial Likelihood, in: Biometrika, Vol. 62, S. 269-276.

Diekmann, Andreas, Peter Mitter 1984: Methoden zur Analyse von Zeitverläufen, Stuttgart.

Hanefeld, Ute 1984: Das Sozio-ökonomische Panel - Eine Längsschnittstudie für die Bundesrepublik Deutschland, in: Vierteljahrshefte zur Wirtschaftsforschung, Heft 4, S. 391-406.

Heckman, James J., Burton Singer 1984: Econometric Duration Analysis, in: Journal of Econometrics, Vol. 24, S. 63-132.

Heckman, James J., Burton Singer 1985: Social Science Duration Analysis, in: Heckman, James, Burton Singer (Hrsg.): Longitudinal Analysis of Labor Market Data, Cambridge, S. 39-110.

Hsiao, Cheng 1985: Benefits and Limitations of Panel Data, in: Econometric Reviews 4(1), S. 121-174.

Hujer, Reinhard, Helmut Knepel 1982: Spezifikation und Schätzung sozioökonomischer Indikatormodelle, in: Allgemeines Statistisches Archiv, Heft 2, S. 174-194.

Jöreskog, Karl G., Dag Sörbom 1983: Availability of LISREL VI, Mooresville.

Judge, Georg G., William E. Griffiths, R. Carter Hill, Tsoung-Chao Lee 1980: The Theory and Practice of Econometrics, New York.

Küchler, Manfred 1984: Antwortverzerrungen im Interview - Wie läßt sich die Güte der Daten verbessern? in: ZUMA-Nachrichten 15, S. 3-17.

Lawless, Jerald F. 1982: Statistical Models and Methods for Lifetime Data, New York.

Tuma, Nancy Brandon, Michael T. Hannan 1984: Social Dynamics, Orlando.

Tuma, Nancy Brandon 1985: Effects of Labor Market Structure on Job Shift Patterns, in: Heckmann, James, Burton Singer (Hrsg.): Longitudinal Analysis of Labor Market Data, Cambridge, S. 327-363.

Latente-Variablen-Modelle zur Analyse von Paneldaten

Reinhard Hujer und Oded Löwenbein

1 Latente Variablen in der ökonometrischen Modellbildung

Seit der Diskussion um das Adäquationsproblem – angeregt durch die "Frankfurter Schule" der Statistik (Grohmann 1976; Menges 1976; Grohmann 1985) – und den Aussagen Morgensterns zur Genauigkeit wirtschafts- und sozialwissenschaftlicher Daten (Morgenstern 1965) wird in der Statistik und Ökonometrie immer wieder auf die Probleme der adäquaten Abbildung komplexer theoretischer Begriffsinhalte und der Qualität der zur Verfügung stehenden Daten hingewiesen. In den empirischen ökonometrischen Forschungsarbeiten blieben diese Fragen lange Zeit unberücksichtigt: Die Modellbildung basierte auf eindimensionalen Indikatoren und fehlerfrei gemessenen Variablen. Gerade bei der Analyse von Paneldaten ist diese Annahme sicherlich weitgehend unrealistisch, denn es sind einerseits Meßfehler zu erwarten, andererseits ist die Verwendung eindimensionaler Proxy-Variablen für komplexe Begriffsinhalte wie Zufriedenheit oder gesundheitlicher Status problematisch. Dann ist es zweckmäßig, solche latenten, "unbeobachtbaren" Variablen durch andere eindimensionale Indikatoren zu erfassen und diese jeweils durch eine geeignete Datenreihe zu messen. Diese Messung durch beobachtbare Größen ist jedoch meist fehlerhaft, da eine statistische Datenreihe nur selten den vollen Begriffsinhalt einer theoretischen Größe widerspiegeln kann. In der Ökonometrie wurde dieses Problem ausgehend von der Modellierung Friedmans permanenter Einkommenshypothese (Friedman 1957) als "Fehler-in-den-Variablen"-Modelle bereits ausführlich behandelt. Verallgemeinerungen dieses Ansatzes sind im "multiple indicator"- bzw. im "multiple-cause-multiple-indicator" (MIMIC) -Modell entwickelt (Griliches 1974; Goldberger 1974; Schneeweiß 1976; Judge u.a. 1980; Hujer, Knepel 1982; Aigner u.a. 1984; Hujer 1986). Empirische Analysen mit Hilfe dieser Modellstrukturen im Hinblick auf ökonomische Problemstellungen finden sich beispielsweise bei Aigner 1974; Attfield 1977; Chamberlain 1977; Avery 1979 und Singleton 1980.

2 Latente-Variablen-Modelle

2.1 Methodische Grundlagen

In Latente-Variablen-Modellen werden komplexe theoretische Begriffsinhalte, wie beispielsweise Zufriedenheitsindizes, als latente Variable interpretiert und durch ein Bündel beobachtbarer Indikatoren erfaßt. Ziel ist es, sowohl die Beziehungen zwischen latenten Variablen als auch die Abhängigkeiten der beobachtbaren Indikatoren von den latenten, unbeobachtbaren Variablen zu analysieren. Dazu ist die Unterscheidung in zwei Modellteile hilfreich (Jöreskog, Sörbom 1977; Arminger 1984; Aigner u.a. 1984): Im Strukturmodell werden die Beziehungen zwischen den latenten Variablen formuliert, im Meßmodell werden die latenten Variablen durch Indikatoren, d.h. beobachtbare Variablen operationalisiert. Dadurch ist es im Unterschied zur üblichen Formulierung ökonometrischer Fehlermodelle möglich, nicht nur eine Datenreihe, sondern mehrere Indikatoren einem theoretischen Konstrukt zuzuordnen.

Bezeichnet man mit η und ξ die unbeobachtbaren Variablen des allgemeinen Indikatormodells

$$\eta = (\eta_1, \eta_2, \ldots, \eta_m)' ; \quad \xi = (\xi_1, \xi_2, \ldots, \xi_n)',$$

so lautet das Strukturmodell:

(1) $\qquad \eta = B\eta + \Gamma\xi + \zeta,$

wobei $B(m \times m)$ und $\Gamma(m \times n)$ Koeffizientenmatrizen sind und $\zeta(m \times 1)$ der Vektor der Störvariablen des Strukturmodells ist.

Mit den jeweils η und ξ zugeordneten beobachtbaren Indikatoren y und x:

$$y = (y_1, y_2, \ldots, y_p)' ; \quad x = (x_1, x_2, \ldots, x_q)'$$

lautet das Meßmodell:

(2a) $\qquad y = \Lambda_y \eta + \varepsilon$

(2b) $\qquad x = \Lambda_x \xi + \delta.$

Die Koeffizientenmatrizen $\Lambda_y(p \times m)$ und $\Lambda_x(q \times n)$ des Meßmodells bilden die Beziehungen zwischen Indikatoren und "unbeobachtbaren" Variablen ab und werden auch als Ladungsmatrizen bezeichnet; $\delta(q \times 1)$ und $\varepsilon(p \times 1)$ sind die Störvariablenvektoren im Meßmodell. Zur Schätzung von Indikatormodellen, die dem allgemeinen Grundansatz entsprechend formuliert sind, ist für metrische Variable u.a. der LISREL-Ansatz (Linear Structural Relation Models) von Jöreskog (1982) und Jöreskog, Sörbom (1984) entwickelt worden. Er ist in der psychologischen und vor allem in der soziologischen Literatur ausführlich diskutiert worden, in der Ökonometrie findet er zunehmend Beachtung.

Ausgangspunkt der LISREL-Schätzung ist die Populations-Kovarianzmatrix Σ der beobachtbaren Indikatoren. Es werden die folgenden Annahmen getroffen:

$$(3) \quad E(\xi) = E(\zeta) = E(\varepsilon) = E(\delta) = 0 \quad ==>$$

$$E(\eta) = E(x) = E(y) = 0$$

$$E(\delta\xi) = E(\varepsilon\eta') = E(\delta\varepsilon') = E(\zeta\xi') = 0.$$

Bezeichnet man die Varianzen der Störvariablenvektoren mit

$$E(\zeta\zeta') = \Psi, \qquad E(\varepsilon\varepsilon') = \Theta_\varepsilon, \qquad E(\delta\delta') = \Theta_\delta$$

und die Varianz von ξ mit $E(\xi\xi') = \Phi$, dann läßt sich die Kovarianzmatrix der beobachtbaren Variablen wie folgt formulieren:

$$(4) \quad \Sigma = \begin{bmatrix} \Sigma_{yy} & | & \Sigma_{xy}' \\ ---- & | & ---- \\ \Sigma_{xy} & | & \Sigma_{xx} \end{bmatrix}$$

mit $\Sigma_{yy} = \Lambda_y (I - B)^{-1} (\Gamma\Phi\Gamma' + \Psi) (I - B)^{-1}{}' \Lambda_y{}' + \Theta_\varepsilon$

$$\Sigma_{yx} = \Lambda_y (I-B)^{-1} \Gamma\Phi\Lambda_x'$$

$$\Sigma_{xx} = \Lambda_x \Phi\Lambda_x' + \Theta_\delta.$$

Je nach Spezifikation weisen die Parameter- und Kovarianzmatrizen feste, restringierte und freie Werte auf. Sie müssen für die Schätzung so weit restringiert werden, daß das Modell identifizierbar ist. Notwendige Bedingung für die Identifizierbarkeit ist, daß die Zahl der freien Parameter $(p+q)(p+q+1)/2$ nicht überschreiten darf, da die empirische Varianz-Kovarianzmatrix S der Indikatoren x und y die obige Anzahl nicht identischer Elemente aufweist.

Das LISREL VI-Programm zeigt zudem eine lokale Unteridentifikation an, wenn der Erwartungswert der zweiten Ableitung der Kriteriumsfunktion singulär ist. Dies ist aber noch nicht einmal in bezug auf die lokale Identifizierbarkeit eine hinreichende Bedingung (Jöreskog, Sörbom 1984, S. I.24). Für eine Interpretation der geschätzten Koeffizienten ist jedoch die Identifikation unerläßlich.

Die Prüfung der Identifizierbarkeit kann aufgrund der algebraischen Struktur des Modells durchgeführt werden. Das Modell ist genau dann identifiziert, wenn sich jeder freie Parameter des Modells mit Hilfe der Elemente der Kovarianzmatrix Σ unabhängig von der betrachteten Stelle darstellen läßt (globale Identifikation). Da diese Überprüfung in LISREL VI nicht vorgesehen ist, mußte ein entsprechendes Programmsystem entwickelt werden (LISREL-ID). Jedes Element der Varianz-Kovarianzmatrix Σ ist nach Gleichung (4) eine Kombination der Elemente der Matrizen Λ_x, Λ_y, B, Γ, Φ, Ψ, Θ_ε und Θ_δ. Hieraus kann der Benutzer die Darstellung jedes Elementes der Meß- und Strukturmodellmatrizen durch die Elemente von Σ ablesen. Das Modell ist identifiziert, wenn diese Darstellung für jedes Element der Meß- und Strukturmodellmatrizen angegeben werden kann.

Ist das Modell identifiziert, kann es durch Minimierung der Kriteriumsfunktion F_1

$$(5) \quad F_1 = \ln|\Sigma| + sp(S\ \Sigma^{-1}) - \ln|S| - (p+q)$$

geschätzt werden, wenn die Determinante von Σ, $|\Sigma|$ nicht zu klein ist. Die Kriteriumsfunktion stellt den Kern der Likelihoodfunktion unter der Normalverteilungsannahme der Fehler ε, δ und ζ dar. Bei großen Stichproben unabhängiger Elemente ist die Parameterschätzung auch bei beliebiger identischer Verteilung der Reste effizient, und die spezifizierten Modellhypothesen sind testbar. Mit LISREL VI können auch eine ungewichtete und eine gewichtete Kleinst-Quadrate-Schätzung (ULS, GLS) durchgeführt werden, die allerdings auch auf der Normalverteilungsannahme basieren. Die ungewichtete Kleinst-Quadrate-Schätzung minimiert die Funktion F_2

$$(6) \quad F_2 = \tfrac{1}{2}\ sp(S - \Sigma)^2$$

mit Hilfe des Davidson-Fletcher-Powell-Algorithmus. Sie ist ein Spezialfall der die Funktion F_3

$$(7) \quad F_3 = \tfrac{1}{2}\ sp[(S - \Sigma)S^{-1}]^2$$

minimierenden GLS-Schätzung. Der von Browne (1984) entwikkelte asymptotisch verteilungsfreie gewichtete Kleinst-Quadrate-Schätzer (WLS) wird in LISREL VII verfügbar sein.

Die Güte einzelner Indikatoren läßt sich anhand der Reliabilitäten (1 – geschätzte Varianz der Fehler / beobachtete Varianz) beurteilen. Die Güte der Meßmodelle und des Strukturmodells wird anhand der totalen Determinationskoeffizienten (1 – $|\Theta_\varepsilon|/|S_y|$, 1 – $|\Theta_\delta|/|S_x|$ und 1 – $|\Psi|/Cov(\eta)$) beurteilt. Zur Beurteilung des Gesamtmodells weist das Programm einen χ^2-Wert aus, der aus einem Likelihood Ratio Test resultiert, in dem das gewählte Modell als Nullhypothese gegen die Alternative einer unrestringierten Varianz-Kovarianzstruktur Σ getestet wird. Dieser Wert ist in Abhängigkeit von den Freiheitsgraden bei guten Modellen klein und damit ist entsprechend das ausgewiesene Wahrscheinlichkeitsniveau (Prob. Lev.) hoch, einen höheren als den ermittelten Wert zu erhalten, wenn es sich um das richtige Modell handelt. Ein weiteres Maß stellt die durchschnittliche Abweichung RMR der Varianz-Kovarianzmatrix S-Σ

$$RMR = \{2 \sum_{i=1}^{k} \sum_{j=1}^{i} (s_{ij} - \sigma_{ij})^2 / (p+q)(p+q+1)\}^{1/2}$$

dar. Kleine Werte weisen dabei auf eine gute Modellanpassung hin. Eine allgemeine Grenze kann jedoch nicht angegeben werden, weil der RMR-Wert mit der Fallzahl variiert (Anderson, Gerbing 1984, S. 167). Je höher die Fallzahl ist, desto kleiner wird die durchschnittliche Abweichung. Deshalb ist der RMR-Wert besonders gut zum Vergleich unterschiedlicher Modelle auf gleicher Datengrundlage geeignet (Balderjahn 1983, S. 67).

2.2   Dynamische Ansätze

LISREL-Schätzungen werden heute in zunehmendem Maße zur Analyse von Paneldaten verwendet (Arminger 1986a). Während bei der Interpretation von Modellen auf der Basis von Querschnittdaten die Stabilität der zugrundeliegenden Struktur a priori unterstellt werden muß, bietet die Analyse von Paneldaten oder Ereignisgeschichten ("event histories") die Möglichkeit, die Dynamik der zugrundeliegenden Struktur explizit zu modellieren. Struktur- und Prozeßinformationen können gleichermaßen ausgewertet werden. Das Ziel der Analyse von Verhaltensstrukturen im Zeitablauf mittels LISREL-Modellen ist die Beurteilung der Stabilität von latenten Variablen zwischen einzelnen Panelwellen. Die Struktur eines einfachen Latente-Variablen-Modells für zwei Panelwellen zur Messung der Stabilität der latenten

Variablen η zwischen Welle 1 und Welle 2 (operationalisiert durch den Parameter β) mit einer zeitunabhängigen latenten Hintergrund-Variablen ξ ist in Abb. 1 dargestellt.

Abb. 1	Zwei-Wellen-Latente-Variablen-Modell für die endogen abhängige Variable η mit einer zeitinvarianten latenten Variablen ξ

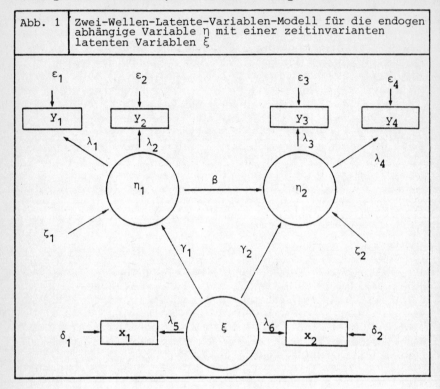

Dieses Modell hat die folgende algebraische Struktur:

$$(8) \quad \begin{bmatrix} \eta_1 \\ \eta_2 \end{bmatrix} = \begin{bmatrix} 0 & 0 \\ \beta & 0 \end{bmatrix} \begin{bmatrix} \eta_1 \\ \eta_2 \end{bmatrix} + \begin{bmatrix} \gamma_1 \\ \gamma_2 \end{bmatrix} \xi + \begin{bmatrix} \zeta_1 \\ \zeta_2 \end{bmatrix}.$$

Dabei ist $\eta_1 = \eta(t_1)$ und $\eta_2 = \eta(t_2)$, d.h. die latente Variable zu zwei unterschiedlichen Zeitpunkten. Wir betrachten somit Realisationen eines stochastischen Prozesses η zu zwei verschiedenen Zeitpunkten t_1 und t_2 und nehmen an, das Niveau der Variablen zum Zeitpunkt t_2 hänge linear von η zum Zeitpunkt t_1, einer zeitinvarianten Variablen ξ und einer stochastischen Größe ζ ab:

(9) $\eta(t_2) = \beta\eta(t_1) + \gamma_2\xi + \zeta(t_2)$,

wobei $\zeta(t_2) = \zeta_2$ bezeichnet.

Eine Interpretation der Gleichung (9) im Hinblick auf das Stabilitätsverhalten ist nur möglich, wenn man die Prozeßniveauänderung explizit modelliert. Gleichung (9) läßt sich als "partial adjustment"-Modell mit Hilfe der folgenden linearen stochastischen Differentialgleichung interpretieren:

(10) $\dfrac{d\eta}{dt} = r(\eta^*(t) - \eta(t)) + \kappa(t)$

$\qquad\quad = r(g\xi - \eta(t)) + \kappa(t)$

$\qquad\quad = -r\eta(t) + b\xi + \kappa(t)$

$\quad$ mit $\quad b = gr$
$\qquad\qquad \eta^* = g\xi$: Gleichgewichtsniveau
$\qquad\qquad r$: Anpassungsgeschwindigkeit.

Die Zufallsvariable $\kappa(t)$ wird im allgemeinen durch einen Gaußschen "white noise"-Prozeß beschrieben. Für die Lösung der stochastischen Differentialgleichung (10) ergibt sich dann (Tuma, Hannan 1984, S. 391):

(11) $\eta(t) = e^{-r(t-t_0)}\eta(t_0) + (1-e^{-r(t-t_0)})b/r\xi + \nu(t)$

mit $\eta(t_0)$ als Anfangsbedingung zum Zeitpunkt t_0 und der stochastischen Variablen $\nu(t)$ als eine Brownsche Bewegung. Somit wird in diesem einfachsten Fall von einem zufälligen Störprozeß ohne Gedächtnis ausgegangen; es liegt also keine Autokorrelation der Fehlerterme vor.

Die Parameter aus Gleichung (9) ergeben sich durch einen Koeffizientenvergleich mit Gleichung (11):

(12) $\beta = e^{-r(t-t_0)}$

$\quad \gamma_2 = (1 - e^{-r(t-t_0)})b/r$

$\qquad\; = g(1 - e^{-r(t-t_0)})$

$\qquad\; = g(1-\beta)$.

Durch den Koeffizienten β wird dabei die dynamische Struktur der Prognosen beschrieben. Ist r nahe 0, so ist β nahe 1 und wir schließen auf eine hohe (asymptotische) Stabilität der Verhaltensstruktur. Wird r größer, so nimmt β ab, d.h. die (asymptotische) Stabilität wird geringer. Bei negativem r ergibt sich β > 1 : Das Modell "explodiert". Im allgemeinen Ansatz mit einem Vektor η von latenten Variablen und B als Koeffizientenmatrix zwischen den latenten Variablen ist das System der Differentialgleichungen dann asymptotisch stabil, wenn die reellen Eigenwerte von B negativ sind.

Im zweiten Term der Gleichung (11) wird der Gleichgewichtszustand des Systems definiert. Ist $\beta = 1$, so ist $\gamma_2 = 0$ und damit $\eta(t) = \eta(t_0)$. Bei $\beta = 0$ gilt dann $\gamma_2 = g$ und $\eta(t) = \eta^*$: Der Koeffizient spiegelt somit die Geschwindigkeit der Anpassung an das Gleichgewichtsniveau wider (Tuma, Hannan 1984, S. 359; Arminger 1986a).

3   "Missing Data" und Fehlspezifikation

Bei der Anwendung von Latente-Variablen-Modellen zur empirischen Analyse von Paneldaten sind einerseits die Probleme fehlender Werte von Modellvariablen ("missing data"), andererseits die Probleme des Fehlens von bedeutsamen erklärenden Variablen ("Fehlspezifikation") zu behandeln.

3.1   Missing Data

"Missing Data" treten in einem Panel dabei als partiell fehlende Werte für einzelne Variablen, beispielsweise Einkommen in einem Personenfile, und als Ausfälle ganzer Personenfiles in folgenden Panelwellen (Panelmortalität) auf. Methodische Ansätze, die diesen Problembereich berücksichtigen, gehen im allgemeinen von der Annahme aus, daß die fehlenden Daten als "missing at random" betrachtet werden können (Rubin 1976, Marini u.a. 1980; Schnell 1985). "Missing at random" bedeutet, daß sich die Beziehungen zwischen den beobachteten Variablen für die Antwortenden und Nicht-Antwortenden nicht unterscheiden.

Fehlende Werte sind im Datensatz des Sozio-ökonomischen Panels insbesondere beim Einkommen zu beobachten. Wir haben deshalb für die Variable Nettoeinkommen den folgenden Substitutionsprozeß durchgeführt: Die fehlenden Werte der ersten Welle werden aus einer Regression abgeleitet, in der als erklärende Variablen die entsprechenden Werte aus der zweiten Welle und andere Variablen der ersten Welle, wie beispielsweise Alter, berufliche Stellung und Schulbildung, berücksichtigt werden. Im allgemeinen kann man mit diesem Ansatz zwischen 60% und 80% der Gesamtvarianz erklären, während mit Regressionsmodellen, in denen lediglich Variablen der ersten Welle zur Erklärung verfügbar sind, nur eine Erklärungsgüte um 40% beobachtet wurde. Die Nachschätzung der unbeobachteten Einkommenswerte bewirkt dabei eine Erhöhung des Einkommensmittelwertes. Dies macht deutlich, daß im Sozio-ökonomischen Panel in der Mehrzahl hohe Einkommensbezieher die Aussage verweigert haben. Bei diesem Vorgehen, das offensichtlich den Verfahren überlegen ist, die Fälle mit fehlenden Daten wegzulassen oder den Mittelwert aller beobachteten Angaben für die fehlenden Werte einzusetzen, wird jedoch die Varianz des Einkommens unterschätzt (Marini u.a. 1980, S. 321; Dworschak, Wagner 1985).

Die Probleme, die durch partiell fehlende Werte entstehen, werden gravierender, wenn einzelne Personen, für die in der ersten Welle ein vollständiger Datensatz vorliegt, nicht weiter an der Panel-Befragung teilnehmen. Bezeichnet man mit N_1 die Anzahl der Personen in der ersten Welle mit einem vollständigen Datensatz, mit N_2 die Anzahl der antwortenden Personen in der ersten und zweiten Welle, mit X_1 die Daten der ersten Welle und mit Y_1 die Daten der zweiten Welle, so hat die Likelihood-Funktion für alle in die Analyse einbezogenen Personen mit $\underline{\Theta}$ als Parametervektor die Form:

$$(13) \quad L(\underline{\Theta}|X_1,Y_1) = \prod_{i=1}^{N_2} f(X_1,Y_1) \prod_{i=N_2+1}^{N_1} f(X_1).$$

Bezeichnet man mit $f(Y_1|X_1)$ die bedingte Dichte von Y_1 gegeben X_1, dann gilt wegen $f(X_1,Y_1) = f(Y_1|X_1) f(X_1)$:

$$(14) \quad L(\underline{\Theta}|X_1,Y_1) = \prod_{i=1}^{N_2} f(Y_1|X_1) \prod_{i=1}^{N_1} f(X_1).$$

Dabei geht man wiederum von der Gültigkeit der "missing at random"-Annahme aus. Diese Prämisse ist weniger restriktiv als die Annahme des "missing completely at random", bei der unterstellt wird, daß die Antworten der Befragten in den aufeinanderfolgenden Panelwellen eine einfache Zufallsstichprobe aus der ursprünglichen Stichprobe darstellen (Marini u.a. 1980). Die Gültigkeit dieser Annahme kann durch einen Vergleich der Mittelwerte und Varianzen bzw. Kovarianzen der N_1 Fälle der ersten Welle mit denen der N_2 Fälle der ersten Welle überprüft werden. Im Fall der Normalverteilung bilden die aggregierten Informationen in Form der Mittelwerte, Varianzen und Kovarianzen nämlich eine suffiziente Statistik (Ferguson 1967, S. 118).

Im Datensatz der im vierten Abschnitt diskutierten Modellanalyse unterscheiden sich jedoch die Schätzer, so daß die Annahme "missing completely at random" hier nicht zulässig ist. Die Verzerrung der Schätzer kann als Folge dauerhafter Ausfälle (Ausfall in der zweiten und allen folgenden Panelwellen), aufgrund des Alters oder eines Umzugs ins Ausland oder wegen dauerhafter Verweigerung entstehen, deren Gründe übermäßig lange Befragungszeiten (bedingt zum Beispiel durch die Haushaltsgröße) oder eine Sensibilität gegenüber Datenerfassungen sein könnten. Hinzu kommen temporäre Ausfälle ("wave-nonresponse"), die während der Feldzeit beispielsweise durch Auslandsreisen bedingt sind. Da Personen, die in einer vorausgegangenen Welle nicht befragt wurden, unberücksichtigt bleiben, kann man von einer geschachtelten Struktur ("nested pattern") ausgehen und nicht-iterative Schätzungen durchführen.

Zur Modellierung der Panelmortalität wird mit X und Y als Zufallsvariable mit einer gemeinsamen Normalverteilung die folgende Likelihood-Funktion verwendet (Marini u.a. 1980, S. 325):

$$(15) \quad L(\mu_x, \mu_y, \sigma_x^2, \sigma_y^2, \sigma_{xy} \mid X_1, Y_1)$$

$$= \prod_{i=1}^{N2} f(\mu_x, \mu_y, \sigma_x^2, \sigma_y^2, \sigma_{xy} \mid X_1, Y_1) \prod_{i=N2+1}^{N1} f(\mu_x, \sigma_x^2 \mid X_1),$$

wobei μ Mittelwerte, σ^2 Varianzen und σ_{xy} die Kovarianz von X und Y bezeichnen. Die Likelihood ist äquivalent zu der Gleichung

$$\prod_{i=1}^{N1} f(\mu_x, \sigma_x^2 \mid X_1) \prod_{i=1}^{N2} f(\alpha + \beta_{yx} X_1, \sigma_{y|x}^2 \mid Y_1, X_1)$$

(Anderson 1958, S. 10).

Dabei bedeuten α die Konstante, β_{yx} den Koeffizienten und $\sigma_{y|x}^2$ die Residualvarianz der linearen Regression von Y auf X.

Die Unabhängigkeit der Zufallsvariablen X und Y|X erlaubt eine getrennte Maximierung der beiden Faktoren, und man erhält die ML-Schätzer für μ_y, σ_y und σ_x aus den Gleichungen:

(16) $\quad \mu_y = \alpha + \beta_{yx} \mu_x$

$\quad\quad \sigma_y^2 = \sigma_{y|x}^2 + \beta_{yx}^2 \sigma_x^2$

$\quad\quad \sigma_{xy} = \beta_{yx} \sigma_x^2 .$

Die Anwendung dieses Verfahrens für alle Variablen des Sozio-ökonomischen Panels ist sehr aufwendig. Deshalb wurde in den im vierten Abschnitt diskutierten Analysen zur Zufriedenheit nur exemplarisch eine Regression der in diesem Zusammenhang interessierenden und verfügbaren Variablen der zweiten Welle auf die entsprechenden Variablen der ersten Welle sowie zusätzlich der Interviewdauer durchgeführt und mit Hilfe des Computerprogramms PANMOR.TSP getestet.

3.2 Unbeobachtete Heterogenität als Spezialfall einer Fehlerterm-Zerlegung

Stehen Daten für einige zur Erklärung bedeutsame Variablen im Panel nicht zur Verfügung, so ist mit einem Spezifikationsfehler zu rechnen. Ein Ansatz zur Lösung dieses Problems besteht darin, im Modellansatz fehlende Variablen als "unbeobachtete Heterogenität" zu interpretieren und unter noch zu diskutierenden Annahmen als latente Variable im Strukturgleichungsmodell zu berücksichtigen. Wir verwenden wiederum das Latente-Variablen-Modell entsprechend Abb. 1:

(17)

$$\begin{bmatrix} \eta_1 \\ \eta_2 \end{bmatrix} = \begin{bmatrix} 0 & 0 \\ \beta & 0 \end{bmatrix} \begin{bmatrix} \eta_1 \\ \eta_2 \end{bmatrix} + \begin{bmatrix} \gamma_1 \\ \gamma_2 \end{bmatrix} \xi + \begin{bmatrix} \zeta_1 \\ \zeta_2 \end{bmatrix}$$

$$\begin{bmatrix} y_1 \\ y_2 \\ y_3 \\ y_4 \end{bmatrix} = \begin{bmatrix} \lambda_1 & 0 \\ \lambda_2 & 0 \\ 0 & \lambda_3 \\ 0 & \lambda_4 \end{bmatrix} \begin{bmatrix} \eta_1 \\ \eta_2 \end{bmatrix} + \begin{bmatrix} \varepsilon_1 \\ \varepsilon_2 \\ \varepsilon_3 \\ \varepsilon_4 \end{bmatrix}$$

$$\begin{bmatrix} x_1 \\ x_2 \end{bmatrix} = \begin{bmatrix} \lambda_4 \\ \lambda_5 \end{bmatrix} + \begin{bmatrix} \delta_1 \\ \delta_2 \end{bmatrix} .$$

Unterstellt man, daß die unbeobachtete Heterogenität stochastisch unabhängig von ξ ist, dann läßt sich der Fehler ζ_i, i = 1,2 aufspalten in einen zeitlich invarianten Teil h und einen über die Zeit variierenden Teil $\zeta_1{}^*$ (Jöreskog 1978, S. 357). Diese Annahme ist beispielsweise dann gerechtfertigt, wenn h aus einer Vielzahl zufälliger Beiträge besteht (Schmidt 1976, S. 257). Das Strukturmodell hat dann die Form:

(18)

$$\begin{bmatrix} \eta_1 \\ \eta_2 \end{bmatrix} = \begin{bmatrix} 0 & 0 \\ \beta & 0 \end{bmatrix} \begin{bmatrix} \eta_1 \\ \eta_2 \end{bmatrix} + \begin{bmatrix} \gamma_1 \\ \gamma_2 \end{bmatrix} \xi + \begin{bmatrix} h + \zeta_1{}^* \\ h + \zeta_2{}^* \end{bmatrix}.$$

Das bedeutet:

(19) $\eta_1 - h = \gamma_1 \, \xi + \zeta_1{}^*$

  $\eta_2 - h = \beta\eta_1 + \gamma_2 \, \xi + \zeta_2{}^*.$

Wir definieren nun die unbeobachtete Heterogenität h als zusätzliche latente Variable:

(20) $\eta_1{}^* = \eta_1 - h$

  $\eta_2{}^* = \eta_2 - h$

  $\eta_3{}^* = h.$

Gleichung (19) hat dann folgende Form:

(21) $\eta_1{}^* = \gamma_1 \xi + \zeta_1{}^*$

  $\eta_2{}^* = \beta(\eta_1 - h) + \beta h - \gamma_2 \xi + \zeta_2{}^*$

  $= \beta\eta_1{}^* + \beta\eta_3{}^* - \gamma_2 \xi + \zeta_2{}^*.$

Das Modell hat somit die Strukturform:

(22)

$$\begin{bmatrix} \eta_1{}^* \\ \eta_2{}^* \\ \eta_3{}^* \end{bmatrix} = \begin{bmatrix} 0 & 0 & 0 \\ \beta & 0 & \beta \\ 0 & 0 & 0 \end{bmatrix} \begin{bmatrix} \eta_1{}^* \\ \eta_2{}^* \\ \eta_3{}^* \end{bmatrix} + \begin{bmatrix} \gamma_1 \\ \gamma_2 \\ 0 \end{bmatrix} \xi + \begin{bmatrix} \zeta_1{}^* \\ \zeta_2{}^* \\ h \end{bmatrix}.$$

Die Varianzkomponente der unbeobachteten Heterogeniät $\eta_3{}^*$ wird im LISREL-Ergebnisprotokoll ausgewiesen.

Korrelieren zudem die Fehler δ der Indikatoren x der latenten Variablen ξ mit den Fehlern ε der Indikatoren y, dann modelliert man die endogen unabhängige Variable ξ im LISREL-Modell ebenfalls als endogen abhängige Variable (Graff, Schmidt 1982, S. 137). Die Strukturform hat dann die Form:

(23)

$$
\begin{bmatrix} \eta_1{}^* \\ \eta_2{}^* \\ \eta_3{}^* \\ \eta_4{}^* \end{bmatrix}
=
\begin{bmatrix} 0 & 0 & 0 & \gamma_1 \\ \beta & 0 & \beta & \gamma_2 \\ 0 & 0 & 0 & 0 \\ 0 & 0 & 0 & 0 \end{bmatrix}
\begin{bmatrix} \eta_1{}^* \\ \eta_2{}^* \\ \eta_3{}^* \\ \xi \end{bmatrix}
+
\begin{bmatrix} \zeta_1{}^* \\ \zeta_2{}^* \\ h \\ \xi \end{bmatrix}.
$$

4 Modellanalysen mit LISREL-Ansätzen

Ein wichtiges Anwendungsfeld der LISREL-Ansätze besteht in der Analyse subjektiver Indikatoren, wie Einstellungsvariablen, da diese stets als "unbeobachtbare" Variablen interpretiert werden können. Latente-Variablen-Modelle sind deshalb zur empirischen Analyse besonders geeignet. Als Beispiel wird die Modellierung der individuellen Zufriedenheit mit dem Arbeitsleben als mehrdimensionales Indikatorensystem auf der Grundlage eines Ansatzes von Campbell, Convers und Rogers (1976) gewählt. Die Modellstruktur ist in Abbildung 2 dargestellt.

Die latente Variable "Zufriedenheit mit dem Arbeitsleben" manifestiert sich in den beiden Indikatoren "Arbeitszufriedenheit" und "Einkommenszufriedenheit". Als erklärende latente Variable wird der "Sozio-ökonomische Status" (SöS) in die Modellbildung einbezogen. Diese Variable wird wiederum durch die berufliche und die schulische Ausbildung (BBILD und SBILD) sowie durch die meßbaren Größen berufliche Stellung (BERSTE) und Einkommen (EINKOM) beschrieben.

Als Datenbasis zur Schätzung dieser Modellstruktur werden Indikatoren aus den beiden ersten Wellen 1984 und 1985 des Sozio-ökonomischen Panels für die Teilpopulation der vollbeschäftigten deutschen Arbeiter und Angestellten (40 Wochenstunden und mehr) verwendet. Beobachtbare Variable sind zunächst die in bipolaren 11er-Skalen erfaßte Arbeitszufriedenheit und die Zufriedenheit mit dem Haushaltseinkommen. Letztere fungiert als Proxy-Variable für die im Fragebogen nicht erhobene individuelle Einkommenszufriedenheit. Sie stellt besonders dann einen adäquaten Indikator für die individuelle Einkommenszufriedenheit dar, wenn die betrachtete Person im Haushalt die Position des Hauptverdieners einnimmt. Weibliche

Abb. 2	Zwei Wellen LISREL-Modell für die Zufriedenheit mit dem Arbeitsleben

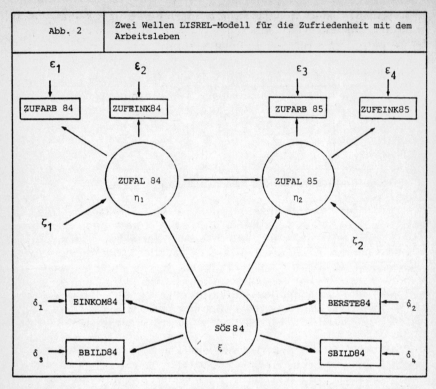

Arbeitnehmer haben diese Stellung nur zu einem sehr geringen Teil (bei den Arbeiterinnen nur knapp drei Prozent). Hieraus erklären sich auch die im Vergleich zu den männlichen Arbeitnehmern geringere Korrelation zwischen Einkommens- und Arbeitszufriedenheit. Die Schätzungen werden wir aus diesem Grunde nur für die männlichen Beschäftigten durchführen. Der zu fünf Ausprägungen aggregierte Schulabschluß und die zu sechs Ausprägungen zusammengefaßte Berufsausbildung werden als metrisch skalierte Variablen interpretiert. Es wird somit angenommen, daß die Strukturparameter bei mehr als vier Ausprägungen ordinal skalierter Indikatoren keine wesentlichen Verzerrungen aufweisen, wenn die Indikatoren als metrische Variable behandelt werden (Johnson, Creech 1983, S. 406).

Im Datensatz des Sozio-ökonomischen Panels haben im Jahre 1984 etwa 90% der Arbeiter einen Hauptschulabschluß; bei den Angestellten ist die Streuung über die Schulabschlüsse wesentlich größer (Tabelle 1).

Tabelle 1

Art des Schulabschlußes von Arbeitern und Angestellten
im Jahre 1984 (in %)

Schulabschluß	Arbeiter		Angestellte	
	männlich	weiblich	männlich	weiblich
(noch) keinen	0,9	2,7	0,0	0,2
Hauptschule	90,5	88,3	45,0	42,0
Realschule	6,7	4,8	28,8	44,4
Fachoberschule	0,8	2,7	10,9	3,7
Abitur	1,0	1,6	15,3	9,7
Summe (Anzahl)	100 (1100)	100 (188)	100 (837)	100 (597)

Quelle: Sozio-ökonomisches Panel, Welle 1, 1984.

Tabelle 2 vermittelt ein Bild der Verteilung der Berufsausbildung der Arbeiter und der Angestellten im Datensatz.

Tabelle 2

Art der Berufsausbildung von Arbeitern und Angestellten
im Jahre 1984 (in %)

Berufs-ausbildung	Arbeiter		Angestellte	
	männlich	weiblich	männlich	weiblich
(noch) keine	17,3	56,9	3,2	13,1
Lehre	69,2	32,4	45,9	53,9
Berufsfach-schule	7,3	8,0	11,1	20,3
Meister, Techn.	5,7	1,6	17,2	5,5
Fachhochschule	0,4	0,5	11,7	2,7
Hochschule	0,2	0,5	10,9	4,5
Summe (Anzahl)	100 (1100)	100 (188)	100 (837)	100 (597)

Quelle: Sozio-ökonomisches Panel, Welle 1, 1984.

Die berufliche Stellung wird bei den Arbeitern und den Angestellten in fünf Kategorien erfaßt und entsprechend der Qualifikationsmerkmale rangskaliert (Tabelle 3). Da hierbei eine subjektive Selbstzuordnug erfolgt, ist eine beträchtliche Heterogenität innerhalb der Gruppen zu erwarten (Mayer 1979, S.

Tabelle 3

Berufliche Stellung von Arbeitern und Angestellten
im Jahre 1984 (in %)

	Arbeiter		Angestellte	
	männlich	weiblich	männlich	weiblich
Meister im Ang.v.			5,3	0,3
gering qualif.			9,0	32,7
qualifiziert			50,1	57,3
hochqualifiziert			30,7	8,4
höheres Managem.			5,0	1,3
ungelernt	5,4	22,9		
angelernt	28,5	57,4		
Facharbeiter	52,2	18,1		
Vorarbeiter	8,9	0,5		
Meister, Polier	5,1	1,1		
Summe (Anzahl)	100 (1100)	100 (188)	100 (837)	100 (597)

Quelle: Sozio-ökonomisches Panel, Welle 1, 1984.

86). Als Einkommensvariable wird das persönliche Nettoarbeits-
einkommen gewählt, da es "eher etwas über die Bedarfsdek-
kungsmöglichkeiten des Individuums aussagt als das Bruttoeinkommen" (Krupp 1979, S. 211). Letzteres ist "eher als Tätig-
keits- bzw. Positionsmerkmal anzusehen und weniger von den
persönlichen Lebensumständen (z.B. Familienstand) abhängig als
das Nettoeinkommen" (Noll 1984, S. 111).

Der Modellansatz aus Abb. 2 wird beispielhaft für die Gruppe
der männlichen Arbeiter und Angestellten dargestellt (Abb. 3
und 4). Bei den Arbeitern muß dabei auf den Indikator
Schulbildung aufgrund seiner geringen Varianz verzichtet werden. Ausgewiesen werden nur die GLS-Schätzwerte, nachdem
keine signifikanten Abweichungen gegenüber den ML-Schätzern
aufgetreten sind.

Aus den Abb. 3 und 4 ergibt sich, daß die Stabilität des latenten Konstruktes "Zufriedenheit mit dem Arbeitsleben" bei
den männlichen Angestellten mit 0,783 etwas höher ist als bei
den Arbeitern, allerdings die Faktorladungen mit 0,401 gegenüber 0,642 deutlich geringer sind. Diese Schätzung erfolgte unter der Restriktion, daß die Faktorladungen der beiden Wellen

gleich sind. Dies ist erforderlich, um die Stabilitätsannahme überprüfen zu können (Wheaton u.a. 1977, S. 129). Zusätzlich wird berücksichtigt, daß die Residuen der beobachtbaren zeitabhängigen Indikatoren infolge von Rückerinnerungs- bzw. Zustimmungseffekten positiv korreliert sind. Allerdings weisen die Autokorrelationskoeffizienten für die Einkommenszufriedenheit insignifikante Werte auf.

Der Einfluß der latenten Variablen "Sozio-ökonomischer Status" für 1984 auf die zu erklärende latente Variable für 1984 ist in beiden Modellen nahezu gleich stark (0,310 bei den männlichen Angestellten gegenüber 0,346 bei den Arbeitern). Die geringeren Werte von γ_2 in beiden Fällen deuten auf Änderungen speziell des Einkommens hin. Die Berücksichtigung des Netto-Einkommens 1985 ist jedoch aufgrund seiner hohen Korrelation mit dem Vorjahreseinkommen nicht möglich. Im Meßmodell für die latente Variable "Sozio-ökonomischer Status" fällt auf, daß den persönlichen Merkmalen – wie erwartet – im Modell für die männlichen Angestellten eine größere Bedeutung zukommt als im Modell für die Arbeiter. Dies zeigt sich beispielsweise bei der beruflichen Bildung (0,676 gegenüber 0,328), aber auch bei der beruflichen Stellung (0,855 gegenüber 0,712). Zusammenfassend ist festzustellen, daß die Unterschiede einerseits in der Bedeutung der einzelnen erklärenden Variablen, andererseits in der Stabilität der Verhaltensstrukturen nicht gravierend voneinander abweichen. Dies kann dadurch begründet werden, daß im Zeitraum zwischen 2 Wellen noch keine wesentlichen Veränderungen zu erwarten sind.

Im Hinblick auf eine adäquate inhaltliche Interpretation des Stabilitätskoeffizienten muß freilich beachtet werden, daß sich unter methodischen Aspekten wegen niedriger Ladungen der beobachtbaren Indikatoren ein hoher Stabilitätskoeffizient auch dann ergeben kann, wenn ein bestimmtes Verhältnis von synchronen und diachronen Korrelationen gegeben ist (Jagodzinski 1984). Ein Vergleich der Korrelationmatrizen für die verschiedenen untersuchten Gruppen (Abb. 3 und 4) zeigt jedoch, daß die Korrelationen zwischen den Zufriedenheitsindizes der beiden Wellen nicht wesentlich voneinander abweichen. Daraus ist zu schließen, daß die Unterschiede in den Stabilitätskoeffizienten nicht auf methodische Artefakte zurückzuführen sind.

Berücksichtigt man eine mögliche Fehlspezifikation der Modellstrukturen durch den Einbau unbeobachtbarer Heterogenität in Form einer latenten Variablen (Abb. 5), so zeigt sich, daß die

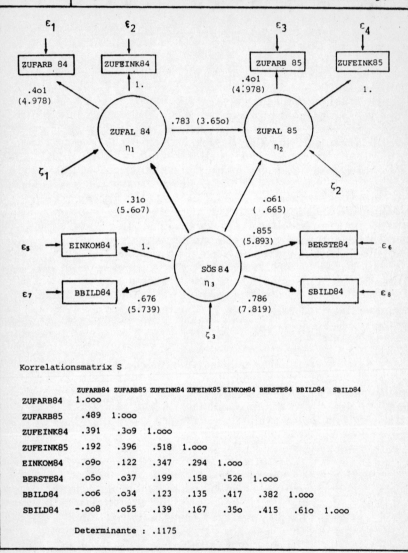

Korrelationsmatrix S

	ZUFARB84	ZUFARB85	ZUFEINK84	ZUFEINK85	EINKOM84	BERSTE84	BBILD84	SBILD84
ZUFARB84	1.000							
ZUFARB85	.489	1.000						
ZUFEINK84	.391	.3o9	1.000					
ZUFEINK85	.192	.396	.518	1.000				
EINKOM84	.o9o	.122	.347	.294	1.000			
BERSTE84	.o5o	.o37	.199	.158	.526	1.000		
BBILD84	.oo6	.o34	.123	.135	.417	.382	1.000	
SBILD84	-.oo8	.o55	.139	.167	.35o	.415	.61o	1.000

Determinante : .1175

Ergebnisse im Modell für die Gruppe der Arbeiter unverändert
bleiben.

Schätzverfahren: Generalisierte Kleinste Quadrate

Varianz-Kovarianz-Matrix der Residuen des Strukturmodells (t-Werte in Klammern)

	ZUFAL84	ZUFAL85	SÖS84
ZUFAL84	.922 (3.750)		
ZUFAL85	.000	.370 (1.106)	
SÖS84	.000	.000	.629 (4.302)

Varianz-Kovarianz-Matrix der Residuen des Y-Meßmodells (t-Werte in Klammern)

	ZUFARB84	ZUFARB85	ZUFEINK84	ZUFEINK85	EINKOM84
ZUFARB84	.839 (9.633)				
ZUFARB85	.363 (5.400)	.843 (9.591)			
ZUFEINK84	.000	.000	.015 (.055)		
ZUFEINK85	-.121 (-1.992)	.000	-.268 (-1.143)	.008 (.028)	
EINKOM84	.000	.000	.167 (2.300)	.116 (1.704)	.358 (1.827)
BERSTE84	.000	.000	.000	.000	.000
BBILD-4	-.054 (-1.043)	.000	.000	.000	.000
SBILD84	-.077 (-1.426)	.000	.000	.000	-.153(-1.077)

	BERSTE84	BBILD	SBILD
BERSTE84	.540 (4.812)		
BBILD84	.000	.714 (6.905)	
SBILD84	.000	.279 (3.486)	.609 (4.154)

Gütemaße

χ^2 (d.f.) : 2.04 (9)   Prob. Level: .991

RMR   : .014

Dies ist angesichts eines insignifikanten Varianzanteils der unbeobachteten Heterogenität von 0,017 (0,019) plausibel. Zusätzliche personenspezifische Indikatoren scheinen nicht notwendig.

ε_1 ε_2 ε_3 ε_4

ZUFARB 84   ZUFEINK84   ZUFARB 85   ZUFEINK85

0.642 (4.733)   1.   0.642 (4.733)   1.

ZUFAL 84 η_1 0.622 (3.547)   ZUFAL 85 η_2

ζ_1 ζ_2

0.346 (5.150)   0.031 (0.347)

δ_2 BERSTE 84   (5.284) 0.712   SÖS 84 ξ 1.   EINKOM 84 δ_1

0.328 (4.151)

BBILD 84

δ_3

Korrelationsmatrix S

	ARBZUF84	ARBZUF85	EINKZUF84	EINKZUF85	EINKOM84	BERSTE84	BBILD84
ARBZUF84	1.000						
ARBZUF85	0.410	1.000					
EINKZUF84	0.339	0.237	1.000				
EINKZUF85	0.193	0.369	0.494	1.000			
EINKOM84	0.101	0.048	0.154	0.122	1.000		
BERSTE84	0.128	0.070	0.090	0.060	0.301	1.000	
BBILD84	-0.007	-0.028	0.039	0.087	0.162	0.409	1.000

Determinante : 0.3549

Jedoch läßt sich daraus nicht auf eine korrekte Spezifikation des Gesamtmodells schließen. Dazu wird die Durchführung von Spezifikationstests (White 1982; Hausman 1978) notwendig. In diesem Sinne sind unsere Ergebnisse nur unter Vorbehalt interpretierbar. Auch ist die ausgewiesene Güte der Modelle zum

Schätzverfahren: Generalisierte Kleinste Quadrate

Varianz-Kovarianz-Matrix der Residuen des Strukturmodells

	ZUFAL84	ZUFAL85
ZUFAL84	0.471(3.790)	
ZUFAL85	0.000	0.351(2.370)

Varianz-Kovarianz-Matrix der Residuen des Y-Meßmodells (t-Werte in Klammern)

	ARBZUF84	ARBZUF85	EINKZUF84	EINKZUF85
ARBZUF84	0.795(9.192)			
ARBZUF85	0.276(4.485)	0.782(8.931)		
EINKZUF84	0.000	0.000	0.480(3.082)	
EINKZUF85	0.000	0.000	0.163(1.467)	0.449(2.727)

Varianz-Kovarianz-Matrix der Residuen des Y-Meßmodells (t-Werte in Klammern)

	EINKOM84	BERSTE84	BBILD84
EINKOM84	0.559(4.957)		
BERSTE84	0.000	0.786(9.178)	
BBILD84	0.000	0.294(5.970)	0.974(17.685)

Totale Determinationskoeffizienten

Y-Meßmodell	X-Meßmodell	Strukturmodell
.793	.498	.102

Gütemaße

χ^2 (d.f.) : 8.42 (9)   Prob.Level : .493

RMR   : .023

Teil auf die Korrelationen von Fehlertermen der Meßmodelle zurückzuführen. Wesentlich bessere Ergebnisse sind zu erwarten, wenn intrinsische Faktoren wie die Zusammenarbeit mit den Vorgesetzten und den Mitarbeitern in die Analyse einbezogen werden (Mottaz 1985, S. 381). Entsprechende Daten standen uns

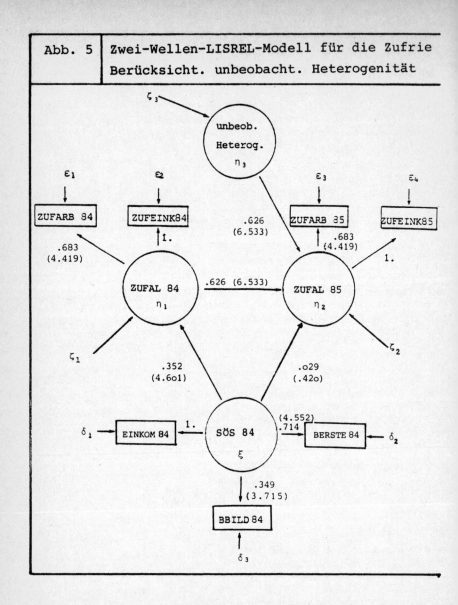

Abb. 5 | Zwei-Wellen-LISREL-Modell für die Zufrie
Berücksicht. unbeobacht. Heterogenität

jedoch leider nicht zur Verfügung. Insofern haben wir bewußt einen methodischen Schwerpunkt gewählt und die Verwendung kombinierter Querschnitts-/Längsschnittsdaten exemplarisch anhand eines 2-Wellen-Panelmodells zur Arbeitszufriedenheit erläutert.

denheit mit dem Arbeitsleben von Arbeitern unter
(unstandardisierte Lösung, t-Werte in Klammern)

Schätzverfahren : Generalisierte Kleinste Quadrate

Varianz-Kovarianz-Matrix der Residuen des Strukturmodells (t-Werte in Klammern)

	ZUFAL 84	ZUFAL 85	unbeob. Heterog.
ZUFAL 84	.433(3.868)		
ZUFAL 85	.ooo	.333(3.354)	
unbeob. Heterog.	.ooo	.ooo	o.o17(o.119)

Varianz-Kovarianz-Matrix der Residuen des Y-Meßmodells (t-Werte in Klammern)

	ZUFARB84	ZUFARB85	ZUFEINK84	ZUFEINK85
ZUFARB84	.769(1o.891)			
ZUFARB85	.ooo	.5o4(3.934)		
ZUFEINK84	.263(5.571)	.ooo	.748(1o.1o2)	
ZUFEINK85	.ooo	.179(2.139)	.ooo	.46o(3.361)

Varianz-Kovarianz-Matrix der Residuen des X-Meßmodells
(t-Werte in Klammern)

	EINKOM84	BERSTE84	BBILD84
EINKOM84	.571(5.233)		
BERSTE84	.ooo	.781(11.373)	
BBILD84	.ooo	.3o2(7.323)	.948(19.975)

Totale Determinationskoeffizienten

Y-Meßmodell	X-Meßmodell	Strukturmodell
.797	.51o	.1o8

Gütemaße

χ^2 (d.f.) : 14.67 (9)   Prob. Level : .1o1
RMR   : .o22

5 Forschungsperspektiven

Angesichts der beschränkten Anzahl zur Verfügung stehender
Indikatoren in Panelanalysen können Fehlspezifikationen nicht
ausgeschlossen werden. Es ist daher notwendig, Schätzverfahren
unter Berücksichtigung von Fehlspezifikation zu entwickeln und
in Programmen wie LISREL zu implementieren.

Eine weitere Perspektive ist der Einsatz von Kovarianzstrukturmodellen mit dichotomen (Muthén 1978), ordinalen (Muthén 1984; Olsson 1979; Olsson u.a. 1982) oder metrisch zensierten (Arminger, Küsters 1985) Indikatoren. Bisherige Latente-Variable-Modelle gehen zudem davon aus, die latente Variable sei metrisch skaliert. Eine Verallgemeinerung besteht daher in der Modellierung z.B. der Latent Class-Modelle oder der Latent Profile-Modelle (Arminger 1986b), die als Mischverteilungsmodelle formuliert werden können. Damit liegt ein allgemeiner Ansatz eines Modellkonstruktionsprinzips vor, das die verschiedenen bekannten Modellklassen als Spezialfälle enthält.

Literaturverzeichnis

Aigner, Dennis J. 1974: An Appropriate Econometric Framework for Estimating a Labor Supply Function from the SEO file, in: International Economic Review 15, S. 59–68.

Aigner, Dennis J., Cheng Hsiao, Arie Kapteyn, Tom Wansbeek, 1984: Latent Variable Models in Econometrics, in: Griliches, Zvi, Michael D. Intriligator (Hrsg.): Handbook of Econometrics, Vol. II, Amsterdam–New York–Oxford, S. 1319–1393.

Anderson, James C., David W. Gerbing 1984: The Effect of Sampling Error on Convergence, Improper Solutions and Goodness-of-Fit Indices for Maximum Likelihood Confirmatory Factor Analysis, in: Psychometrika 49, S. 155–173.

Anderson, T.W. 1958: An Introduction to Multivariate Statistical Analysis, New York.

Arminger, Gerhard 1986a: Linear Stochastic Differential Equation Models for Panel Data with Unobserved Variables, Manuskript, Universität Wuppertal.

Arminger, Gerhard 1986b: Latente Variablen Modelle auf der Basis von Mischverteilungen, Manuskript, Universität Wuppertal.

Arminger, Gerhard, Ulrich Küsters 1985: Latent Trait Models with Indicators of Mixed Measurement Level, Manuskript, Universität Wuppertal.

Attfield, Clifford L.F. 1977: Estimation of a Model Containing Unobservable Variables Using Grouped Observation: An Application to the Permanent Income Hypothesis, in: Journal of Econometrics 6, S. 51-63.

Avery, Robert B. 1979: Modeling Monetary Policy as an Unobserved Variable, in: Journal of Econometrics 10, S. 291-311.

Balderjahn, Ingo 1983: Schätz- und Testverfahren der Pfadanalyse, Bericht Nr. 83-22, Technische Universität Berlin.

Browne, M., W. 1984: Asymptotically Distribution-Free Methods for the Analysis of Covariance Structures, in: British Journal of Mathematical and Statistical Psychology 37, S. 62-83.

Campbell, Angus, Philip E. Convers, Willard L. Rogers 1976: The Quality of American Life: Perceptions, Evaluations and Satisfactions, New York.

Chamberlain, Gary 1977: An Instrumental Variable Interpretation of Identification in Variance-Components and MIMIC-Models, in: Taubman, Paul J. (Hrsg.): Kinometrics: The Determinants of Socioeconomic Success Within and Between Families, Amsterdam, S. 235-254.

Dworschak, Franz, Gert Wagner 1985: Probleme und Möglichkeiten von Verteilungsanalysen mit Hilfe von Mikrosimulationsmodellen, Allgemeines Statistisches Archiv, S. 166-177.

Faulbaum, Frank 1983: Konfirmatorische Analyse der Reliabilität von Wichtigkeitseinstufungen beruflicher Merkmale, ZUMA-Nachrichten 13, S. 22-44.

Ferguson, Thomas S. 1967: Mathematical Statistics, New York-London.

Friedman, Milton 1957: A Theory of the Consumption Function, Princeton.

Goldberger, Arthur S. 1974: Unobservable Variables in Econometrics, in: Zarembka, Paul (Hrsg.): Frontiers of Econometrics, New York, S. 193-213.

Graff, Jörg, Peter Schmidt, 1982: A General Model for Decomposition of Effects, in: Jöreskog, Karl G., Herman Wold (Hrsg.): Systems under Indirect Observations, Amsterdam, S. 131-148.

Griliches, Zvi 1974: Errors in Variables and other Unobservables, in: Econometrica 42, S. 971-998.

Grohmann, Heinz 1976: Statistik im Dienste von Wirtschaftswissenschaft und Wirtschaftspolitik - Einige methodologische Betrachtungen zu ihren Zielen und Möglichkeiten, Allgemeines Statistisches Archiv, S. 320-356.

Grohmann, Heinz 1985: Vom theoretischen Konstrukt zum statistischen Begriff, in: Allgemeines Statistisches Archiv, S. 1-15.

Hausman, Jerry A. 1978: Specification Tests in Econometrics, in: Econometrica 46, S. 1251-1272.

Hujer, Reinhard 1986: Modelle mit "unbeobachtbaren" Variablen in der Ökonometrie, in: Hanau, Klaus, Reinhard Hujer, Werner Neubauer (Hrsg.): Wirtschafts- und Sozialstatistik, Göttingen, S. 265-281.

Hujer, Reinhard, Helmut Knepel 1982: Spezifikation und Schätzung Sozioökonomischer Indikatormodelle, in: Allgemeines Statistisches Archiv, S. 174-194.

Jagodzinski, Wolfgang 1984: Wie transformiert man Labile In Stabile RELationen? Zur Persistenz postmaterialistischer Wertorientierungen, in: Zeitschrift für Soziologie 13, S. 225-242.

Jöreskog, Karl G. 1978: An Econometric Model for Multivariate Panel Data, in: Annales de l'INSEE 30-31, S. 355-366.

Jöreskog, Karl G. 1982: The LISREL Approach to Causal Model-Building in the Social Sciences, in: Jöreskog, Karl G., Herman Wold (Hrsg.): System under Indirect Observation, Amsterdam-New York, Part I, S. 71-100.

Jöreskog, Karl G., Dag Sörbom 1977: Statistical Models and Methods for Analysis of Longitudinal Data, in: Aigner, Dennis, Arthur S. Goldberger (Hrsg.): Latent Variables in Socioeconomic Models, Amsterdam, S.187-204.

Jöreskog, Karl G., Dag Sörbom 1984: LISREL VI, Analysis of Linear Structural Relationship by Maximum Likelihood, Instrumental Variables and Least Squares Methods, 3. Aufl., Uppsala.

Johnson, David R., James C. Creech 1983: Ordinal Measures in Multiple Indicator Models: A Simulation Study of Categorization Error, in: American Sociological Review 48, S. 398–407.

Judge, George, William E. Griffith, R. Carter Hill, Tsoung-Chao Lee 1980: The Theory and Practise of Econometrics, New York.

Krupp, Hans-Jürgen 1979: Probleme der Messung von Einkommen und Vermögen als Hintergrundmerkmale für allgemeine Bevölkerungsumfragen, in: Pappi, Franz U. (Hrsg.): Sozialstrukturanalysen mit Umfragedaten, Königstein/Ts, S. 207–215.

Mayer, Karl Ulrich 1979: Berufliche Tätigkeit, berufliche Stellung und beruflicher Status, in: Pappi, Franz U. (Hrsg.): Sozialstrukturanalyse mit Umfragedaten, Königstein/Ts, S. 79–123.

Menges, Günter 1976: Deskription und Inferenz (Moderne Aspekte der Frankfurter Schule), in: Allgemeines Statistisches Archiv, S. 290–319.

Marini, Money M., Anthony R. Olsen, Donald B. Rubin 1980: Maximum-Likelihood Estimation in Panel Studies with Missing Data, in: Sociological Methodology, S. 314–357.

Morgenstern, Oskar 1965: Über die Genauigkeit wirtschaftlicher Beobachtungen, Wien-Würzburg.

Mottaz, Clifford J. 1985: The Relative Importance of Intrinsic and Extrinsic Rewards as Determinants of Work Satisfaction, in: The Sociological Quarterly 26, No. 3, S. 365–385.

Noll, Heinz Herbert 1984: Erwerbstätigkeit und Qualität des Arbeitslebens, in: Glatzer, Wolfgang, Wolfgang Zapf (Hrsg.): Lebensqualität in der Bundesrepublik, Frankfurt-New York, S. 97–123.

Olsson, Ulf 1979: Maximum Likelihood Estimation of the Polychoric Correlation Coefficient, in: Psychometrika 44, S. 443–460.

Olsson, Ulf, Fritz Drasgow, Neil J. Dorans 1981: The Polyserial Correlation Coefficient, in: Psychometrika 47, S. 337–347.

Rubin, Donald B. 1976: Inference and Missing Data, in: Biometrika 63, S. 581–592.

Schmidt, Peter 1976: Econometrics, New York–Basel.

Schneeweiß, Hans 1976: Consistent Estimation of a Regression with Errors in the Variables, in: Metrika 23, S. 101–115.

Schnell, Rainer 1985: Zur Effizienz einiger Missing–Data–Techniken – Ergebnisse einer Computer Simulation, in: ZUMANachrichten 17, Mannheim, S. 50–74.

Singleton, Kenneth J. 1980: A Latent Time Series Model of the Cyclical Behavior of Interest Rates, in: International Economic Review 21, S. 559–576.

Tuma, Nancy, Michael Hannan 1984: Social Dynamics, Orlando.

Wheaton, Blair, Bengt Muthén, Duane F. Alvin, Gene F. Summers 1977: Assessing Reliability and Stability in Panel Models, in: Sociological Methodology, S. 84–135.

White, Halbert 1982: Maximum Likelihood Estimation of Misspecified Models, in: Econometrica 50, S. 1–26.

DATENQUALITÄT

Zur Repräsentativität des Sozio-ökonomischen Panels am Beispiel der Ergebnisse zur Struktur der Erwerbstätigen

Christof Helberger

1   Problemstellung

Mit dem Sozio-ökonomischen Panel steht für die Bundesrepublik Deutschland eine neue Datenquelle zur Verfügung, an die sich vielfältige Erwartungen der Wirtschafts- und Sozialforschung richten. Angesichts eines solchen Neuanfangs ist es natürlich von Interesse, wie getreu diese Datenbasis die realen Verhältnisse in der Bundesrepublik wiedergibt. Die folgenden Ausführungen behandeln diese Frage für einen Ausschnitt aus der Gesamtheit dieses Datensatzes, welcher einer der Schwerpunkte des Erhebungsprogramms ist und voraussichtlich Gegenstand zahlreicher künftiger Auswertungen sein wird: die Erwerbstätigkeit.

Für den Vergleich sollen die besten Informationen herangezogen werden, welche neben dem Panel zur Erwerbstätigkeit in der BRD verfügbar sind. Zu diesem Zweck wird die Erwerbsstatistik des Statistischen Bundesamtes (StBA) betrachtet (Mayer 1984; Herberger u. a. 1975). Bereits eine kurze Einarbeitung in die Veröffentlichungen der StBA-Erwerbsstatistik zeigt, daß das Niveau und die Struktur der Erwerbstätigkeit auch für die amtliche Statistik alles andere als ein triviales Problem sind. Die Aussagen der StBA-Erwerbsstatistik basieren auf unterschiedlichen Primärdatenquellen, welche sich auf verschieden abgegrenzte Grundgesamtheiten beziehen und sowohl in ihrer Repräsentativität wie in der Zuverlässigkeit der Erhebung der einzelnen Merkmale unterschiedliche Vor- und Nachteile haben.

Die Eigenschaften der Vergleichsstatistiken, soweit sie für den vorgesehenen Vergleich bedeutsam sind, werden im zweiten Abschnitt dieser Arbeit erläutert und kurz diskutiert. Der dritte Abschnitt beschäftigt sich mit der Frage, wie die Erwerbstätigkeit im Panel so ausgewertet werden kann, daß die empirischen Konzepte mit denen der StBA-Statistik vergleichbar sind. Im vierten Abschnitt werden die Ergebnisse referiert, wobei sich das Interesse vor allem auf die Struktur der Erwerbstätigen nach sozio-demographischen Merkmalen und nach Wirtschaftszweigen richtet.

2   Verfügbarkeit und Aussagefähigkeit der Erwerbsstatistiken des Statistischen Bundesamtes

2.1   Überblick

Als Basis für einen Vergleich kommen in erster Linie folgende Statistiken in Betracht:

1.   Mikrozensus (MZ) bzw. EG-Arbeitskräftestichprobe (AKS),
2.   Beschäftigtenstatistik (BS),
3.   Erwerbstätigenschätzung im Rahmen der Volkswirtschaftlichen Gesamtrechnung (VGR-Erwerbsstatistik: VGR-ES),
4.   Volks- und Berufszählung (VBZ),
5.   Lohn- und Gehaltsstrukturerhebung,
6.   Wirtschaftszweigberichterstattung,
7.   Amtliche Personalstandsstatistik.

Die 3 erstgenannten Statistiken sind auch für das Statistische Bundesamt derzeit die zentralen Zahlenwerke zur Erwerbsstatistik. Die übrigen sind mit verschiedenen, mehr oder weniger schwerwiegenden Problemen hinsichtlich Aktualität, Repräsentativität, Informationstiefe und Konsistenz behaftet. Deshalb stehen im folgenden die ersten drei Statistiken im Mittelpunkt.

2.2   Mikrozensus und EG-Arbeitskräftestichprobe

Der MZ ist eine der grundlegenden Datenquellen der Erwerbsstatistik (Herberger 1985). Die Arbeitskräftestichprobe des Amtes der Europäischen Gemeinschaft ist normalerweise Bestandteil des Mikrozensus. Das Fragenprogramm der AKS ist gegenüber dem des MZ reduziert, stimmt aber hinsichtlich der Erfassung der Erwerbstätigkeit mit dem des MZ weitgehend überein. Für 1983 und 1984 ist kein MZ verfügbar, ersatzweise allerdings eine EG-Arbeitskräftestichprobe (Heidenreich 1984).

Das Stichprobenkonzept und die Hochrechnungen des MZ basieren auf der VBZ 1970 und der darauf aufbauenden Bevölkerungsfortschreibung des StBA. Frühere Erfahrungen zeigen, daß diese Fortschreibung die Möglichkeit eines nicht unbeträchtlichen Niveaufehlers einschließt. Er wird derzeit auf bis zu 1 Mio. Personen geschätzt (1). Für die vom StBA erstellte

---

(1)   Dieser Schätzwert resultiert einerseits aus den Erfahrungen mit der Bevölkerungsfortschreibung zwischen VBZ 1961 und VBZ 1970. Damals hatte sich binnen 9 Jahren ein Niveaufehler von 860.000 Personen ergeben (Schubnell, Herberger 1971, S. 735 ff.). Andererseits gründen sich die Vermutungen zum Niveaufehler auf Vergleiche mit der Beschäftigtenstatistik (Cramer 1985, S. 61 und Becker 1985, S. 282).

Schätzung der Jahreserwerbstätigkeit wird daher inzwischen nicht mehr - wie früher - in erster Linie auf den MZ rekurriert, sondern auf die Beschäftigtenstatistik. Im Zuge dieser Umstellung ist die offizielle Schätzung der Erwerbstätigkeit 1981 deutlich nach oben korrigiert worden (Wollny, Schoer 1982). Angesichts der vermuteten Höhe des Niveaufehlers ist es wenig wahrscheinlich, daß die vom MZ ausgewiesenen Strukturen ganz verzerrungsfrei geblieben sein sollten.

Der MZ ist nicht in allen Merkmalen gleich zuverlässig. Problem sind die eingeschränkte Kompetenz der Befragten und ein hoher Anteil von Proxi-Interviews (bis zu 40 % der Personendatensätze). Als problematisch hat - neueren Ergebnissen des ZUMA-Instituts und des Infratest-Instituts (s. u.) zufolge - offenbar auch die Variable 'Stellung im Beruf' zu gelten. Eine Auswertung der Einkommensangaben sollte gleichfalls nur mit Vorsicht erfolgen, da die Validität dieser Angabe bisher nicht kontrolliert worden ist. Gleichwohl ist der MZ nach Einschätzung des StBA für einige Merkmale nach wie vor die beste verfügbare Informationsquelle. Dies gilt insbesondere für Informationen über Selbständige und mithelfende Familienangehörige wie geringfügig Beschäftigte. Darüber hinaus zeichnet sich der Mikrozensus dadurch aus, daß er die einzige aktuelle Datenquelle ist, welche alle Teile der Bevölkerung nachweist.

2.3   Beschäftigtenstatistik

Die BS fällt als Verwaltungsstatistik der Sozialversicherungsträger an (Lang 1984; Cramer 1985; Mayer 1984). Die publizierten Auswertungen der BS (durch die Bundesanstalt für Arbeit (BA) und das StBA) beziehen sich jedoch ausschließlich auf die 'versicherungspflichtig Beschäftigten' (VPB). Die genaue inhaltliche Abgrenzung der Personengruppe der VPB ist nicht ganz einfach, doch bietet das Panel gute Möglichkeiten für die Nachbildung dieser Abgrenzung (Helberger 1987).

Die Erfassung der Personengruppe der versicherungspflichtig Beschäftigten durch die BS kann als sehr gut bezeichnet werden. Als Verwaltungsdatensatz ist Vollständigkeit im Prinzip unabdingbar. Da es sich um die Registrierung der Versicherungsansprüche der Versicherten handelt, sind diese selbst an der Vollständigkeit der Meldung interessiert. Aus diesen Gründen ist die BS derzeit für die erfaßte Personengruppe die zuverlässigste und beste Vergleichsstatistik. Gleichwohl bestehen einige Probleme für die Aussagefähigkeit der BS: Illegal Beschäftigte werden nicht erfaßt. Diese Gruppe wird derzeit für die BRD auf ca. 300.000 Personen geschätzt. Nicht alle Merkmale der BS werden in gleicher Weise zuverlässig erhoben (Cramer 1985). Zu den als zuverlässig beurteilten Variablen gehören: Geschlecht, Alter, Wirtschaftszweig, berufliche Stellung ('Arbeiter', 'Angestellter' etc.), Region. Zu den als weniger zuverlässig beurteilten Merkmalen gehören die Variablen: Bildungsabschluß, Beruf, Erwerbsumfang, detaillierte Stellung im Beruf (einschl. 'in Ausbildung'). Darüber hinaus wirft der Tatbestand Probleme auf, daß ein Teil der Meldesätze erst mit Verspätung eintrifft und in die regulären Auswertungen der BS deshalb nicht mehr eingeht.

2.4 Erwerbstätigenschätzung im Rahmen der Volkswirtschaftlichen Gesamtrechnung

Als Ergänzungsrechnung zum Rechenwerk der VGR, aber auch für andere Verwendungszwecke erstellt das StBA jedes Jahr eine integrierte Schätzung der Anzahl der Erwerbspersonen und Erwerbstätigen eines Jahres. Es handelt sich nicht um eine Erhebung eigener Art, sondern um eine Schätzung. In die Berechnungen fließen alle zum Schätzzeitpunkt verfügbaren erwerbsstatistischen Informationen ein (Wollny, Schoer 1982, S. 769), insbesondere die kurzfristigen Statistiken für die einzelnen Wirtschaftszweige sowie der MZ, die AKS der EG und die BS. Aus systematischen Gründen ist die VGR-Kompatibilität für zahlreiche ökonomische Fragestellungen wichtig, insbesondere für die verschiedenen Aggregate der Einkommen der privaten Haushalte. Bei den unselbständig Beschäftigten stützt sich die StBA-Schätzung (inzwischen) vor allem auf die BS, bei den Selbständigen und Mithelfenden sowie den geringfügig Erwerbstätigen weiterhin auf den MZ.

Die Zuverlässigkeit der Schätzung ist aufgrund der mangelnden Transparenz des Berechnungsverfahrens für Außenstehende nicht mit Sicherheit zu beurteilen. Es hat den Anschein, daß die Ermittlung der Jahresdurchschnittswerte insofern mit gewissen Problemen behaftet ist, als unterjährige oder mehrfache Beschäftigungsverhältnisse einer Person nicht pro rata tempore zu Jahres-Erwerbstätigenzahlen aggregiert, sondern nach einem Mischkonzept als Durchschnitt mehrerer Stichtagswerte berechnet werden. Aus diesen Gründen wird bei der Berechnung von Pro-Kopf-Einkommen aus den VGR-Angaben seitens des StBA selbst zur Vorsicht gemahnt (Hake 1983).

3 Die Erfassung der Erwerbstätigkeit im Panel

3.1 Die Erhebungskonzepte des Panels zur Erwerbstätigkeit

Die zentrale Frage zur derzeitigen Erwerbstätigkeit der Befragten lautet: Sind Sie derzeit in irgendeiner Form erwerbstätig? Was trifft für Sie zu?

Voll erwerbstätig	1
In regelmäßiger Teilzeitbeschäftigung	2
In betrieblicher Berufsausbildung	3
Geringfügig oder unregelmäßig erwerbstätig (aber nicht arbeitslos gemeldet)	4
Arbeitslos gemeldet	5
Als Wehrpflichtiger beim Wehrdienst/ Zivildienst	6
Nicht erwerbstätig	7

Diese Frage dient der Einstufung einer Person als Erwerbsperson. Aufgrund unserer Auswertungen und Kontrollen (2) kann das Datenmaterial des Panels sowohl hinsichtlich der Sorgfalt der Beantwortung des Fragebogens als auch hinsichtlich der Konsistenz der Antworten als hervorragend bezeichnet werden. Überprüfungen der erwerbstätigkeitsbezogenen Merkmale haben nur in sehr wenigen Fällen einen Bedarf an Datenbereinigungen und Umkodierungen ergeben, z. B. wenn Lehrlinge 'voll erwerbstätig' statt 'in betrieblicher Berufsausbildung' geantwortet haben oder wenn Personen die Frage nach der Erwerbstätigkeit bejaht haben (Code 1), obwohl sie als überwiegend Nichterwerbstätige (Rentner, Studenten) nur nebenher erwerbstätig waren. Letzteres lag vermutlich bei 4 - von insgesamt 7.239 - Erwerbstätigen im Panel vor.

3.2 Die Nachbildung der Definition der StBA-Erwerbsstatistik im Panel

Für den nachfolgenden Vergleich wird die Operationalisierung der Konzepte 'erwerbstätig' im Sinne des MZ bzw. der VGR-ES und 'versicherungspflichtig beschäftigt' im Sinne der BS benötigt. Als 'erwerbstätig' wird klassifiziert, wer zum Zeitpunkt der Befragung vollzeit-, teilzeit- oder geringfügig bzw. unregelmäßig erwerbstätig war, ohne arbeitslos zu sein, oder wer sich in betrieblicher Berufsausbildung befand.

Bei der Abgrenzung der 'versicherungspflichtig Beschäftigten' wird so vorgegangen, daß das Vorliegen der für die Versicherungspflicht maßgebenden Kriterien geprüft wird. VPB sind somit alle Arbeitnehmer abzüglich
- Beamte,
- Schüler in allgemeinbildenden Vollzeitschulen (d. h. ohne Abendrealschule/-gymnasium),
- Studenten an Fachhochschulen und Universitäten,
- Schüler an anderen berufsbildenden Schulen, sofern sie als Erwerbsumfang 'geringfügig/unregelmäßig' angegeben haben,
- geringfügig Beschäftigte (aufgrund ihres Einkommens und ihrer Arbeitszeit) (3).

Die Wehr- und Zivildienstleistenden sind für den Vergleich mit der BS zu den VPB hinzuaddiert worden, sofern sie zuvor erwerbstätig waren. Bei Schülern und Studenten wird davon ausgegangen, daß sie (überwiegend)

---

(2) Z. B. in der Form zahlreicher eingehender Überprüfungen der ausgewerteten Merkmale und Merkmalskombinationen für die einzelne Person.

(3) Bei fehlenden Angaben zum Einkommen oder zur Arbeitszeit wurde abgefragt, ob bei dem Erwerbsumfang 'geringfügig/unregelmäßig' geantwortet wurde. Kurzfristige Beschäftigungen (unter 2 Monaten Gesamtdauer) lassen sich in der hier ausgewerteten 1. Welle noch nicht identifizieren, dürften aber - in Verbindung mit den anderen oben genannten Abgrenzungsregeln - kaum eine Rolle spielen.

Nichterwerbstätige sind. Wie zu erkennen ist, erlaubt der Tatbestand, daß die gesamte erwachsene Bevölkerung im Sozio-ökonomischen Panel repräsentiert ist und zu jeder Person jeweils detaillierte Informationen vorliegen, eine sehr differenzierte Nachbildung der Definitionen der anderen Statistiken (4).

3.3   Die Gewichtung des Panels

Da das Panel mit disproportionalen Auswahlsätzen erhoben wurde (Infratest Sozialforschung 1985), ist für Auswertungen eine dies ausgleichende Designgewichtung erforderlich (Hanefeld 1984; Infratest Sozialforschung 1985). Zum Ausgleich von Abweichungen zwischen idealer und realisierter Stichprobe sind für das Panel neben den Designgewichten auch Redressmentgewichte berechnet worden (Infratest Sozialforschung 1985 und Galler 1987). Für die von uns behandelte Fragestellung sind erstere entscheidend, denn unsere Absicht ist es, zu ermitteln, wie genau die Originalstichprobe die Strukturen der (Erwerbs)-Bevölkerung widerspiegelt. Aus einer derartigen Überprüfung können sich Hinweise ergeben, bei welchen Merkmalen ein Redressment erforderlich ist.

In allen nachfolgenden Tabellen sind folglich die Designgewichte zugrundegelegt worden. Das reine Designgewicht, das durch den Stichprobenplan bestimmt wird, ist dabei noch um einen weiteren Faktor korrigiert worden: den Ausschöpfungsgrad der jeweiligen Sample Points. Dies erfolgte aufgrund der Überlegung, daß die regional unterschiedlichen Anteile von Interviewausfällen eine Information über das Abweichen der realisierten von der idealen Stichprobe sind, welche zuverlässig und genau bekannt ist. Eine Korrektur um diesen Faktor erfordert kein externes Zusatzwissen, welches möglicherweise mit Fehlern behaftet ist. Die Berücksichtigung dieses Faktors wurde daher als eine vertretbare Annäherung der realisierten an die ideale Stichprobe gehalten. Kontrollauswertungen haben im übrigen ergeben, daß dieser Korrekturfaktor die Ergebnisse nur minimal beeinflußt.

Da seitens des Infratest-Instituts und des Sonderforschungsbereichs 3 Redressmentgewichte berechnet worden sind, dürfte es für den Datennutzer von Interesse sein, zu wissen, wie sich diese auf die nachfolgend dargestellte Struktur der Repräsentativität des Panels auswirken. Als Ergebnis sei generell vorweggenommen, daß die Redressmentgewichte die Anteilswerte der hier ausgewerteten Merkmale nicht markant verändern (sie werden im Interesse der Kürze des Beitrags nicht wiedergegeben, vgl. aber Helberger 1987), daß sie die Abweichungen von der amtlichen Statistik, soweit solche vorliegen, aber auch nicht reduzieren. Dies deshalb, weil für das Redressment andere Merkmale verwendet worden sind bzw. - wegen mangelnder Vergleichsinformationen - verwendet werden mußten als die von

---

(4)   Zu einer eingehenderen Darstellung der Vergleichbarkeit von Panel und BS vgl. Helberger 1987.

uns überprüften (beispielsweise sind für 1984 keine Vergleichsinformationen zur Bildungsstruktur verfügbar). Möglicherweise wird es künftig auf einer erweiterten Informationsgrundlage gelingen, noch geeignetere Redressmentgewichte zu entwickeln.

4 Die Struktur der Erwerbstätigen im Sozio-ökonomischen Panel im Vergleich mit der Erwerbsstatistik des Statistischen Bundesamtes

4.1 Zur verwendeten Methode der Stichprobenevaluation

Grundsätzlich kann die Güte einer Stichprobe mit Hilfe einer internen oder einer externen Validierung überprüft werden. Bei der externen Validierung wird die Merkmalsstruktur der Stichprobe mit der anderer Datenquellen verglichen. Bei der internen Validierung wird die Durchführung der Erhebung selbst auf Fehlereinflüsse hin untersucht. Beide Verfahren sind mit jeweils spezifischen Vor- und Nachteilen verbunden.

Üblicherweise wird eine interne Validierung von Umfrageerhebungen nur in der sehr einfachen Form einer globalen Betrachtung der Struktur der Interviewausfälle nach Ausfallgründen vorgenommen. Weitergehende Tests sind aufwendig und stoßen schnell an Grenzen (z. B. des Datenschutzes). Für das Sozio-ökonomische Panel ist durch das Infratest-Institut dennoch eine weitergehende Kontrolle durchgeführt worden. Hierzu wurden unter Beachtung der Datenschutzbestimmungen für die Haushalte, mit denen kein Interview zustandekam, einige wenige, zentrale Informationen erhoben und auf ihre Struktur hin untersucht (Infratest Sozialforschung 1985). Diese Überprüfung ergab, daß die Ausfälle weitgehend frei von systematischen Verzerrungen waren. Überproportionale Ausfälle ergaben sich nur bei wenigen Merkmalen, z. B. für einige Kernregionen von Großstädten, bei der Gruppe der alten alleinstehenden Frauen und - in geringem Umfang - bei Selbständigen (ebenda, S. 79). Hinweise auf einen Mittelstandsbias ergaben sich nicht (z. B. keine Unterrepräsentation der Arbeiter).

In unserer Untersuchung wird der Weg der externen Validierung verwendet. Hierzu wird der Versuch unternommen, die Ergebnisse des Panels mit der jeweils besten alternativen Datenbasis zu vergleichen. Die Schwierigkeit der externen Validierung besteht darin, daß drei unterschiedliche Ursachen für festgestellte Abweichungen zwischen zwei verglichenen Stichproben in Betracht zu ziehen sind:
- Stichprobenverzerrungen,
- Merkmalsverzerrungen und
- Beschränkungen der Vergleichbarkeit.

Stichprobenverzerrungen sind systematische Abweichungen der realisierten von der idealen Stichprobe. Merkmalsverzerrungen liegen vor, wenn für einzelne Merkmale abweichende Ergebnisse ermittelt werden, ohne daß dies auf eine Stichprobenverzerrung zurückgeht. Ursachen hierfür können stochastische Einflüsse oder unbemerkte Unterschiede in der Form der Merkmalserhebung sein. Letzteres ist genau genommen bereits eine Form von Unvergleichbarkeit. Unvergleichbarkeit kann hinsichtlich der Definition der Grundgesamtheit wie einzelner Merkmale bestehen.

Für die Frage, wie gut bestimmte Teilgruppen und Strukturen in einer Umfrage abgebildet sind, ist die Ursache eventueller Abweichungen letztlich gleichgültig. Für die Bewertung und eventuelle Korrektur der Datenqualität ergeben sich aber entscheidende Unterschiede: Eine Stichprobenverzerrung wirkt sich im Prinzip auf alle Merkmale aus. Eine Anpassung ist durch Gewichtung der Personendatensätze möglich. Eine Merkmalsverzerrung bezieht sich nur auf das eine Merkmal. Die übrige Struktur der Stichprobe kann vollständig korrekt sein. Eine Anpassung durch Gewichtung kann die Struktur der Stichprobe an anderer Stelle verzerren.

Beschränkungen der Vergleichbarkeit ergeben sich, wenn einzelne Merkmale nur in einer der beiden Stichproben oder in beiden Stichproben auf unterschiedliche Weise erhoben wurden. Als Beispiel sei auf das Problem der Identifizierbarkeit der 'sozialversicherungspflichtig Beschäftigten' im Panel verwiesen. Beschränkungen der Vergleichbarkeit führen zu Unsicherheitsbereichen bei der Gegenüberstellung beider Statistiken.

Im folgenden werden Auswertungen des Sozio-ökonomischen Panels mit der BS, dem MZ und der VGR-Erwerbstätigenschätzung verglichen. Hierbei ist zu berücksichtigen, daß das Sozio-ökonomische Panel nicht dieselben Ziele hat wie die amtliche Statistik. Der Nachweis der möglichst genauen Zahl von Personen und Personengruppen in der BRD kann von einer Stichprobe auf der Basis freiwilliger Beteiligung und mit einem Auswahlsatz von nur 0,02 % nicht erwartet werden. Vorrangiges Ziel des Panels ist die Bereitstellung sehr breiter Informationen über Personen und Haushalte für die verschiedensten analytischen Zielsetzungen. Gleichwohl sollte die Struktur der Stichprobe natürlich derjenigen der Grundgesamtheit möglichst genau entsprechen.

Generell ist zu berücksichtigen, daß bei sehr feinen Aufgliederungen die Fallzahlen im Panel niedrig werden und Zufallseinwirkungen somit stärker ausgesetzt sind. Auf eine gesonderte Markierung oder gar Streichung der schwach besetzten Zellen ist gleichwohl im Interesse der Lesbarkeit der Tabellen verzichtet worden. Aus den angegebenen Absolutwerten lassen sich die näherungsweisen Fallzahlen für alle Tabellen leicht errechnen (5). Für alle Tabellen wurden Konfidenzintervalle zum Test auf die Signifikanz der Abweichungen berechnet. Die Ergebnisse sind stark abhängig von dem gewählten Sicherheitsniveau. Angesichts der relativ großen Fallzahlen des Panel sind selbst optisch gering erscheinende Abweichungen statistisch oft signifikant. Anstelle eines Nachweises der Signifikanz in den einzelnen Ta-

---

(5)   In allen Tabellen beziehen sich die angegebenen Fallzahlen auf die jeweilige ungewichtete Zahl der ausgewerteten Interviews.

bellen wurde das Ergebnis der statistischen Überprüfung in der Kommentierung der Tabellen berücksichtigt.

4.2 Ergebnisse des Vergleichs mit der Beschäftigtenstatistik

Als erstes Merkmal soll die Altersstruktur im Sozio-ökonomischen Panel und in der Beschäftigtenstatistik betrachtet werden. Dieser Vergleich ist in Tabelle 1 wiedergegeben. Die relativ größte Abweichung ergibt sich für die Gruppe der 20- bis 24jährigen. Für sie wird eine Untererfassung im Panel ausgewiesen. Da in Tabelle 1 die prozentualen Verteilungen verglichen werden, müssen beim Panel die Werte der übrigen Altersgruppen zum Ausgleich etwas höher liegen. Sieht man von der untersten Gruppe ab, sind bis in die hohen Altersgruppen hinein keine ausgeprägten weiteren Abweichungen zu erkennen. In vielen Altersgruppen ist die Anpassung sehr gut. Die exakte Repräsentation der jüngeren Personen gilt in der Umfrageforschung allgemein als schwierig. Gleichwohl liegt im Panel - wie ein Vergleich der relativen Geburtskohortenstärken mit den amtlichen Angaben zur Wohnbevölkerung ergibt - keine generelle Untererfassung der jüngeren Altersgruppe vor.

Tabelle 1: Altersstruktur der sozialversicherungspflichtig Beschäftigten 1984 - Vergleich Sozio-ökonomisches Panel und Beschäftigtenstatistik

Alter	Panel (1)			Beschäftigten-statistik (2)		
	insg.	männl.	weibl.	insg.	männl.	weibl.
20-24 Jahre	13,66	11,19	17,48	15,74	12,70	20,46
25-29 "	14,14	13,50	15,14	13,46	12,63	14,50
30-34 "	12,98	12,18	11,68	12,23	12,57	11,71
35-39 "	11,70	11,77	11,59	11,04	11,50	10,33
40-44 "	13,67	14,37	12,59	13,80	14,34	12,90
45-49 "	15,21	15,56	14,66	13,72	14,56	12,42
50-54 "	9,41	10,26	8,10	9,90	10,79	8,53
55-59 "	7,61	8,12	6,83	7,77	8,10	7,26
60-64 "	2,25	2,74	1,49	2,09	2,42	1,57
65 u. mehr J.	0,36	0,31	0,46	0,35	0,36	0,34
Insgesamt %	100,0	100,0	100,0	100,0	100,0	100,0
Anzahl (3)	5905	3669	2236	18382,2	11183,6	7198,6

Anmerkungen: (1) Stichtag Febr.-Okt. 1984; Designgewichtung. (2) Stichtag 30. 6. 1984. (3) Beschäftigtenstatistik: in 1000.
Quelle: Das Sozio-ökonomische Panel, Welle 1, 1984. StBA, Fachserie 1, Reihe 4.2.

Tabelle 2 enthält die Zusammenstellung einiger häufig ausgewerteter Merkmale. Von Interesse ist die Geschlechterrelation der sozialversicherungspflichtig Beschäftigten insgesamt. Mit 60,2 % gegenüber 60,4 % ist der Männeranteil in beiden Stichproben fast identisch. Auch die Übereinstimmung der Geschlechterrelation getrennt bei Deutschen und Ausländern ist bemerkenswert.

Der Anteil der Ausländer an den Sozialversicherten ist im Panel insgesamt etwas höher als in der BS. Da der Ausländeranteil für die Wohnbevölkerung als Designgewicht berücksichtigt ist, müssen andere Faktoren zu dieser Abweichung führen. Es ist nicht auszuschließen, daß sich auch illegale Ausländerbeschäftigung in den niedrigeren BS-Werten niederschlägt (die Differenz von 0,4 %-Punkten entspricht ca. 80.000 Personen).

Die Teilzeitquote liegt im Panel mit 13,9 % gegenüber 9,2 % deutlich über der der BS. Eine über der BS liegende Teilzeitquote ist auch im MZ ermittelt worden. Das höhere Teilzeitniveau im Panel gilt in annähernd gleicher Weise sowohl für die unter 20 Stunden wie für die über 20 Stunden erwerbstätigen Teilzeitarbeiter. Bezüglich der Geschlechterproportion fällt der niedrigere Frauenanteil bei den Vollzeitbeschäftigten und der niedrigere Männeranteil bei den Teilzeitbeschäftigten auf.

Beim Vergleich der Teilzeitquote ist zu berücksichtigen, daß der Erwerbsumfang zu den weniger gut gesicherten Merkmalen in der BS gehört, da dieses Merkmal für die Versicherungsanwartschaften nicht relevant ist. Darüber hinaus bestehen definitorische Probleme. In der BS gelten als Teilzeitarbeiter diejenigen Personen, welche 'weniger als betriebsüblich' arbeiten. Im Panel sind von uns demgegenüber Teilzeitarbeiter anhand einer Arbeitszeit von unter 35 Wochenstunden abgegrenzt worden. Allerdings führt auch die Abgrenzung der Teilzeitarbeiter anhand der Selbsteinschätzung der Befragten (vgl. die in Abschnitt 3.1 wiedergegebene Panel-Frage) nicht zu einer niedrigeren Teilzeitquote.

Die Differenz der Teilzeitquoten von Panel und BS kann auch andere Ursachen haben. Wenn Personen, welche an sich versicherungspflichtig wären, als Nichtversicherte arbeiten, würde die BS die Werte der Teilzeitquote unterschätzen. In welchem Umfang die Nichteinhaltung der Versicherungspflicht verbreitet ist, ist ein Problem, zu dem für die Bundesrepublik bisher nahezu keine empirischen Untersuchungen vorliegen (Helberger u. a. 1985). Die Umgehung der Meldepflicht dürfte bei der Gruppe der Personen mit niedriger Arbeitszeit und niedrigen Einkommen relativ am häufigsten vorkommen. Für eine korrekte Repräsentation der BS-Population im Panel wäre es in diesem Fall erforderlich, einen Teil der an sich versicherungspflichtigen Teilzeitarbeiter aus dem Vergleich auszuschließen.

Der Vergleich hinsichtlich der Struktur der Bildungsabschlüsse offenbart deutliche Differenzen. Während der Anteil der Volks- bzw. Realschüler mit beruflichem Ausbildungsabschluß, der fast zwei Drittel der Erwerbstätigen

**Tabelle 2: Struktur der sozialversicherungspflichtig Beschäftigten 1984 –
Vergleich Sozio-ökonomisches Panel und Beschäftigtenstatistik**

	Panel (1)			Beschäftigtenstatistik (in 1000) (2)		
	insg.(3)	männl.(4)	weibl.(4)	insg.(3)	männl.(4)	weibl.(4)
Insgesamt N(5)	5905	3669	2236	20.040,3	12.105,4	7.934,9
%	100,0	60,2	39,8	100,0	60,4	39,6
Nationalität						
Deutsche	91,7	59,5	40,5	92,1	59,7	40,3
Ausländer	8,3	68,3	31,7	7,9	69,0	31,0
Arbeitszeit						
Vollzeit	86,1	69,4	30,4	90,8	65,8	34,3
Teilzeit	13,9	2,1	97,9	9,2	7,4	92,6
davon:						
unter 20 Std.	2,3	3,3	96,7	1,9	15,5	84,5
20 Std.u.mehr	11,6	1,8	98,2	7,3	5,3	94,8
Bildungsabschl.(6)						
Volks-/Realsch.						
ohne berufl. Abschluß	25,9	48,1	51,9	31,5	52,6	47,4
mit berufl. Abschluß	62,2	63,5	36,5	61,2	63,3	36,7
Abitur						
ohne berufl. Abschluß	1,5	60,4	39,6	1,0	49,6	50,4
mit berufl. Abschluß	3,5	52,2	47,8	1,4	57,2	42,9
Fachhochschulabschluß	3,2	81,9	18,1	2,2	83,9	16,1
Universitätsabschluß	3,8	73,7	26,3	2,7	76,9	23,1
Arbeiter	49,6	74,4	25,6	52,5	74,0	26,0
Angestellter	50,4	46,2	53,8	47,5	45,4	54,6

Anmerkungen: (1) Stichtag Febr.-Okt. 1984; Designgewichtung. (2) Stichtag 30.6.1984. (3) verti-
kal prozentuiert. (4) horizontal prozentuiert. (5) Panel ungewichtet. (6) Höchster erreichter Abschluß, ohne Personen ohne Angabe (1,5 % im Panel, 5,7 % in der Beschäftigtehstatistik).
Quelle: Das Sozio-ökonomische Panel, Welle 1, 1984. StBA, Fachserie 1, Reihe 4.2.

ausmacht, in beiden Datensätzen fast identisch ist, ergibt sich für alle übrigen Kategorien eine deutlich höhere Ausbildungsstruktur im Panel. Das
Merkmal 'Bildungsabschluß' gehört in der BS gleichfalls zu den weniger gut
gesicherten Informationen. Gleichwohl legt das Vergleichsergebnis die
Frage nahe, ob im Panel ein Mittelstandsbias enthalten ist – ein Phänomen,
welches aus der Umfrageforschung generell bekannt ist und welches bei einer so schwierigen und anspruchsvollen Umfrage wie dem Panel nicht
überraschend wäre. Dies würde eine Stichprobenverzerrung bedeuten. Die
Abweichung kann allerdings auch auf einer Merkmalsverzerrung beruhen.
Dies kann mit der Erfahrung begründet werden, daß Befragte dazu tendie-
ren, begonnene, aber nicht erfolgreich abgeschlossene Ausbildungsgänge als
Bildungsabschlüsse anzugeben, wenn in der Frageformulierung nicht ausdrücklich zwischen diesen beiden Möglichkeiten unterschieden wird. Auswertungen des Infratest-Instituts haben ergeben, daß eine Berücksichtigung

dieser Unterscheidung in Umfragen typischerweise eine dem MZ und der BS ähnlichere Bildungsstruktur ergibt (persönliche Mitteilung an den Verfasser)(6).

Die interne Validierung des Panels zeigt für das Merkmal Qualifikationsniveau ein uneinheitliches Bild. Eine schwache Tendenz zur Überrepräsentation der Statusgruppen, bei denen höhere Bildungsniveaus typisch sind, ergibt sich bei den Angestellten und Beamten. Bei den Selbständigen jedoch, bei denen die freien Berufe leicht untererfaßt sind, und bei den Arbeitern, bei denen die Angelernten im Vergleich zu den Facharbeitern etwas übererfaßt sind, liegt die entgegengesetzte Tendenz vor.

Deutlich kontrastierend sind auch die Anteile der Arbeiter und Angestellten an den Versicherungspflichtigen. Während in der BS der Arbeiteranteil nach wie vor deutlich überwiegt, ist das Ergebnis im Panel - bei relativ guter Übereinstimmung der Geschlechterproportion - umgekehrt. Auch dieser Befund wirft die Frage auf, ob eine Stichprobenverzerrung im Sinne eines Mittelstandsbias oder eine Merkmalsverzerrung vorliegt. Es ist in diesem Zusammenhang von Interesse, daß für die Bundesrepublik eine Untersuchung vorliegt, für die ein Vergleich der Selbsteinstufung der beruflichen Stellung mit Originalinformationen der Sozialversicherungsträger zur Mitgliedschaft in der Arbeiter- bzw. Angestelltenrentenversicherung durchgeführt worden ist. Bekanntlich wird das Merkmal 'Arbeiter' bzw. 'Angestellter' in der BS aufgrund der Versicherungsmitgliedschaft bestimmt. Das Ergebnis dieses Vergleichs war, daß 7 % der Angestellten (lt. Selbsteinstufung) nach ihrer Zuordnung zum Versicherungsträger Arbeiter sind. Der umgekehrte Effekt, daß Arbeiter bei der BfA versichert sind, kommt nur bei 2 % der Arbeiter vor (Ergebnisse der 'Lebenslagenstudie', Mitteilung des Infratest-Instituts). Angesichts dieses Befundes kann der höhere Angestelltenanteil, der sich im Panel ergibt, nicht als ein zuverlässiger Beleg für einen Mittelstandsbias gelten.

Ein bedeutsames Strukturmerkmal ist der Wirtschaftszweig (Tabelle 3). Anhand der publizierten Auswertungen der BS ist ein Vergleich für 30 der 34 Zweige, welche im Panel unterschieden werden können, durchführbar, wobei die Vergleichbarkeit dadurch erleichtert wird, daß die für das Panel gewählte Klassifikation mit der der BS identisch ist. Die Wirtschaftszweige sind im Panel aufgrund von Klartextangaben der Befragten durch das Mannheimer ZUMA-Institut vercodet worden (Geis 1984).

Wie Tabelle 3 zeigt, ergibt sich für die Wirtschaftszweigstruktur, trotz starker Disaggregation, ein bemerkenswert hoher Grad an Übereinstimmung. Eine ins Gewicht fallende Abweichung scheint bei den 3 Zweigen des Me-

---

(6)   Eine Auswertung der Infratest-Standarddemographie ergibt bspw., daß 14 % der Befragten angeben, das Gymnasium besucht zu haben, aber nur 10 % geben an, es abgeschlossen zu haben (MZ: 8,5 %) (Helberger 1987).

Tabelle 3: Sozialversicherungspflichtig beschäftigte Arbeitnehmer 1984 nach Wirtschaftszweigen - Sozio-ökonomisches Panel und Beschäftigtenstatistik

Wirtschaftszweig	Panel (1) N ungewichtet	Panel (1) % gewichtet (3)	Beschäftigtenstatistik (2) in 1000	Beschäftigtenstatistik (2) %
Landwirtschaft	49	0,83	230,3	1,15
Energie/Wasser/Bergbau	101	2,04	474,7	2,37
Chemie	199	3,72	592,3	2,96
Kunststoff	95	1,23	332,4	1,66
Steine,Keramik	83	1,39	328,5	1,64
Metallerzeug./-verarb.	608	9,14	629,3	3,14
Masch.-/Fahrzeugbau	498	7,91	2.259,2	11,28
E-technik	341	5,57	1.525,4	7,61
Holz/Druck	216	3,96	769,1	3,84
Leder/Textil/Bekleidung	222	3,38	589,1	2,94
Nahrung	221	4,31	697,4	3,48
Bauhauptgewerbe	366	6,63	1.092,9	5,45
Bauhilfsgewerbe	160	3,19	455,6	2,27
Großhandel	124	2,84	954,0	4,76
Handelsverm.	4	0,13	160,3	0,80
Einzelhandel	384	8,51	1.648,5	8,23
B-Bahn	32	0,58	138,2	0,69
B-Post	50	1,05	211,5	1,06
übr. Verkehr	136	2,60	612,5	3,06
Banken	114	2,79	571,5	2,85
Versicherungen	56	1,41	223,9	1,12
Gastgewerbe	116	1,70	663,6	3,31
Reinigung, Abfall	45	0,66	309,2	1,54
Wissensch./Bildung	213	4,70	808,0	4,03
Gesundheitswesen	252	5,56	1.102,9	5,50
Rechtsberatung etc.	100	2,47	633,8	3,16
sonst. Dienstl.	69	1,20	251,2	1,25
Org.o.Erw.char./priv.HH	163	3,76	402,9	2,01
Gebietskörperschaften	247	5,61	1.202,6	6,00
Sozialversicherung	42	1,12	166,2	0,83
Insgesamt N	5.308		20.036,8	
%		100,0		100,0
Ohne Angabe (4)		9,76		0,02

Anmerkungen: (1) Stichtag Febr.-Okt. 1984. (2) Stichtag 30. 6. 1984. (3) Designgewichtung. (4) In Prozent aller versicherungspflichtig Beschäftigten (einschl. ohne Angabe).
Quelle: Das Sozio-ökonomische Panel, Welle 1, 1984. StBA, Fachserie 1, Reihe 4.2.

tallbereichs vorzuliegen. Faßt man diese zusammen, ist die Übereinstimmung allerdings auch dort sehr hoch (22,6 % gegenüber 22,0 %).

Die Tatsache, daß der Großhandel im Panel schwächer repräsentiert ist, dürfte damit zusammenhängen, daß die Wirtschaftszweigangaben im Panel für das Unternehmen, in der BS für den Betrieb erfolgen und der Großhandel häufig in der Form von Zweigbetrieben gewerblicher Unternehmen abgewickelt wird. Es kann kaum verwundern, daß der Anteil fehlender oder nicht zuordenbarer Angaben im Panel deutlich höher liegt als in der BS. Dies wirkt sich auf die Wirtschaftszweigstruktur des Panel aber offenbar nicht aus (7).

4.3 Panel und Mikrozensus

Der Bildungsabschluß der Erwerbstätigen ist für das Jahr 1984 vom StBA nicht erhoben worden. Aus diesem Grund wird im folgenden hierzu ein Vergleich mit den letzten verfügbaren MZ-Ergebnissen angeführt. Tabelle 4 zeigt eine vergleichende Auswertung für den höchsten erreichten schulischen und beruflichen Bildungsabschluß. Die Tabelle bestätigt eine hohe Übereinstimmung des Musters der Bildungsstruktur. Insgesamt ergibt sich aber für das Panel eine Tendenz zu einer deutlich höheren Qualifikationsstruktur. Dieses Ergebnis stimmt in der Tendenz mit dem des BS-Vergleichs überein.

Der MZ-Vergleich ist mit der Unsicherheit behaftet, daß die Erhebungszeitpunkte um 2 Jahre differieren. Die Bildungsstruktur der Bevölkerung gehört derzeit nicht - wie man vermuten könnte - zu den sich langsam ändernden Merkmalen. So ist etwa der Anteil der Personen mit Hochschulreife oder höherem Abschluß binnen 6 Jahren um 35 % gestiegen. Der Anstieg, den das Panel für die folgenden beiden Jahre ausweist, dürfte aber die reale Entwicklung deutlich überzeichnen (8). Der vergleichsweise niedrigere Anteil der Volksschulabsolventen mit betrieblichem Ausbildungsabschluß dürfte zum Teil dadurch bestimmt sein, daß in der ent-

---

(7) In der Landwirtschaft umfaßt die BS auch einen Teil der Familienangehörigen, was in der Auswertung des Panel nicht berücksichtigt worden ist.

(8) Nach Altersgruppen differenzierte Auswertungen, die eine Kohortenanalyse ermöglichen würden (und angesichts stabilen Erwerbsverhaltens insbesondere für Männer aussagefähig wären), sind für den MZ-1982 bisher nicht publiziert worden. Die vereinfachte Abfrage der Bildungsabschlüsse in der Teilstichprobe B (Ausländerhaushalte) beeinträchtigt die Zuverlässigkeit vergleichender Auswertungen. Auch im MZ dürften die Ausländer bei der Beantwortung dieser Frage Probleme haben, über die jedoch nichts bekannt ist. Der Anteil der Personen mit fehlenden Bildungsangaben im Panel ist sehr gering (ca. 1 %).

Tabelle 4: Erwerbstätige nach allgemeinbildendem und beruflichem Bildungsabschluß (1) – Vergleich Sozio-ökonomisches Panel 1984 und Mikrozensus 1982

Beruflicher Bildungsabschluß	Allgemeinbildender Schulabschluß							
	Panel 1984 (2)				Mikrozensus 1982 (3)			
	Insges.	Volks-schul-abschl.(4)	Real-schul- oder gleichw. Abschluß	Fach-hoch-/Hoch-schul-reife	Insges.	Volks-schul-abschl.(4)	Real-schul- oder gleichw. Abschluß	Fach-hoch-/Hoch-schul-reife
Ohne Abschluß	25,3	30,9	18,4	13,2	28,9	34,9	19,1	10,7
Betriebl. Berufsausb.(5)	57,3	62,4	68,9	21,1	55,9	59,9	65,4	17,1
Meister-/Techniker- oder gleichw. Fachschulabschl.	6,9	6,2	8,9	6,7	6,6	5,2	11,1	7,1
Fachhochschulabschluß	3,4	0,4	2,9	16,0	2,7		4,3	15,4
Hochschulabschluß	7,1	0,1	0,9	43,0	5,9			49,8
Insgesamt	100,0	100,0	100,0	100,0	100,0	100,0	100,0	100,0
N/in 1000	7.187	4.891	1.242	1.054	26.774	18.337	5.245	3.192
%	100,0	61,7	22,5	15,8	100,0	68,49	19,59	11,92

Anmerkungen: (1) einschl. Ausländer. (2) Designgewichtung. (3) aus: H. Mörtl, Beruf und Ausbildung der Erwerbstätigen. Ergebnis des Mikrozensus April 1982, in: WISTA 2/1984, S. 108. (4) einschl. ohne Angabe des allgemeinbildenden Schulabschlusses und noch in schulischer Ausbildung. (5) Mikrozensus: Lehr-/Anlernausbildung oder gleichwertiger Berufsfachschulabschluß, einschl. berufliches Praktikum und ohne Angaben des beruflichen Ausbildungsabschlusses; Panel: Lehre, Beamtenausbildung im einf. Dienst, Berufsfachschulabschluß, Schulen des Gesundheitswesens und sonstiger beruflicher Ausbildungsabschluß einschl. ohne Angabe des beruflichen Ausbildungsabschlusses; ohne Anlernausbildung und berufliches Praktikum.

Quelle: Das Sozio-ökonomische Panel, Welle 1, 1984.

sprechenden MZ-Kategorie im Unterschied zum Panel auch Anlernausbildungen und Praktika enthalten sind. Wie zu erkennen ist, stimmen die beruflichen Bildungsstrukturen weit besser überein als die Anteilswerte der verschiedenen allgemeinbildenden Ausbildungskategorien. Dies kann als eine weitere Bestätigung für das Vorliegen einer Merkmalsverzerrung bei den Schulabschlüssen interpretiert werden.

Eine interessante Strukturtabelle ist die Auswertung nach Wirtschaftsabteilungen und Stellung im Beruf. Sie liegt für den MZ 1982 oder ein späteres Jahr bisher nicht vor. Deshalb ist für den Vergleich der MZ 1980 herangezogen worden. Vermutlich sind in diesem Falle die unterschiedlichen Erhebungszeitpunkte weniger schwerwiegend, da sich die Beschäftigtenstruktur innerhalb der Wirtschaftsabteilungen weniger stark geändert haben dürfte.

Das Ergebnis zeigt Tabelle 5. Für die Erwerbstätigen insgesamt ergibt sich ein leicht niedrigerer Anteil der Selbständigen im Panel, ein deutlich niedrigerer Anteil der mithelfenden Familienangehörigen sowie eine Übererfassung bei den Beamten wie auch ein höherer Wert bei den nicht sozialversicherungspflichtigen Arbeitnehmern(9). Die Anteilswerte für die sozialversicherungspflichtig Beschäftigten stimmen dagegen überein.

Betrachtet man die Binnenstrukturen der Wirtschaftszweige, zeigt sich, daß von einer generellen Untererfassung der Selbständigen nicht gesprochen werden kann. Die niedrigere Gesamtquote läßt sich vielmehr weitgehend durch die Untererfassung der Landwirte erklären. Der Anteil der Mithelfenden stimmt mit Ausnahme der Landwirtschaft ebenfalls gut überein. Die Tatsache, daß die Mithelfenden in der Landwirtschaft weit stärker untererfaßt sind als die Selbständigen in der Landwirtschaft, ist ein deutliches Beispiel für eine Merkmalsverzerrung. Da die mithelfenden Familienangehörigen in den Haushalten der Selbständigen leben und im Panel jeweils alle Haushaltsmitglieder erfaßt werden, muß die geringere Zahl der Mithelfenden auf einer anderen Selbsteinstufung der Befragten des Panel beruhen. Bei den Beamten läßt sich die Übererfassung eindeutig im Verkehrs- und Nachrichtenwesen sowie bei den übrigen Dienstleistungen lokalisieren. Diese Abweichungen können auch darauf beruhen, daß es in diesen Bereichen beamtenähnliche Positionen gibt, welche die Befragten zu einer Zuordnung zur 'ranghöheren' Position veranlassen.

Bereits beim Vergleich mit der Beschäftigtenstatistik fiel der höhere Anteil der Teilzeitbeschäftigten im Panel auf. In Tabelle 5 zeigt sich, daß sich dieser stärkere Nachweis von Personen mit niedrigen Arbeitszeiten und Einkommen auch bei der Gruppe der nicht versicherungspflichtigen Ar-

---

(9)   Die Sozialversicherungspflichtigkeit der Arbeitnehmer ist für den Mikrozensus durch die Frage nach der Versicherungsmitgliedschaft, für das Panel durch die Merkmale, welche die Versicherungspflicht begründen (Legaldefiniton), ermittelt worden.

beitnehmer fortsetzt. Dieser Befund spricht - wie auch die vollständige Übereinstimmung des Anteils der Versicherungspflichtigen an den Erwerbstätigen - in der Tendenz gegen die Vermutung, daß bei unseren Auswertungen die Abgrenzung zwischen VPB und Nicht-VPB falsch vorgenommen wurde. Offenbar werden geringfügige Beschäftigungsverhältnisse generell sorgfältiger erfaßt als es im MZ der Fall ist (10). Trotz der genannten Abweichungen zwischen den Angaben von MZ und Panel dürfte bei der Betrachtung der Tabelle 5 der Eindruck überwiegen, daß die Strukturen auch bei feiner Aufgliederung in einem beachtlich hohen Maße übereinstimmen.

Tabelle 5: Erwerbstätige nach Stellung im Beruf und Wirtschaftsabteilungen - Vergleich Sozio-ökonomisches Panel 1984 und Mikrozensus 1980

		N/1000	%	%	Selb-ständig	Mit-hel-fende	Beamte(1)	Nicht soz. vers.pfl. Besch.(2)	Vers. pfl. Besch.(3)
Land- und Tier-	P (4)	112	1,84	100,0	49,54	10,09	-	1,83	37,61
wirtschaft	MZ (5)	1.437	5,35	100,0	35,14	46,14	-	0,42	18,02
Energie, Wasser,	P	104	1,67	100,0	-	-	3,4	1,7	96,77
Bergbau	MZ	530	1,97	100,0	-	-	-	-	98,11
Verarb. Gewerbe	P	2.594	34,19	100,0	3,68	0,71	0,05	1,21	94,15
(ohne Bauwirt.)	MZ	9.674	36,00	100,0	4,31	0,67	0,09	0,55	94,40
Baugewerbe	P	572	8,68	100,0	8,69	0,40	-	1,41	89,49
	MZ	1.970	7,33	100,0	8,12	0,91	-	0,36	90,46
Handel	P	630	11,13	100,0	14,98	1,22	-	3,36	80,12
	MZ	3.207	11,93	100,0	14,53	2,43	-	1,90	81,04
Verkehr und	P	332	5,72	100,0	4,18	0,30	31,94	2,98	60,60
Nachrichtenüb.	MZ	1.515	5,64	100,0	5,61	0,46	27,99	0,53	65,41
Kreditinst. u.	P	194	3,78	100,0	7,93	0,44	1,76	2,64	88,11
Versich.gew.	MZ	861	3,20	100,0	5,23	-	1,74	0,93	91,64
Dienstleistungen	P	1.190	19,65	100,0	12,64	1,03	15,05	5,59	65,69
anderw. n. gen.	MZ	4.460	16,60	100,0	13,86	1,95	10,36	2,15	71,70
Org.o.Erwerbs-	P	193	3,62	100,0	2,31	-	6,02	9,72	81,94
char.,Priv.Haush.	MZ	553	2,06	100,0	1,27	-	11,57	6,51	80,29
Gebietskörp.,	P	512	9,72	100,0	0,69	-	43,91	0,51	54,72
Sozialvers.	MZ	2.666	9,92	100,0	0,26	-	42,31	0,53	56,90
Insgesamt N	P	6.433			461	50	558	165	4.629
1000	MZ	28.874			2.316	924	2.114	290	21.231
%	P		100,0	100,0	8,54	1,07	8,77	2,99	78,61
	MZ		100,0	100,0	8,62	3,44	7,87	1,08	78,99

Anmerkungen: (1) Ohne Wehr- und Zivildienstleistende, die vor der Einberufung sozialversicherungspflichtig beschäftigt waren. (2) Panel: Legaldefinition, MZ: Versicherungsmitgliedschaft. (3) Mit Wehr- und Zivildienstleistenden, die vor der Einberufung sozialversicherungspflichtig beschäftigt waren. (4) Designgewichtung. (5) Mikrozensus 1980, aus: L. Herberger u. B. Becker, WISTA 4/1983, S. 299.
Quelle: Das Sozio-ökonomische Panel, Welle 1, 1984.

(10) Für die Untererfassung von Beschäftigungsverhältnissen geringen Umfangs sprechen auch die Befunde, die Helberger und Schwarze anhand der 'Nebentätigkeitsumfrage' für 1984 ermittelt haben. Für Nebenerwerbstätigkeit ist von ihnen ein um ein Mehrfaches höherer Wert als im MZ errechnet worden (Helberger, Schwarze 1986).

4.4 Panel und VGR-Erwerbstätigenschätzung

Ein Vergleich der Erwerbstätigenzahlen nach dem VGR-Konzept und dem Panel erfolgt in Tabelle 6. Betrachtet man die Struktur der Erwerbstätigen nach der Stellung im Beruf und dem Geschlecht, zeigt sich erneut ein niedrigerer Anteil der Selbständigen, der, wie wir bereits wissen, aus der Untererfassung in der Landwirtschaft resultiert. Allerdings wird der Selbständigenanteil der Erwerbstätigenschätzung des StBA, verglichen mit den MZ-Werten von 1980 (Tabelle 6) überraschend hoch ausgewiesen. Im Vergleich zur Erwerbstätigenschätzung ist der Anteil der Beamten im Panel dagegen nicht überhöht (11). Die Tendenz zu einem höheren Anteil für die Angestellten relativ zu den Arbeitern hatte sich bereits aus dem Vergleich mit der BS ergeben.

5 Zusammenfassung

Das Sozio-ökonomische Panel steht der Wirtschafts- und Sozialwissenschaft als eine neue und reichhaltige Datenquelle zur Verfügung. Ihre künftigen Nutzer müssen daran interessiert sein, beurteilen zu können, wie zuverlässig das Panel die Struktur der Realität in der Bundesrepublik wiedergibt. Aus diesem Grunde wurde in dieser Untersuchung für einen zentralen Bereich des Erhebungsprogramms, für die Struktur der Erwerbstätigen, eine Validitätsuntersuchung durchgeführt. Diese Untersuchung zur externen Validierung der Stichprobe ergänzt die bereits vorliegenden Ergebnisse zur internen Validierung.

Bei einer Beurteilung ist zu berücksichtigen, daß das Panel als Projekt der Umfrageforschung aufgrund seines Stichprobenplans, des Panelcharakters, der Technik der Befragung des ganzen Haushalts wie auch der Inhalte des Fragenprogramms einen ungewöhnlich hohen Schwierigkeitsgrad hat. Außerdem sind das Auflösungsvermögen sowie die Absicherung gegen Zufallsfehler notwendig begrenzt, denn die Umfrage ist mit einem Stichprobenumfang von 12.000 Interviews zwar umfangreicher, als es bei wirtschafts- und sozialwissenschaftlichen Erhebungen üblich ist, ihr Stichprobenumfang beträgt gleichwohl beispielsweise nur 1/50 dessen des Mikrozensus. Die Betrachtung der Datenquellen, welche zur Information über die Erwerbstätigen der Bundesrepublik zur Verfügung stehen, zeigt, daß Aussagen über das Niveau und die sozio-ökonomische Struktur der Erwerbstätigen auch auf der Grundlage der amtlichen Statistik mit Problemen und Unsicherheiten behaftet sind.

---

(11)   Möglicherweise sind diese Differenzen davon beeinflußt, daß die Berufssoldaten und Wehr- bzw. Zivildienstleistende in der VGR-Erwerbstätigenschätzung in der Gruppe der Beamten enthalten sind und diese Gruppe gleichzeitig im Panel schwächer repräsentiert ist, da sie - wie auch die meisten Teile der Anstaltsbevölkerung - in Bevölkerungsstichproben schwer erreichbar ist.

Tabelle 6: Erwerbstätige nach Stellung im Beruf - Vergleich Sozio-ökonomisches Panel und Erwerbstätigenschätzung des Statistischen Bundesamtes

		Insges.	Männl.	Weibl.
Selbständige	MZ 1980 (1)	8,62	10,93	4,78
	VGR 1984 (2)	9,38	11,95	5,23
	Panel (3)	7,17	10,10	2,53
Mithelfende	MZ 1980	3,44	0,75	7,91
Fam.angeh.	VGR 1984	3,45	0,73	7,88
	Panel	2,45	0,48	5,57
Beamte	MZ 1980	7,87	10,05	3,94
	VGR 1984	9,49	12,17	5,13
	Panel	8,85	11,30	4,98
Angestellte	MZ 1980			
	VGR 1984	38,03	29,23	52,34
	Panel	41,19	30,26	58,46
Arbeiter	MZ 1980			
	VGR 1984	39,65	45,95	29,43
	Panel	40,31	47,84	28,42
Arbeiter u. Angestellte	MZ 1980	80,08	78,10	83,38
Insgesamt %		100,0	100,0	100,0
	MZ 1980 (1000)	26.874	16.782	10.092
	VGR 1984 (1000)	25.173	15.590	9.583
	Panel (N)	7.187	4.519	2.668

Anmerkungen: (1) Aus: L. Herberger, B. Becker: Sozialversicherungspflichtig Beschäftigte in der Beschäftigtenstatistik und im Mikrozensus, in: WISTA 4/1983, S. 298. (2) Geschätzte Jahresdurchschnittszahlen, vorläufiges Ergebnis. Aus: B. Becker: Entwicklung der Erwerbstätigkeit 1984, in: WISTA 4/1985, S. 285. (3) Das Sozio-ökonomische Panel, Welle 1, 1984. Designgewichtung.

Als die zuverlässigsten Statistiken für einen Vergleich mit dem Panel sind die Beschäftigtenstatistik, der Mikrozensus und die VGR-Erwerbstätigenschätzung herangezogen worden. Da die Repräsentativität der Originalstichprobe des Panels geprüft werden sollte, wurde die Auswertung für die nicht hochgerechneten Fallzahlen vorgenommen, die lediglich durch das vom Stichprobenplan her erforderliche Designgewicht modifiziert wurden. Zu dem Vergleich wurden Auswertungen nach zahlreichen Merkmalen in z. T. tiefer Disaggregation herangezogen.

In einigen Fällen kann die Gegenüberstellung mangels exakter Vergleichbarkeit nicht zu definitiven Ergebnissen führen. Bei einigen weiteren Merkmalen ergeben sich Abweichungen zu den Vergleichsstatistiken. Bei ihnen stellt sich die Frage, ob es sich um Stichprobenverzerrungen oder um Merkmalsverzerrungen bzw. abweichende Erhebungskonzepte für Merkmale handelt. Erstere würden bedeuten, daß die Stichprobe in ihrer Repräsentativität möglicherweise generell beeinträchtigt ist. Dies könnte aber durch eine Gewichtung ausgeglichen werden. Merkmalsverzerrungen beziehen sich nur auf das jeweilige Merkmal. Ein Ausgleich kann, wenn hierzu in der Stichprobe ausreichend Information enthalten ist, durch Umcodierung erfolgen, eventuell auch durch Nacherhebung in einer späteren Welle.

Als Stichprobenverzerrung kann die ermittelte Unterrepräsentation der Landwirte angesehen werden. Sie ist in der inzwischen erfolgten Hochrechnung des Panel korrigiert worden. Gewisse Abweichungen bei dem Merkmal 'Schulabschluß' und der Relation zwischen Arbeitern und Angestellten könnten als Indizien für eine Stichprobenverzerrung im Sinne eines Mittelstandsbias gedeutet werden, doch liegen gesicherte sozialwissenschaftliche Befunde vor, welche sie als Instrumenteneffekte erklären können. Bei einer dritten Gruppe von Merkmalen sind die Abweichungen vermutlich darauf zurückzuführen, daß sie im Panel zutreffender als in den Vergleichsstatistiken erhoben wurden, z. B. bei Teilzeiterwerbstätigen und geringfügig Beschäftigten. Für die meisten Auswertungen ergibt sich ein Grad an Übereinstimmung mit den Vergleichsstatistiken, der als hervorragend bezeichnet werden kann. Dieses Ergebnis bestätigt die Resultate, welche zur internen Validierung des Panels vorliegen.

Literaturverzeichnis

Becker, Bernd 1985: Entwicklung der Erwerbstätigkeit 1984, in: Wirtschaft und Statistik, Heft 4, S. 282 - 289.

Breidenstein, Werner 1985: Personal des öffentlichen Dienstes am 30. 6. 1984, in: Wirtschaft und Statistik, Heft 10, S. 839 - 841.

Cramer, Ulrich 1985: Probleme der Genauigkeit der Beschäftigtenstatistik, in: Allgemeines Statistisches Archiv 69, S. 57 - 68.

Galler, Heinz Peter 1987: Der Hochrechnungsansatz für die 1. Welle des Sozio-ökonomischen Panels, Dokumentation, Frankfurt.

Geis, Alfons 1984: Projekt: Sozio-ökonomisches Panel - Dokumentation zur Berufs- und Branchenvercodung, Mannheim.

Hake, Lothar 1983: Aktuelle Fragen der amtlichen Lohnstatistik, in: Allgemeines Statistisches Archiv 67, S. 286 - 298.

Hanefeld, Ute 1984: Das Sozio-ökonomische Panel - Eine Längsschnittstudie für die Bundesrepublik Deutschland, in: Vierteljahrshefte zur Wirtschaftsforschung, Heft 4, S. 391 - 406.

Heidenreich, Hans Joachim 1984: Erwerbstätigkeit im Juni 1983, Ergebnis der EG-Arbeitskräftestichprobe, in: Wirtschaft und Statistik, Heft 4, S. 304 - 309.

Helberger, Christof, Stefanie Pickard, Reinhold Thiede 1985: Nichtkonventionelle Formen der Erwerbstätigkeit als Problem des sozialen Sicherungssystems - eine theoretische und empirische Untersuchung am Beispiel der Alterssicherung in der alternativen Wirtschaft, in: Finanzarchiv 43, S. 271 - 306.

Helberger, Christof, Johannes Schwarze 1986: Umfang und Struktur der Nebenerwerbstätigkeit in der Bundesrepublik Deutschland, in: Mitteilungen aus der Arbeitsmarkt- und Berufsforschung, Heft 2, S. 271 - 286.

Helberger, Christof 1987: Die Struktur der Erwerbstätigen im Panel im Vergleich mit der amtlichen Erwerbsstatistik, Sfb 3-Arbeitspapier Nr. 224, Frankfurt-Mannheim.

Herberger, Lothar u. Mitarb. 1975: Das Gesamtsystem der Erwerbstätigkeitsstatistik, in: Wirtschaft und Statistik, Heft 6, S. 349 - 362.

Herberger, Lothar 1985: Aktualität und Genauigkeit der repräsentativen Statistik der Bevölkerung und des Erwerbslebens, in: Allgemeines Statistisches Archiv 69, Heft 1, S. 16 - 55.

Herberger, Lothar, Bernd Becker 1983: Sozialversicherungspflichtig Beschäftigte in der Beschäftigtenstatistik und im Mikrozensus, in: Wirtschaft und Statistik, Heft 4, S. 290 - 304.

Infratest Sozialforschung 1985: Das Sozio-ökonomische Panel, Welle 1, Methodenbericht zur Haupterhebung, München.

Lang, Walter 1984: Die Arbeitsmarktstatistiken der Bundesanstalt für Arbeit, in: Buttler, G. (Hrsg.): Arbeitsmarktanalyse, Sonderheft 22 zum Allgemeinen Statistischen Archiv, Göttingen, S. 40 - 52.

Mayer, Hans-Ludwig 1984: Die Erwerbsstatistik des Statistischen Bundesamtes, in: Buttler, G. (Hrsg.): Arbeitsmarktanalyse, Sonderheft 22 des Allgemeinen Statistischen Archivs, Göttingen, S. 17 - 39.

Mörtl, Heinrich 1984: Beruf und Ausbildung der Erwerbstätigen, in: Wirtschaft und Statistik, Heft 2, S. 107 - 118.

Schubnell, Hermann, Lothar Herberger 1971: Die Bevölkerung des Bundesgebiets nach den Ergebnissen der Volkszählung am 27. Mai 1970, in: Wirtschaft und Statistik, Heft 12, S. 739 - 741.

Statistisches Bundesamt: Fachserie 1, Bevölkerung und Erwerbstätigkeit; Reihe 4.1.1 Stand und Entwicklung der Erwerbstätigkeit; Reihe 4.2 Sozialversicherungspflichtige Arbeitnehmer, Stuttgart-Mainz.

dass.: Fachserie 18 Volkswirtschaftliche Gesamtrechnungen, Reihe 1, Konten und Standardtabellen, Stuttgart-Mainz.

Wollny, Hubert, Karl Schoer 1982: Entwicklung der Erwerbstätigkeit 1970-1981 - Ergebnisse einer Revision der Erwerbstätigenzahlen, in: Wirtschaft und Statistik, Heft 11, S. 769 - 781.

Zur Längsschnittgewichtung des Sozio-ökonomischen Panels

Heinz P. Galler

1 Einleitung

Die realisierte Stichprobenauswahl des Sozio-ökonomischen Panels weicht vom Idealtypus einer reinen Zufallsauswahl ab. In der ersten Erhebungswelle erfolgte zunächst eine disproportionale Auswahl der Stichprobeneinheiten in Abhängigkeit von der Nationalität des jeweiligen Haushaltsvorstandes (Hanefeld 1984). Darüber hinaus ist es zu nicht unerheblichen Ausfällen durch Verweigerungen der Beteiligung an der Erhebung gekommen. Dabei ist zu vermuten, daß in Abhängigkeit von ihren jeweiligen Merkmalen systematische Unterschiede im Antwortverhalten der Haushalte bestehen. Entsprechend sind gewisse Abweichungen der in der realisierten Stichprobe beobachtbaren Strukturen von denen der Grundgesamtheit zu erwarten. Dies dürfte sich im Zeitablauf eher noch verstärken, wenn im Zuge der Wiederholungsbefragungen zunehmend Gruppen, die eine vergleichsweise geringere Antwortbereitschaft zeigen, aus der Stichprobe herausfallen.

Bei modellbasierten Analysen von Stichprobendaten wird häufig unterstellt, die zu schätzenden Modellparameter seien unabhängig vom Auswahlverfahren. Dieses ist dann 'ignorierbar' und die Parameterschätzung kann unmittelbar bei den realisierten Beobachtungen ansetzen (Rubin 1976, 1983; Little 1982; auch DuMouchel, Duncan 1983). Insbesondere für deskriptiv orientierte Analysen gilt dies aber nicht, wenn die Auswahlchancen der Stichprobeneinheiten mit den betrachteten Merkmalen zusammenhängen. Der Auswahlmechanismus ist dann 'nicht ignorierbar' und muß bei der Analyse berücksichtigt werden. Dies kann durch eine geeignete Gewichtung der Stichprobeneinheiten geschehen, die die Auswirkungen der unterschiedlichen Auswahlchancen kompensiert.

In Längsschnitterhebungen, wie dem Sozio-ökonomischen Panel, kompliziert sich die Situation im Vergleich zu reinen Querschnitterhebungen noch dadurch, daß weitaus mehr Analysemöglichkeiten bestehen. Zum einen sind repräsentative Aussagen über zeitliche Entwicklungen beabsichtigt im Sinn einer Deskription der entsprechenden Verlaufsmuster in der Grundgesamtheit. Zusätzlich ist Repräsentativität für einzelne Querschnitte erwünscht, um Aussagen über die Struktur der Grundgesamtheit zu bestimmten Zeitpunkten ableiten zu können. Dies ist auch in Verbindung mit Verlaufsanalysen von Interesse, da so der Zusammenhang zwischen den beobachteten Verläufen und den Veränderungen in aufeinander folgenden Querschnittbeobachtungen hergestellt werden kann. All dies sollte durch die Gewichtung gewährleistet werden.

Neben diese inhaltlichen Gesichtspunkte treten dann noch methodische Anforderungen. Das Gewichtungsverfahren soll unverzerrte Schätzer liefern, die darüber hinaus möglichst effizient sein sollen. Effizienz beinhaltet zum einen die Forderung nach bei gegebener Stichprobe varianzminimalen Schätzern. Hinzu kommt das Ziel, die vorhandene Information möglichst weitgehend auszuschöpfen. Hier stellt sich bei Längsschnitterhebungen die Frage, ob und in welcher Form in Analysen Informationen über zensierte Einheiten berücksichtigt werden können. Insbesondere interessieren dabei Fälle, die erst nach dem Beginn der Erhebung in die Stichprobe gelangen. Durch den Einschluß solcher Beobachtungen kann die Effizienz von Schätzungen erhöht werden, da sie zusätzliche Informationen liefern. Andererseits gehören sie nicht zur originären Stichprobenauswahl. Ein geeignetes Gewichtungsverfahren erlaubt hier eine maximale Ausschöpfung der Stichprobeninformation.

Unterschiede im Antwortverhalten drücken sich freilich nicht nur in der Weigerung aus, sich überhaupt an der Erhebung zu beteiligen. Auch fehlende Angaben zu einzelnen Fragen stellen letztlich partielle Ausfälle dar. Streng genommen wäre daher für eine Stichprobe nicht nur eine Gewichtung erforderlich, sondern unterschiedliche Gewichtungsschemata für einzelne Merkmale bzw. Merkmalskombinationen soweit das Antwortverhalten systematisch mit diesen Merkmalen zusammenhängt. Dies würde freilich einen erheblichen Aufwand implizieren. Vereinfachend soll daher zunächst von dem Problem unvollständiger Beobachtungen, dem Item-Nonresponse bzw. den Missing Values, abgesehen und nur der Fall vollständiger Ausfälle, der Unit-Nonresponse, behandelt werden.

2 Grundlagen der Längsschnittgewichtung

Generell bietet sich für Stichprobendaten die Gewichtung anhand der inversen Auswahlwahrscheinlichkeit der einzelnen Beobachtungen nach dem Horvitz-Thompson-Schätzer an (Horvitz, Thompson 1952). Dieser Ansatz zeichnet sich durch seine Einfachheit aus und liefert zugleich zulässige Schätzer in dem Sinn, daß kein anderer Schätzer uniform bessere Eigenschaften aufweist (dazu Des Raj 1968, S. 201 ff.; Basu 1971). Die Gewichtung mit der inversen Auswahlwahrscheinlichkeit bewirkt, daß Einheiten, die mit hoher Wahrscheinlichkeit ausgewählt werden und entsprechend häufiger in der Stichprobe zu erwarten sind, ein vergleichsweise geringeres Gewicht erhalten. Umgekehrt erhalten Einheiten mit geringer Auswahlwahrscheinlichkeit ein hohes Gewicht. Soweit alle Einheiten in der Grundgesamtheit eine positive Auswahlwahrscheinlichkeit aufweisen, erhält man so unverzerrte Schätzwerte. Aussagen über Teilgruppen, die mit Sicherheit nicht ausgewählt werden, sind freilich nicht möglich.

Bei Querschnittanalysen ist für die Gewichtung von der Wahrscheinlichkeit auszugehen, daß die jeweilige Einheit aus dem betrachteten Querschnitt in der Stichprobe beobachtet wird. Bei Längsschnittdaten kann nun eine Folge solcher Querschnitte konstruiert werden. Entsprechend wäre nach der Wahrscheinlichkeit zu fragen, mit der eine Einheit zu einem bestimmten Zeitpunkt in der Erhebung erfaßt wird. Sofern sich diese Wahrscheinlichkeiten infolge des Ausscheidens von Einheiten aus der Stichprobe im Zeitablauf verändern, ergeben sich entsprechend für eine bestimmte Einheit zu verschiedenen Zeitpunkten unterschiedliche Gewichte. Dies gilt freilich nur, wenn die Einheiten in der Grundgesamtheit der Erhebung verbleiben und nicht etwa durch Tod oder Abwanderung ins Ausland daraus ausscheiden.

Der Horvitz-Thompson-Schätzer kann auf eigentliche Längsschnittanalysen übertragen werden, indem anstelle von Stichprobeneinheiten zu einem Zeitpunkt zeitliche Verläufe als Erhebungseinheit betrachtet werden. Grundgesamtheit im Sinne der klassischen Stichprobentheorie ist dann nicht mehr die Population zu einem bestimmten Zeitpunkt, sondern die Menge der zeitlichen Verläufe im betrachteten Zeitraum. Entsprechend ist nicht mehr nach der Auswahlwahrscheinlichkeit für eine Einheit zu einem bestimmten Befragungszeitpunkt zu fragen. An ihre Stelle tritt vielmehr die Wahrscheinlichkeit, das ein bestimmter zeitlicher Verlauf in der Stichprobe erhoben wird. Auf dieser Grundlage können dann Gewichte für Längsschnittanalysen ermittelt werden.

Die Auswahlwahrscheinlichkeiten für Längsschnittverläufe und die entsprechenden Querschnitte sind definitorisch verbunden. Ein Querschnitt stellt die Momentaufnahme der zeitlichen Verläufe für einen Zeitpunkt dar. Entsprechend können die Auswahlwahrscheinlichkeiten für einen Querschnitt auch als Auswahlwahrscheinlichkeit für die zeitlichen Verläufe zu diesem Zeitpunkt interpretiert werden. Dies erlaubt es, die Längsschnittgewichte auf die entsprechenden Querschnittgewichte zurückzuführen. Bei Längsschnittanalysen sind allerdings verschiedene Betrachtungsweisen möglich, die unterschiedliche Auswahlwahrscheinlichkeiten und entsprechend unterschiedliche Gewichtungen implizieren.

Zum einen kann etwa ausgehend vom Querschnitt zu einem Zeitpunkt t_1 nach dem weiteren Verlauf für diejenigen Einheiten gefragt werden, die zu Beginn des betrachteten Zeitraums in der Stichprobe enthalten sind, unabhängig davon, ob sie bis zu seinem Ende in der Stichprobe verbleiben. Hier entsprechen die Auswahlwahrscheinlichkeiten und damit die Gewichte denjenigen des Querschnitts zum Anfangszeitpunkt t_1. Allerdings können bei einem solchen Ansatz diejenigen Einheiten nicht berücksichtigt werden, die erst nach dem Zeitpunkt t_1 etwa durch Geburt oder Immigration in die Grundgesamtheit gelangen. Auch sind die Analysemöglichkeiten eingeschränkt, wenn im Untersuchungszeitraum ein nennenswerter Teil der Beobachtungen etwa durch Verweigerung aus der Stichprobe herausfällt, da für diese Gruppe keine Aussagen über die weitere Entwicklung möglich sind.

Analog kann nach der Herkunft derjenigen Einheiten gefragt werden, die das Ende des Beobachtungszeitraumes erleben, unabhängig davon, ob sie bereits zu Beginn des Zeitraumes in der Stichprobe enthalten waren. Hier wären entsprechend diejenigen Auswahlwahrscheinlichkeiten und Gewichte zugrunde zu legen, die dem Querschnitt am Ende des Beobachtungsintervalls entsprechen. Allerdings werden bei diesem Ansatz diejenigen Einheiten aus der Analyse ausgeschlossen, die vor dem Ende des Analysezeitraums aus der Erhebung ausscheiden. Die Auswahl hängt dann vom Verbleib in der Grundgesamtheit ab. Ist das 'Überleben' stochastisch abhängig von den untersuchten Merkmalen, so ist der Auswahlmechanismus in diesem Fall 'informativ' und nicht mehr ignorierbar. Dies muß durch entsprechende bedingte Auswahlwahrscheinlichkeiten berücksichtigt werden. Zusätzliche Probleme ergeben sich bei diesem Ansatz, wenn ein nennenswerter Teil der Beobachtungen erst im Laufe des Beobachtungsintervalls in die Stichprobe aufgenommen wird. Im Sozio-ökonomischen Panel sind dies neben Kindern, die das Befragungsalter erreichen, insbesondere Personen, die bei Eheschließungen oder nichtehelichen Partnerschaften von außen in die befragten Haushalte zuwandern. Für rückschauende Analysen wäre in diesen Fällen die retrospektive Erhebung der Vorgeschichte notwendig.

Alternativ kann sich die Analyse auf diejenigen Einheiten beschränken, für die Informationen über den gesamten betrachteten Zeitraum vorhanden sind. Dies dürfte bei Längsschnittanalysen der Regelfall sein. Bei der Gewichtung wäre hier entsprechend auf die Wahrscheinlichkeit abzustellen, daß für den Analysezeitraum vollständige Verläufe erhoben werden. Formal kann diese Auswahlwahrscheinlichkeit dargestellt werden als das Produkt der Wahrscheinlichkeit, zu Beginn des Analysezeitraumes zur Stichprobe zu gehören, sowie der bedingten Wahrscheinlichkeit, bis zu seinem Ende in der Stichprobe zu verbleiben.

Bei einem solchen Ansatz werden alle diejenigen Einheiten ausgeschlossen, für die im Analysezeitraum nur unvollständige Verläufe beobachtet werden, weil sie aus der Stichprobe ausgeschieden oder neu in sie gelangt sind. Es können auch Fälle auftreten, für die zwar zu Beginn und Ende des betrachteten Zeitraums Informationen vorliegen, aber dazwischen Lücken bestehen. Bei einem längeren Analysezeitraum können diese verschiedenen Formen unvollständiger Beobachtungen einen erheblichen Teil der Stichprobe ausmachen.

Durch die Beschränkung auf vollständige Verläufe wird auf Informationen verzichtet, was einen entsprechenden Effizienzverlust bewirkt. Dies kann vermieden werden, wenn der gesamte betrachtete Zeitraum in Teilintervalle zerlegt wird, für die jeweils alle verfügbaren Informationen ausgewertet werden. So würde etwa der Zeitraum (t_1, t_4) in drei Teilintervalle (t_1, t_2), (t_2, t_3) sowie (t_3, t_4) zerlegt und jeweils alle in einem Teilintervall vollständigen Verläufe würden ausgewertet. Die Auswahlwahrscheinlichkeit für jedes Teilintervall kann wieder aus der Auswahlwahrscheinlichkeit zu Beginn des Intervalls und der jeweiligen bedingten Verbleibewahrscheinlichkeit bestimmt werden.

Die Gewichtung wäre bei einem solchen Ansatz für jedes Teilintervall getrennt anhand der jeweiligen Auswahlwahrscheinlichkeiten vorzunehmen. Dies erlaubt es, auch solche unvollständigen Verläufe zu berücksichtigen, die nur in einzelnen Teilintervallen beobachtet werden. Andererseits erhalten dann aber im gesamten Zeitraum beobachtete Verläufe in einzelnen Teilintervallen ein jeweils unterschiedliches Gewicht.

3   Erhebungsdesign und Auswahlwahrscheinlichkeiten

Das Sozio-ökonomische Panel ist vom Erhebungsdesign her sowohl für personen- als auch haushaltsbezogene Analysen konzipiert (Hanefeld 1984). Für jeden in die Erhebung einbezogenen Haushalt werden neben einem Fragenprogramm zum Haushalt insgesamt auch Informationen über alle einzelnen Haushaltsmitglieder erhoben. Dabei ist es unerheblich, ob die jeweilige Person bereits in vorhergehenden Wellen zur Stichprobe gehört hat oder nicht.

Für Längsschnittanalysen hat sich allerdings ein haushaltsorientiertes Konzept als problematisch erwiesen. Während Personen im Zeitablauf 'stabile' Einheiten sind, die allenfalls durch die natürliche Sterblichkeit, Wanderungen oder Verweigerungen aus der Erhebung ausscheiden, sind Haushalte in hohen Maße variabel. Sie verändern im Zeitablauf ihre Zusammensetzung, spalten sich auf oder fusionieren mit anderen Haushalten. Versuche, Längsschnittanalysen auf der Ebene von Haushalten durchzuführen, bereiten von daher erhebliche Schwierigkeiten (McMillen, Herriot 1985). Als Alternative bietet sich an, von Personen als Analyseeinheit auszugehen, denen dann für jeden Zeitpunkt Informationen über den jeweiligen Haushalt zugeordnet werden (Watts 1985). Selbst bei einem Verzicht auf Längsschnittanalysen auf der Haushaltsebene bleiben haushaltsorientierte Analysen freilich für Querschnitte sinnvoll und möglich. Entsprechend besteht ein Bedarf für Gewichte sowohl auf der Haushalts- wie auf der Personenebene.

Die Auswahlwahrscheinlichkeiten und damit die Gewichte für Haushalte und Personen sind gemeinsam durch das Auswahlverfahren bestimmt. Die Wahrscheinlichkeit, daß eine Person als Befragter ausgewählt wird, ergibt sich zunächst unmittelbar aus der Auswahlwahrscheinlichkeit für den jeweiligen Haushalt, da alle zu einem ausgewählten Haushalt gehörenden Personen in die Erhebung einbezogen werden. Ausgewählt werden wiederum Haushalte, in denen mindestens eine Person zur sogenannten 'Stammpopulation' des Sozio-ökonomischen Panels zählt. Diese umfaßt zunächst alle in der ersten Erhebungswelle ausgewählten Personen im Alter über fünfzehn Jahre. Hinzu kommen in befragten Haushalten lebende Kinder, sobald sie das sechzehnte Lebensjahr vollendet haben sowie Personen, die aus dem Ausland in einen befragten Haushalt zuwandern. Nicht zur Stammpopulation gehören Personen, die aus anderen Haushalten in zur Stichprobe gehörende Haushalte zuwandern, also insbesondere einheiratende Ehegatten. Sie werden bei einem Ausscheiden aus dem Haushalt nicht weiterverfolgt. Das gleiche gilt für Personen, die ins Ausland abwandern. Sie scheiden aus der Stammpopulation aus.

Der Erhebungsansatz ist damit durch einen dreistufigen Auswahlprozeß gekennzeichnet. Am Anfang steht die Auswahl von 'Stammpersonen' der Erhebung. Daraus leitet sich dann die Auswahl von Haushalten ab, die ihrerseits die Auswahl der befragten Personen bestimmt. Für die Gewichtung bedeutet dies, daß zunächst für die einzelnen Personen die Wahrscheinlichkeit ermittelt werden muß, zur 'Stammbevölkerung' der Erhebung zu gehören. Aus diesen Wahrscheinlichkeiten können dann die Auswahlwahrscheinlichkeiten für die jeweiligen Haushalte sowie die Auswahlwahrscheinlichkeiten der Befragten abgeleitet werden.

Eine Einheit kann dabei auf unterschiedliche Weise ausgewählt werden, je nachdem, welche Haushaltsmitglieder der Stammpopulation zugeordnet werden. Allerdings spielt für die meisten Analysen die Zuordnung zu den Stammpersonen keine Rolle, sie ist 'nicht informativ'. In diesem Fall wäre für die Gewichtung die bezüglich des Auswahlverfahrens marginale Auswahlwahrscheinlichkeit entscheidend, unabhängig von der realisierten Zuordnung zur Stammpopulation.

Neben dem Erhebungsdesign hängt die Wahrscheinlichkeit, daß eine Einheit in der Stichprobe beobachtet wird, auch vom Antwortverhalten ab. Es ist von daher zweckmäßig, die Auswahlwahrscheinlichkeit zu einem Zeitpunkt konzeptionell in eine designbestimmte und eine verhaltensbestimmte Komponente aufzuspalten. Die Design-Komponente entspricht dabei der durch das Stichprobendesign bestimmten Wahrscheinlichkeit, daß eine Einheit bei der Stichprobenziehung ausgewählt wird. Die Verhaltenskomponente ist dann die bedingte Wahrscheinlichkeit, daß eine ausgewählte Einheit auch tatsächlich befragt werden kann, d.h. die Auskunft nicht verweigert. Beide Komponenten zusammen bestimmen die für die Gewichtung letztlich entscheidende totale Auswahlwahrscheinlichkeit. Diese Zerlegung wäre im klassischen Stichprobenmodell im Sinne einer zusätzlichen Auswahlstufe zu interpretieren, die durch die jeweiligen Antwortraten charakterisiert ist.

In einer Panelerhebung hängt die Stichprobenauswahl in einer Erhebungswelle jeweils vom Antwortverhalten in den vorangegangenen Wellen ab. Verweigern Befragte die Zusammenarbeit auf Dauer, so scheiden sie aus der Erhebung aus und können im weiteren Erhebungsverlauf nicht mehr in die Stichprobe einbezogen werden. Die Auswahlwahrscheinlichkeit zu einem bestimmten Zeitpunkt entspricht damit der Wahrscheinlichkeit zunächst ausgewählt zu werden und dann bis zum betrachteten Zeitpunkt in der Stichprobe zu verbleiben. Es liegt daher nahe, bei der Ableitung der Auswahlwahrscheinlichkeiten ein in der Zeit rekursives Schema zugrunde zu legen. Die Auswahlwahrscheinlichkeit einer Einheit zu einem Zeitpunkt ergibt sich dabei allgemein als das Produkt der Auswahlwahrscheinlichkeit zum vorhergehenden Erhebungszeitpunkt sowie einer Verbleiberate als der bedingten Wahrscheinlichkeit, auch in der folgenden Welle in der Stichprobe zu verbleiben.

Formal kann auch für die Verbleiberate eine design- und eine verhaltensbestimmte Komponente unterschieden werden. Die Designkomponente entspricht dabei für eine gegebene Einheit der durch das Erhebungsdesign bestimmten bedingten Wahrscheinlichkeit, weiterhin für die Erhebung ausgewählt zu bleiben. Die Verhaltenskomponente dagegen gibt die bedingte Wahrscheinlichkeit an, daß eine durch das Design ausgewählte Einheit sich auch tatsächlich weiterhin an der Erhebung beteiligt.

Die Wahrscheinlichkeit, eine Einheit zu einem bestimmten Zeitpunkt in der Stichprobe zu erfassen, kann damit formal als das Produkt der designbestimmten Auswahlwahrscheinlichkeit und der zugehörigen Antwortrate in der ersten Erhebungswelle, in der die Einheit beobachtet wird, sowie der design- und verhaltensbedingten Komponenten der Verbleiberate in den Folgewellen dargestellt werden. Kann man zusätzlich davon ausgehen, daß das Antwortverhalten in jeder Welle unabhängig von der Auswahlentscheidung ist, so vereinfacht sich die Rekursionsbeziehung für die Auswahlwahrscheinlichkeit weiter in eine Rekursionsbeziehung für die designbestimmte Auswahlwahrscheinlichkeit bzw. die Antwortrate. Ist $d(i,t)$ eine Indikatorvariable, die den Wert $d(i,t)=1$ annimmt, wenn die Einheit i zum Zeitpunkt t nach dem Erhebungsdesign ausgewählt wird, und sonst Null ist, und ist $r(i,t)$ eine entsprechende Indikatorvariable für die Antwortbereitschaft, so gilt für die Wahrscheinlichkeit, daß eine Einheit vom Zeitpunkt t_1 bis zum Zeitpunkt t_k in der Stichprobe beobachtet werden kann:

$$\text{Prob}\{d(i,t_k),r(i,t_k),...,d(i,t_1),r(i,t_1)\}$$

$$= \text{Prob}\{d(i,t_k),...,d(i,t_1) \mid r(i,t_{k-1}),...,r(i,t_1)\} * \text{Prob}\{r(i,t_k),...,r(i,t_1)\}$$

$$= \text{Prob}\{d(i,t_1),r(i,t_1)\} * \prod_{j=2}^{k} \text{Prob}\{d(i,t_j) \mid d(i,t_{j-1}),r(i,t_{j-1})\}$$
$$* \text{Prob}\{r(i,t_j) \mid r(i,t_{j-1}),...,r(i,t_1)\}$$

$$= \text{Prob}\{d(i,t_1),r(i,t_1)\} * \prod_{j=2}^{k} \text{Prob}\{d(i,t_j) \mid d(i,t_{j-1}),r(i,t_{j-1})\}$$

$$* \prod_{j=2}^{k} \text{Prob}\{r(i,t_j) \mid r(i,t_{j-1}),...,r(i,t_1)\}$$

Die Wahrscheinlichkeit, einen bestimmten Verlauf zu beobachten, kann unter den getroffenen Annahmen zerlegt werden in das Produkt der Wahrscheinlichkeit, das jeweilige Antwortmuster im Zeitablauf zu beobachten, und der bedingten Wahrscheinlichkeit, diesen Verlauf in der Erhebung auszuwählen, gegeben das Antwortmuster. Diese Zerlegung beruht letztlich auf der Annahme eines von der Auswahl unabhängigen Antwortverhaltens. Es wird also unterstellt, daß die nicht ausgewählten Einheiten sich in ihrem Antwortverhalten nicht systematisch von den ausgewählten Einheiten unterscheiden, sofern die relevanten Merkmale der Einheiten kontrolliert werden.

4 Die designbestimmten Auswahlwahrscheinlichkeiten

Im weiteren soll zunächst die durch das Erhebungsdesign bestimmte Komponente der Auswahlwahrscheinlichkeit betrachtet werden. Von Ausfällen durch Verweigerung usw. wird also abgesehen. Die Überlegungen beruhen im übrigen auf dem Konzept der klassischen Stichprobentheorie. Den Ausgangspunkt bildet also eine gegebene, determinierte Grundgesamtheit, aus der durch das Auswahlverfahren eine Stichprobe gebildet wird. Für Längsschnitterhebungen wie das Sozio-ökonomische Panel beinhaltet dies die Vorstellung von gegebenen zeitlichen Verläufen, die Gegenstand des Stichprobenverfahrens sind. Die Design-Komponente der Auswahlwahrscheinlichkeit entspricht dann für die erste Welle der unbedingten Wahrscheinlichkeit, daß eine Einheit bei der Stichprobenziehung ausgewählt wird. Für die Folgewellen wird dagegen die bedingte Wahrscheinlichkeit dafür betrachtet, daß eine Einheit in der Stichprobe belassen wird gegeben ihre Stichprobenzugehörigkeit in der vorangegangenen Erhebungswelle.

Die erste Welle des Sozio-ökonomischen Panels ist in ihrer Grundstruktur als mehrfach geschichtete Haushaltsstichprobe der Bevölkerung in Privathaushalten der Bundesrepublik Deutschland im Jahr 1984 sowie der Bevölkerung in Anstalten angelegt. Zwar erfolgte die Stichprobenziehung z.T. über die Auswahl von Personen, doch sind letztlich Haushalte die Auswahleinheit. Befragt werden jeweils alle im Haushalt lebenden Personen, die älter als 15 Jahre sind. Ein Haushalt wurde in der ersten Welle bereits dann als Ausfall gewertet, wenn auch nur eine zu befragende Person im Haushalt die Auskunft verweigerte (Hanefeld 1984).

Alle in der ersten Erhebungswelle befragten Personen bilden zunächst die sogenannte Stammpopulation der Panelerhebung. Damit entspricht die Wahrscheinlichkeit, in der ersten Welle als Stammperson ausgewählt zu werden, der Auswahlwahrscheinlichkeit als Befragter. Da jeweils alle zur Grundgesamtheit zählenden Personen in einem ausgewählten Haushalt befragt werden, gleicht sie außerdem gerade der Auswahlwahrscheinlichkeit des jeweiligen Haushalts. Sind $d_B(j,t)$, $d_S(j,t)$ und $d_H(i,t)$ wieder Indikatorvariable, die angeben, ob nach dem Erhebungsdesign die j-te Person als Befragter bzw. als Stammperson ausgewählt bzw. ob der i-te Haushalt in die Stichprobe einbezogen wurde, so gilt für die entsprechenden designbestimmten Auswahlwahrscheinlichkeiten, wenn $H_B(i,t_1)$ die Menge der zu befragenden Mitglieder des Haushalts i zum Zeitpunkt t_1 der ersten Welle ist:

$$\text{Prob}\{d_B(j,t_1)=1\} = \text{Prob}\{d_H(i,t_1)=1\} \text{ für alle } j \in H_B(i,t_1)$$

$$\text{Prob}\{d_S(j,t_1)=1\} = \text{Prob}\{d_H(i,t_1)=1\} \text{ für alle } j \in H_B(i,t_1)$$

Da in der ersten Welle alle in einem ausgewählten Haushalt lebenden Personen gemeinsam ausgewählt wurden, liegt eine vollständige stochastische Abhängigkeit für die Auswahl der Mitglieder jeweils eines Haushalts vor. Für die bedingte Wahrscheinlichkeit zweier Haushaltsmitglieder, ausgewählt zu werden, gilt entsprechend:

$$\text{Prob}\{d_B(j,t_1)=1 \mid d_B(k,t_1)=1\} = 1$$
$$\text{für } j, k \in H_B(i,t_1)$$
$$\text{Prob}\{d_S(j,t_1)=1 \mid d_S(k,t_1)=1\} = 1$$

Für Personen, die zum Zeitpunkt der Erhebung der ersten Welle in unterschiedlichen Haushalten lebten, hat die gemeinsame Auswahlwahrscheinlichkeit eine recht komplexe Form. Durch das geklumpte Auswahlverfahren ergeben sich stochastische Abhängigkeiten in der Auswahl der einzelnen Erhebungseinheiten, die streng genommen zu berücksichtigen wären (dazu Kirschner 1984 a,b). Andererseits sind für die Stichprobe des Sozio-ökonomischen Panels aber die Klumpen recht klein und die Abstände zwischen den einzelnen ausgewählten Haushalten vergleichsweise groß gewählt worden, so daß man näherungsweise von einer unabhängigen Auswahl ausgehen kann. Für die gemeinsame Auswahlwahrscheinlichkeit zweier Personen in verschiedenen Haushalten gilt dann näherungsweise:

$$\text{Prob}\{d_S(j,t_1)=1, d_S(k,t_1)=1\} = \text{Prob}\{d_S(j,t_1)=1\} * \text{Prob}\{d_S(k,t_1)=1\},$$

$$\text{für } j \in H_B(i_1,t_1), k \in H_B(i_2,t_1), i_1 \neq i_2$$

Das Erhebungsdesign sieht einen Verlust der Stammpersoneneigenschaft, abgesehen von Ausfällen etwa durch Verweigerung, nur für den Fall vor, daß eine Person aus der Grundgesamtheit der Erhebung ausscheidet. Dies kann durch den Tod der Person oder ihre Abwanderung ins Ausland geschehen. Da für die Gewichtung nur die Auswahlwahrscheinlichkeit gegeben die Zugehörigkeit zur Grundgesamtheit von Bedeutung ist, muß das Ausscheiden von Personen nicht weiter berücksichtigt werden. Es interessieren nur diejenigen Personen, die auch weiterhin zur Grundgesamtheit gehören. Für Befragte, die zur Menge $H_S(i,t)$ der Stammpersonen eines Haushalts gehören, gilt damit auf Grund des Erhebungsdesigns:

$$\text{Prob}\{d_S(k,t_j)=1 \mid d_S(k,t_{j-1})=1,\ r(k,t_{j-1})=1\} = 1$$

Zugänge zur Stammpopulation der Erhebung ergeben sich im Zeitablauf durch das Nachwachsen von Kindern sowie durch Zuzüge von Personen, die bislang nicht zur Grundgesamtheit gehört haben. In einem befragten Haushalt lebende Kinder werden selbst zu Stammpersonen, wenn sie das sechzehnte Lebensjahr vollendet haben und damit zum Befragtenkreis gehören. Das gleiche gilt für Zugänge von Personen, die zuvor nicht zur Grundgesamtheit gehörten. Dies sind zunächst Zuzüge aus dem Ausland. Hinzu kommen im Prinzip Personen, die aus dem nicht erfaßten Anstaltsbereich zuwandern. Allerdings kann diese Gruppe z. Z. in der Erhebung nicht identifiziert werden. Die designbestimmte Wahrscheinlichkeit, als Stammperson ausgewählt zu werden, entspricht für Zugänge wie für nachwachsende Kinder der Auswahlwahrscheinlichkeit des jeweiligen Haushalts. Wird die Person j zum Zeitpunkt t_B im Haushalt i zur Befragungsperson, so ergibt sich ihre Auswahlwahrscheinlichkeit als Stammperson zu:

$$\text{Prob}\{d_S(j,t_B)=1\} = \text{Prob}\{d_H(i,t_B)=1\} \quad \text{für } j \in H_B(i,t_B)$$

Die Auswahlwahrscheinlichkeit für einen Haushalt insgesamt ergibt sich allgemein als die Wahrscheinlichkeit, daß mindestens ein Haushaltsmitglied zur Stammbevölkerung der Erhebung gehört. Dabei müssen freilich stochastische Abhängigkeiten zwischen den einzelnen Haushaltsmitgliedern berücksichtigt werden. Soweit in einem Haushalt ausschließlich Personen leben, die bereits in der ersten Welle einen gemeinsamen Haushalt gebildet haben oder durch Geburt oder Immigration zugegangen sind, besteht eine vollstängige Abhängigkeit zwischen der Auswahl der einzelnen Haushaltsmitglieder, sieht man vom Einfluß eines unterschiedlichen Antwortverhaltens ab. Bilden dagegen im Laufe der Erhebung Personen einen Haushalt, die zur Zeit der Ersterhebung in unterschiedlichen Haushalten gelebt haben, so entfällt diese strenge Abhängigkeit. Allgemein gilt:

$$\text{Prob}\{d_H(i,t_j)=1\} = 1 - \text{Prob}\{d_s(k,t_j)=0 \text{ für alle } k\epsilon H_s(i,t_j)\}$$

Aus der Auswahlwahrscheinlichkeit der Haushalte ergibt sich unmittelbar die Wahrscheinlichkeit für die Haushaltsmitglieder, unabhängig von ihrer Stammpersoneneigenschaft als Befragungsperson ausgewählt zu werden. Da jeweils alle Haushaltsmitglieder in die Befragung einbezogen werden, unabhängig davon, ob sie Stammperson sind oder nicht, entspricht sie der Auswahlwahrscheinlichkeit des jeweiligen Haushalts. Es gilt also:

$$\text{Prob}\{d_B(j,t)=1\} = \text{Prob}\{d_H(i,t)=1\} \text{ für alle } j\epsilon H(i,t)$$

Die Auswahl der Haushaltsmitglieder als Befragungspersonen erfolgt in jeder Welle gemeinsam. Entsprechend hat die bedingte Wahrscheinlichkeit, daß eine Person ausgewählt wird, gegeben die Auswahl eines anderen Haushaltsmitglieds, den Wert Eins.

Der Zusammenhang zwischen der individuellen Auswahlwahrscheinlichkeit als Stammperson und der Auswahlwahrscheinlichkeit für den jeweiligen Haushalt wird für einige beispielhafte Fälle in Schaubild 1 deutlich. Die Individuen werden durch Linien längs der Zeitachse dargestellt, wobei durchgezogene Linien für die Stichprobe ausgewählte Einheiten repräsentieren, während unterbrochene Linien zwar zur Grundgesamtheit zählenden aber nicht ausgewählten Individuen entsprechen. Zu den Zeitpunkten $t_1, t_2, \ldots t_3$, die den einzelnen Erhebungswellen entsprechen sollen, sind die jeweils zu einem befragten Haushalt gehörenden Personen in einem Kasten zusammengefaßt. Linien, die im betrachteten Zeitraum beginnen oder enden, entsprechen Personen, die zur Grundgesamtheit hinzugekommen oder aus ihr ausgeschieden sind. Von der Altersgrenze für die Befragung wird ebenso wie von verhaltensbedingten Ausfällen vereinfachend abgesehen.

Betrachtet man die Individuen 1-3, so handelt es sich zunächst um einen Zweipersonenhaushalt, der z.B. durch die Geburt eines Kindes zum Dreipersonenhaushalt erweitert wird. Die Auswahlwahrscheinlichkeit dieses Dreipersonenhaushaltes entspricht der des ursprünglichen Zweipersonenhaushalts, da die Personen 1 und 2 gemeinsam als Stammpersonen ausgewählt wurden und die Person 3 mit einer bedingten Wahrscheinlichkeit von Eins erfaßt wird, wenn die Personen 1 und 2 in die Stichprobe gelangen.

Die Individuen 4-8 stellen einen etwas komplizierteren Verlauf dar. Ausgewählt wird zunächst ein Dreipersonenhaushalt der Individuen 4-6, von dem sich in der zweiten Welle das Individuum 6 abspaltet. Der verbleibende Haushalt mit den Individuen 4 und 5 hat in der zweiten Welle die Auswahlwahrscheinlichkeit des ursprünglichen Haushaltes, da seine Mitglieder zum Zeitpunkt t_1 einen gemeinsamen Haushalt bilden. Auch wenn In-

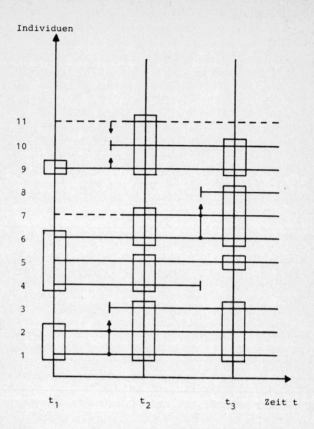

dividuum 4 durch Tod ausscheidet, bleibt die Auswahlwahrscheinlichkeit für den verbleibenden Einpersonhaushalt erhalten.

Individuum 6 bildet mit dem ursprünglich nicht in der Stichprobe enthaltenen Individuum 7 zunächst einen Zweipersonenhaushalt, der dann durch die Geburt eines Kindes zum Dreipersonenhaushalt erweitert wird. Da Individuum 6 in der Ausgangsstichprobe enthalten ist, wird der gesamte Dreipersonenhaushalt in die Erhebung einbezogen. Die Auswahlwahrscheinlichkeit für den Zweipersonenhaushalt der Individuen 6 und 7 in der zweiten Welle ergibt sich aus den Auswahlwahrscheinlichkeiten beider Personen. Durch die Erweiterung zum Dreipersonenhaushalt wird diese Auswahlwahrscheinlichkeit nicht verändert, da der Einschluß des Kindes in die Stichprobe vollständig durch die Auswahl der Eltern bedingt ist.

Die Individuen 9-11 repräsentieren einen Fall, in dem zunächst nur eine Einzelperson in der Stichprobe enthalten ist. Durch den Zuzug eines Ehegatten und die Geburt eines Kindes wird dieser Haushalt dann zum Dreipersonenhaushalt erweitert, um in der nächsten Welle durch Abtrennen des Ehegatten zum Zweipersonenhaushalt zu werden. Die Auswahlwahrscheinlichkeit für den Dreipersonenhaushalt ergibt sich aus den Auswahlwahrscheinlichkeiten der Individuen 9 und 11. Die Auswahlwahrscheinlichkeit des Kindes 10 leitet sich aus den Auswahlwahrscheinlichkeiten beider Elternteile ab. Das Kind trägt nicht zur Auswahlwahrscheinlichkeit des Haushalts in Welle 2 bei, da seine Auswahl vollständig stochastisch abhängig von der der beiden Elternteile ist.

Dies gilt nicht generell für den Zweipersonenhaushalt in Welle 3. Hier muß in der Auswahlwahrscheinlichkeit des Haushalts die Chance berücksichtigt werden, daß zunächst die Person 11 und in der Folge das Kind 10 und mit ihm der Zweipersonenhaushalt in der Welle 3 ausgewählt werden. Dieser Fall kann beim Design des Sozio-ökonomischen Panels dann eintreten, wenn das Kind zum Zeitpunkt der Trennung der Eltern bereits über 15 Jahre alt und Befragungsperson geworden ist. In diesem Fall würde das Kind unabhängig von seinen Eltern weiterverfolgt. Der Zweipersonenhaushalt hat dann eine höhere Auswahlwahrscheinlichkeit als der Einpersonenhaushalt der Person 9 in Welle 1, da er auch in die Stichprobe einbezogen würde, wenn nicht Person 9, sondern Person 11 in der Ausgangsstichprobe enthalten gewesen wäre. Ist dagegen das Kind zum Zeitpunkt der Trennung noch jünger als 16 Jahre, so wäre es nicht weiterverfolgt worden. In diesem Fall entspricht die Auswahlwahrscheinlichkeit des Zweipersonenhaushalts in Periode 3 gerade der Auswahlwahrscheinlichkeit der Person 9.

Diese Beispiele zeigen, daß sich bei haushaltsweiser Betrachtung die Auswahlwahrscheinlichkeiten im Zeitablauf mit variierender Zusammensetzung des Haushalts ändern. Sie leiten sich jeweils aus der auf der Personenebene definierten Wahrscheinlichkeit der Auswahl als Stammperson für die einzelnen Haushaltsmitglieder ab. Eine Fortschreibung der Auswahlwahrscheinlichkeiten und darauf aufbauend der Gewichte muß entsprechend zunächst auf der Personenebene ansetzen. Da bei der Berechnung der haushaltsbezogenen Auswahlwahrscheinlichkeiten auch stochastische Abhängigkeiten in der Auswahl der einzelnen Haushaltsmitglieder berücksichtigt werden müssen, impliziert dies prinzipiell die Notwendigkeit, den gesamten stochastischen Zusammenhang fortzuschreiben.

5   Die Modellierung des Antwortverhaltens

Neben ihrer designbestimmten Komponente ist die Wahrscheinlichkeit, daß eine Einheit in der Stichprobe beobachtet werden kann, noch durch das Antwortverhalten bestimmt. So ist es in der ersten Welle des Sozio-ökonomischen Panels zu erheblichen Ausfällen u. a. durch Verweigerungen in Höhe von etwa 40% der Bruttostichprobe gekommen (Hanefeld 1984). Wie die Erfahrung zeigt, treten aber auch in den Folgeerhebungen Ausfälle etwa durch Verweigerung oder durch eine erfolglose Weiterverfolgung von Befragten auf. Zwar verringert sich der Umfang der Ausfälle im Erhebungsablauf, doch muß im allgemeinen von einer selektiven Wirkung auf die Auswahlchancen ausgegangen werden. Die Abhängigkeit der Auswahl vom Antwortverhalten kann formal durch die bedingte Wahrscheinlichkeit beschrieben werden, daß für eine nach dem Erhebungsdesign ausgewählte Einheit auch tatsächlich die gewünschten Informationen erhoben werden können.

Während die Designkomponente der Auswahlwahrscheinlichkeit vergleichsweise genau abgeleitet werden kann, bereitet die Ermittlung spezifischer Antwortraten Probleme. Erforderlich sind hierzu Informationen über die Mechanismen, die zum Ausfall einer Einheit führen. Dabei sind Interviewereinflüsse bedeutsam wie auch Merkmale des Befragten oder die Bedingungen, unter denen ein Kontakt erfolgt (Esser 1986). Generell spielen eine Fülle von Faktoren eine Rolle, die in komplexer Weise interagieren. Der Versuch, a-priori allgemeine Aussagen über spezifische Antwortwahrscheinlichkeiten abzuleiten, ist von daher wenig aussichtsreich. Was bleibt, ist der Versuch, im Rahmen des jeweils Möglichen anhand des konkreten Datenmaterials mehr oder weniger differenzierte Schätzungen vorzunehmen. Im weiteren sollen daher eher methodische Probleme behandelt werden, die sich aus der Behandlung von Ausfällen im Rahmen des Erhebungsdesigns ergeben.

Bezüglich des Antwortverhaltens besteht im Design des Sozio-ökonomischen Panels ein bedeutsamer Unterschied zwischen der ersten und den darauf folgenden Wellen. Während in der ersten Welle ein Haushalt bereits dann als Ausfall gewertet wurde, wenn auch nur eine im Haushalt zu befragende Person die Zusammenarbeit auf Dauer verweigerte, wird in den folgenden Wellen weniger restriktiv vorgegangen. Solange nur einzelne Haushaltsmitglieder die Antwort verweigern, verbleibt der Haushalt in der Erhebung. Auch wird zwischen dauerhaften und temporären Verweigerungen unterschieden. Während im ersten Fall die Befragten auf Dauer aus der Erhebung herausfallen, wird bei der zweiten Gruppe in späteren Wellen wieder der Versuch einer Befragung unternommen. Temporäre Verweigerungen ähneln damit Fällen mit fehlenden Angaben und können wie diese behandelt werden. Sie sollen im weiteren nicht berücksichtigt werden.

Aufgrund des Erhebungsdesigns treten Ausfälle in der ersten Welle auf der Haushaltsebene auf. Das Ausfallen der einzelnen Haushaltsmitglieder ist damit vollständig stochastisch abhängig. Das individuelle Ausfallrisiko der Haushaltsmitglieder entspricht dem des gesamten Haushalts. Bei der Ermittlung der Auswahlwahrscheinlichkeiten in der ersten Welle kann daher auf die explizite Berücksichtigung der individuellen Antwortbereitschaft der einzelnen Haushaltsmitglieder verzichtet werden. Es genügt, eine gemeinsame Antwortrate für alle Haushaltsmitglieder zu schätzen. Aus einem solchen Ansatz erhält man einen Schätzwert $v_H(i,t_1)$ für die bedingte Wahrscheinlichkeit, daß in einem in der ersten Welle t_1 ausgewählten Haushalt i sich alle Haushaltsmitglieder an der Erhebung beteiligen. Ist $H_B(i,t)$ die Menge der im i-ten Haushalt zum Zeitpunkt t zu befragenden Personen und $r(j,t)$ die Indikatorvariable für das Antwortverhalten für die Person j, so gilt:

$$v_H(i,t_1) = \text{Prob}\{r(j,t_1)=1 \text{ für alle } j \in H_B(i,t) \mid d_H(i,t_1)=1\}$$

Die individuelle Antwortrate der Haushaltsmitglieder entspricht wegen der vollständigen Abhängigkeit in der Auswahl der ersten Welle der bedingten Verbleiberate für den Haushalt gegeben seine Auswahl im Rahmen des Erhebungsdesigns.

In den folgenden Wellen wird ein Haushalt nur dann als Ausfall gewertet, wenn alle zur Stammbevölkerung gehörenden Haushaltsmitglieder die Auskunft verweigern. Soweit Unterschiede im individuellen Antwortverhalten bestehen, impliziert dies für die einzelnen Haushaltsmitglieder unterschiedliche Auswahlwahrscheinlichkeiten als Befragter und entsprechend unterschiedliche Gewichte. In der Folge müssen beginnend mit der zweiten Welle auch die individuellen Antwortraten geschätzt werden. Formal kann dabei das Antwortverhalten der Mitglieder eines Haushalts durch die gemeinsame Verteilung der Indikatorvariablen $r(j,t)$ beschrieben werden. Sie ist bedingt durch für das Antwortverhalten relevante Variable wie die Merkmale des Haushalts und der einzelnen Haushaltsmitglieder. Daneben spielt vermutlich auch die 'Befragungsbiographie' des Haushalts eine Rolle. Zu denken ist hier insbesondere an die Zahl der Erhebungen, an denen die einzelnen Haushaltsmitglieder bereits teilgenommen haben.

Das Merkmal 'Stammperson' wird einer Person nur im Erhebungsdesign zugeordnet, spielt aber für die Befragung selbst keine Rolle. Von daher ist die Unabhängigkeit des Antwortverhaltens von der Zuordnung zur Stammpopulation der Erhebung zu vermuten, vorausgesetzt alle übrigen relevanten Einflüsse werden kontrolliert. Faßt man im Term $x(t)$ alle für das Antwortverhalten relevanten bedingenden Variablen einschließlich des Antwortverhaltens in der Vergangenheit zusammen, so gilt dann für die bedingte Wahrscheinlichkeit, daß eine zur Befragung ausgewählte Person auch antwortet:

$$\text{Prob}\{r(i,t)=1 \mid d_B(i,t)=1, d_S(i,t)=1, x(t)\} = \text{Prob}\{r(i,t)=1 \mid d_B(i,t)=1, x(t)\}$$

Verweigert eine Person dauerhaft die Antwort, so wird sie in den weiteren Erhebungswellen nicht mehr befragt. Dies kann berücksichtigt werden, indem für diese Fälle die bedingte Wahrscheinlichkeit, auch weiterhin die Antwort zu verweigern mit $\text{Prob}\{r(i,t)=0 \mid r(i,t-1)=0\}=1$ angenommen wird. Es

309

wird also unterstellt, daß 'harte' Verweigerungen von den Befragten nicht mehr 'zurückgenommen' werden. Ob diese Annahme sinnvoll ist, muß freilich anhand des Datenmaterials geprüft werden.

Da im allgemeinen stochastische Abhängigkeiten im Antwortverhalten der Haushaltsmitglieder bestehen, wird in der Regel eine simultane Modellierung aller Mitglieder eines Haushaltes notwendig. Hierfür bietet sich als formaler Rahmen ein log-lineares Modell an. In einem solchen Ansatz können prinzipiell anhand entsprechender Interaktionsterme die Abhängigkeiten im Verhalten der einzelnen Haushaltsmitglieder ebenso modelliert werden wie der Einfluß bedingender Variabler, soweit sie diskreter Art sind. Faßt man die individuellen Antwortindikatoren zum Vektor $r(t)$ zusammen, ist $y(t)$ ein Vektor von Dummy-Variablen für die Ausprägungen aller relevanten bedingenden Variablen und umfasst der Vektor $\beta_i(t)$ die für das jeweilige Antwortmuster $r_i(t)$ relevanten Parameter des Zusammenhangs, so erhält man aus einem log-linearen Modell für die gemeinsame Verteilung aller Variablen ein Logit-Modell für die bedingte Antwortrate:

$$\text{Prob}\{r_i(t) \mid y(t)\} = \frac{\exp\{\beta_i(t)'y(t)\}}{\sum_j \exp\{\beta_j(t)'y(t)\}}$$

Die Parameter $\beta_j(t)$ eines solchen Modells können prinzipiell für die auf die erste folgenden Wellen anhand des Datenmaterials der Panelerhebung geschätzt werden. Alternativ könnte man auch von einem multivariaten log-linearen Modell ausgehen, wie es von Nerlove und Press (1973) formuliert worden ist. Für die einzelnen Einheiten wird jeweils das Antwortverhalten beobachtet. Aus den vorangehenden Erhebungen sind die als erklärende Variable dienenden Merkmale der Einheit bekannt. Damit stehen alle für eine Modellierung des Antwortverhaltens erforderlichen Informationen zur Verfügung. Unabhängig vom gewählten Ansatz kann anhand eines solchen Modells zunächst die Wahrscheinlichkeit geschätzt werden, in einem Haushalt ein bestimmtes Antwortmuster zu beobachten. Darüber hinaus können prinzipiell auch marginale oder konditionale Antwortraten für einzelne Haushaltsmitglieder angegeben werden.

Für die praktische Arbeit sind unter Umständen gewisse Vereinfachungen möglich. So könnte es etwa sinnvoll sein, innerhalb eines Haushalts eine hierarchische Abhängigkeitsstruktur derart anzunehmen, daß das Verhalten von Personen auf einer Ebene jeweils nur vom Verhalten der Personen auf vorgelagerten Ebenen abhängig ist. Die gemeinsame Verteilung der Antwortindikatoren kann in diesem Fall rekursiv als Produkt der entsprechenden bedingten Antwortraten der Personen auf den einzelnen Ebenen der hierarchischen Struktur dargestellt werden. Die Parameterschätzung könnte in diesem Fall auf der Basis der Einzeldaten der Haushaltsmitglieder unter Berücksichtigung der Stellung im Haushalt als erklärender Variablen erfolgen. Eine noch weitergehende Vereinfachung wird möglich, wenn sich empirisch eine hohe Abhängigkeit im Antwortverhalten der einzelnen Haushaltsmitglieder zeigt. In diesem Fall könnte analog zum Vorgehen für die erste Welle unterstellt werden, daß die Mitglieder eines Haushalts entweder geschlossen antworten oder aber insgesamt verweigern. Bei einer solchen vollständigen Abhängigkeit im Antwortverhalten kann wieder auf die Modellierung der individuellen Antwortbereitschaft verzichtet werden und unmittelbar ein Ansatz für die gemeinsame Antwortrate auf der Haushaltsebene formuliert werden. Die marginalen Antwortraten für die einzelnen Haushaltsmitglieder entsprechen dann gerade der Verbleiberate für den gesamten Haushalt. Welcher Ansatz im einzelnen sinnvoll ist, kann freilich erst anhand des empirischen Materials entschieden werden.

6   Die Fortschreibung der Auswahlwahrscheinlichkeiten

Für die erste Erhebungswelle des Sozio-ökonomischen Panels können die designbestimmten Auswahlwahrscheinlichkeiten prinzipiell unmittelbar aus dem Stichprobenplan abgeleitet werden. Zwar sind gewisse Vereinfachungen notwendig, da z.T. die über die Grundgesamtheit verfügbaren Informationen unzureichend sind, doch ergeben sich hier keine grundsätzlichen Schwierigkeiten. Dies gilt nicht im selben Umfang für die bedingten Antwortraten der Haushalte in der ersten Erhebungswelle. Über die durch Verweigerung ausgefallenen Haushalte sind nur unvollständige Informationen verfügbar. Für einen nennenswerten Teil fehlen praktisch alle für die Analyse des Antwortverhaltens wichtigen Strukturmerkmale. Damit ist es kaum möglich, aus der Stichprobe selbst spezifische Antwortraten in Abhängigkeit von den jeweiligen Merkmalen zu schätzen. Allerdings stehen exogene Zusatzinformationen etwa in Form von Randverteilungen für einzelne Merkmale zur Verfügung, die es erlauben, im Zuge einer Anpassung der Stichprobe implizit auch spezifische Antwortraten zu schätzen. Dies kann im einfachsten Fall in Form einer Poststratifizierung geschehen. Daneben sind auch aufwendigere Anpassungsverfahren möglich, wie ein Raking der Stichprobe (Oh, Scheuren 1983).

Für die Folgewellen ist die Situation insgesamt günstiger. Die designbestimmte Komponente der Verbleiberate ist durch das Weiterverfolgungsverfahren bestimmt und kann genau ermittelt werden. Da für Personen, die erst ab der zweiten Welle die Auskunft verweigern, aus den vorangegangenen Wellen eine Fülle von Merkmalen bekannt ist, besteht auch die Möglichkeit einer vergleichsweise differenzierten Analyse des Antwortverhaltens. Anhand des Datenmaterials der Stichprobe können unmittelbar spezifische Antwortraten in Abhängigkeit von den jeweiligen Merkmalen der Befragten geschätzt werden. Beide Informationen zusammen können dann benutzt werden, um die Auswahlwahrscheinlichkeiten und damit auch die Gewichte für die in der Stichprobe beobachteten Einheiten fortzuschreiben. Eine gewisse Komplikation ergibt sich dabei allerdings durch die Notwendigkeit, die stochastischen Abhängigkeiten in der Auswahl verschiedener Personen zu berücksichtigen. Weiterhin muß auch die Auswahlwahrschein-

311

lichkeit für solche Personen ermittelt werden, die erst nach der ersten Welle in die Erhebung gelangen und für die die jeweilige Biographie bis zu diesem Zeitpunkt nur unvollständig bekannt ist.

Die Grundlage für die Fortschreibung der Auswahlwahrscheinlichkeiten in den auf die erste folgenden Erhebungswellen bildet die gemeinsame Verteilung der Indikatoren für die Auswahl als Stammperson sowie die Antwortindikatoren für die jeweils vorangegangene Welle. Daraus kann zunächst anhand der designbestimmten Verbleiberate die gemeinsame Verteilung der Auswahlindikatoren als Stammperson für die jeweils laufende Welle abgeleitet werden. Faßt man für einen Haushalt i die Indikatoren jeweils zu den Vektoren $d_S(i,t)$ und $r(i,t)$ zusammen, so gilt:

$$\text{Prob}\{d_S(i,t_k),...,d_S(i,t_1) \mid r(i,t_{k-1}),...,r(i,t_1)\}$$

$$= \text{Prob}\{d_S(i,t_k) \mid d_S(i,t_{k-1}),r(i,t_{k-1})\}$$

$$* \text{Prob}\{d_S(i,t_{k-1}),...,d_S(i,t_1) \mid r(i,t_{k-1}),...,r(i,t_1)\}$$
mit

$$\text{Prob}\{d_S(i,t_j) \mid d_S(i,t_{j-1}),r(i,t_{j-1})\}$$

$$= \left[\begin{array}{l} 1 \text{ für } d_S(i,t_j) = d_S(i,t_{j-1}) \times r(i,t_{j-1}) \text{ (elementweise)} \\ \\ 0 \text{ sonst} \end{array} \right.$$

Bei gegebenem Antwortmuster bleiben gerade diejenigen Personen Stammperson, die es bereits vorher waren und die Befragung nicht verweigert haben. Die gemeinsame Verteilung der Auswahlindikatoren kann damit unmittelbar von einer Welle zur nächsten fortgeschrieben werden. Dies gilt nicht nur für Haushalte, die sich in ihrer personellen Zusammensetzung nicht verändert haben, sondern auch für Personen, die aus anderen Haushalten zugezogen sind. Geht man von der Annahme stochastischer Unabhängigkeit zwischen den Haushalten aus, so ergibt sich die gemeinsame Verteilung der Indikatorvariablen mehrerer Haushalte als Produkt der Verteilungen für die einzelnen Haushalte. Diese gemeinsame Verteilung bildet dann die Basis für die Fortschreibung der gemeinsamen Auswahlwahrscheinlichkeiten in der folgenden Erhebungswelle. Alternativ kann auch die gemeinsame Verteilung der Auswahlindikatoren für einen neugebildeten Haushalt als Produkt der gemeinsamen Auswahlwahrscheinlichkeiten der Personengruppen dargestellt werden, die jeweils gemeinsam aus einem Herkunftshaushalt in diesen Haushalt zugezogen sind.

Freilich ergeben sich hier in der Praxis Probleme, da solche Personen, überwiegend einheiratende Ehegatten oder Lebenspartner von Befragten, zuvor zwar zur Grundgesamtheit gehörten, aber nicht beobachtet worden sind. Für sie müßte die Auswahlwahrscheinlichkeit auch in Abhängigkeit von den übrigen Mitglieder ihres bisherigen Haushalts ermittelt werden. Dies bereitet aber erhebliche Schwierigkeiten, da hierzu eine Fülle von Informationen über ihren bisherigen Lebensweg erhoben werden müßten, was vermutlich das Verweigerungsrisiko wesentlich erhöhen würde. Daher wird auf eine solche weitgehende Nacherhebung verzichtet.

Eine erste Vereinfachung stellt hier die Annahme stochastischer Unabhängigkeit der Auswahl dieser Personen von der Auswahl der bisher beobachteten Personen dar, gegeben ihre jeweiligen Merkmale. In anderen Panelstudien, wie der amerikanischen Panel Study of Income Dynamics (PSID), wird zusätzlich angenommen, daß Neuzugänge, im wesentlichen einheiratende Ehegatten, die gleiche Auswahlwahrscheinlichkeit besitzen, wie der Haushalt bzw. der Ehegatte, zu dem sie stoßen. Geht man davon aus, daß sich Neuzugänge in ihren Auswahlwahrscheinlichkeiten nicht systematisch von den bereits in der Stichprobe beobachteten Personen unterscheiden, wenn man die relevanten Merkmale kontrolliert, so bietet sich alternativ an, die spezifischen Auswahlwahrscheinlichkeiten für diese Gruppe auf der Basis der für ähnliche Personen berechneten Auswahlwahrscheinlichkeiten zu schätzen.

Formal bedeutet ein solcher Ansatz, daß anstelle der gemeinsamen Wahrscheinlichkeit der Indikatorvariablen für den gesamten bisherigen Lebensverlauf dieser Personen die marginale Wahrscheinlichkeit, gegeben die beobachteten Merkmale, eingesetzt wird. Die unbekannten Parameter der Verteilung werden 'herausintegriert'. Geht man davon aus, daß der Zugang zur Stichprobe, gegeben die beobachteten Merkmale, nicht informativ bezüglich der Auswahlwahrscheinlichkeit ist, so kann aus der beobachteten Stichprobe der bezüglich der unbeobachteten Merkmale des bisherigen Lebensverlaufs bedingte Erwartungswert der Auswahlwahrscheinlichkeit geschätzt werden.

Anhand der fortgeschriebenen Wahrscheinlichkeitsverteilung der Auswahlindikatoren als Stammperson kann nun im nächsten Schritt die Wahrscheinlichkeit ermittelt werden, daß ein Haushalt in der jeweiligen Erhebungswelle zur Befragung ausgewählt wird. Sie ergibt sich allgemein als die Wahrscheinlichkeit, daß mindestens eine Person im Haushalt zur Stammpopulation gehört. Sie kann aus der gemeinsamen Wahrscheinlichkeitsverteilung der Auswahlindikatoren unmittelbar als Komplement der Wahrscheinlichkeit dafür berechnet werden, daß sich in der betrachteten Erhebungswelle keine Stammpersonen im Haushalt befinden.

Personen, die in der laufenden Welle neu zur Grundgesamtheit zugehen, werden zu Stammpersonen der Erhebung, sofern sie in einem befragten Haushalt leben. Es handelt sich dabei um Kinder, die das Befragungsalter erreicht haben, sowie um Zuzüge aus dem Ausland. Für sie entspricht damit die Auswahlwahrscheinlichkeit als Stammperson der Wahrscheinlichkeit, daß der jeweilige Haushalt befragt wird. Der stochastische Zusammenhang zwischen der Auswahl 'alter' Stammpersonen und der Auswahl von Neuzugängen kann in Abhängigkeit von der Haushaltszusammensetzung recht komplexe Formen annehmen.

Die bedingte Wahrscheinlichkeit, daß in einem zur Befragung ausgewählten Haushalt ein bestimmtes Antwortmuster beobachtet wird, kann aus dem Datenmaterial mit Hilfe eines geeigneten Modellansatzes geschätzt werden. Ist annahmegemäß das Antwortverhalten stochastisch unabhängig von der Auswahl als Stammperson, kann dann im nächsten Schritt die gemeinsame Wahrscheinlichkeit für das beobachtete Antwortmuster und die Zuordnung zu den Stammpersonen als Produkt der jeweiligen Wahrscheinlichkeiten bestimmt werden. Sie bildet den Ausgangspunkt für die Fortschreibung der Auswahlwahrscheinlichkeiten in der folgenden Erhebungswelle.

Eine wesentliche Vereinfachung des Fortschreibungsansatzes ergibt sich, wenn von einer vollständigen Abhängigkeit im Antwortverhalten der Mitglieder eines Haushalts derart ausgegangen werden kann, daß entweder alle Haushaltsmitglieder antworten oder aber der gesamte Haushalt ausfällt. In diesem Fall reduziert sich die Zahl der möglichen Antwortmuster auf zwei Ausprägungen. Entsprechend vereinfacht sich die Fortschreibung der Auswahlwahrscheinlichkeiten. Die marginale Antwortrate der einzelnen Haushaltsmitglieder entspricht der Verbleiberate für den gesamten Haushalt. Dies vereinfacht die Berechnung der bei der Betrachtung von Personen relevanten individuellen Auswahlwahrscheinlichkeiten.

Eine solche Vereinfachung erscheint selbst dann möglich, wenn partielle Ausfälle durch die Antwortverweigerung durch einzelne Haushaltsmitglieder auftreten, dies aber vergleichsweise selten geschieht. Solche partiellen Ausfälle können analog zu temporären Ausfällen als Grenzfälle des Item-Nonresponse behandelt werden. Solange der jeweilige Haushalt nicht vollständig ausgefallen ist, würde man also solche Personen formal in der Stichprobe belassen, ihre Merkmale aber als fehlend markieren. Dies führt zwar zu zusätzlichen Problemen durch fehlende Angaben. Solange aber die Zahl solcher Fälle vergleichsweise klein ist, scheint dies tolerabel. Abgesehen von der Vereinfachung der Fortschreibung der Auswahlwahrscheinlichkeiten hat ein solcher Ansatz auch den Vorteil, daß alle Mitglieder eines Haushalts jeweils die gleiche Auswahlwahrscheinlichkeit und damit auch das gleiche Gewicht zugeordnet erhalten. Damit können Konsistenzprobleme bei Analysen auf der Ebene von Personen bzw. von Haushalten und Familien vermieden werden.

Allerdings können solche Vereinfachungen eventuell zu gewissen Verzerrungen in den fortgeschriebenen Gewichten führen. Dies erscheint aber tolerierbar wenn man bedenkt, daß auch bei der Modellierung des Antwortverhaltens von Hypothesen über die relevanten Abhängigkeiten ausgegangen werden muß, die den wahren Zusammenhang allenfalls unvollkommen beschreiben. Von daher sind gewisse Fehler in den Gewichten kaum zu vermeiden. Sie können kontrolliert werden, indem man die in der Panelerhebung für einzelne Jahre anhand der fortgeschriebenen Gewichtung ermittelten Strukturen mit externen Statistiken, etwa auf der Grundlage des Mikrozensus, vergleicht. Eventuelle Abweichungen erlauben dann Rückschlüsse auf die Qualität der Gewichtung.

Aber auch eine sorgfältige Kontrolle des Gewichtungsansatzes kann kein für alle möglichen Analysen optimales Gewichtungsverfahren garantieren. In jedem Fall sind eine Reihe von Annahmen erforderlich, die nicht für alle Fragestellungen angemessen sein mögen. Dies gilt insbesondere für die Auswahl der Merkmale, die zur Schätzung der Antwortraten benutzt werden. Dies impliziert, daß bei allen Analysen zunächst geprüft werden sollte, ob eine Gewichtung überhaupt erforderlich ist. Gegebenenfalls stellt sich dann die Frage, ob das gewählte Gewichtungsschema angemessen ist oder ob noch über die bei der Gewichtung berücksichtigten Faktoren hinaus weitere Zusammenhänge zwischen dem Antwortverhalten und dem Analysegegenstand bestehen. In diesem Fall muß eventuell die Gewichtung angepaßt werden.

7   Zusammenfassung

Auch wenn man die Einschränkungen berücksichtigt, denen eine Gewichtung unterliegt, so bietet ein solcher Ansatz doch die Möglichkeit, auf einfache Weise die gerade in Panelerhebungen wie dem Sozio-ökonomischen Panel auftretenden systematischen Ausfälle von Beobachtungen bei der Analyse zu berücksichtigen. Die Gewichtung von Längsschnittdaten kann dabei konzeptionell auf eine Folge von Querschnittgewichten zurückgeführt werden, die im Zeitablauf rekursiv voneinander abhängen. Dies bietet zugleich die Möglichkeit, die Gewichte im Zeitablauf anhand spezifischer Verbleibewahrscheinlichkeiten fortzuschreiben.

Während bei einem solchen Ansatz der Einfluß des Erhebungsdesigns auf die Auswahlwahrscheinlichkeiten und damit die Gewichte im wesentlichen exakt angegeben werden kann, bereitet die Berücksichtigung des Antwortverhaltens gewisse Schwierigkeiten, da es sich der direkten Kontrolle entzieht. Im Vergleich zu Querschnitterhebungen bietet hier der Panelansatz erhebliche Vorteile, da ab der zweiten Erhebungswelle eine Fülle von Informationen über die ausgefallenen Einheiten zur Verfügung steht. Dies erlaubt eine detaillierte Analyse des Antwortverhaltens und eine entsprechend differenzierte Fortschreibung des Gewichtungsschemas.

Literaturverzeichnis

Basu, Dev 1971: An Essay on the Logical Foundations of Survey Sampling - Part One, in: Godambe, V., D. Sprott (Hrsg.): Foundations of Statistical Inference, Toronto, S. 203-242.

Cochran, William G. 1977: Sampling Techniques, 3. Aufl., New York.

DuMouchel, William H., Greg J. Duncan 1983: Using Sample Survey Weights in Multiple Regression Analyses of Stratified Samples, in: Journal of the American Statistical Association, Bd. 78, S. 535-543.

Des Raj 1968: Sampling Theory, New York.

Esser, Hartmut 1986: Über die Teilnahme an Befragungen, in: ZUMA-Nachrichten 18, S. 38-47.

Hanefeld, Ute 1984: Das Sozio-ökonomische Panel - Eine Längsschnittstudie für die Bundesrepublik Deutschland, in: Vierteljahrshefte zur Wirtschaftsforschung, Heft 4, S. 391-406.

Horvitz, Daniel G., Donovan J. Thompson 1952: A generalization of sampling without replacement from a finite universe, in: Journal of the American Statistical Association, Bd. 47, S. 663-685.

Kasprzyk, Daniel, Delma Frankel (Hrsg.) 1985: Survey of Income and Program Participation and Related Longitudinal Surveys: 1984, U.S. Bureau of the Census, Washington.

Kirschner, Hans Peter 1984a: Zu Stichprobenfehlerberechnungen im Rahmen des ADM-Stichprobenplans, in: ZUMA-Nachrichten Nr.15, S. 40-71.

ders. 1984b: ALLBUS 1980: Stichprobenplan und Gewichtung, in: Mayer, Karl U., Peter Schmidt (Hrsg.): Allgemeine Bevölkerungsumfrage der Sozialwissenschaften - Beiträge zu methodischen Problemen des ALLBUS 1980, Frankfurt, S. 114-182.

Little, Roderick J.A. 1982: Models for Nonresponse in Sample Surveys, in: Journal of the American Statistical Association, Bd. 77, S. 237-250.

ders. 1985: Nonresponse Adjustment in Longitudinal Surveys: Models for Categorical Data, in: Proceedings of the International Statistical Institute, Amsterdam.

McMillen, David B., Roger A. Herriot 1985: Toward a Longitudinal Definition of Households, in: Kasprzyk, Daniel, Delma Frankel (Hrsg.): Survey of Income and Program Participation and Related Longitudinal Surveys: 1984, U.S. Bureau of the Census, Washington, S. 49-54.

Nerlove, Marc, James Press 1973: Univariate and Multivariate Log-Linear and Logistic Models, Rand Corporation, Santa Monica.

Oh, H.Lock, Frederick J. Scheuren 1983: Weighting Adjustment for Unit Nonresponse, in: Madow, William G. u.a. (Hrsg.): Incomplete Data in Sample Surveys, Bd. 2, New York, S. 143-184.

Rubin, Donald B. 1976: Inference and Missing Data, in: Biometrika, Bd. 63, S. 581-592.

ders. 1983: Conceptual Issues in the Presence of Nonresponse, in: Madow, William G. u.a. (Hrsg.): Incomplete Data in Sample Surveys, Bd. 2, New York, S. 123-142.

Watts, Harold 1985: Diskussionsbeitrag, in: Kasprzyk, Daniel, Delma Frankel (Hrsg.): Survey of Income and Program Participation and Related Longitudinal Surveys: 1984, U.S. Bureau of the Census, Washington, S. 87.

Reihe: Sozio-ökonomische Daten und Analysen für die Bundesrepublik Deutschland im Campus Verlag

Band 1

Ute Hanefeld
Das Sozio-ökonomische Panel
Grundlagen und Konzeption
1987. 321 Seiten
ISBN 3-593-33887-4

Mit dem Sozio-ökonomischen Panel wurde erstmals für die Bundesrepublik Deutschland eine Studie begonnen, die repräsentative Mikro-Längsschnittdaten für Personen, Haushalte und Familien bereitstellt und in die die ausländische Bevölkerung wie auch ein Teil der Anstaltsbevölkerung einbezogen sind.

In diesem Band wird zunächst die Notwendigkeit derartiger Daten am Beispiel der Hauptthemenbereiche der Untersuchung – Veränderungen der Haushaltszusammensetzung, Erwerbsbeteiligung und berufliche Mobilität, Einkommensverläufe, Wohnsituation und regionale Mobilität – dargestellt. Anschließend wird darauf aufbauend die Konzeption des Projekts entwickelt. Dabei geht es insbesondere um die Abgrenzung der Untersuchungs- und Analyseeinheiten, um die Auswahl von angemessenen Bevölkerungskonzepten sowie um die Frage, wie die Repräsentativität bei einer haushaltsbezogenen Längsschnittstudie im Zeitablauf erhalten werden kann.

Nach einer Diskussion der verschiedenen Möglichkeiten, eine Stichprobe zu ziehen, wird die Konzeption und Realisierung der Stichprobenziehung für das Sozio-ökonomische Panel vorgestellt. Abschließend wird die erhebungstechnische Konzeption ausgearbeitet und anhand der Ergebnisse der ersten Befragung überprüft.

Dieses Buch ist für den Nutzer der Daten und Ergebnisse des Sozio-ökonomischen Panels eine Einführung in die Grundlagen des Projekts. Für die empirische Sozialforschung enthält es gleichzeitig eine Vielzahl von interessanten stichprobentheoretischen erhebungstechnischen Ergebnissen sowie einen Einblick in die Probleme der theoretischen Konzipierung einer anspruchsvollen Längsschnittstudie.

Campus Verlag   ·   Myliusstraße 15   ·   Frankfurt am Main